MA
A

CW01657907

ALBREK'İN MEZARI

M. L. FORMAN

BEYAZ BALİNA

1. Baskı - Beyaz Balina Yayınları, 2015
Yeni Baskı - Beyaz Balina Yayınları, 2019

MACERACILAR ARANIYOR - 3
Albrek'in Mezarı

M. L. Forman

Özgün adı: Adventurers Wanted - 3
Albrek's Tomb

ISBN: 978-975-999-785-4

YAYINEVİ SERTİFİKA NO: 13695
MATBAA SERTİFİKA NO: 19039

© Mark L. Forman, 2012
Kapak illüstrasyonu: © Brandon Dorman, 2011
© Bu kitabın Türkçe yayın hakları, Deseret Book Company bünyesindeki Shadow Mountain Publishing'den alınmıştır ve Beyaz Balina Yayınları'na aittir.

Yayın yönetmeni: Bülent Oktay
Editör: Filiz Çiçek Bil
Son okuma: Aslı Onat
İngilizceden çeviren: Edip Sönmez
Grafik uygulama: Ayşe Çalışkan

Baskı ve cilt: **EKOSAN MATBAACILIK**
Maltepe Mah. Hastaneyolu Sok. No:1 (Taral Tarım Binası)
Zeytinburnu - İstanbul

Beyaz Balina Yayın Sanat Dağıtım Paz. San. ve Tic. Ltd. Şirketi
Maltepe Mah. Davutpaşa Cad. MB İş Merkezi No: 14 D: 1
Zeytinburnu / İstanbul
Tel: 0212 544 41 41 544 66 68 544 66 69 Faks: 0212 544 66 70
info@beyazbalina.com.tr

MACERACILAR ARANIYOR

ALBREK'İN MEZARI

M.L. FORMAN

İngilizce aslından çeviren: Edip Sönmez

BEYAZ BALİNA

M.L. Forman'ın Diğer Kitapları

MACERACILAR ARANIYOR, BİRİNCİ KİTAP
SLATHBOG'UN HAZİNESİ

MACERACILAR ARANIYOR, İKİNCİ KİTAP
MORAN'IN BOYNUZU

Her zaman yanımda olan ailem için...

İÇİNDEKİLER

Sekizinci Bölüm

TEHLİKEYE GİDEN YOL

Dokuzuncu Bölüm

NAGAS

Onuncu Bölüm

DUNNSTAL

On Birinci Bölüm

AÇIK DENİZİN ÖTESİ

On İkinci Bölüm

KEMİK ADASI

On Üçüncü Bölüm

SALİNOR

On Dördüncü Bölüm

KAZAD-SYN YOLU

On Beşinci Bölüm

ÜÇÜNCÜ ÇANTA

On Altıncı Bölüm

HELLERASH

BİRİNCİ BÖLÜM

YENİ BİR GÖREV

Fırından gelen sıcaklık dayanılmazdı. Birkaç parça som gümüş cevheriyle dolu, ufak bir porselen kâseye yakından bakarken, Alex'in burnundan ter damlıyordu. Babasının büyülü çantasına yaptırdığı demirci atölyesinde çalışıyordu ama fırını ne kadar ısıtırsa ısıtsın, kâsedeki cevher bir türlü erimiyordu. Tezgâha geri dönüp okuduğu kitabı kontrol etti.

Alex, hocası Whalen Vankin'in tavsiyesi üzerine ve hobi olarak demirci atölyesinde çalışmaya başlamıştı.

"Sihirli olmayan bir şeye odaklanman, hem ellerinle çalışma imkânı verir hem de zihnini rahatlatır," demişti Whalen. "Eğer sürekli büyü hakkında düşünürsen, etrafında olan biten normal şeyleri fark edemeyebilirsin."

Alex, som gümüşün nasıl işleneceğini açıklayan sayfayı tekrar okurken garip bir hışırtı duydu. Doğrulup odayı gözden geçirdi. Fırın tıslıyor, körük hava üflüyor ve som gümüş hiç değişmeden duruyordu. Tekrar kitaba döndü ama bilgileri zaten üç kez okumuştu. Hayal kırıklığıyla kitabı çarparak kapattı.

Kulağına bir kez daha hafif bir *hımf* sesi geldi. Tekrar fırına baktı ama orada değişen bir şey yoktu ve ses bir daha duyulmadı. Alex, fırına daha da yaklaştı ve yeniden som gümüşün durumunu kontrol etti. Sonunda, körüğü çalıştıran su çarkını durdurdu. Soğurken tıslayıp inildeyen fırın dışında, demirci atölyesine sessizlik hâkimdi.

Alex kâseyi fırından dikkatle aldı ve som gümüş parçalarını kumla kaplı masanın üzerine döktü. Parçaları bükmeye, kıvırmaya çalıştı. Hatta birini alıp örsün üzerine koyarak ona çekiçle vurdu. Fakat ne yaparsa yapsın, gümüş etkilenmedi, çatlamadı bile.

Az önceki hışırtı yine geldi. Su çarkı ve körük durduğu için ses daha şiddetli duyulmuştu. Alex birisinin –ya da bir şeyin– onu izlediğini hissetti. Yavaşça dönerek atölyeyi gözden geçirdi. Yalnızdı ama yine de izlendiğini hissediyordu.

"Kim var orada?" diye seslendi Alex.

Sessizlik.

"Orada biri olduğunu biliyorum," dedi Alex. "Ses versen iyi edersin, çünkü öyle ya da böyle, seni *bulacağım.*"

Odanın diğer ucundan "Hiç sanmıyorum," der gibi hafif bir *hımf* sesi duyuldu.

"Gel hadi, göster kendini," diye seslendi Alex. "Sana zarar vermeyeceğim."

Yine cevap yoktu.

Alex bir kez daha kendisini izleyeni güzellikle ikna etmeye çalışırken, odayı araştırmak için biraz büyü yaptı. "Elimden geldiğince nazik olmaya çalışıyorum. Lütfen, ben seni zorla çıkarmadan önce ortaya çık!"

Sessizlik devam ediyordu ama Alex'in büyüsü bir şey bulmuştu. Odanın uzak duvarındaki kitapların arkasında küçük bir yaratık duruyordu. Ne olduğuna dair hiçbir fikri yoktu ama Alex, yaratığın tehlikeli olmadığını anlamıştı.

"Pekâlâ, eğer kendin çıkmazsan seni, büyüyle ortaya çıkarmak zorunda kalacağım," dedi Alex.

Bir *hımf* sesi daha duyuldu. Alex bunu, "Başaracağını sanmıyorum ama dene istersen," denmiş gibi algıladı.

"Sen kaşındın," diye homurdandı.

Hareketsiz ve sessiz kaldı. Yaratığı bulmak için kullandığı büyüye, yaratığın bacağını saran sihirli bir ip biçimi verdi. İp şekil alırken Alex, büyüye biraz daha sihir gücü ekledi. Fakat yaratık büyünün farkına varmış olmalıydı ki soluğunu tuttu ve sonra, koşan ayakların sesi duyuldu. Alex hazırdı. Sihirli ip sıkıca gerilerek yaratığı havaya kaldırdı ve odanın ortasındaki büyük, boş masaya doğru savurdu. Alex, masanın üzerinde tepetaklak asılı kalan esirini seyretti. Yaratık, yaklaşık yirmi beş santim boyunda bir cüceye benziyordu.

"İndirsene beni! Bırak!" diye bağırdı yaratık. "Yanlış bir şey yapmadım ben. Bu çantaya sığınma hakkı bana ait!"

"Sığınma hakkı mı? Kimsin sen, burada ne yapıyorsun?" diye sordu Alex.

"Ben de sana aynısını soracaktım," diye karşılık verdi yaratık. "Yalnızca Üstat Joshua'ya hesap veririm, başka kimseye değil."

"Joshua mı?"

"Bu çantanın sahibi, Joshua Taylor," dedi yaratık, Alex'e şüpheyle bakarak. "Bu çantanın sahibini görmeyi talep ediyorum."

"Çantanın sahibi benim," dedi Alex. "Alexander Taylor'ım ben, Joshua Taylor'ın mirasçısı."

"Eğer mirasçısı isen, benim kimin nesi olduğumu bilmen lazım," dedi yaratık hararetle. "Üstat Joshua, bizden bahsetmeden kimseye çantasını vermez."

"Babam bana bu çantadan bahsetmedi," dedi Alex. "Ben daha bebekken öldü."

"Öldü mü? Ne demek, öldü? İnanmıyorum bunlara! Tek kelimesine bile!" diye bağırdı yaratık.

"Doğru ama..." dedi Alex.

"Kanıtla," diyerek sözünü kesti yaratık.

"Neyi kanıtlayayım?"

"Üstat Joshua'nın öldüğüne ve senin gerçekten de onun mirasçısı olduğuna dair kanıt istiyorum."

"Yemin ederim."

"Hah! Çok inandırıcı bir hikâye. Tam da bir çanta hırsızının söyleyeceği şey. 'Yemin edermiş.' Çanta hırsızının sözünden ne olacak?"

"Hırsız değilim ben," dedi Alex kızarak. "Söylediğimin doğru olduğuna yemin ediyorum ve eğer sen bir büyücünün sözünden şüphe edecek kadar ahmaksan, seni çantamdan kovarım."

"Büyücü mü dedin? Hah! Sende biraz büyü var, evet, bunu anlamak kolay ama büyücü değilsin. Büyücü olmak için fazla gençsin; asan da yok, hizmetçin de. Birçok büyücünün giymeyi sevdiği o komik cübbelerden bile giymiyorsun."

"Kes sesini!" dedi Alex. "Ben büyücü ve maceracı Alexander Taylor'ım. Joshua Taylor'ın oğlu ve mirasçısıyım. Asam da var."

"Ah, var demek!? Peki öyleyse Bay Büyücü, bana asanızı gösterme lütfunda bulunur musunuz?"

"Tamam, gidip getireceğim."

"Gidip getirecekmiş," diye küçümsedi yaratık. "Sanki büyücülerin gidip asa getirmesi gerekirmiş gibi. Hah!"

Alex bu hakarete karşılık somurttu. Sadece birkaç aydır büyücüydü ve asasına pek sık ihtiyaç duymuyordu. Özellikle de macerada değilken ve evde tek başınayken.

Bir an gözlerini kapayıp, asasını çağıracak büyüyü hatırlamaya çalıştı. Gözlerini açtı, sağ elini öne uzattı ve aynı anda büyüyü yaptı. Rüzgâr esiyormuş gibi bir ses duyuldu ve Alex'in asası, açık olan elinde beliriverdi.

Yaratık nefesini tuttu. Gözleri büyüyüp ağzı hayretle bir karış açık kalırken, Alex neredeyse kahkaha atacaktı.

Alex onu çevirip yere indirdiğinde, "Ah, efendim, bin kere özür dilerim," dedi yaratık. "Bilmiyordum, yani, Üstat Joshua hiç söylemedi…"

"Evet. Eminim babamın, birçok şeyi söylemeye vakti olmamıştır," dedi Alex. "Artık kimin nesi olduğunu açıklayacak mısın?"

Hazır ola geçen yaratık, "Ben Bobkin. Demirci cinim ve bu sığınağın koruyucusuyum," diye yanıtladı.

Alex şaşırmıştı, "Demirci cin mi?"

"Evet, bayım," diyerek gururla gülümsedi Bobkin. "Biz, demir atölyelerinde çalışan sihirli bir halkız. Hakkımızda hiçbir şey duymamanıza şaşırmadım, fazla bilinmeyiz. Belki akrabamız olan ayakkabıcı cinleri duymuşsunuzdur."

"Ayakkabıcı cin mi? Evet, ayakkabı yapan şu küçük yaratıklar," dedi Alex.

"Yaptıkları ayakkabılarla tanınırlar ama aslında her çeşit deri işiyle uğraşırlar. Bilinen diyarlarda onlardan iyisi yoktur," dedi Bobkin.

"Yani siz de demircilik işinde benzer şeyler yapıyorsunuz," dedi Alex.

"Öyle."

"Peki bu çantanın içinde mi yaşıyorsun?"

"Sığınağın koruyucusu olarak burada kalmak zorundayım," diye cevap verdi Bobkin. "Elbette artık Üstat Joshua olmadığına göre, bu durum değişebilir."

"Neden değişsin?"

"Babanız nazik bir adamdı bayım, sihirli çantasında sığınak kurmamıza izin verdi," dedi Bobkin. "Demirci cinler öyle her yerde çalışmaz, davet edilmemiz gerekir. Davet eden demircinin de iş konusunda biraz yeteneğinin olması şarttır. Bu iş sadece bir meslek olarak görülmemeli. Büyük bir demirci ustası olmak için, iş ahlakı gerekir. Eğer demircide bu yoksa, biz orada kalmayız. Bazen yaşayacak bir yerimiz olmaz."

"Bu işi yapanlar, demirciliği bir sanat olarak görmeli," dedi Alex düşünceli bir sesle.

"Evet, bir sanat olarak," diye onayladı Bobkin. "Demircilik, en önemli sanatlardan biri sayılır, fakat demircilerin pek azı böyle düşünüyor."

"Anlıyorum," dedi Alex. "Demek gidecek başka yerin olmadığı için babam, çantasında kalmana izin verdi."

"Evet bayım," dedi Bobkin. "Artık o olmadığına ve çanta sizin olduğuna göre, bizim kalmamız ya da gitmemiz size bağlı."

"*Biz* mi?" diye sordu Alex. "Orada kaç kişisiniz?"

"Şu an sadece üç kişiyiz, ama geçmişte yirmiye kadar çıkmıştık. Gizli kapının ardındaki odada yaşıyoruz," diyen Bobkin, odanın karşı duvarını işaret etti.

"Gizli kapı mı?"

"En köşedeki kitaplık," dedi Bobkin. "İsterseniz gösterebilirim."

"Belki daha sonra," dedi konunun dağılmasını istemeyen Alex.

"Peki ya sığınak?" diye sordu Bobkin.

"Kalsanız iyi olur sanırım," dedi Alex. "Eminim, kalmanıza izin vermek için babamın haklı sebepleri vardı. Ben de onun isteğine karşı gelecek değilim."

"Ah, teşekkür ederim, efendim, teşekkür ederim," dedi Bobkin. "Size sonsuz şükran borçluyuz ve..."

"Ve?"

"Şey, affedersiniz bayım, ama eğer demircilikte bilgi ya da desteğe ihtiyacınız varsa, size yardım etmekten çok mutlu oluruz," dedi Bobkin biraz gergin bir sesle.

Alex, masada duran som gümüşe bakarak, "Biraz yardım faydalı olur," dedi.

"Som gümüşü işlemeyi pek kimse bilmez," dedi Bobkin.

"Püf noktası, onu yavaş yavaş ısıtmaktır. Eğer birden çok ısıtırsanız, olduğundan daha da sert hale gelir."

"Sahi mi? Kitapta böyle yazmıyor."

"Korkarım o kitabı yazan her kimse, yazmayı demircilikten daha iyi biliyormuş," dedi Bobkin gülerek. "Sizi kuzenlerimle tanıştırmama izin verin, sonra da som gümüş işleme sanatını tartışırız."

Alex başını salladı. Bobkin göğsünü kabartıp tiz bir ıslık çaldı. Biraz sonra, demirci atölyesinin arkasındaki kitaplık yavaşça hareket etti ve gizli odadan, birbiri ardına iki küçük suret dışarı çıktı. Alex'i görünce ikisi de aniden durdular.

Bobkin, gelmelerini işaret ederek "Sorun yok," dedi. "Bu, Üstat Joshua'nın oğlu ve mirasçısı. Sığınakta kalmaya devam edebileceğimizi söyledi."

"Şükürler olsun," dedi, öndeki demirci cin.

"Üstat Alexander Taylor," dedi Bobkin. "Sizi kuzenlerim Belkin ve Dobkin ile tanıştırayım."

"Büyük bir şeref," dedi Belkin eğilerek.

Dobkin ise duvara doğru dönüp "Dobkin!" diye bağırdı.

Bobkin hemen, "Şey, Dobkin'in kusuruna bakmayın," dedi ve devam etti: "Ufak bir kaza geçirdi, o günden beri pek kendinde değil. Zamanla iyileşiyor, artık ismini hatırlayabiliyor."

"Aslına bakarsanız, hatırladığı tek şey bu," dedi Belkin.

Alex "Ne oldu ona?" diye sordu.

"Emin değiliz," dedi Bobkin. "Kafasına örs darbesi almış olmalı."

"Ya da büyük bir çekiç darbesi," diye ekledi Belkin.

"İyi mi peki? Onun için yapabileceğim bir şey var mı?" diye sordu Alex.

"Ah, çok naziksiniz ama Dobkin iyi... ya da iyi olacak," dedi Bobkin.

Dobkin masaya, "Dobkin!" diye bağırdı.

"Bobkin haklı. Eğer Dobkin'e, üzerinde çalışması için basit bir iş verirseniz, iyi işler çıkarır," dedi Belkin. "Bir de gördüğü her şeye ismini haykırmayı bıraksa keşke."

Bobkin, "Belki de Dobkin'i sığınağa geri götürsen iyi olur," önerisinde bulundu.

Alex, Belkin kafası karışık demirci cini kitaplığa doğru götürürken "Dobkin'inkine benzer kazalar çok sık olur mu?" diye sordu.

Bobkin cevap verdi: "Hayır, sık olmaz. Eminim Dobkin de eninde sonunda atlatacaktır."

"Umarım," dedi Alex. "Kendi başının çaresine bakabiliyormuş gibi görünmüyor."

"İyileşir, özellikle sığınağın koruması altındayken," diyen Bobkin devam etti: "Şimdi som gümüşün işlenmesine gelelim."

Çok geçmeden Alex, Bobkin'le sadece som gümüş hakkında değil, her çeşit metal hakkında derin konuşmalara daldı. Demirci cin tam bir bilgi kaynağıydı ve o anlatırken Alex, ara sıra yavaşlamasını istemek zorunda kalıyordu. Karnı guruldayan Alex, ne kadar acıktığını fark edene kadar konuşmaya devam ettiler.

"En kısa zamanda geri gelip alıştırma yapacağım," diye söz verdi Alex.

"Ne zaman müsait olursanız, Üstat Alex," dedi Bobkin el sallayıp. "Biz burada hazır ve nazır olacağız."

Alex büyülü çantayı terk edip odasına döner dönmez, şiddetli bir çınlama duydu ve masasında bekleyen şişe boyunlu bir 'gib' gördü. Bu garip yaratık, masanın ucunda dengede durmuş, kuşunkine benzeyen tek bacağını hafifçe eğmişti.

"Ah, affedersin, geleli çok oldu mu?" diye sordu Alex.

"Çın!"

"Mektubu çantamın içine bırakamaz mıydın?"

"Gak!"

"Büyülü çantalara giremez misin?"

"Çın, gak!"

Alex bir an düşünüp bu çelişkili cevabı anlamaya çalıştı. "Büyülü çantaya girebilirsin ama yalnızca ben izin verirsem," diye bir tahmin yürüttü.

"Çın!"

"Öyleyse tüm giblere, mektup almak ya da getirmek için benim büyülü çantalarıma girebilme izni veriyorum," dedi Alex.

"Çın!"

"Bugün bana mektup var mı?"

"Çın!"

"Alabilir miyim lütfen?"

"Çın!" Gib, büyük bir zarf çıkardı.

Alex, Whalen Vankin'in zarfın üstündeki el yazısını tanıdı ve zarfı hemen yırtıp açarak, mektubu okudu.

Sevgili Alex,

Thraxon'da yeni bir maceraya davet edildim fakat bunun için zamanım yok. Maceranın liderine, belki benim yerimi almak istersin diye seni önerdim. Eğer istersen, yarın sabah saat onda Bay Clutter'ın dükkânında liderle buluş lütfen.

Maceranın tüm detaylarını bilmiyorum. Bu yüzden, görüşmeden sonra macera kulağına hoş gelmezse gitme. Sonuçta bu bir davet, emir değil. Fakat bununla ilgili kararını bana bildirmeni ve eğer gidersen beni gelişmelerden haberdar etmeni rica ediyorum.

Yol arkadaşın,

Whalen

Not: Konsey, asandan bahsettiğimde çok etkilendi. Biz bunu, senin beşinci büyük büyücülük görevin sayıyoruz.

İlave not: Gelip Alusia'ya yerleşmen hakkında konuştuğumuzu hatırlıyorum. Eğer bu konuyla hâlâ ilgileniyorsan senin için harika bir yer buldum. Bir düşün ve kararını bana bildir.

Alex'in içi heyecanla doldu. Bu, artık, hayatının önemli bir parçası haline gelen sihirli diyarlara geri dönmek için bir fırsattı. Yeni yerler keşfetmek, yeni dostlar edinmek ve belki de eski dostların bazılarıyla tekrar bir araya gelmek için bir fırsat... Whalen'in, kendi yerini almasını teklif etmesi gurur vericiydi ve ilginç bir macera olmasını umuyordu.

Ama ikinci notu okuduğunda farklı bir hisse kapılmıştı. Alusia'da yaşama fikri, onu hem tedirgin hem mutlu etti. Alex'in son macerasının ardından Whalen bu olasılıktan bahsetmişti ama Alex, bunun gerçekleşmesinin biraz zaman alacağını düşünmüştü.

O sırada gib, tiz bir sesle çınlayıp düşüncelerini böldü.

"Affedersin," dedi Alex, gib'e bakarak. "Ücretini ödediler mi?"

"Çın!"

"O zaman cevap bekliyorsun, herhalde?"

"Çın!"

"Tamam, dur bir saniye."

Bir kâğıt kapan Alex, Whalen'e çabucak bir not yazdı. Notta, yeni maceranın lideriyle görüşmekten ve en azından anlatacaklarını dinlemekten memnuniyet duyacağını belirtti. Ayrıca Whalen'e, görevi kendisine önerdiği için teşekkür etti. Eğer maceracılık sözleşmesini kabul ederse gelişmelerden onu da haberdar edeceğine söz verdi. Bir an tereddüt ettikten sonra, Alusia'ya taşınma konusunu düşünmesi gerektiğini, kararını verir vermez Whalen'e bildireceğini ekledi.

Mektubu, bekleyen gib'e uzatırken "Bunu Whalen Vankin'e götürebilir misin?" diye sordu.

Gib, *"Çın!"* şeklinde yanıt verdi ve mektubu kabul etti.

Alex, havaya, orta büyüklükte bir elmas atarak "Bu da benim cevabımın ücreti," diye ekledi.

"Çın!" Elması havada yakalayan gib, para üstü olarak birkaç altın ve gümüş para çıkardı.

Sonra, hafif bir *"Çın!"* sesiyle ortadan kayboldu. Yalnız kalan Alex, Whalen'in mektubunu düşündü. Alex, üvey babasına neler olduğunu anlatmak ve Alusia'ya taşınma konusunda onun tavsiyesini almak istiyordu. Fakat epey geç olmuştu, Bay Roberts yatmış olmalıydı. Bu konuşma için yarın sabahı beklemek zorundaydı.

Ertesi sabah Alex, maceradan bahsettiğinde, "Ama daha iki ay önce döndün," dedi Bay Roberts. "Maceracıların çoğu, maceralar arasında en az üç ya da altı ay ara verir, hatta bazen daha da fazla."

"Evet ama ben artık sadece bir maceracı değilim," dedi Alex.

"Doğru doğru," dedi Bay Roberts. "Sanırım büyücüler normal maceracılardan sayılmaz. Yalnızca, kendini fazla yormandan endişe ediyorum. Peş peşe maceralar ve Alusia'ya taşınma planları, ha? Bunlar, bir büyücünün bile baş edebileceğinden fazla."

"Whalen'in ne yaptığını bildiğinden eminim," dedi Alex ve devam etti: "Kendimi yeni bir maceraya hazır hissediyorum ama duyacaklarımdan hoşlanmazsam, gitmeyeceğim. Alusia hakkında da hemen karar vermem gerekmiyor."

"Sırf Vankin önerdiği için taşınman gerektiğini düşünmeni istemiyorum," dedi Bay Roberts. "Başında bir sürü iş var Alex. Ne yaparsan yap, önce yaptığının, *kendi* istediğin şey olduğundan emin ol. Sonra da onu yapmaya hazır olduğuna..."

"Merak etme," dedi Alex. "Aşırıya kaçmamaya çalışırım."

Bay Roberts, "Peki öyleyse! Eğer Alusia'ya taşınmaya karar verirsen –sadece kısa bir mola vermen bile gerekse– kapım sana her zaman açık olacak," dedi.

"Teşekkür ederim," dedi Alex minnetle.

Kahvaltıdan sonra Alex, üvey babasının meyhanesinden ayrıldı ve Bay Clutter'ın macera dükkânının yolunu tuttu. Erken geldiğini biliyordu ama yeni maceranın lideriyle tanışmadan önce Bay Clutter'la konuşmak istiyordu.

Alex dükkâna girdiğinde, "Çabuk döndünüz, Üstat Taylor," dedi Bay Clutter.

"Gelmemi istediler," diyen Alex açıkladı: "Üstat Vankin, kendisinin yerine buraya gelip yeni maceranın liderini dinlememi istedi."

"Ah, evet, tabii," dedi Bay Clutter. "Fakat üzülerek söylüyorum ki söz konusu maceranın lideri şu an başkasıyla görüşüyor. Yani biraz gecikebilir."

Alex, Bay Clutter'ın duvarındaki saati kontrol ederken "Ben erken geldim," dedi. "Umarım, bugünlerde başka hangi maceraların başlayacağını anlatmak için birkaç dakikanız vardır," diye ekledi.

"Başka maceralar mı?" diye sordu Bay Clutter. "Ama bu maceraya gitmeniz istenmişse..."

"Gitmem istendi ama gideceğimden emin değilim," dedi Alex. "Ne olur ne olmaz, başka neler var öğrenmek istedim," diye devam etti.

"Evet, akıllıca," dedi Bay Clutter. "Birer bardak çay getireyim de sohbet edelim. Tabii çayın yanında başka bir şey istemezseniz..."

"Ne varsa bana uyar," diye yanıt verdi Alex.

Bay Clutter aceleyle odadan çıktı ve kısa sürede geri döndü. Elinde büyük, gümüş çay takımı vardı. Tezgâhın arkasına geçip, daha oturmadan maceraları anlatmaya başladı.

Alex, Bay Clutter'ın kendini kaptırıp gitmesine alışkındı. Sandalyesine yaslanıp, macera satıcısının söylediklerini dinlemeye koyuldu.

"Ah, işte bu tuhaf," dedi Bay Clutter bazı kâğıtları karıştırırken.

"O ne?" diye sordu Alex.

"Ah, şey, bir macera talep edilmiş ama yüksek seviyede gizlilik isteği iliştirilmiş," dedi Bay Clutter gergin bir sesle. "Sır saklamak garip değil ama..."

"Evet, eminim birçok maceracı bunu yapıyordur," dedi Alex.

Bay Clutter yanıtladı: "Kesinlikle. Ama tuhaf olan, başvuranın, bu maceradan Thraxonlu hiç kimseye bahsedilmemesini istemiş olması. Bana çok garip geldi çünkü maceranın geçeceği yer, Thraxon."

"Bu *gerçekten* garip," dedi Alex. "Ama Thraxon'dan gelmediğime göre, bana biraz daha anlatmanız mümkün mü?"

Bay Clutter macerayla ilgili fazla bir şey anlatamadan, tanıdık bir ses konuşmalarını böldü.

"Eminim grubun geri kalanını da seveceksin," dedi ses, dükkânın arka tarafından. "Şimdilik iyi bir grup ve yedinci üyemizin bir büyücü olması yönünde büyük bir beklentim var," diye ekledi.

"Eminim ki grup güçlü olacak," diye karşılık verdi ikinci ses.

Alex ilk sesin, dostu Thrang'e ait olduğunu anladı. Whalen'in ona, neden cücenin maceraya liderlik edeceğini söylemediğini merak etti.

Thrang perdenin arkasından çıktığında, Bay Clutter, "Anlaştık o zaman. Başka bir ihtiyacınız var mı?" diye sordu.

"Anlaştık, teşekkür ederim," dedi Thrang. Bay Clutter'a bakmak için döndüğünde, Alex'i gördü. "Alex! Şey yani, Üstat Taylor. Sizi tekrar görmek ne güzel."

"Resmiyete gerek yok," diye güldü Alex. Thrang'in elini sıkmak için ileri atıldı ama Thrang elini sıkmak yerine, ona sıkıca sarıldı.

"Pekâlâ, madem buradayız, seni Bayan Katrina Dayyed'le tanıştırayım," dedi Thrang ve başıyla perdenin arkasından onu takip eden genç kadını işaret etti: "Ona Kat derler, Barkia'dan geliyor. Kat, sana, dostum Üstat Alexander Taylor'ı takdim edeyim."

"Büyücü," dedi Kat, eğilip Alex'i selamlarken.

Alex de eğilerek "Memnun oldum," dedi. Kat'in etrafındaki hafif sihir parıltısını hemen fark etti ama bir şey söylemedi.

"Pekâlâ," dedi Thrang, sessizce Kat ve Alex'e bakarak. "Sanırım artık, bu macerayı Üstat Taylor'a anlatmalıyım."

"Nasıl istersen," dedi Alex.

Kat, Thrang'e, "Telous'ta görüşürüz," dedi ve ekledi: "Bu macera başlamadan önce yapmam gereken bir sürü şey var."

"Evet evet, tabii ki," dedi Thrang, Kat dükkândan çıkarken

hafifçe eğildi. Ardından Alex'e döndü. "Pekâlâ, Alex. Başlayalım mı?"

"Önden buyur."

Thrang, Alex'i dükkânın arkasındaki gizli odalara doğru götürdü. İkisi de odalardan birinde, rahat sandalyelere oturdular.

"Şimdi bana asanı ve biz ayrıldıktan sonra yaşadığın her şeyi anlat," dedi Thrang.

"Önce macera," dedi Alex. "Nasıl olsa konuşacak çok vaktimiz olur."

Thrang sakalını sıvazlayarak "Sen nasıl istersen," dedi, düşüncelerini toplamak için duraksadı ve anlatmaya başladı. "Bu maceranın amacı, yaklaşık iki bin yıldır kayıp olan Arayış Yüzüğü'nü bulmak."

Alex şaşkınlıkla, "İki bin yıl mı?" diye tekrarladı.

"Kayıp dememeliyim aslında," dedi Thrang. "Aslında yüzüğün sahibi onu kaybetmedi. Hem iki bin yıl uzun bir süre gibi görünüyor ama cüceler için sadece on nesil ediyor, yani iki yüzyıl kadar."

"Hiç öyle düşünmemiştim. Peki yüzük kayıp değilse onu neden aramamız gerekiyor?" dedi Alex.

Thrang yanıt verdi: "Güzel soru. Aslında biz, yüzüğün sahibi Albrek'i arıyoruz. Daha doğrusu Albrek'in *mezarını.* Anlayacağın gibi Albrek, büyük bir cüce lorduydu. Arayış Yüzüğü ve yüzüğün yeni madenler bulma özelliği sayesinde, en zengin cüce lordlarından biri olmuştu."

"Yeni madenler bulmak mı?"

Thrang hırıltıyla gülerek yanıtladı: "Elbette, bir madende, ne varsa tükenene kadar madencilik yapabilirsin. Albrek'in yüzüğü yeni ve *en iyi* madenleri bulmak için kullanılıyordu." Albrek'in iki bin yıl önce yeni madenler aramaya gittiğini ve o zamandan beri kimsenin onu görmediğini söyleyen Thrang, "Artık Thraxon'un ana madenleri kurumaya başlıyor. Thraxon cüce diyarının hükümdarı Kral Thorgood, yeni madenler bulabilmek için yüzüğü istiyor," diye ekledi.

"Halkınız yüzük olmadan da maden bulabilir herhalde," dedi Alex.

"Elbette bulabiliriz," dedi Thrang. "Ama çok emek ister ve o şekilde bulunan yirmi madenden sadece biri, gerçekten verimli olur."

"Anlıyorum," dedi Alex, Thrang'in anlattıklarını düşünüyordu. "Albrek'in mezarının nerede olabileceğine dair fikrin var mı?"

"Doğrusunu söylemek gerekirse, detaylar biraz eksik ama Albrek'in yeni madenler aramak için gitmeyi planladığı üç yeri biliyoruz. Üç yer arasından, en yüksek olasılığı belirledik. Elbette başka yerlere de bakmış olabilir ama en azından bir başlangıç noktamız var."

"Bu görevde kaç maceracı olacak?"

"Yedi," diye cevap verdi Thrang. "Bunlara dostumuz Arconn da dahil. Ayrıca, genç Thrain'in de bizimle gelebilmesi için Kral Osrik'le görüştüm. Kat'le zaten tanıştın. Galiba son macerada Üstat Nellus'la da tanışmıştın."

"Tanışmam gereken sadece bir maceracı kalmış gibi görünüyor," dedi Alex gülerek. "Gerçi Nellus'u pek iyi tanımıyorum ve Kat'le de yeni tanıştım ama..."

"Olabilir," diyerek güldü Thrang, "ama sanırım, bu kadar kısa bir görüşmeyle bile, Kat'i diğerlerinin tanıyabileceğinden daha fazla tanımışsındır."

"Evet," dedi Alex, onun etrafında hissettiği büyülü havayı hatırlayarak. "Kat bir kâhin. Maceranızda size çok yardımcı olacağını düşünüyorum."

"Sen gelmiyormuşsun gibi konuştun," dedi Thrang endişeyle.

"Henüz karar vermedim. Daha anlaşmadan haberim yok ve Whalen herhangi bir şeyi kabul etmeden önce dikkatle düşünmemi tavsiye etti."

"Üstat Vankin çok bilgedir," dedi Thrang. "Ondan, maceramıza katılmasını istemem biraz saygısızcaydı ama bu dileğimi sana aktarmış olmasına sevindim."

"O zaman, istersen anlaşmaya geçelim," dedi Alex.

"Sen hem büyücü *hem de* savaşçı olduğuna göre, sana ganimetin yirmi ikide beşini teklif edeceğim," dedi Thrang, Alex'in bunu kabul etmeyeceğinden korkuyordu. "Bu maceradan kazanılacak esas hazine belli değil. Kral Thorgood, ilk beş yıl boyunca yüzük kullanılarak bulunan yeni madenlerin tüm kârının onda birini vaat etti."

Alex cömert teklif karşısında afallayarak, "Bu, çok büyük bir hazine olabilir," dedi.

"Evet," diyen Thrang başını salladı. "Ayrıca ek ganimetler elde etme ihtimali de yüksek. Yolda veya Albrek'in mezarında bulduğumuz hazineleri alabiliyoruz. Ek hazinelerin tamamını, kurulacak ekip içinde eşit olarak paylaştıracağız."

"Esas hazine nasıl ödenecek peki?" diye sordu Alex. "Yani Thorgood beş yıl boyunca bu kadar fazla ganimeti nasıl teslim edecek?"

"İşte bu konuda biraz sıkıntı var," diye itiraf etti Thrang. "Thorgood her üyenin payını ya Telous'a yıllık olarak teslim etmeyi ya da Thraxon'da onlar için saklamayı kabul etti. Ayrıca unutma, ödeme sadece beş yıl için geçerli değil; Arayış Yüzüğü teslim edildikten sonraki beş yıl içerisinde bulunan tüm madenler için geçerli. Madenler muhtemelen birkaç yüzyıl boyunca çalışacak, belki çok daha fazla. Bu yüzden, madenler faaliyette olduğu müddetçe, payları hazinenin mirasçılarına teslim edilecek."

Alex konuşmadan önce uzun süre düşündü. Bahsettikleri hazinenin miktarı, akla mantığa sığmıyordu neredeyse. Alex'in daha fazla hazineye ihtiyacı yoktu ama Thorgood'un işi nasıl ayarladığını merak etmişti. Thraxon hakkında öğrenmek istediği başka bir şey daha vardı ve bu, Bay Clutter'ın bahsettiği gizli macerayla ilgiliydi. Fakat bunun için zamanlamanın uygun olmadığına karar verdi ve bu düşünceyi aklının bir köşesine itti.

"Pekâlâ," dedi. "Kabul etmeden önce, senden bir şey istemeliyim."

"Elimden geliyorsa... Ne istersen yaparım," dedi Thrang ciddi bir ifadeyle.

"Yanımda hâlâ sahibi bulunamamış beş çanta var. Çanta üreticisi bana, çantalardan birinin mirasçısının Thraxon'da yaşadığını söylemişti. Mümkün olursa o çantayı, kayıp maceracının mirasçısına teslim etmek istiyorum."

Thrang saygıyla başını salladı. "Bu asil eylemin için vakit ayırırız. Mirasçının nerede yaşadığını biliyor musun?"

"Kazad-Syn şehrinde," dedi Alex. "Orayı biliyor musun?"

"Biliyorum," dedi Thrang. "Kazad-Syn, Thraxon'daki en büyük cüce şehirlerinden biridir. Görevimiz sırasında oradan geçeceğimiz kesin. Çantayı rahatlıkla teslim edebilirsin."

"Öyleyse, nereyi imzalayacağımı göster," dedi Alex. "Sonra Telous'a gideriz ve ben, son maceram hakkındaki sorularını cevaplarım."

"Harika," dedi Thrang. "Bizimle geleceğin için çok memnunum ve gurur duydum."

Alex sözleşmeyi imzaladı. Yeni bir maceraya atılacağı ve pek çok dostu ona katılacağı için heyecanlı ve mutluydu. Thrang, Alex'i tekrar Bay Clutter'ın ofisine götürdü. Bay Clutter'a imzalı sözleşmeyi uzatıp kendisi adına dosyalamasını istedi.

"Yeni bir maceraya yelken açıyoruz," dedi Bay Clutter mutlulukla.

Thrang, Bay Clutter'ın kaptırıp gitmesine fırsat vermeden araya girdi ve "Ne taraftan gidiyoruz peki?" diye sordu.

"Sanırım arka kapıdan. Tabii eğer gardırobu kullanmayı tercih etmezseniz..."

"Arka kapı iyidir," dedi Thrang hemen. "Gardırop hep iştahımı kaçırıyor."

Bay Clutter, onlara kapıyı açmak için dükkânının arkasına giderken "Peki o zaman," dedi. "Size bol şans dilerim. Eminim başarılı olacaksınız."

"Teşekkür ederiz," dedi Thrang, eşikten geçerken eğilip ona selam verdi.

Alex hiçbir şey söylemedi. Thrang'in peşinden gitmeden önce Bay Clutter'a gülümsemekle yetindi. Daha o anda, Telous'un dışındaki yeşil çayırda buldu kendini. Temiz havada derin bir nefes aldı ve neredeyse kahkaha atacak gibi oldu: Şimdi yeni bir maceraya başlama vaktiydi.

İKİNCİ
BÖLÜM

KAVUŞMA

Thrang, Alex'le birlikte Telous'a yürürken, "Demek asanı aldın ha!" dedi.

"Whalen almam gerektiğini düşündü," dedi Alex omuz silkerek, "ben de aldım. Fakat itiraf etmeliyim ki ben, bundan Whalen kadar emin değildim."

"Eğer Whalen Vankin senin asa almaya hazır olduğunu düşünüyorsa, hazırsın demektir," dedi Thrang gerçekçi bir tavırla. "İhtiyar Vankin çoğu kişiden fazlasını bilir." İç çekti. "Halfdan bana biraz son macerandan bahsetti. Keşke ben de seninle gelebilseydim."

"Kuzenin Halfdan nasıl?" diye sordu Alex. "Niye o da bu maceraya katılmıyor?"

"Halfdan bakan olarak benim yerimi aldı," diyerek güldü Thrang. "Sonuçta birinin, Vargland'la yapılan ticari anlaşmalarla ilgili işleri üstlenmesi gerekiyor."

"Bu durumdan memnun mu peki?" diye sordu Alex. Halfdan'ın, Thrang'in bakan oluşuyla nasıl dalga geçtiğini hatırlıyordu.

"Pek sayılmaz. Ticari seyahatlerin ve tüm detayların sorumluluğunu alacak, bu yüzden de kaygılı. Ama yine de bu iş onun için iyi olacak bence, biraz sorumluluk almasını sağlayacak. Hem Vargland'a gidecek olması onu mutlu eder."

Alex ve Thrang yürürken konuşmaya devam ediyorlardı. Thrang, cüce diyarındaki işler hakkında konuşmaktan çok memnun görünüyor, Alex ve onun gerçek bir büyücü olarak edindiği yeni konum hakkında soru sormuyordu. Bu, Alex'in işine geliyordu, çünkü böylece Altın Kuğu'ya vardıklarında tüm dostlarının sorularına tek seferde cevap verebilecekti.

Alex ve Thrang, Kuğu'ya yaklaşırken "Alex!" diyen heyecanlı bir ses duyuldu.

Alex'in genç cüce dostu Thrain, meyhanenin merdivenlerinden koşarak indi fakat son adımda aniden durdu. Ne yapacağını bilemiyormuş gibiydi. Alex, Vargland'da gördüğünden beri Thrain'in fazla değişmemiş olduğunu fark etti. Thrain'in sonsuz coşku ve heyecanını görünce gülümsemeden edemedi.

"Görüyorum ki kâhin dostum sana, duymak istediklerini söylemiş," dedi Alex.

"Ah, evet," dedi Thrain mutlulukla. "Sana daha önce haber verecektim ama kâhin söylememi istemedi."

"Onu dinlemekle akıllıca davranmışsın," dedi Alex. "Şimdi de ilk macerana çıkıyorsun."

"Evet," dedi Thrain soluk soluğa. "Üstat Silversmith beni bu maceraya kabul etme nezaketini gösterdi. Ayrıca beni maceraya hazırlayıp malzemelerimi satın alarak da çok cömert davrandı."

Alex, Thrang'e göz kırpıp "Bakıyorum servetini yeni maceracılara harcamaya devam ediyorsun," dedi ve ekledi. "Aklıma geldi; benim hâlâ ilk maceramdan sana borcum var."

Thrang gülerek "Birkaç misliyle ödemiş olduğun bir borç," diye karşılık verdi. Yanındaki büyülü çantaya vurdu. "Sonuçta, birlikte çıktığımız son macerada epey hazine elde ettik. Çoğunun senin sayende olduğunu da eklemeliyim. Zaten paramı harcamak için yanımda sen ve Andy yoksunuz..."

Üçü birlikte Altın Kuğu'nun merdivenlerini çıktılar ve meyhaneye girdiler. Alex, elf dostu Arconn'u görme umuduyla etrafına bakındı fakat ana salon boştu.

Thrang bara doğru yürürken "Diğerleriyle öğle yemeğinde buluşacağız. Hepimiz bir araya geldiğimizde, son maceranı anlatırsın," dedi.

Alex barda, Thrang'in yanında rahatına baktı. Thrain'e cüce diyarı Vargland hakkında sorular sordu ve ilk macerası sırasında, orada edindiği arkadaşlarıyla ilgili haberler aldı. Thrain ona, büyükbabası Kral Osrik'in hâlâ, kral olmanın gerektirdiği resmiyetten rahatsızlık duyduğunu anlattı. Bu durum Alex'i şaşırtmamıştı. Ayrıca Alex, Umbar'ın babasına ait olan kayıp çantayı getirdiğinden beri, Umbar ve ailesinin durumları iyiydi. Thrain ayrıca, Alex'e, şeytani ejderha Slathbog öldüğü için yüzlerce kişinin doğuya taşınmaya başladığını anlattı.

"Arkadaşın Sindar'la tanıştım," dedi Thrain. "Son macerandan biraz bahsetti. Gerçekten onca goblini öldürdünüz mü?"

"Diğerlerinin gelmesini beklesek iyi olur," dedi Alex. "Ama evet, Norsland'da epeyce goblin öldürdük."

Alex, öğlene kadar soru sormadan beklemenin Thrain için zor olacağını görebiliyordu. Thrain kıpırdanıp duruyor, grubun geri kalanının gelmesini bekliyormuş gibi durmadan ön kapıya bakıyordu. Thrain'in heyecanı, Alex'e ilk macerasını hatırlattı ve kendi kendine gülümsedi.

Neyse ki Thrain'in bekleyişi uzun sürmedi. Çok geçmeden, grubun diğer üyeleri geldi ve Thrang hemen onları arkadaki özel yemek odasına aldı.

Thrang, Kat'i topluluğun geri kalanına tanıttıktan sonra, "Üstat Taylor, sanırım Barnabus hariç herkesi tanıyorsunuz," dedi. Bir adam elini uzatarak "Barnabus Martin," dedi ve ekledi: "Neska'dan geliyorum ve sizinle tanışmaktan büyük şeref duydum."

"O şeref bana ait," dedi Alex, Barnabus'un elini sıkarak.

Thrang, Barnabus'un resmi tanıştırmayı beklememiş olmasına biraz bozulmuş görünse de bir şey demedi. Bunun yerine, yemekleri getirtecek olan çanı usulca çaldı.

"Bu akşam, önümüzdeki macera hakkında konuşacağız," dedi. "Şimdi herhalde çoğumuz, Alex'in son macerasını dinlemek istiyordur."

"Benim de hepinize birkaç sorum olacak," dedi Alex.

Ardından yemeğin çoğunu, sorulara cevap verip hikâyeler anlatarak geçirdi. Ekip içinde Alex'i en uzun zamandır tanıyan kişiler olan Thrang ve Arconn, ona en çok sorusu olanlardı. Thrain ve Nellus bile soru sordu. Alex, onlar hakkında merak ettiklerini ancak yemeğin sonuna doğru sorabildi.

"Son macerana keşke ben de katılabilseydim," dedi Arconn. "Skeld ve Tayo'nun nasıl uysallaştığını görmek isterdim."

"Ben de," diye katıldı Thrang hırıltıyla gülerek. "Halfdan bana düğünleri ve Oslansk'ta yaptıklarınızın hepsini anlattı."

"Gerekeni yaptım sadece," dedi Alex gülerek. "Sanırım biraz faydası oldu."

"Çok faydası dokundu bence," diye kabul etti Thrang.

Alex masadan kalktı. "Affedersiniz, fakat görmem gereken bir dostum daha var."

Arconn anlayışla gülümseyerek "Shahree iyi," dedi.

"İyi olduğundan şüphem yok ama yine de onu görmek istiyorum," diyen Alex, gruptan izin istedi.

Altın Kuğu'nun ön kapısından çıktı ve hızla ahırlara doğru yürüdü. İçeri girdiğinde hafif bir kişneme karşıladı onu. Alex, atına doğru yürürken gülümsedi.

Gümüş rengi atına "Ah Shahree," dedi. "Umarım iyice dinlenmişsindir, yeniden yola çıkmaya hazırsındır."

Shahree tekrar kişnedi ve burnuyla Alex'in omzunu dürttü. Alex, diğer dostlarını özlediği kadar, hatta belki de daha fazla özlemişti atını. Birkaç dakika boynunu okşayıp beraber çıktıkları yolculukları hatırladı. Shahree'ye pek düşkündü fakat onun maceraya çıkmak için fazla yaşlanmış olabileceğinden endişe ediyordu. Shahree iyi bir attı ama Alex, onun sonsuza kadar böyle kalamayacağını biliyordu.

Alex, Shahree'nin bolca yiyecek ve suyu bulunduğundan emin olunca Altın Kuğu'ya geri döndü. Grup, yemeği bitirmişti ve macera için son hazırlıkları konuşuyorlardı. Arconn'un yeni giysilere ihtiyacı vardı ve Alex'e alışverişte ona katılmasını teklif etti. Thrang, Nellus ve Barnabus, ilk silahını alması için Thrain'le, demircinin dükkânına gidiyorlardı. Kat çoktan çıkmış ama nereye gittiğini söylememişti.

"Artık gerçek bir büyücüsün," dedi Arconn, Alex'in yanında yürürken. "Whalen bundan hoşnut olmalı."

"Evet."

"Ve senden, bu macerada onun yerini almanı istedi, öyle mi?"

"Şu an vakti olmadığını söyledi," diye cevap verdi Alex. "*Neden* vakti olmadığını açıklamadı ama sıra dışı bir şey değil bu."

"Başka işlerle meşgul olduğundan eminim."

"Sebebi ne olursa olsun, yerini benim almamı istemesine sevindim."

Alex ve Arconn, kıyafet alışverişi yaparken sohbete devam ettiler. Birkaç takım yeni giysi ve bir çift çizme aldıktan sonra Alex yolculuğa çıkmaya hazırdı. Ama kıyafet dükkânından Arconn'la beraber çıkarken, kararını değiştirmesine neden olan bir şey gördü.

"Eczacıya uğrayıp bir şeyler almak istiyorum," dedi. "Ne olur ne olmaz."

"İksirler üzerine çalışmaların ilerliyor öyleyse," dedi Arconn. "Iownan'ın sana verdiği kitaptaki iksirlerin çoğunu denedin mi?"

Alex "Bazılarını denedim. Çoğunu denemek için vaktim ve gerekli malzemelerim olmadı," diye yanıtladı.

Arconn'un "O zaman önce çantacıya uğramalıyız," şeklindeki önerisi üzerine Alex, "Niye? Yeni bir odaya mı ihtiyacın var?" diye sordu.

"Hayır, eğer bir seran olursa malzemelerini daha uzun süre taze tutabilirsin," dedi Arconn gülümseyerek.

"Mükemmel bir fikir," dedi Alex.

"Ejderboğan bitkin ne yapıyor?" diye sordu Arconn alçak sesle.

"Biraz büyüdü. Çantamın içinde iyi gelişiyor gibi görünüyor."

"Belki çantadaki sihrin katkısı oluyordur," dedi Arconn. "Ama sera, iyice serpilmesini sağlayabilir."

"İyi olur bu," dedi Alex, ejderboğan bitkisinin geçmişte ne kadar faydası olduğunu hatırlıyordu.

Alex ve Arconn geri dönüp çanta yapımcısının dükkânına gittiler, yürürken konuşmaya devam ediyorlardı. Çantacı ikisini de gördüğüne sevindi ve hemen Alex'in çantasına, sera ve büyüyen ikinci bir oda ekledi. Artık on odası olmuştu. Dükkândan çıktıklarında Arconn, ona çantaya neden büyüyen oda eklettiğini sordu.

"Son maceramda, büyüyen ikinci odanın çok işe yarayacağı zamanlar olmuştu," dedi Alex.

"Sanırım henüz çok fazla hazine biriktirmemişsindir," dedi Arconn, sesi ciddiydi ama gülümsüyordu.

"Hayır," diye cevap verdi Alex. "Ama hazinem, senin tahmininden biraz fazla olabilir. Babamın çantasında zaten büyük miktarda hazine mevcut ve ben daha onları sınıflandırıp taşımaya vakit bulamadım."

"Baban mı?" diye sordu Arconn, kafası karışmıştı.

Eczacıya geri dönerken Alex, Arconn'a ilk macerasından sonra neler olduğunu, babasının ve üvey babasının büyücü olduğunu nasıl öğrendiğini anlattı.

"Anlıyorum," dedi Arconn düşünceli düşünceli. "Taylor adında bir maceracı hatırlıyorum fakat hiç birlikte seyahat etmedik."

"Pek çok maceraya katılmış," dedi Alex gururla. "Bay Roberts birkaçını anlattı."

"Bay Roberts," diye tekrarladı Arconn. "Bu isim de tanıdık geliyor. Onunla da hiç seyahat etmediğime eminim ama ikisi, bir şekilde tanıdık gibi."

Alex "Yaygın isimler bunlar," dedi. "Eminim aynı isimde başka maceracılar da vardır."

"Eminim," dedi Arconn ama hâlâ düşünceli görünüyordu. "Tabii ki hiç tanımadığım bir sürü de maceracı var."

Alex eczacıya girdiğinde gördükleri karşısında şaşkına döndü. Dükkân, dışarıdan göründüğünden çok daha büyüktü ve içi, sıra sıra büyülü ve etkileyici eşyayla doluydu. Alex koridorlarda dolaştı ve o güne dek sadece kitaplarda okuduğu nesneleri topladı. Çok geçmeden, koca bir yığını dükkânın tezgâhına getirip bırakmıştı. Eczacı bundan memnundu ama yine de kaygılı görünüyordu. Alex almak istediği bazı nesnelerin, ölümcül değilse de tehlikeli olduklarının farkındaydı. Neyse ki bunları, –en azından çoğunu– nasıl kullanacağını biliyordu. Macerasında da elinin altında bunlardan mümkün olduğunca fazla stok bulunmasını istiyordu.

Alex malzemelerini topladığında, dükkân sahibine canlı bitki olup olmadığını sordu. Başını sallayan dükkân sahibi, Alex ve Arconn'u arka kapıdan geçirerek büyük bir seraya götürdü. İçerisi sıcak ve nemliydi, ilkbahar gibi kokuyordu. Alex, Arconn'un yardımıyla yeni serası için bazı bitkiler buldu ve bunları da dükkânın tezgâhında duran eşyalara ekledi.

"Garip bir seçim," dedi eczacı, Alex'in seçtiği eşyalara bakarak. "Diyebilirim ki ya şifacısınız ya da büyücü."

"İkisi de," dedi Alex.

Eczacı, Alex'e inanmayan bir bakış attı. "Peki, o zaman, size bunlardan herhangi birini satabilmek için asanızı görmem gerektiğini de biliyorsunuzdur."

Alex büyülü çantasına uzanırken "Nasıl isterseniz," dedi.

Gümüş ve altın işlemeli siyah asasını çıkarıp eczacıya gösterdi.

"Ah, evet, tabii ya." Eczacının yüzü kızardı. "Özür dilerim, Üstat Taylor, sizi tanıyamadım."

"Özüre gerek yok," dedi Alex. "Kim olduğumu nereden bildiniz?"

"Üstat Vankin bahsetmiş... yani, duymuştum, şey, işte..." diye kekeledi eczacı.

Arconn, Alex'e alçak sesle "Görünüşe göre şöhretin senden önde gidiyor," dedi.

"Sorun değil," diyen Alex, dükkân sahibini rahatlatmaya çalıştı. "Zararı yok."

Eczacı yutkunup konuştu. "Bakalım... Bu malzemelerden bazıları biraz pahalıdır. Satın almak mı, yoksa takas etmek mi istersiniz?"

"Takas mı?"

"Dükkânım için hep yeni malzemeler ararım," dedi eczacı. "Bazı eşyaları bulmak çok zor. Eğer isterseniz, eksik olan malzemelerin listesini size verebilirim."

"Güzel olur," dedi Alex. "Elimde takas edilecek şeyler olabilir, Bay…?"

"Ah, affedersiniz," dedi eczacı canlı bir sesle. "Kendimi tanıtmadım. Ben Treevander Fern."

"Bay Fern. Elimde ilginizi çekebilecek bir şey var." Alex büyülü çantasına tekrar uzanıp, artık küçük bir çalı kadar olmuş ejderboğan bitkisini çıkardı.

"Ah! Vay canına," dedi Bay Fern, gözleri büyümüştü.

"Bitkinin tamamını takas etmek istemiyorum," dedi Alex hemen. "Fakat bölüp yarısını sizinle paylaşabilirim."

"Çok naziksiniz," dedi Bay Fern içtenlikle gülümseyerek. "Ejderboğan bitkisini bulmak öyle zor ki. Bulsanız bile tek bir tohumu, en az on altın değerindedir. Çiçeği ise... eh, yıllardır hiç çiçeğini görmedim."

"Maalesef şu an elimde tohumu ve çiçeği yok," dedi Alex. "Eminim siz, iyi bir bakımla bu bitkiyi büyütürsünüz."

"Evet, evet, tabii ki," dedi Bay Fern. "İzninizle bir çömlek getireyim sonra fiyatını konuşalım."

Bay Fern bir çömlek bulmak için hızla uzaklaşırken Alex, Arconn'un sessizce güldüğünü duydu.

"Komik olan nedir?"

"Korkarım hazine dairen daha da genişleyecek," dedi Arconn.

"Niye?"

"Ejderboğan bitkisi, almak üzere ayırdığın malzemelerin tamamından çok daha değerlidir," dedi Arconn. "Küçük bir parçası bile eczacıyı zengin edebilir."

"Anladım," dedi Alex. "Nadir bulunduğunu biliyordum ama bu kadar değerli olduğunu düşünmemiştim."

Bay Fern hemen geri döndü. Gülümseyerek bir Alex'e, bir ejderboğan bitkisine bakıyordu.

Alex başını salladı ve bitkisini dikkatle iki büyük parçaya

ayırdı. Parçalardan birinden dökülen toprağı silkeleyip Bay Fern'e verdi.

Bay Fern, kendisine ait kısmı yeni bir çömleğe koydu. Eliyle üstündeki toprağı temizleyip, "Sanırım, bedeli üzerinde anlaşma yapmamız gerekiyor," dedi.

Alex başını salladı, Arconn'un bitkinin değeri hakkında söylediklerini göz önünde bulunduruyordu. Birkaç dakikalık konuşmanın ve Arconn'un bazı yorumlarının sonucunda Alex ve Bay Fern, bir ücrette anlaştılar. Alex, yeni aldığı malzemeleri büyülü çantasına koyarken, Bay Fern de Alex'e olan borcunu getirmek için arka tarafa gitti.

"Bu takastan kâr edeceğimi sanmıyordum," dedi Alex biraz utanarak.

"Makul bir fiyat ama," dedi Arconn. "Umuyorum ki Bay Fern, bu bitkiyle başarı kazanacak ve gelecekte ejderboğan böyle nadir olmayacak."

"İyi olur," diye onayladı Alex. "Çünkü bitkinin harika şifa güçleri var ve birçok iksirde işe yarıyor."

"Birkaç tanesini biliyorum," dedi Arconn. "Fakat iksir yapımında uzman olduğum söylenemez."

Bay Fern biraz sonra elinde iki torbayla geri geldi. "Her birinde yüzer altın var. Bitki büyüdüğü zaman bir bu kadar daha vereceğim."

Alex torbaları alırken "Çok cömertsiniz," dedi.

"Hiç de değil," dedi Bay Fern. "Uygun bir ücret bu, harika bir takas. Şimdi, bir bakalım. Evet, işte burada, dükkânımda her zaman rağbet gören malzemelerin listesi. Bunları bilinen diyarlardaki tüm eczacılarda takas edebilirsiniz. Ama takas için bunlardan herhangi birini bana getirebilirseniz minnettar kalırım."

Listeyi Bay Fern'den alan Alex, "Çok teşekkür ederim. Getireceğim. Hem Telous'a döndüğümde ejderboğanın ne durumda olduğunu da görürüm," dedi.

"Evet, tabii ki. Her zaman beklerim Üstat Taylor."

Alex asasını ve altınları çantasına koyup Bay Fern'e veda etti. Takastan memnundu. Ejderboğanın Bay Fern'de kalan kısmının büyüyüp serpilmesini umuyordu. Dükkândan çıkınca Arconn, Bay Fern'in listesine baktı.

"Takas bedellerini teklif edecek kadar ince düşünmüş," diyerek, listeyi Alex'e geri verdi. "Tüm eczacılar bu kadar dürüst olmaz."

"Meslek değiştirmeyi düşünmüyorsun, değil mi?" dedi Alex. "Eczacılara malzeme sağlayarak iyi para kazanılır gibi görünüyor."

Arconn güldü ama karşılık vermedi. Alex elbette Arconn'un büyülü çantasında fazlasıyla hazine bulunduğunu ve elf için paranın pek önemi olmadığını biliyordu. İkisi havadan sudan konuşarak Altın Kuğu'ya geri döndüler.

Akşam yemeği ve maceranın resmen başlaması için grubun geri kalanının dönmesini beklerlerken Alex, Arconn'a son macerasıyla ilgili daha çok şey anlattı. Karşılaştığı perilerden, maceranın başarıya ulaşmasında onlardan nasıl yardım gördüğünden bahsetti. Arconn bu hikâyeye güldü ve perilerden kimseye bahsetmeyeceğine söz verdi.

Alex'in hikâyesi bittiğinde "Demek Sindar'la tanıştın," dedi Arconn.

"Onu tanıyor musun?" diye sordu Alex.

"Hayır, biraz biliyorum, çünkü elfler arasında tanınmış biridir."

"Ben de öyle düşünmüştüm," dedi Alex. "Yaşlı olduğunu anladım, bir elfe göre bile fazla yaşlıydı."

"Gerçekten de öyle," dedi Arconn. "Sindar, bilinen diyarlarda bulunan elflerin en yaşlılarından biri."

Alex ve Arconn'un Sindar üzerine tartışması, grubun geri kalanının gelmesiyle yarıda kaldı. Thrang herkesi, o gün toplandıkları yemek odasına geri götürdü. Thrain daha önce hiç olmadığı kadar mutluymuş gibi görünüyordu. Alex onun, Bay Blackburn'de kendisi için mükemmel bir silah bulduğunu tahmin etti. Thrang masanın başındaki yerini alıp, Arconn'un soluna, Alex'in de sağına oturmalarını işaret etti. Topluluk yerleştiğinde Thrang boğazını temizledi.

"Maceramızın amacını hepiniz biliyorsunuz," dedi. "Aramızda, ilk kez maceraya çıkan bir kişi var. Bu yüzden hepinizden, ona mümkün olduğunca yardım etmenizi isteyeceğim. Ayrıca Üstat Taylor'ın elinde kayıp bir çanta mevcut ve onu Kazad-Syn kentinde yaşayan mirasçısına iade etmek istiyor. Seyahat sırasında oradan geçeceğimize ve Alex'e kayıp çantayı teslim etmek için zaman tanıyacağıma söz verdim."

Thrang duraksayıp sözlerinin sindirilmesini bekledi. Kayıp çantaların iade edilmesi bir maceracı için yeminli bir görev olduğu kadar, bir şeref ve taşıması gereken bir yüktü.

Bir süre sonra Thrang altın çanı çaldı. Ellerinde sürahilerle hizmetkârlar geldi. Tüm grubun maşrapalarını doldurup, sürahileri masada bırakarak çıktılar.

"Benimle birlikte içmenizi rica ediyorum," dedi Thrang maşrapasını kaldırıp. "Maceraya, sözleşmeye ve talihe."

"Maceraya, sözleşmeye ve talihe," diye tekrarladı grubun geri kalanı ve hepsi maşrapalarından içtiler.

Thrang, maşrapasını masaya koyarken, "Sabah Thraxon'a doğru yola çıkıyoruz," dedi ve yeniden zili çaldı. Anında hizmetkârlar yemekleri getirip bıraktılar ve çabucak çıktılar.

Alex yemek sırasında Thrang'e dönerek fısıltıyla, "Arconn ilk defa bir maceraya liderlik edeceğini söyledi. Senin macerana katılmaktan şeref duydum," dedi.

"Çok naziksin, dostum," dedi Thrang. "Bir maceraya liderlik edeceğimi ummazdım hiç. Ama Kral Thorgood ısrar etti."

"Bu demek oluyor ki yakın zamanda emekli olmayacaksın," dedi Alex gülümseyerek.

"Belki," dedi Thrang. "Tabii Skeld ve Tayo'nun izinden gidip kendime bir eş bulabilirim. Bir *mirasçı* düşünmemin zamanı geldi."

"Halfdan'a sakın bahsetme," diye güldü Alex. "Norsland'da Skeld ve Tayo'nun âşık hallerinden çok rahatsız olmuştu."

Thrang kıkırdadı ama cevap vermedi. Alex dikkatini yemeğine ve grubun geri kalanına verdi. Nellus, Alex'in son macerası hakkında birkaç soru daha sordu. Kat, Alex'in Whalen'le dostluğu hakkında daha fazla şey öğrenmek istiyormuş gibiydi. Asasını almadan önceki büyücülük faaliyetlerini öğrenmek istiyordu. Barnabus ve Thrain sadece dinliyor olmaktan memnunlardı, fakat Thrain sık sık heyecan içinde bir soru soruveriyordu. Yemeklerini bitirdikten sonra kapıya ve yataklarına doğru yöneldiklerinde Alex, Nellus'u bir köşeye çekti.

"Tara nasıl?" diye sordu alçak sesle.

"Seninle tanıştıktan sonra daha mutlu biri oldu dostum," dedi Nellus, gözleri parlayarak. "Birinin böyle değişim geçirdiğini hiç görmemiştim, çok memnun oldum."

"Ben de," dedi Alex.

Hızlanıp çoktan yemek salonundan çıkmış olan grubun kalanına yetiştiler. Alex, Thrain'le aynı odada kalacaktı ve ikisi de bundan memnundu.

Yataklarına tırmanırken Alex, "Heyecanının seni ele geçirmesine izin verme," dedi. "Sakin olmaya çalış ve sana söylenenlere çok dikkat et."

"Kâhin de aynen bunları söylemişti," diyerek güldü Thrain. "Çok heyecanlıyım! Umarım iyi iş çıkarırım. Bu macera başarıyla sonuçlanırsa, büyükbabam çok memnun olacak."

"İyi işler çıkaracağına eminim." Alex, yatağının yanındaki lambayı kapadı. "Başarıya ulaşacağımızdan da eminim."

Thrain'de yorgunluk belirtisi yoktu. "Gerçekten böyle mi düşünüyorsun?" diye sordu ve konuşmaya devam etti: "Yani bu kadar tecrübeli maceracılar varken herhalde başarılı oluruz ama biraz endişeliyim. Ya Arayış Yüzüğü sonsuza dek kaybolmuşsa?"

"Uyu hadi!" dedi Alex yumuşak bir sesle. "Yüzük, Thrang'in tahmin ettiği yerde mi, yakında öğreneceğiz."

"Eh, evet, herhalde," dedi Thrain, kendi lambasını kapatırken. "Ama ya *hiç* hazine bulamazsak?"

"Bulacağımız hazinenin miktarının, maceranın başarısıyla ilgisi yok," dedi Alex katı bir sesle. Sonra sesini yumuşattı. "Ama merak etme, *bir miktar* hazine bulacağımızdan eminim."

Thrain karşılık vermedi ama Alex onun hâlâ uyanık olduğunu biliyordu. Thrain'in heyecanını ve başarılı olma azmini anlıyordu. Kendisi de aynı hisleri duyuyordu fakat o, hazineden çok Thorgood için Arayış Yüzüğü'nü bulabilmeyi önemsiyordu. Thrang, Alex'in en iyi dostlarından biriydi ve onun liderlik yaptığı ilk maceranın üstün bir başarıyla sonuçlanmasını istiyordu.

ÜÇÜNCÜ BÖLÜM

THRAXON

Alex ertesi sabah erkenden uyandı. Thrain'i uyandırmamak için odada sessizce hareket ediyordu. Yeni serasını incelemek için büyülü çantasının içine girdi. Tüm bitkilerin yeni yuvalarına uyum sağladığını görünce mutlu oldu. Serayı düzenlemesi biraz zaman aldı. İşi bittiğinde büyülü çantadan çıktı ve Thrain'i dürtüp uyandırdı.

"Kahvaltı zamanı," dedi ona.

"Bu kadar erken mi?" diye sordu Thrain uykulu uykulu. "Daha yeni uyumuştum." Yatağından inip bitkin halde lavaboya gitti. Thrain'in coşkusu henüz uyanmamış gibiydi ama Alex, kahvaltıda o heyecanın geri geleceğini biliyordu. İlk macerasında o da böyle hissetmişti.

Odadan çıkmak üzere hazırlanırlarken Alex, Thrain'e, yeni aldığı büyülü çantasını unutmamasını söyledi.

"Unuttuğuma inanamıyorum," diyen Thrain, başını iki yana sallayıp yemek salonuna doğru yürüdü. "Bunu kimseye söyleme."

"Söylemem," dedi Alex.

Alex ve Thrain içeri girdiklerinde, Thrang ve Arconn çoktan yemek masasına oturmuş, bekliyorlardı. Biraz sonra Kat, hemen ardından da Nellus ve Barnabus içeri girdi. Thrang mutlu, biraz da gergin görünüyordu. Yerine otururken Alex ona bakıp gülümsedi ve camdan dışarıya, karanlık gökyüzüne bir bakış attı.

"Erken başlıyoruz ha?" dedi.

Thrang, kahvaltıyı getirtmek için çanı çalarken, "Erken başlangıçlar her zaman en iyisidir," dedi.

Yemek yerken "Maceramıza nereden başlayacağız?" diye sordu Nellus.

"İlk önce Kral Thorgood'un şehri Benorg'da konaklayacağız," dedi Thrang. "Arayışımıza başlamadan önce hepinizle tanışmak istiyor."

"Nasıl bir grup topladığını mı kontrol etmek istiyor?" diye sordu Arconn kurnazca.

"Hayır," dedi Thrang hemen, gülümsemesi biraz silindi. "Sizinle tanışmak istiyor sadece. Sonuçta macera onun himayesinde."

"Thorgood iyi bir kral mı?" diye sordu Kat, yüzünde düşünceli bir ifade vardı.

"Tabii ki iyi bir kral," dedi Thrang. "Benorg'un ve cüce diyarının gördüğü en iyi krallardan biri."

Kat, "Yanlış anlamayın," dedi.

Alex merakla Kat'e baktı. Kat'in bir kâhin olduğunu biliyordu ama sorusu, ona biraz garip gelmişti.

"Benorg'a ulaşmamız ne kadar sürecek?" diye sordu Thrain, sesi yeniden heyecanla dolmuştu.

Thrang dalgın dalgın, "Beş, belki altı gün," diye cevap verdi.

Barnabus sandalyesini masadan iterek uzaklaştırırken, "Bize Albrek'in mezarını tam olarak nerede arayacağımıza dair çok az şey anlattınız," dedi. "Biraz daha anlatabilir misiniz?"

Thrang yine kaygılı görünüyordu. "Dediğim gibi, Albrek'in mezarının bulunabileceği üç olası yer var. Fakat bu mekânlar haritada gösterilmiyor ve ben de nerede olabileceklerine dair kulaktan dolma bilgilere sahibim."

"Bu nedenle grubumuzda bir kâhin de var," diyen Arconn, başını hafifçe eğip Kat'i selamladı.

Thrang de başını salladı. "Kral Thorgood, bilgi toplamak için Benorg'un kütüphanelerini ve arşivlerini araştıran bir ekip kurdu bile. Benorg'a vardığımızda Albrek'in yolculuğuna dair çok daha fazla bilgi edineceğimizi umuyorum."

Yemek ve tartışma sona erdiğinde grup, Altın Kuğu'dan ayrılmak üzere hazırlandı. Alex, Nellus ve Barnabus ile birlikte ahıra gidip atları getirdi. Bu sırada grubun geri kalanı meyhanenin önünde bekledi. Birazdan, atlarının üzerinde güneye, Büyük Kemer'e doğru yola çıkmışlardı. Thrang ve Arconn önden gidiyor, Alex ve Kat hemen arkalarından geliyorlardı.

"Sıkıntılı görünüyorsun," dedi Kat sessizce Alex'e.

"Meraklı diyelim. Kral Thorgood hakkında neden o soruyu sorduğunu merak ediyorum."

"Birçok kral tanıdım," diye karşılık verdi Kat. "Bazıları iyiydi, bazıları idare ederdi, bazılarıysa kötüydü."

"Sen de şehrine varmadan önce Thorgood'un nasıl bir kral olduğunu öğrenmek istedin," dedi Alex başını sallayıp.

"Evine gitmeden önce ev sahibi hakkında bir şeyler bilmek iyidir."

Alex, Kat'in grupta olmasından memnundu. Kâhinler, çoğu zaman büyücülerin bile göremedikleri şeyleri görürdü. Ve Alex, Kat'in meseleleri etraflıca düşünen, zeki biri olduğunu anlayabiliyordu. Kral Thorgood'a gösterdiği ilgi, Alex'i de düşündürmüştü. Whalen bir keresinde Alex'i, kralların ve lordların en karanlık emellerini, çoğu zaman kendilerine en yakın olanlardan bile sakladıkları konusunda uyarmıştı. Alex, Thrang'e güveniyor ve onun asla kötü bir kral için maceraya atılmayacağını biliyordu. Fakat yine de eğer başarıyla saklıyorsa, kralın içinde gizlediği kötülüğü Thrang'in görebileceğinden emin değildi.

Yola devam ederlerken Alex, Thrang'e, "Benorg'un kütüphaneleri hakkında bize anlatabileceğin başka bir şey var mı?" diye sordu.

"Büyük olduğunu söyleyebilirim."

Alex "Oradaki kayıtlar hangi dilde?" diye sordu.

Thrang "Farklı dillerde kayıtlar var. Çoğu cücece, ama elfçe yazılanlar da mevcut," diye yanıt verdi.

Alex elfçeyi kolayca okuyabiliyordu çünkü harfler büyü harflerine çok benziyordu. Son macerasının ardından cüce alfabesini biraz çalışmıştı ama öğrenmesi zor bir dildi; hele yanınızda cücece konuşup yardım edecek biri yoksa.

Büyük Kemer'e doğru devam ettiler. Alex yeni bir maceraya başlıyor olmaktan mutluluk duyuyordu. Nellus ve Barnabus'un arasında at süren Thrain'in heyecanlı sorularını dinlemek hoşuna gidiyordu. Ondan daha yaşlı olan iki maceracının, genç cücenin sorularına aynı hızla cevap verme çabaları, Alex'i gülümsetiyordu.

Topluluk öğle yemeği için durduğunda, Alex pınara gidip su şişelerini doldurdu. Geri geldiğinde, Barnabus öğle yemeğini pişirmekle uğraşıyordu. Alex, Thrang'in onu dikkatle izlediğini fark etti. Alex'in ilk macerasında Thrang aşçıydı. Şimdi onu kamp ateşinin etrafında dolanıp dururken görmek Alex'i yüksek sesle güldürmüştü.

"Aşçılığı özlemiş misin?" dedi.

"Eski alışkanlıklar hiç kaybolmaz," diye cevap verdi Thrang, biraz çekingen görünerek.

"Eğer kendin yapmak istiyorsan söylemen yeter," dedi Barnabus.

"Yo, yo, yo, hiç de değil," dedi Thrang hemen. "Maharetini duymuştum, Barnabus. Aşçılığı senin yapmandan memnunum."

"Çok naziksin. Belki bu kararı vermeden önce, yemeğin tadına bakana kadar beklemelisin."

Hepsi güldü. Fakat kaygılanacak bir şey yoktu. Barnabus mükemmel bir aşçıydı, Thrang de bunu özellikle belirtti.

"Peki o zaman," dedi Thrang yemeğini bitirdiğinde. "Yiyeceklerimizi paylaşıp silahlarımızı kuşanmadan önce birkaç açıklamam daha olacak. İlk olarak, yolculuğumuzda standart macera kurallarına uyacağız. Eğer birisi kaybolursa, alışıldığı üzere, onu on üç gün boyunca arayacağız. On üç günden sonra kayıp kişi ya da kişiler, onlar için en doğru olanı yapmakta özgürdür. İkincisi, görevimiz Thraxon'da pek bilinmiyor;

kimseye bundan bahsetmemeniz gerektiğini hatırlatmalıyım. Kalabalık yerleşim bölgelerinden geçeceğiz, görevle ilgili konuşma isteği duyabilirsiniz."

"Özellikle de yakınlarıyla buluşanlar," dedi Arconn, Thrain'e bakarak.

"Evet, o da var," diye onayladı Thrang. "Seyahatimizin çoğu cücelerin yaşadığı topraklarda geçecek, fakat yolculuğumuz sırasında çok sayıda insanla ve belki de elflerle karşılaşacağız."

"Thraxon'da çok insan ve elf var mı?" diye sordu Alex.

"İnsanlar, elflerden daha çok. Thraxon'un elfleri pek sıcakkanlı değildir ve Arconn kusuruma bakmasın, biraz gizemlidirler."

"Kaynaşmak konusunda isteksizdirler, diyelim," dedi Arconn.

"Kaynaşmak konusunda isteksizdirler, o zaman," diye tekrarladı Thrang. "Önemli son bir şey daha var: Unutmayın, grubun bir üyesinin şerefi, hepimizin şerefidir. Onurumuzdan şüphe duyacak ya da bunu sınayacak kişilerle karşılaşabiliriz. Sizden ricam, böyle bir durum söz konusu olduğunda, birbirimize arka çıkmamızdır."

"Çok naziksiniz, Üstat Silversmith. Ama korkarım ki şüphe duyulacak tek kişi ben olurum," dedi Kat, hüzün ve gururla karışık bir sesle konuşmuştu.

"Thraxon'un bazı bölgelerinde kâhinlerin, olması gerektiği gibi saygı görmediklerini inkâr edemem," dedi Thrang, eğilip Kat'i selamlayarak. "Fakat siz bu grubun bir parçasısınız; onurunuzun sınanmasına müsaade etmem."

Grubun geri kalanı da onu destekledi. Kat gülümseyip nezaketlerinden dolayı hepsine teşekkür etti.

"Şimdi, yiyeceklerimizi paylaşalım ki herkesin çantasında bolca bulunsun," dedi Thrang. "Sonra da silahlanıp maceramıza doğru yol alacağız."

Thrang'in sözlerine sevinç naralarıyla karşılık verdiler ve çabucak paketleri birbirlerine vermeye başladılar. Alex, grubun yiyeceğinin çoğunu taşıdığı anlaşılan Thrang ve Barnabus'un verdiği birkaç koliyi kabul etti. Ancak çantasında, daha ilk macerasından kalma epey yiyecek vardı ve hiçbirinin bozulmamış olmasına şaşırmamıştı.

Thrang ve Arconn, yeni büyülü çantasına kolileri doldurabilmesi için Thrain'e yardım ederlerken, Alex silahlara yöneldi. Sihirli kılıcı Ay Katili'ni ve som gümüş bıçağını kuşağına yerleştirdi. Derin bir nefes alarak asasını da çantadan çıkardı. Daha önce hiçbir macerada asa taşımamıştı, bu yüzden şu an kendini biraz garip hissediyordu.

"Asan güzel görünüyor," diye yorum yaptı Arconn. "Böylesini hiç görmemiştim."

"Çoğu asadan farklı," dedi Alex.

"Yeminini ederken keşke ben de yanında olabilseydim," dedi Thrang, o da Alex'in asasına bakıyordu. "Halfdan bahsetmişti ama yine de..."

"Geçen maceramda ikinizi de özledim," dedi Alex. "Ama neyse ki bu kez birlikteyiz."

"Umarım bu sefer de, son maceradaki kadar başarılı oluruz," dedi Thrang.

Alex başını salladı, sonra grubun geri kalanının nasıl silahlandığını görmek için dönüp baktı. Nellus kuşağına uzun bir kılıç asmıştı ve bir yay taşıyordu. Barnabus da kısa bir kılıçla orta büyüklükte bir balta almıştı. Kat'te ise hem ustalıkla üretilmiş bir pala hem de bir yay vardı. Arconn ve Thrang'de, Alex'in ilk maceradan hatırladığı silahlar bulunuyordu: Arconn uzun yayı ve hançerini, Thrang baltası ve kısa kılıcını kuşanmıştı. Thrain de kemerine kısa bir kılıç takıyordu, sırtına tatar yayını asmıştı bile.

"Epey korkutucu görünen bir ekip," dedi Thrang gururla.

"Çok korkutucu," dedi Arconn. "Fakat Büyük Kemer'e bu kadar yakınken bir tehlikeyle karşılaşacağımızı sanmıyorum."

"Pek mümkün değil," dedi Thrang. "Ama hazırlıklı olmak her zaman iyidir."

Alex ona hak verdi. Bir yandan da, fazla tehlikeli olmayan bir düşmanla karşılaşmalarının kötü olmayacağını düşünüyordu. Bu sayede grup olarak birlikte, nasıl savaşabileceklerini görme imkânı olurdu.

"O zaman, hazırsak," dedi Thrang, "Thraxon'a doğru sürelim atlarımızı ve başarı elde etmeyi umalım."

Grubun geri kalanı "Başarı!" diye haykırıp ortalığı inletti.

Büyük Kemer'e doğru at sürdüler. Alex, asasıyla beraber ata binmeyi başta biraz garip bulmuştu ama kısa sürede alıştı.

Kemer'den geçtiklerinde Alex, Thraxon'un daha önce gördüğü ülkelerden farklı olduğunu hemen anladı. Tepeler bir anda, çok yüksek ve zirveleri sipsivri dağlara dönüştü. Dağlık alana yayılmış, uzun çam ağaçları vardı. Alex, ağaçların kök salabilmesine ve çıktıkları dar alanların, ağaçların ağırlığından çökmemesine şaşırmıştı. Altlarındaki yol iyi yapılmıştı ve dağların etekleri boyunca güneye uzanıyordu.

"Bunlar Thraxon'un Boz Dağları mı?" diye sordu Alex.

"Evet," diye cevap verdi Thrang. "Boz Dağlar büyüktür. Ama Kemer ile Benorg arasında başka cüce şehri yoktur."

"Peki ya dağlarda yaşayan başka canlılar?" diye sordu Arconn.

"Hangi canlılar?" dedi Thrang.

"Goblinler," diye karşılık verdi Alex, Arconn'un ne düşündüğünü biliyordu.

"Bildiğim kadarıyla burada goblin yok," dedi Thrang. "Thraxon'da goblinler vardır ama çoğunlukla güneyde ve batıda, uzaklarda kalan Mavi Dağlar'da bulunurlar."

"Fakat goblinler hareket halinde olur ve görülmek istemezlerse kimse onları göremez," dedi Arconn.

"Doğru," diyerek onayladı Thrang. "Ama halkım, diğerlerinden daha dikkatlidir."

Alex, Thrang'in haklı olmasını umuyordu. Son macerasında o şeytani yaratıklarla savaşmıştı ve daha fazla goblinle karşılaşmak istemiyordu. Dağların kıyısında, at sırtında yol alırlarken, Alex manzarayı ve çevrenin engebeli güzelliğini seyrediyordu. Dağlar, içlerinden derin ırmakların aktığı yeşil vadilerle ve küçük derelerin geçtiği daha dar vadilerle bölünmüş, doğal ve eğri büğrü bir duvar oluşturmuştu. Nehirlerin ve derelerin üstünde ustaca yapılmış taş köprüler vardı. Çayırlarda sular batıya doğru akıyordu. Alex, bunların uzakta bir yerde birleşip birleşmediğini merak etti.

Thrang'in önderliğinde ilerlerken pek konuşmuyorlardı. Thrain bile, soru sormak yerine kırların yanlarından geçişini seyretmekten memnun görünüyordu. Güneş sağ taraflarında, çayırların üzerinden battığında Thrang, derelerden birine yakın bir açıklıkta grubu durdurdu.

"Bu kamp alanını pek çok kez kullanmışımdır," dedi. "Thraxon'da yaşayan birçok maceracı var. Kemere giderken ya da oradan dönerken hepimiz aynı kamp alanlarını kullanırız."

"Sık kullanılan kamp alanları her zaman iyi bir seçenek olmayabilir," dedi Arconn.

"Bir şey mi seziyorsun?" diye sordu Thrang endişeyle.

"Hayır," dedi Arconn ve devam etti: "Sadece böyle bir kamp alanının, haydutlara açık hedef olabileceğini düşündüm."

"Haydutlar bu kamp alanlarından birine daha önce saldırmış olsaydı, haberim olurdu," dedi Thrang, başını iki yana sallayıp.

Atların bakımını yapıp kamp kurduktan sonra Thrang, Thrain'i eliyle yanına çağırdı. Alex, Thrang'in kamp ateşi için dal toplayışını izledi. Thrang'in, genç cüceye sihirle nasıl ateş yakılıp söndürülebileceğini öğretmek istediğini biliyordu. Kendisinin bu sihri ilk kez denediği zamanı ve eğitimsiz sihrinin, dal yığınına ne yaptığını hatırladı.

"Sakalına dikkat et," dedi Alex, Thrang'e gülümseyerek.

"Buna gerek olacağını sanmıyorum," dedi Thrang, sakalını sıvazlayıp. "Genç Thrain'in senin gibi sakalımı tutuşturmayacağına eminim."

Thrain şaşkınlık içinde, "Sen Thrang'in sakalını mı yakmıştın?" diye sordu.

"Sakalını yakmadım," dedi Alex. "Inferno büyüsünü biraz abarttım, sonuç olarak Thrang'in umduğundan daha büyük bir ateş çıktı."

"Sana açıkça anlatmamıştım, benim hatamdı," diyen Thrang güldü. "Ama tahmin etmeliydim, senin yeteneklerini daha o zamandan biliyorduk çünkü."

"Sen bilebilirdin ama benim şüphelerim vardı," dedi Alex. "Thrain'in de büyü yeteneği olduğundan haberim yoktu."

"Sadece basit cüce büyüsü," dedi Thrain, utanmış görünerek.

"Sadece mi?" dedi Alex. "Büyü, büyüdür. Hepsinin kökeni aynıdır. Eğer tüm cüce büyülerinde ustalaşırsan zaten epeyce büyü öğrenmişsin demektir."

"Giderek daha çok *büyücü gibi* konuşuyorsun," dedi Thrang, başını iki yana sallayıp. "Yakında seni anlamak, Arconn'u anlamaktan bile zor olacak."

Alex güldü ve geriye doğru bir adım attı. Thrang'in, Thrain'e *inferno* ve *quench* büyülerinin nasıl yapıldığını göstermesini izledi. Thrain gördüklerinden etkilenmişti. Thrang, genç cüceye tek bir dala odaklanmasını söylerken, Alex gülümsedi. Kendisi ilk defa bu büyüyü denerken Thrang, bunu belirtmemişti.

Thrain, birkaç dakika hareketsiz durup konsantre oldu. Sonunda dallardan birini parmağıyla gösterip sihirli kelimeyi söyledi. Daldan cılız bir duman yükseldi ama esen meltemde hemen sönüverdi. Thrain hayal kırıklığına uğramış görünüyordu fakat Thrang çok mutlu olmuştu.

"İlk deneme için fena değil. Büyü yapmayı öğrenirken, ateş çıkarabilmek için birkaç sefer denemek gerekir."

"Ama sadece ufak bir duman çıktı," dedi Thrain keyifsiz bir sesle.

"Belki yeterince konsantre olamamışsındır," dedi Alex.

"Belki de," diye onayladı Thrang. "Bir daha dene ve bu kez tamamen büyüye odaklan."

Thrain, onun dediğini yapıp gözlerini kapadı. Alex, Thrang'e göz kırptı ve Thrang derhal geriye doğru bir adım attı. Kısa süre sonra Thrain gözlerini açtı ve yine parmağıyla dalı işaret ederek büyülü kelimeyi söyledi. Bu kez, kelime daha dudaklarından çıkar çıkmaz alev belirdi.

"Tebrikler," dedi Thrang. Thrain ona bakmıyorken Alex'in göz kırpmasına aynı şekilde karşılık verdi. "Çok etkileyici. Şimdi de *quench* büyüsünü dene."

Thrain, bir kez daha söyleneni yaptı; kelime ağzından çıktığında ateş, bir an çıtırdayıp söndü. Thrain kendinden ve yeni yeteneğinden memnun olarak hemen ateşi tekrar yaktı. Alex, genç dostuna gülümseyip ne kadar iyi iş çıkardığı konusunda onu övdü.

"Ona yardım etmemeliydin," dedi Thrang alçak sesle, Alex'e.

"İlk sefer yardım ettim sadece," dedi Alex. "Biraz özgüvene ihtiyacı vardı, hepsi bu."

"Peki ya *quench* büyüsünde?" diye sordu Thrang.

"Biraz yardım ettim. Özgüveni arttıkça, büyüyü kendi kendine yapar hale gelecek."

Thrang, yüzünde gülümsemeyle, "Yine de yardım etmemeliydin," dedi.

"Neden?" diye sordu Alex. "İlk seferinde sen de bana yardım etmiştin?"

"Kesinlikle öyle bir şey yapmadım," dedi Thrang, bu iddia onu şaşırtmış gibiydi.

"Farkında olmasan da yardım ettin. Kendime inanmadığım zamanlarda bile sen, yapabileceğime inandın."

Ateşe doğru gelen Arconn, "Nöbet tutacak mıyız?" diye sordu.

"Kemer'in bu kadar yakınındayken pek gerek yok," dedi Thrang. "Ama ne olur ne olmaz, tutarsak akıllıca olabilir."

"Hiç olmazsa sonrası için hazırlık olur," dedi Alex.

Thrang bunu bir süre düşündü ve sonra, gerçekten de nöbete şimdi başlamalarının en doğrusu olacağına karar verdi. Alex kurada, her zamanki şansıyla ilk nöbeti çekti ve bundan mutlu oldu. Tecrübelerinden biliyordu ki Arconn da onunla oturacaktı, dostuyla vakit geçirebilmek için sabırsızlanıyordu.

DÖRDÜNCÜ BÖLÜM

BENORG

Yolculuklarının beşinci gününde yol doğuya, dağların arasına doğru döndü ve dar, yeşil bir vadiden gürültüyle akan, büyük bir ırmağı takip etmeye başladı. Çok sayıda etkileyici ve coşkun şelaleye sahip olan ırmak, büyük kayaların arasından yılan gibi kıvrılıyordu. Şelalelerin bazıları yola o kadar yakındı ki, onu, nemli bir sis perdesiyle örtüyorlardı. Yol neredeyse ırmak kadar kıvrılıp dönüyor, fakat hep su kıyısının yakınından geçiyordu.

Alex, ırmağın gürültüsünde sesini duyurmaya çalışarak "Bu köprüleri halkınız mı inşa etti?" diye sordu Thrang'e.

"Evet, öyle," diye seslendi Thrang, omzunun üstünden. "Kral Thorgood bu yolun sahibi ve köprünün bakımlı olması konusunda ısrarcı. Sonuçta bu yol, onun başkentine gidiyor. Taş köprüler, ziyaretçilere iyi bir izlenim verir ve ticaret için gereklidir."

"Halkınız, başka ülkelerle ticaret yapıyor mu?" diye sordu Kat.

"Evet, ticaret giderek artıyor," diye cevapladı Thrang. "Kral

Thorgood, bilinen tüm ülkelerle serbest ticaret yapmaya çalışıyor."

"Herhalde başarılı oluyordur," dedi Arconn.

"Dürüst ticaret, başarı getirir," dedi Thrang.

Alex, Benorg'da ve ötesinde onları nelerin beklediğini merak ediyordu. Thraxon, bilinen diyarların en büyüklerinden biriydi ve *Maceracının El Kitabı*'nda diğer ülkelerden daha detaylı bir haritası vardı. Alex bu haritayı inceleyerek biraz zaman geçirmiş, kendisinin ve grubun seyahat edeceği bu topraklar hakkında bilgi edinmeye çalışmıştı. Benorg'un, Boz Dağlar'ın kalbinde yer aldığını ve pek çok yolun oraya çıktığını biliyordu. Fakat Thraxon topraklarının çoğu –en azından haritanın gösterdiğine göre– Benorg'un doğusunda ve güneyinde kalıyordu.

Gün, –öğle yemeği için durdukları zaman hariç– fazla konuşmadan geçti. Kat, Thorgood hakkında birkaç soru daha sordu. Alex onun, kralla tanışma konusunda hâlâ endişeli olduğunu biliyordu. Kendisi de öyleydi. Zihnini rahatlatmaya çalıştı fakat Kat'in kaygıları, huzur bulmayı başardığı anlarda bile onu etkiliyordu.

Thrang onları durdurduğunda, güneş batıda epey alçalmıştı. Önlerinde geniş bir vadi uzanıyordu. Arazinin düzenli ve küçük çiftliklere bölünmüş olduğunu görebiliyorlardı. Yol, tarlaların arasından uzanıyor ve taştan yapılmış büyük şehre doğru dönmeden önce, büyük bir taş köprüden geçiyordu.

"Dostlarım, Benorg'a hoş geldiniz!" diyen Thrang, eyerinin üstünde dönüp gruptakilere gülümsedi. "Burası, cüce diyarının bir mucizesidir."

Yeniden ilerlemeye başladıklarında Alex, "Cücelerin toprağın bu kadar üstünde, yüksek şehirler kurduklarını bilmiyordum," dedi.

"Benorg, cüce şehirlerinin çoğundan farklıdır. Şehrin görebildiğin kısımları çok eski değil. Binlerce yıllık eski şehrin üzerine ve etrafına inşa edilmiş durumda. Yaklaştığımızda, işçilikteki farkları görebilirsin," dedi Thrang.

Parlak ve som gümüşten zırhlara bürünmüş cüce muhafızların üzerinde nöbet tuttuğu köprüye doğru ilerlediler. Thrang'i tanıyan muhafızlar, grup yaklaştığında, karşılama göstergesi olarak mızraklarını aşağı indirdiler.

Thrang onları doğruca cüce şehrinin merkezine götürürken gördüğü bazı tanıdıklarına el sallıyordu. Cücelerin çoğu el sallayarak ya da kadehlerini ona doğru kaldırarak karşılık veriyordu. Anlaşılan Thrang, Benorg'da epey tanınmış biriydi. Kentin toprak üstündeki kısmında atlara izin veriliyordu. Böylece taş döşeli sokaklardan atlarla geçerken, gördükleri cücelere gülümseyip onları başlarıyla selamlıyorlardı.

Şehrin en yükseği gibi görünen binaya geldiklerinde Thrang onlara, yanda birkaç cücenin, atları kraliyet ahırlarına götürmek üzere hazır bekledikleri yeri işaret etti. Alex, eğilip selam veren cüceye Shahree'nin koşumlarını verdi ve atını rahatlatmak için kulağına fısıldadı.

"Kral Thorgood bizi bekliyor," dedi Thrang, diğerlerine endişeyle bakarak. "Sanıyorum, şerefimize bir akşam yemeği verilecek."

"Ya Thorgood'un gözü bizi tutmazsa?" diye sordu Arconn.

"Tutar," dedi Thrang, kaşlarını çatıp Arconn'a bakarak.

"Cüceler, elfleri pek hoş karşılamaz," dedi Arconn.

"Endişelenecek bir şey yok," diye cevap verdi Thrang. "Thorgood, maceralar ve grubun karışık olmasının önemi hakkında çok şey bilir."

"Kral Thorgood da maceracı mıydı?" diye sordu Thrain.

Thrang kaşlarını çatmaya devam ederek, "Hayır, ama zamanında birçok maceracıyla tanışmıştı," diye karşılık verdi. "Mesleğimize çok iyi gözle bakar ve nazik, cömert bir ev sahibidir."

"Öyleyse önden buyur," dedi Arconn, Thrang'i selamlayarak. "Ev sahibimizi bekletmek kabalık olur."

Thrang bir şey demedi ama kaşları artık daha az çatıktı. Büyük binaya döndü ve önden yürüdü, bir yandan üstünü başını düzeltiyordu.Alex'le göz göze gelen Arconn, ona çabucak göz kırptı.

Thrang'i takip ederek, başka muhafızların hazır olda beklediği büyük bir giriş salonuna geldiler. Thrang onlara yaklaşınca, muhafızlar eğilip selam verdiler ve sorgusuzca grubun geçmesine müsaade ettiler. Alex hayretle binanın içini seyrediyordu. Bina aslında yüksek duvarlarla çevrili park gibi, havuzlar ve ağaçlarla kaplı, üstü açık bir alandı. Açıklığın ortasında küçük bir köşk vardı ve Kral Thorgood köşkün önünde duruyordu.

"Hoş geldiniz, dostlarım, hoş geldiniz," dedi Thorgood, kraliyet köşkünün merdivenlerinden gülümseyerek iniyordu. "Zamanlaman çok iyi, Thrang; bu kadar çabuk dönmeni beklemiyordum."

"Şans benden yanaydı, topluluğun üyelerini hemen toplayabildim," dedi Thrang, kralın önünde eğilerek.

"Ne topluluk ama," dedi Thorgood. Thrang'in omzunun üstünden, geri kalanlara bakıyordu. "İyi ki dost olarak gelmişsiniz, yoksa Thrang çok korkutucu bir savaşçı grubu kurmuş."

"İzninizle, majesteleri," dedi Thrang, yürüyüp kralın yanına geçti. "Size yol arkadaşlarımı tanıtmama izin verin."

Thorgood "Evet, tanışma faslına geçsek iyi olur," dedi ve Thrang'e doğru yaklaştı. "Köşk, taht odasından daha rahat olur diye düşündüm. Burası öyle boğucu ve resmi değil. Hem burada daha az lord var, lordlar nasıldır bilirsin."

Alex ve diğerleri, çabucak Thrang'in ve kralın önünde sıraya girdiler. Alex, Thrain'in aşırı derecede huzursuz göründüğünü şaşkınlıkla fark etti. Sonuçta Thrain'in dedesi, Vargland cüce diyarının kralıydı; Alex onun asillerle ve diğer önemli kişilerle görüşmeye alışkın olacağını düşünmüştü.

Thrang sırayla ilerledi ve gruptakileri teker teker krala tanıtıp maceracılıktaki başarıları hakkında bir şeyler söyledi. Alex, Thrang'in Kat, Nellus ve Barnabus hakkında anlattıklarını dikkatle dinledi, zira kendisi de onları fazla tanımıyordu. Thrang, Alex'i tanıtırken Thorgood, onun başarılarını anlatmasına kalmadan sözünü kesti.

"Genç büyücü," dedi Thorgood, Thrang'e kısa bir bakış atıp. "Senin ve Halfdan'ın hep bahsettiği..."

"Ta kendisi," diye yanıtladı Thrang, Alex'e gülümseyerek.

"Büyük bir şeref," dedi Thorgood, Alex'in önünde eğilerek. "Thrang'in bu macera için bir büyücü bulmasını ummuştum ama onun siz olacağınızı ummaya bile cesaret edememiştim."

"O şeref bana ait, yüce kral," dedi Alex, Thorgood'un önünde eğildi. "Üstat Silversmith beni bu maceraya davet etme inceliğini gösterdi. Adaletli şehrinizde bulunduğuma çok memnun oldum."

"Evet, eh işte, elimizden geleni yapıyoruz," dedi Thorgood gülerek. "Vakit kalırsa Thrang ve Halfdan'ın hikâyelerinin gerçek halini anlatırsın belki bana."

"Benim için zevk ve şeref olur, yüce kral. Fakat Thrang ve Halfdan'ın hikâyelerinde tamamen dürüst olduklarına eminim," diye karşılık verdi Alex.

"Şüphesiz öyledir. Ama hikâyeleri farklı bir bakış açısından dinlemek her zaman iyidir."

Gururlu ve memnun görünen Thrang sıra boyunca ilerlerken Alex, Thorgood'un önünde bir kez daha eğildi. Sıra Thrain'e geldiğinde Thorgood yine durdu ve ona Vargland'daki babası hakkında sorular sordu.

Tanışma faslı bittikten sonra Thorgood, köşküne dönüp alçak sesle Thrang'e bir şeyler söyledi. Görünüşe göre Thrang de kralla aynı fikirdeydi, grubun yanına dönerken gülümsüyordu.

Thorgood, köşkte yerini aldığında "Resmi işleri hallettiğimize göre, izninizle artık size birer kadeh içki ikram edeyim," dedi. "Bu akşam ziyafet çekip şarkılar söyleyeceğiz ve yarın işinize başlayacaksınız."

Sözünü bitirdiğinde ellerini çırptı. Düzinelerce cüce, duvarlarla çevrili alanın farklı yerlerinden çıkageldi. Alex ve yol arkadaşlarının hayret dolu bakışları karşısında birkaç yuvarlak masa hazırlayıp üzerlerini yemeklerle donattılar. Bir düzine daha masa ve bunların sandalyeleri kuruldu, her bir masanın ortasına gümüş lambalar yerleştirildi.

"Benorg'da eski bir cüce âdetidir; dostlar küçük topluluklar halinde bir araya gelir, böylece geleneksel ziyafetlerin resmiyeti olmadan kaynaşabilirler," diye açıkladı Thrang. "Thorgood bizim, halkıyla kaynaşmamızı istiyor, böylece bizi tanımak için fırsatı olacak."

"İlginç bir gelenek," dedi Nellus. "Memleketimde de buna benzer bir şey yaparız ama bu kadar büyük ölçekte değil."

"Peki o zaman, kaynaşalım madem," dedi Barnabus gülümseyerek. Diğerlerinden uzaklaşıp, yemeklerle dolu ana masalardan birine yöneldi.

Alex çok geçmeden, Benorg'da neredeyse efsaneye dönüşmüş olduğunu fark etti. Cücelerin hepsi onu tanıyor ve önceki maceralarında neler yaptığını biliyor gibiydi. Cücelerle konuşup kaynaştı, aralarında kendini epey rahat hissediyordu. Kendisini kabullenmeye bu kadar istekli olmaları, Alex'i rahatlatmıştı.

Hava daha da kararmaya başladığında, daha çok lamba yakıldı ve duvarlara asılıp açık alan aydınlatıldı. Alex, genç cücelerin ısrarına dayanamayıp birkaç küçük bent ışığı oluşturdu. Işık toplarının rengini değiştirerek parkın etrafında dans ettirdi. Cücelerin hepsi, bent ışıkları yanlarından geçtikçe gülüp alkışladı. Hatta Kral Thorgood bile ışıkları hayranlıkla seyretti.

Gece ilerledikçe, Alex bent ışıklarını, geriye sadece kendi başının üstünde süzülen bir tanesi kalana dek, teker teker söndürdü. Hizmetkârlardan biri, Alex'i ve yol arkadaşlarını odalarına götürmek üzere geldiğinde Alex, son ışığı kalabalığın arasından savurup gökyüzüne uçurarak gözden kaybetti.

Köşk parkından çıkıp, yakınlardaki büyük bir misafirhaneye getirildiler. Thorgood binanın, istedikleri sürece onlara ait olduğunu açıklamıştı. Misafirhane etkileyiciydi; içinde ihtiyaç duyabilecekleri veya isteyebilecekleri her şey vardı. Herkesin ayrı yatak odası ve banyosu, küçük oturma odaları ve ayrıca otuz kırk kişinin rahatça oturabileceği koltuklarla dolu, büyük bir ortak salonu bulunuyordu.

Geç olmuştu, Thrang artık yatma saatlerinin geldiğine karar verdi. Thrain bu emirden hoşnut değildi çünkü ziyafette çok iyi vakit geçiriyordu. Ancak Thrang ısrar edip, ertesi gün kütüphane ve arşivlerde epey işleri olduğunu hatırlattı.

"Yarın senin keskin gözlerine ihtiyacım olacak," dedi Thrain'e. "Cüce dilindeki harflerin hepsini okuyabilen bir tek ikimiz varız. Arconn bazılarını bilebilir. Alex'in de henüz hepsini öğrenebildiğini sanmıyorum."

"Henüz değil," dedi Alex esneyerek. "Ama çalışıyorum. Yanımda, bana yardım edecek bir cüce yokken, tek başına çalışmak zor. Arşivde yardım ederseniz memnun olurum."

Topluluk, birbirine iyi geceler dileyip farklı odalara yöneldi. Alex'in uykusu yoktu; işlerin nasıl gittiğini haber vermek için Whalen'e kısa bir mektup yazdı. Mektubu gönderdikten sonra, küçük yazı masasında oturmaya devam etti, cüce runik alfabesi ve yazısıyla ilgili kitaplarından birini çıkarıp çalışmaya başladı.

Sabah olduğunda, gece çalıştığı için yorgundu; ama vaktini verimli harcadığını düşünüyordu. Kitaptan bütün cüce runik alfabesini öğrenmişti ve biraz takılarak da olsa, yazıların çoğunu okuyabiliyordu. Günü kütüphanede geçirmek için sabırsızlanarak dostlarıyla kahvaltıya oturdu.

Thrang, "Thorgood, halkına bizim için kütüphanesinde

araştırma yaptırıyor," diye duyurdu. "Henüz önemli bir şey bulamadılar ama onların yardımı sayesinde, ihtiyacımız olan şeyi çabucak bulabileceğimizi düşünüyorum."

"Benorg'dan ayrılmak için acele mi ediyorsun?" diye sordu Alex.

"Hayır, hiç de değil," diye cevap verdi Thrang. "Fakat maceramız Benorg'da ya da bu kentin arşivlerinde değil. Aradığımızı ne kadar çabuk bulursak, maceramıza o kadar çabuk devam edebiliriz."

"Çoğumuz cüce dilini doğru düzgün okuyup yazmayı bilmiyoruz. Şahsen ben, alabileceğimiz her türlü yardımı memnuniyetle kabul ederim," dedi Nellus.

Kahvaltıdan sonra Thrang, onları misafirhaneden çıkarıp, kentin arkasında kalan dağlara doğru götürdü. Alex, Benorg'daki binaları hayranlıkla izliyordu, hepsi çok güzel ve etkileyici görünüyordu. Cücelerin böylesi bir şehri kurmalarının ne kadar zaman aldığını merak etti. Thrang çeşitli binaları gösterip her birinin ne için kullanıldığını açıklarken, Alex onu dikkatle dinledi.

Kütüphaneler birkaç devasa yer altı mahzeninde yer alıyor, binlerce kitap, daha çok sayıda kâğıt tomarı ve parşömen parçası barındırıyordu. Alex, kütüphanedeki kaynakların tümüne sadece bakmasının bile yüzlerce yıl süreceğini, hepsini okumanın ise binlerce yıl alacağını tahmin ediyordu. Bu yüzden Thorgood'un onlara yardım teklif etmesinden memnundu.

Thrang onları yer altı labirentinden geçirirken "Thorgood, son iki odada Albrek'in zamanından kalma belgelerin olduğunu söyledi. Yani Albrek'le ilgili bir bilgi varsa, orada olmalı," dedi.

"Araştırma alanımızı biraz küçültüyor bu," dedi Barnabus gülerek.

"Fazlaca küçültüyor," dedi Thrang, espriyi anlamamıştı. "Thorgood'un gönderdiği yardımla da ihtiyacımız olanı bulmamız bir iki aydan fazla sürmez."

"Ah, o kadarcık mı?" dedi Nellus iğneleyici bir sesle. Dirseğiyle Barnabus'un karnını dürttü.

Sondan ikinci odaya vardıklarında, yaklaşık bir düzine cücenin, çeşitli belgeleri dizdiğini gördüler. Thrang, baş kütüphaneciye grubunu tanıttıktan sonra kenara çekilip diğer cücelerin bazılarıyla konuşmaya başladı.

"Size ne faydam dokunur, bilmiyorum. Ne cücece ne de elfçe okuyabiliyorum," dedi Nellus.

"Ben biraz cücece okuyabilsem de elfçeyi hiç okuyamam," diye ekledi Barnabus da.

Diğer cücelerle konuşmasına ara veren Thrang, "O zaman eşyaların taşınmasına yardım edebilirsiniz," dedi.

Alex ve diğerleri, devasa mahzene dağılıp araştırmaya başlayacak bir yer aradılar. Baş kütüphaneci, gerçekten de Barnabus ile Nellus'a belge yığınlarını taşıma işi vermişti. Arconn, elfçe yazılmış büyük bir belge yığınını ayıklıyordu. Kitapların bazılarının, Thraxon elfleri tarafından yazıldığını görmekten hoşnuttu. Thrain ve Kat, mahzenin arkasında birlikte yere oturmuşlar, Kat'in bulduğu deri ciltli büyük bir kitaba bakıyorlardı.

Alex, bir duvarın yakınında büyük bir masa buldu ve üstüne istiflenmiş belge yığınını incelemeye başladı. Yazılanların büyük bir kısmını okuyabiliyordu ama ona tamamen yabancı gelen ifadeler de vardı. Belgelerdeki her şeyi okumamaya çalışıyor, bildiği kelimelere bakıp Albrek'in gördüğü bir şeyi, hatta belki bir haritayı bulmayı umuyordu. Belgeleri taramak zahmetliydi ama Alex bu işten, grubun diğer üyelerinden daha çok keyif alıyordu. Gün boyunca cüce harflerini okuma becerisi gelişti ve –her kelimeyi okumak yerine sadece gözden geçirmeyi unutmadığı sürece– bu eski sayfaları hızla inceleyebildiğini fark etti.

Öğlen kısa bir yemek molası için araştırmaya ara verdiler. Thorgood onların yemeğini mahzenlere yollatmıştı. Yemekten sonra baş kütüphaneci, ayak altında dolaşmaktan başka bir iş yapmadıklarını söyleyerek, Barnabus ve Nellus'a mahzenden çıkmalarını emretti. Thrain, üzgün bir ifadeyle onların arkasından baktıktan sonra, tekrar kütüphanecilerden birinin verdiği kocaman kitaba döndü. Alex, Thrain'in macera anlayışının böyle bir şey olmadığını tahmin ediyordu.

Alex ve arkadaşları her gün bu mağaralara gidip geliyor ama mahzendeki belgelerin sonu gelmek bilmiyordu. Hâlâ kütüphaneye alınmayan Barnabus ve Nellus, şehri keşfetmeye başlamışlardı. Benorg'daki dördüncü günlerinde Thrang, Thrain'i de onların peşinden yolladı.

"O ikisine göz kulak olacak biri lazım," dedi Thrain'e. "Başlarının belaya girmesini istemiyorum."

"Yani, gerçekten böyle istiyorsan eğer..." dedi Thrain, yüzünde umut dolu bir ifade vardı.

"Git hadi," dedi Thrang aksi aksi.

Alex, Thrain kütüphaneden çıktıktan sonra "Çok düşüncelisin," dedi ve bir belge yığınını masasından kaldırdı.

"Eh, onun daha ilk seferi sonuçta," dedi Thrang. "Maceranın bu kısmını, kesinlikle grubu bir araya getirmeden önce halletmeliymişim."

"Ne yani, bizi bunlardan mahrum mu bırakacaktın?" diye şaka yaptı Alex.

Thrang, Alex'le beraber güldü ve başka bir kâğıt yığınına uzandı.

Alex aslında, mahzende geçen zamanın tadını çıkarıyordu. Cücelerin, bilmediği ifadeleri açıklamaya hevesli ve yardımsever olduklarını görmüştü. Cüceler de bir insanın, özellikle de bir büyücünün, onların yazı yöntemlerini öğrenmek için bu kadar vakit ayırmasından etkilenmişlerdi.

"Pek fazla insan bilmez bu ilmi," dedi baş kütüphaneci. "Bir büyücünün bizim yöntemlerimizi öğrenmeye zaman ayırması yüreğimi ferahlatıyor."

Mahzendeki onuncu günlerinde Kat, sonunda işe yarar bir şey buldu. Neredeyse okunamayacak kadar kirli bir parşömen parçasıydı bu. Parlak ışığın altına parşömeni dikkatle yerleştiren Thrang ve baş kütüphaneci, üzerinde yazanı okumayı başardılar. Bazı kısımlarını çözmek imkânsızdı ama kâğıdın diğer kısımları net olarak okunuyordu.

"Bu, Albrek'in hikâyesinden bir parça," dedi Thrang heyecanla.

"Nereye seyahat ettiğini yazıyor mu?" diye sordu Arconn.

"Bir saniye," dedi Thrang, tekrar kâğıda bakarak.

"Kemik Adası," diye mırıldandı baş kütüphaneci.

"Kemik Adası mı?" diye tekrarladı Kat, yüzünde endişeli bir ifadeyle.

Thrang, susmaları için elini kaldırıp "Bir saniye, bir saniye," dedi.

Alex, Thrang'in omuzunun üstünden parşömene bakıp, okuyabildiği kadarını okudu ama kelimelerin bazıları ona hâlâ yabancıydı.

"Ah, tabii ya!" dedi baş kütüphaneci, başına vurarak. "Bu gösteriyor ki, Albrek'in hikâyesinin tamamı, şehrin özel tarihinde yazılı. Oraya bakmak aklımın ucundan geçmemişti."

"Özel tarih mi?" diye sordu Alex.

"Ah, gizli bir şey değil," dedi baş kütüphaneci, mahzenin arkasına doğru gitti. "Özel olayların kaydını tutuyoruz sadece, olağanüstü şeylerin."

"Albrek'in yeni madenler araması olağanüstü bir şey miydi?" diye sordu Arconn.

Kütüphaneci hızla uzaklaşırken Thrang, "Hikâyelere göre, yanında beş yüzden fazla cüceyi de götürmüş," dedi.

"Maden aramak için fazla kalabalık bir grup," dedi Kat.

"Değil," dedi Thrang. "Madencilik, yoğun emek gerektiren bir iştir. Madeninizin işe yarayıp yaramayacağını anlamak için birkaç kuyu kazmanız gerekir."

Gergin bir sessizlik içinde kütüphanecinin geri dönmesini beklediler. Döndüğünde, kütüphanecinin elinde siyah deriyle kaplı, kalın bir kitap vardı. Kitabı masaya koydu ve sayfaları karıştırmaya başladı. Belli bir sayfayı arıyor gibiydi. Büyük sayfaları çevirirken kitabın kapağındaki tozlar uçuşuyordu. Şaşılacak kadar kısa sürede, aradığını buldu. Thrang ile ikisi, açık kitabın başına üşüştüler. Alex de yakınlarında durup kitabı okumaya başladı.

"İlginç," dedi Thrang. "Görünen o ki, Albrek benim sandığımdan daha uzaklara yolculuk etmeyi planlamış."

"Yani?" diye sordu Arconn.

"Hikâye biraz karışık, ama temel olarak Albrek'in nereye gittiğini ya da en azından nereye gitmeyi planladığını anlatıyor," dedi Thrang. "Dediğine göre Albrek, Kemik Adası'na gidiyormuş. Ondan sonra güneye, Kayıp Dağlar'a, son olarak da Gal Tock'a gidecekmiş."

"Gal Tock ne?" diye sordu Alex.

"Kemik Adası ne?" diye sordu Kat de aynı anda.

"Kemik Adası'nın gerçekte kemikle hiçbir ilgisi yoktur," diye cevapladı Thrang. "Doğu Denizi'nde dağlık bir adadır. Öyle denmesinin sebebi, dağların kayalık olması ve bize, dünyanın kemikleriymiş gibi gelmesidir."

"Peki Gal Tock?" diye sordu Alex tekrar.

"Gal Tock, 'Altın Kaya' ya da 'Altından Kayalar' anlamına gelen bir cüce ismi," diye yanıt verdi kütüphaneci. "Tam konumu bilinmiyor ama hikâyeler, sabah güneşinin kayalarda parladığını ve kayaları altına benzettiğini söylüyor. Söyleyebileceğim tek şey, bahsedilen yerin epey güneyde, uzaklarda olduğu."

"Mantıklı, çünkü Kayıp Dağlar da buranın epey güneyinde," diye ekledi Thrang. "Görünüşe göre Albrek önce kuzeydoğuya, Kemik Adası'na gitmiş; sonra da güneye, Kayıp

Dağlar'a. Eğer daha öteye yolculuk ettiyse, Gal Tock'u aramaya gitmiş olmalı."

"Hikâye, buralara ulaşıp ulaşmadığını söylüyor mu?" diye sordu Arconn.

"Grubunun bir kısmının geri döndüğünden bahsediyor," dedi Thrang. "Albrek hâlâ Kemik Adası'ndayken onlar geri dönmüş. Böylece, Albrek'in oraya ulaşmış olduğunu biliyoruz."

"Anlaşılan, nereye gideceğimiz belli oldu," dedi Kat, biraz kaygılı bakıyordu.

Thrang ise mutlulukla, "Evet, evet, oldu," dedi.

"Ne zaman yola çıkacağız?" diye sordu Alex.

"En kısa zamanda," diye cevap verdi Thrang. "Kemik Adası'na ulaşmak en az bir ay sürer, belki daha da fazla. Yaz çoktan geldi, hazır hava sıcakken kuzeydoğuya yönelmeyi tercih ederim."

"O zaman yarın mı?" diye sordu Arconn.

"Sonraki gün, herhalde," dedi Thrang. "Hepimizin yeterince erzak tedarik ettiğinden ve kalın giysiler aldığından emin olmalıyız." Kütüphaneciye döndü. "Albrek'in yolculuğu hakkında daha fazla fikir sahibi olmak için Thraxon'un bazı eski haritalarına bakmamız faydalı olur."

"Kemik Adası'nda kimse yaşıyor mu?" diye sordu Kat.

"Duyduğum kadarıyla hayır," diye karşılık verdi Thrang. "Çetin bir adadır ve epey kuzeyde yer aldığı düşünülürse, kışın çok soğuktur."

"Umarım biz oradayken yaz devam ediyor olur," dedi Alex.

"Eğer her şey yolunda giderse," diye ekledi Arconn.

"Ve eğer her şey gerçekten yolunda giderse, Arayış Yüzüğü'nü Kemik Adası'nda bulur ve kış bastırmadan buraya dönmüş oluruz," diyen Thrang güldü. "Ama bu kadar kolay olacağından şüpheliyim."

"Asla kolay olmaz," dedi Alex.

BEŞİNCİ
BÖLÜM

KUZEYDOĞU

O gece yemekte, Thrang yolculuk planını anlattı. Ana yolu takip ederek Benorg'un doğusuna doğru yol alacaklar, bu yol onları dağlara ve ötesindeki geniş ovalara götürecekti. Oradan doğuya seyahat etmeye çalışacaklar fakat sonra Kemik Adası'na ulaşmak için kuzeydoğuya dönmeleri gerekecekti.

"Doğu Denizi ne kadar uzaklıkta?" diye sordu Nellus.

"Üç yüz kilometre kadar," diye cevapladı Thrang. "Tabii eğer buradan doğruca oraya gidersek... Fakat doğuya olduğu kadar kuzeye de gitmemiz gerekecek ve yolumuza en az seksen kilometre daha eklenecek."

"Doğu Denizi, Thraxon'un sınırı mı?" diye sordu Barnabus.

"Hiç de değil," dedi Thrang gülerek. "Yazın ortasında olsak, kuzey denizinin etrafından dolaşabiliriz, fakat pek az kişi bunu yapmıştır. Denizin güney kıyısının etrafından da gemiyle kolayca geçilebilir ama bunun için güneye doğru çok uzun bir yol kat etmek gerekir."

"Deniz kıyısında şehirler var mı?" diye sordu Thrain, heyecanı yeniden kendini belli ediyordu.

Thrang başını salladı. "Var, ama hiçbirine gitmedim. Güney kıyısının nüfusu, kuzeye göre daha yoğundur. Fakat dediğim gibi, kuzeyde kışlar serttir ve kimse, öyle çetin bir bölgede yaşamak istemez."

"Acaba Kemik Adası'nda yaşayan var mıdır?" dedi Kat. Yüzünde yine, Alex'in daha önce gördüğü o sıkıntılı ifade belirmişti.

"Neden öyle dedin?" diye sordu Alex.

"Oraya dair bir şey var," dedi Kat, gözlerini Alex'ten kaçırarak. "Nedenini henüz bilmiyorum. Bir his sadece."

"Bir kâhinin her hissi, üzerinde durulmaya değerdir," dedi Arconn.

"Belki bir şey değildir," dedi Kat cılız bir gülümsemeyle. "İsmi ilk duyduğumda başka bir yeri düşündüm. O nedenle iki yer zihnimde birbirine bağlandı. Diğeri, bir daha asla dönmek istemeyeceğim çok korkunç bir yerdi."

"Eğer Kemik Adası'nda tehlike olduğunu hissediyorsan, bunu bilmeliyiz," dedi Nellus, sesi nazik ama ciddiydi.

"Hayır, öyle bir şey değil," diye cevap verdi Kat elini savurup. "Lütfen, sıkıntı yapmayın. Geçmişimden kalma bir anı, benim gözümde o ismi kararttı, hepsi bu."

"Peki, öyleyse," dedi Thrang, bir Kat'e, bir Alex'e bakarak. "Öbür gün buradan ayrılıyoruz, kış gelmeden önce deniz kıyısına kolayca ulaşırız."

Thrang'in son sözleriyle grup, gecelemek için dağılmaya başladı. Geç olmuştu, herkes artık yatmayı ve Benorg'daki son günlerini düşünüyordu. Alex bir süre daha oturduğu yerde kaldı ve önünden geçip odasına giden merdivenleri çıkan Kat'i izledi. Ona böylesine acı çektiren anısının ne olduğunu merak etti ama bunu sormaması gerektiğini biliyordu. Belki daha sonra, doğru zamanda ve yalnızken sorabilirdi.

Ertesi sabah, hafif yağmurlu bir güne uyandılar. Alex, Benorg'a bir daha ne zaman döneceklerini bilmediğinden, o günü sokaklarda gezip şehrin en azından bir kısmını görmeye ayırmak istemişti. Thrang'in onlara, şehri gezdirmeyi teklif etmesini ummuştu. Ama Thrang, Thorgood'la yeniden görüşmesi ve yolculuk için hazırlıkları tamamlaması gerektiğini söyledi.

Arconn, yağmura rağmen, kahvaltıdan sonra Alex'e şehir gezintisinde katılmayı teklif etti. Alex, bu öneriyi seve seve kabul etti ve çabucak kukuletalı bir pelerin buldu. Thrain'i de davet edip şehirde keşfettiği yerleri onlara göstermesini istiyordu ama Thrain, büyülü çantasını düzenlemekle meşguldü. Nellus, Kat ve Barnabus da aynı şekilde, onları bekleyen uzun seyahat için hazırlık yapmakla meşgullerdi.

"Sadece ikimiz o zaman," dedi Alex, Arconn'a.

"Yabancı bir şehrin iki yabancısı," dedi Arconn. "Gerçi, bu dost canlısı ev sahiplerimizin arasında herhangi bir sorunla karşılaşacağımızı sanmıyorum."

"Siz de sorun çıkarayım demeyin ha," dedi Thrang hırıltıyla gülerek. "Thorgood'un halkından hiç kimsenin çiftlik hayvanına dönüştüğünü görmek istemiyorum."

"Ah, aslında büyü becerim için alıştırma yapmak istiyordum," dedi Alex.

Arconn gülüp Alex'in peşinden sokağa çıktı. Yağmur hâlâ ince ince yağıyordu; hava ılıktı ve hoş kokularla doluydu. Bir süre, kentin toprağın üstündeki kısmını dolaştılar, yol boyunca gördükleri bazı dükkânlara girdiler. Cüceler hep dost canlısıydı, fakat pek çoğu Alex'ten ve asasından çekiniyormuş gibiydi. Birkaç paket cüce şekerlemesi satın aldığı dükkândan çıktıklarında Alex, Arconn'a bunun nedenini sordu.

"Pek çok kişinin senden ve asandan çekinmesi, beklediğim bir şey," dedi Arconn. "Asası olan bir büyücü, pek çok kişinin gözünde büyük fark yaratır. Bu da her zaman dezavantaj değildir."

"İnsanların bana bakışlarındaki değişimi fark ediyorum," dedi Alex, keyifsiz bir sesle.

"Kafana takma," dedi Arconn. "Büyücülerin sayısı hiçbir zaman çok olmamıştır. Hele senin gibi genç bir büyücüyü görmeleri, beklenmedik bir şey."

"Whalen, çoğu büyücünün en az otuz veya kırk yaşından sonra asa aldığını söylemişti," dedi Alex.

"Doğru," dedi Arconn. "Ya da en azından tüm *gerçek* büyücülerin..."

"Sahte büyücüler daha genç yaşlarda mı asa alıyor?" diye sordu Alex.

"Büyücü olmayan ama asa taşıyan bazı insanlar var," dedi Arconn. "Seyahatlerinde göreceksin. Sihir gücüne sahip olanlar, kendilerine büyücü denmesini ister ama bu unvanın gerçekten ne anlama geldiğini bilmezler. Bu, bazıları için gurur meselesidir, bazıları için ise iktidar. Asayı ve unvanı hak etmeyenler için ise ahmaklık."

"Ve bazı insanlar da sırf büyücü gibi görünmek için asa alırlar," dedi Alex, Arconn'un sözlerini düşünerek.

"Öyle. Çoğu, gerçekten de asalarını kullanabilir aslında, ilk maceranda asan olsaydı sen de kullanabilirdin," dedi Arconn. "Gerçek büyücü olmanın anlamını bilmeyenlerin asası da işe yarayabilir."

"Bu doğru. Ama o kişi gerçek bir büyücü olmak için vakit harcasa daha etkili olur."

"Bunu bilemem," dedi Arconn. "Birkaç büyücü tanıdım ve onları daima, büyücüymüş gibi yapanlardan ayrı kefeye koydum."

"Büyücüymüş gibi yapanları tespit etmek kolay mıdır?"

"Bunu anlamanın yolları vardır, ama her zaman kolay değildir."

"Bu yolları açıklar mısın?" diye sordu Alex. Sahte ya da rol yapan bir büyücüyü anlayıp anlayamayacağını merak ediyordu.

"Bunu anlarsın," dedi Arconn kesin bir tonla. "Güç, gücü; benzer de benzerini tanır. Büyücüymüş gibi yapanla karşılaştığında, görünmeye çalıştığı gibi olmadığını anlarsın. Eğer onun biraz büyü yeteneği varsa, o da senin kim olduğunu anlayabilir."

"Belki evet, belki hayır," dedi Alex usulca. "Ama umarım öyle biriyle karşılaşmam."

"Karşılaşmayabilirsin," diyen Arconn, Alex'e Benorg'un yer altında kalan kısmının girişini işaret etti. "Büyücüymüş gibi yapanlar, gerçek büyücülere yakalanmak istemez. Sanırım onlara karşı bazı ağır cezalar var."

Alex, Whalen'in öğrettiklerini hatırlayarak "Var," dedi. "Cezalar genelde, sahte olanı bulan büyücünün kararına bırakılıyor."

"Büyücü rolü yapmak, tehlikeli bir oyun," diyerek ona katıldı Arconn.

Alex, Arconn'un büyücüler ve kanunları hakkında bu kadar çok şey biliyor olmasına şaşırmıştı. Ama sonra Arconn'un birkaç yüz –belki de birkaç bin- yaşında olduğunu ve daha başka pek çok şeyi bildiğini hatırladı.

İkisi, günün büyük kısmını şehri keşfetmeye çalışarak geçirdiler. Grubun geri kalanıyla birlikte akşam yemeği yiyebilmek için, vakitlice misafirhaneye geri döndüler. Diğerleri çoktan yemek masasına yerleşmişti ve Thrang, Thrain'e ters ters bakıyordu. Alex ve Arconn keşfe çıktıktan sonra Thrain, seyahat sırasında kullanmak istediği bir seyir defterini aramak için büyülü çantasını tamamen boşaltmıştı. Thrang misafirhanede koştururken Thrain'in malzemelerinden birine takılıp bileğini burkmuştu. Nellus ve Barnabus hemen duruma müdahale etmiş, Thrain'in malzemelerini yerleştirmesine yardım edip ona büyülü çantasını nasıl kullanacağını daha detaylı açıklamışlardı.

Nellus yemekte, Thrang'e, "Bileğin, ata binmeni engellemez, değil mi?" diye sordu.

"Beni bu görevden men etmek için, burkulmuş bir bilek ve Thrain'in aptallığından daha fazlası gerek," dedi Thrang huysuz bir tavırla.

Thrain kızardı ve oturduğu sandalyede kamburunu çıkarıp çöktü. Keyifsiz halinden dolayı Thrang'in bitmek tükenmek bilmeyen coşkusu dinmişti.

"Bu senin hatan, biliyorsun," dedi Alex, Thrang'e.

"Benim hatam mı!" dedi Thrang öfkeyle. "Neden benim hatam oluyormuş?"

"Eğer büyülü çantayı nasıl kullanacağını doğru dürüst açıklasaydın, Thrain her şeyi çantadan çıkarmadan seyir defterini bulabilirdi," dedi Alex ciddi bir ifadeyle.

"Ben ona her şeyi anlattım," dedi Thrang yüksek sesle. Bir an sustuktan sonra itiraf etti, "Ama bazı konuları gerektiği kadar açıklayamamış olabilirim."

"Duyabileceğin, özüre en yakın söz bu," dedi Arconn, Thrain'e.

"*Benim* hatam," dedi Thrain. Üzgün görünüyor, sesi de üzgün çıkıyordu. "Yardım istemeliydim, her şeyi etrafa saçmamalıydım."

"Ah, önemli bir şey yok," dedi sesi yumuşayan Thrang. "Bir dahaki sefere bir şeyi anlamadığında yardım iste sadece."

"İsterim," dedi Thrain. "Söz veriyorum."

"Artık mesele çözüldüğüne göre, görüşülecek başka konu var mı?" diye sordu Barnabus. "Benim kolumu kaldıracak halim yok, yatmak istiyorum. Herhalde yarın güneş doğmadan yola çıkarız."

Sesi normale dönen Thrang, "Evet," dedi. "Hepimiz iyi bir uyku çekmeliyiz. Önümüzde uzun bir yol var ve bir daha böyle güzel bir yerde ne zaman kalırız, bilinmez."

"Kat bilir," dedi Alex sırıtarak.

"Ben o tür bir kâhin değilim," dedi Kat.

"O zaman sanırım, şansımıza güvenmemiz gerekecek," dedi Nellus.

"İyi bir gece uykusu da her zaman uğurludur," diye ekledi Thrang. Maşrapasını başına dikip sertçe masaya koydu.

Alex odasına gidip yatağına uzandı. Macera için yeniden heyecan duymaya başlamıştı. Kütüphanedeki tozla kaplı kâğıtlar ve kitaplar ilgisini çekmişti ve cüce yazılarını okuma becerisinin gelişmesinden memnundu. Fakat ona göre, yolda olmak tüm maceraların en güzel kısmıydı.

Ertesi sabah hepsi erkenden kalkmıştı. Thrang, yola çıkmaya can atıyordu ve kısa bir uyku, onun burkulan bileğini iyileştirmiş gibiydi. Zengin bir kahvaltıdan sonra grubu ahırlara götürdü. Atları burada tımarlanmış ve eyerlenmiş olarak onları bekliyordu. Birkaç cüce, ahırlarda koşturuyordu, son dakika düzenlemeleri için gruba yardım etmeye hazırlardı.

Grup, güneş daha tam yükselmeden, Benorg şehrini geride bırakmıştı. Alex, Thorgood'un onları uğurlamaya gelmemiş olmasını tuhaf bulmuştu ama düşüncelerini kendine sakladı. Dağların arasından doğuya doğru at sürdüler. Onları ısıtan güneşin tadını çıkarıp geçmiş maceralar hakkında konuşuyorlardı. Barnabus onlara kendi maceralarından bir hikâye anlattı fakat aklı uzaklardaki Kemik Adası'nda olan Alex, onu yarım yamalak dinledi.

"Kemik Adası" garip bir isimdi. Cüce adları, ortak dile her zaman doğru çevrilemeyebiliyordu. Alex daha doğru bir tercümenin, "dünyanın kemiklerinin görülebildiği yer" olabileceğini düşündü ama o da biraz uzundu. Cüce yazılarında okuduğu tercümenin nasıl değişip de "Kemik Adası" haline geldiğini merak etti. İsim üzerine düşününce, Kat'in endişesini hatırladı. Onun neden, "Kemik Adası" denen bir yere gitmek konusunda bu kadar endişeli olduğunu bir kez daha merak etti.

O gece, erkenden kamp kurdular. Alex, Nellus ve Arconn'un atlarla ilgilenmesine yardım ederken, Barnabus da akşam yemeğini hazırladı. Uzaktan bakan Alex, yemek için ateşi yakmadan önce Thrang'in, Thrain'e ateş yakıp söndürme alıştırmasında yardım ettiğini görmüştü. Thrang'in kaç maceraya katıldığını ve ilk kez maceraya çıkan kaç kişinin eğitimine katkıda bulunduğunu merak etti.

"Sayısını unuttum," dedi Thrang, Alex sorduğunda. "Çok olmuştur ama oturup tek tek parmaklarımla saymadım."

"Tüm el ve ayak parmaklarının toplamından fazladır, sanırım," dedi Arconn gülerek.

Eğlenceye katılan Barnabus, "Susun," dedi. "Sayıyı karıştıracak, sonra hepimiz baştan saysın diye çizmelerimizi çıkarmak zorunda kalacağız."

Thrang de onlarla beraber güldü ve yemeklerini keyifle yiyip bitirdiler.

Diğerleri yatmaya gittikten sonra Alex ve Arconn, ateşin yanında kaldılar. Alex diğerlerinin uyuduğundan emin olduğunda, Arconn'a, Kat'in kaygıları ve Kemik Adası'nın adını duyduğunda hissettiği kötü duygular hakkında bir şey bilip bilmediğini sordu.

"Bunu bana sormakla en iyisini yaptın," dedi Arconn bir an düşündükten sonra. "Bir kâhini, diğer maceracılardan daha çok rahatsız edecek yerler duydum ve gördüm. Bu yüzden, Kat'i neyin rahatsız ettiği konusunda tahminde bulunabilirim sanırım."

"Ne tür yerler bu duydukların?"

"Çoğu ıssız bölgeler," diye cevap verdi Arconn. "Kemik Vadisi. Kemik Kulesi. Kemik Nehri."

Alex, onu anladığını göstermek için başını salladı. "Çok

fazla kişinin öldüğü yerler. Ölüleri gömecek kimsenin kalmadığı yerler."

"Ya da ölülerin gömülmesinin istenmediği yerler," dedi Arconn. "Evet, öyle yerler de var. Buraların hepsi, öyle ya da böyle şeytani ve çok üzücüdür. Yerinde olsam Kat'i bu konuda sorguya çekmezdim. Böylesi anıların geçmişte bırakılması ve mümkünse unutulması en iyisidir."

"O zaman, iyi ki önce sana sormuşum bu konuyu," dedi Alex. "Karanlık yerleri hatırlatarak Kat'e sıkıntı vermek istemem."

"Çok naziksin," dedi Arconn. "Nasıl bir bağ olduğunu anlamasam da, Kat'le aranızda şimdiden bir tür bağ oluştuğunu görüyorum."

"Doğrusunu söylemek gerekirse, ne olduğunu ben de bilmiyorum," dedi Alex hafifçe gülerek. "Sanki onu yıllardır tanıyormuş gibi hissediyorum, ama bir yandan da onu hiç tanımıyorum."

"Garip," dedi Arconn ve sessiz kaldı.

Ertesi sabah, grup yine erkenden kalktı. Gerinip açılmak için ileri geri yürürlerken, hepsi Thrang'in kas ağrıları için yaptığı cüce ilacından birkaç yudum aldı. Alex, bu gizli iksirden yapıp gerektiğinde kullanılmak üzere elinin altında bulundurmayı aklının bir köşesine yazdı.

At sırtındaki yolculuğun üçüncü gününün sonunda, dağların kenarına geldiler. Takip ettikleri yol, keskin bir dönemeçle güneye doğru kıvrıldı. Doğuya gitmeleri gerektiğinden yolu bırakıp, önlerinde uzanan ovanın kenarında gecelemek üzere durdular. Alex, yol alacakları kırlara bakıp, uzun otlarla kaplı, irili ufaklı tepelerin huzur dolu manzarasının tadını çıkardı. Bazı tepeler, yukarılara doğru daha kayalık görünüyordu. Alex bu kayaların eski dönemlere ait harabeler olup olmadığını merak etti.

Bunu sorduğunda, "Hayır, onlar yalnızca kaya," diye cevap verdi Thrang ve devam etti: "O tepelerde yaşayan kimse olmadı, en azından benim bildiğim kadarıyla."

"Şaşırdım," dedi Barnabus. "Yerleşmek için güzel bir yere benziyor."

"Ovada yaşayan insanlar var ama doğuda, daha uzakta," dedi Thrang. "Sanırım kendileri ile cüce diyarı arasında biraz boş alan kalmasını tercih ediyorlar."

"Thraxon'daki insanlar ve cüceler arasında bir sorun mu var?" diye sordu Alex.

"Hayır ama biraz mesafe, barışı korumada faydalıdır," diyen Thrang güldü. "Cüceler, komşularının hemen diplerinde olmasından veya misafirlerinin uzun süre kalmasından hoşlanmaz."

"Akıllıca," dedi Kat. "Fakat halkınız, şehirde olmamızdan memnun gibiydi."

"Ama biz orada fazla kalmadık," dedi Arconn. "Ayrıca kral adına bir görevimiz vardı."

Thrang, ateşin yanında sakalını sıvazlayıp "Benorg'dakiler görevimizin ne olduğunu bilmiyorlar," dedi. "Bizim Thorgood için bir şey yaptığımızın farkındalar ama tam olarak ne yaptığımızı yalnızca Thorgood ve ben biliyoruz. Biz geri dönmeden önce Thorgood, cüce lordlarından bazılarına anlatabilir gerçi."

"Kralın vekilleri biliyor mu peki?" diye sordu Nellus.

"Evet," diye itiraf etti Thrang. "Sonuçta sözleşmemizin şartlarını kabul ettiler. Sessizliklerini korurlar sanırım. Thorgood'un bize karşı ne kadar cömert olduğunun bilinmesini istemezler. Yoksa halk, kralın pazarlık yeteneğini kaybettiğini düşünebilir."

"Cömertlik, büyük bir kral olmanın işareti değil midir?" diye sordu Barnabus.

"İnsanlar böyle görür, elfler de," dedi Arconn. "Ama cüceler, paragöz olmasalar da servetleri konusunda dikkatlidir. Bir kralın fazla cömert olması zayıflık alameti olarak görülebilir."

"Thorgood zayıf değildir," dedi Thrang, ateşe bakarak. "Görevimizin zor olacağını biliyor. Muhtemelen tehlikeli olacağını da. Bizden beklediği şey için adil bir ücret ödemek istiyor."

"Tehlikeli mi?" dedi Kat. "Bilinen tehlikeler hakkında hiçbir şey söylememiştin."

"Her macerada olan türden, normal tehlikeler," dedi Thrang. Gözlerini ateşe dikerek konuşmaya devam ediyordu. "Alışılmadık bir şey yok."

"Yine de kral bir şeyden şüphelenmiş olmalı," diye devam etti Kat.

"Albrek, seyahatinden geri dönmedi," dedi Thrang, Kat'le değil de kendi kendine konuşuyor gibiydi. "Grup üyelerinden geri dönenler, yalnızca Kemik Adası'ndan gelenlerdi ve Benorg'da kısa bir süre kalıp geri gittiler. Albrek'in nereye yolculuk ettiği ve bundan sonra ne yaptığı bilinmiyor. Başına bir şey gelmiş olmalı ki, geri dönmesi veya haber göndermesi mümkün olmadı. Ama ne olduğunu kim bilebilir?"

"Kütüphanedeki kitap, Albrek'in nereye gittiğinden fazlasını söylüyor gibiydi," dedi Alex, okuduklarını hatırlamıştı.

"Evet," dedi Thrang, düşüncelerinden sıyrılmaya çalışarak. "Hikâyeye göre Albrek'in Benorg'a dönen elli adamı, yanlarında yüklü miktarda hazine getirmiş. Bu elli kişi, krala durumu bildirip yanlarına iki yüz cüce daha alarak Kemik Adası'na geri dönmüş."

"Demek Albrek'in yanında yedi yüz cüce vardı," dedi Nellus.

"Cüceler, Albrek'in, bulduğu madende çalışmak üzere bin, iki bin kadar cüceyi adada bırakmayı planladığını söyledi," dedi Thrang. "Ellisi yanına döndüğünde ve her şey ayarlandığında Albrek, grubun geri kalanını Kayıp Dağlar'a götürüp maden aramaya devam edecekti."

"Kemik Adası'ndan ya da Kayıp Dağlar'dan dönen olmadı mı?" diye sordu Kat.

"Bir daha onlardan hiç haber alınamadı," dedi Thrang, yeniden düşüncelere dalmıştı. "Fakat yeni yerleşimlerin dışarıyla bağlantısının uzun süre kesilmesi, alışılmadık bir durum değil. Eğer adadaki cüceler kendi krallarını seçmişse, yeni önder, Benorg kralının, kendi topraklarında hak iddia etmesini istememiş olabilir."

"Böyle bir şey mümkün mü?" diye sordu Barnabus.

"O zaman Albrek oradan henüz ayrılmamışsa hayır," diye yanıtladı Thrang. "Ama çoktan güneye gitmişse kim bilir..."

"Eh, oraya varana kadar ne olduğunu bilemeyeceğiz," dedi Arconn, battaniyesine uzanıp.

"Ve eğer biraz uyumazsak, oraya varamayacağız," diye ekledi Thrang.

Alex'in yol arkadaşları battaniyelerinin altında kıvrılıp uyudu ama Alex, ateşin başında oturup nöbet tutuyor, Thrang'in sözlerini düşünüyordu. Gözlerini yumup kütüphanedeki eski, deri kapaklı kitabın yazılarını gözünün önüne getirdi. Cüce yazıları umutlu, hatta mutlu bir şey anlatıyor gibiydi. Hikâyede –en azından Alex'in gördüğü kısımda–herhangi bir sorun çıktığını düşündürecek bir şey yoktu. Fakat eğer cüceler zengin madenler bulduysa Albrek'in yandaşlarından bazılarının gözünü para hırsı bürümüş olabilirdi.

Alex'in tanıdığı tüm cüceler, nazik ve cömertti fakat açıkçası, üçüncü macerası olmasına rağmen, pek fazla cüce tanımamıştı. Tıpkı bazı insanlar gibi, bazı cücelerin de servet ve iktidar hayalleriyle yozlaşabileceğini düşünüyordu. Eğer Kemik Adası'nda olan buysa, oraya vardıklarında neyle karşılaşacaklarını kimse bilemezdi. Onları yeni bir cüce diyarı da bekliyor olabilirdi, yıkılmış bir hayalin harabeleri de.

O gece nöbeti bittikten sonra Alex, rüyasında Kemik Adası'nı gördü. Taştan yapılma, güzel bir cüce kentinin kurulduğunu görüyordu. Kent güneye bakıyor, güneş taş evleri tüm gün ısıtıyordu. Alex rüyasında yeni yapılmış sokaklarda dolaşıyor, kentin yakınlarındaki devasa taş mağaralara giriyordu. Harika bir yerdi ama hiç kimse yoktu. Kentin mağaraları ve madenleri boştu. Orada yüzlerce yıldır kimse yaşamamış gibiydi.

Alex ertesi sabah uyandığında rüyasını çoktan unutmaya başlamıştı. Battaniyesinin üzerinde dönerek kalktı ve yağmurun yağmaya başladığını fark etti. Rüya çoktan aklından çıkmıştı. Barnabus ateşin başında kahvaltı hazırlıyor, mutsuz bir halde bulutlu gökyüzüne bakıyordu.

Thrang yemekte, "Garip," dedi. "Yılın bu zamanı pek yağmur yağmaz, yağsa da fazla sürmez."

"Belki büyücü dostumuz bu küçük fırtınayı bizden uzaklaştırabilir," diye takıldı Kat.

"Burada havayı açmak, başka bir yerde sel baskınına sebep olabilir," dedi Alex. "Biraz yağmurdan zarar gelmez."

Fakat günün ilerleyen saatlerinde Alex, bundan şüphe etmeye başladı. Onlar yola devam ettikçe yağmur hızlanıyor ve duracakmış gibi görünmüyordu. Öğlen olduğunda hepsi sırılsıklamdı. Yemek pişirmek için ateşi Alex'in yakması gerekti, çünkü Thrain de Thrang de ıslak dal yığınlarından, dumandan fazlasını çıkaramamışlardı.

"Biraz yağmurdan kimseye zarar gelmez," diye espri yaptı Arconn. Grupta yağmurdan en az rahatsız olan oymuş gibiydi.

"Of, kes sesini," dedi Alex.

Çabucak yemeklerini bitirip yolculuklarına devam ettiler. Çamurlu otlarda ağır ağır ilerliyorlardı.

Thrain, havaya dair bir şeyler mırıldandı. Nellus ve Barnabus, ona tüm maceraların, güneşli günler ve ejderha hazineleriyle dolu olmadığını söyleyip takıldılar.

Geceyi geçirmek için durduklarında, yağmur nihayet dinmeye başlamıştı. Çadırlarını kurup atlarla ilgilendiler. Kuru giysilerini giydiklerinde keyifleri yerine geldi. Barnabus'un hazırladığı akşam yemeğini yerken Thrang, berbat bir havayla karşılaştığı ilk maceralarından birini anlattı.

"Otuz gün, otuz gece yağmur yağdı, öyle mi?" diye şaka yaptı Nellus.

"Yollarda yürümek nehirleri aşmak gibi olmuştur," diye ona katıldı Barnabus.

"İstediğiniz kadar gülün," dedi Thrang, onların şakalarına aldırmadan. "Ama size şunu söyleyeyim, o maceradan sonra tüm malzemelerimi kurutmam altı hafta sürdü, bu da bir gerçek."

"Keşke tüm malzemeleri çantadan çıkarmayı deneseydin," dedi Kat gülümseyerek.

"Ya da en azından sularını boşaltsaydın," diye ekledi Alex.

"Belki de çantama yüzme havuzu ekletip tüm dertten kurtulmalıydım," dedi Thrang kendi de gülerek.

Neşeli bir akşamdı, açık çimenlikte ayın yükseldiğini görmek onları mutlu etmişti. Alex nöbetini, gökyüzüne bakıp hiçbir şey düşünmeden geçirdi. Bulutlar batıya ve güneye doğru süzülüyordu. Nöbeti bitmeden, gökteki yıldızlar, bulutlardan daha fazla olmuştu. Çadırına giderken gökyüzüne bir kez daha baktı. Bulutlar yine değişiyordu ve Alex, ertesi gün daha fazla yağmur görecek olmalarından korktu.

ALTINCI
BÖLÜM

KAYIP KEMANCI

Alex'in daha çok yağmur geleceği yönündeki sezgisi doğru çıktı, uyandığında hafif bir pus çökmekteydi. Bulutlar önceki günkü kadar kara değildi, bu yüzden yağmurun fazla sürmeyeceğini umuyordu. Thrang, gökyüzüne bakıp yılın bu zamanında böyle tuhaf bir hava olması hakkında homurdandı.

Barnabus, ateşin başında kahvaltıyı hazırlarken "Belki şimdi de otuz gün, otuz gece yağmur yağar," diye espri yaptı.

Thrain kaygıyla bulutlara bakarak "Ah, umarım yağmaz," dedi.

"Hava açacaktır," dedi Thrang, çenesini ovuşturarak göğe bakıyordu. "Yılın bu zamanı fırtınalar uzun sürmez, birkaç günlük yağmur da maceramızı mahvedecek değil."

"Bu macera bitmeden, yağmurdan çok daha kötü şeyler yaşayacağımızı düşünüyorum," dedi Alex, çizmelerini yere vurarak. "Eğer yağmur başımıza gelen en kötü şey olacaksa, o zaman otuz gün yağması pek de kötü sayılmaz."

Kampı toplayıp yola çıkmaya hazırlanırlarken, güneş, bulutların arasından kendini gösterdi ve toprağa altın ışınlar yağdırdı. Güneşin yükselmesiyle keyiflendiler ve doğuya doğru yollarına devam ederken mutlulukla sohbet ettiler.

At sürdükleri toprak tamamen ıssızdı. Alex, Thrang'in, insanların doğuda, uzaklarda yaşadığına dair sözlerini hatırlıyordu ama yine de bu açık arazilerde en azından birkaç çiftlik ya da patika olmamasını tuhaf bulmuştu. Zaman zaman yere bakmaya devam ediyordu ama ayak izi varsa bile, yağmur hepsini silmiş olmalıydı.

Alex üçüncü kez çevreye baktıktan sonra Kat, "Bir şey mi seziyorsun?" diye sordu.

"Hayır," diye karşılık verdi Alex. "Etrafta ayak izi olur diye düşünmüştüm. Böyle güzel toprakların bu kadar boş olması şaşırtıcı."

"Boş değil," dedi Kat. "Çok sayıda kuş ve başka hayvanlar yaşıyor bu topraklarda."

"Ama insan yok," dedi Alex. "İnsanlar her zaman bir bölgeyi daha güzel hale getirmez ama bu durum biraz tuhaf görünüyor."

"Burada bir kış geçirmiş olsan tuhaf gelmezdi," dedi Thrang. "Kuzeye doğru fazla ilerlememiş olabiliriz ama bu açık arazide kış çetin geçer. Soğuk aylarda burada çiftçilik yapmak zor olur."

"Yılın kaç ayı soğuk oluyor?" diye sordu Alex, Thraxon takviminde, on iki yerine on beş ay olduğunu hatırlamıştı.

"Normalde sadece altı," dedi Thrang. "Tabii havanın çok değişken olduğu iki ay ilkbahar, iki ay da sonbahar var."

"Beş ay yaz, öyleyse," dedi Arconn.

"Evet, normal bir yılda beş ay güzel ve ılık hava olmasını bekleyebiliriz," dedi Thrang. "Ama bazı yıllar az, bazı yıllar daha fazladır. Şansımıza, yazın başındayız. Benorg'a giderken baharın son günlerini yaşadık."

"Bu da demek oluyor ki, hava değişmeye başlamadan önce Kemik Adası'na ulaşıp araştırma yapmak için en az dört ayımız olacak," dedi Kat.

"Evet, tam olarak öyle," diye katıldı Thrang. "Adaya varmamız bir aydan fazla sürmese gerek."

Alex, oraya vardıktan sonra Kemik Adası'nı araştırmanın ne kadar süreceğini merak etti. Büyük bir ada olduğunu, yoksa orada maden aramaya değmeyeceğini varsayıyordu. Albrek'in grubundan herhangi bir iz bulmanın uzun zaman alacağından endişe etti.

Günler geçtikçe ve doğunun biraz kuzeyine doğru at sürmeye devam ettikçe, adanın büyüklüğünü ve başka konuları tartıştılar. Fakat sorularının çoğunun cevabı henüz ortada yoktu.

En önemli sorulardan biri, Doğu Denizi'ne vardıklarında adaya nasıl ulaşacaklarıydı. Neyse ki Thrang'in buna bir cevabı vardı.

"Kıyıda şehirler ve köyler var," dedi. "Bizi oraya götürecek ve araştırmamız bittiğinde geri getirecek bir tekne kiralayabiliriz."

"Albrek adaya nasıl gitmişti?" diye sordu Alex.

"Bilmiyorum," dedi Thrang dalgın dalgın. "Kayıtlarda, kendi teknelerini götürdüğüne dair bir şey yazmıyor; o da bizim gibi, kendisini ve adamlarını adaya taşımak için tekne kiralamıştır."

Arconn, "Cüceler denize ulaştıklarında kendi teknelerini inşa etmiş de olabilirler," diyerek tahmin yürüttü.

"Belki," dedi Thrang, bu tahmini değerlendiriyordu. "Ama o kadar büyük bir tekne inşa etmiş hiçbir cüce tanımıyorum. Biz kara milletiyiz, denizde ilerlemeyi ve dalgaları sevmeyiz."

Alex, ona takılmak için "Denizi geçerken bunu hatırlayacağım," dedi.

Bir akşam, kamp alanı ararken, belli belirsiz bir duman kokusu havayı sardı. Arconn etrafa göz atmak için atını grubun güneyinde kalan küçük bir tepeye doğru sürdü. Alex dumanın nereden geldiğini ve yakınlarda bir tehlike olup olmadığını merak ediyordu.

Arconn birazdan yüzünde bir gülümsemeyle geri döndü. "Bir kasaba. Birkaç kilometre ötemizde."

"Kasabanın büyüklüğü ne kadar?" diye sordu Thrang.

"Yaklaşık otuz hane var," diye cevapladı Arconn. "Buradan güneye dönersek ana yoluna çıkacağız."

"Burada dağlara yakın bir kasaba olduğunu hiç hatırlamıyorum," dedi Thrang. "Tabii ben ya da halkımdan biri bu taraflara gelmeyeli uzun zaman oldu."

"Kasabada bir meyhane var mıydı?" diye sordu Nellus.

"Var sanırım," diye cevap verdi Arconn.

"Mümkünse kapalı bir yerde uyumak iyi olur," dedi Thrang. "Şu kasabaya gidelim, bakalım meyhanedekiler orada kalmamıza izin verecek mi?"

"Harika fikir," dedi Barnabus.

"Ama unutmayın," dedi Thrang, eyerinin üstünde dönüp hepsine baktı. "Herkesin şerefi birbirine bağlıdır. Küçük kasabaların halkı yabancılara karşı pek sıcak davranmaz, bu yüzden, başınıza dert açmamaya dikkat edin."

Herkes bunda hemfikir olunca, Thrang'i takip ettiler. Thrang ve Arconn, onları ana yola çıkardı. Kasaba pek etkileyici görünmüyordu. Burası, tek bir toprak yolun çevresine kümelenmiş bir avuç küçük, ahşap evden ibaretti. Alex, bakımlı görünen birkaç tarlayı fark etti fakat onlara çiftlik denemezdi.

"Kayıp Kemancı," diye okudu Nellus, meyhanenin dışındaki tabelaya bakıyordu.

"Kemancı kendini burada bulduğuna göre kesin kaybolmuştur," dedi Barnabus.

Thrang atından inip meyhaneye girdi; zayıf, kel bir adam ve kırmızı yüzlü bir çocukla geri döndü.

"Yedinize mi?" dedi zayıf adam, çok şaşkın görünüyordu. "Buralara fazla gezgin gelmez de."

"Bu gece bizi burada ağırlayabilir misiniz?" diye sordu Thrang.

"Evet, odamız var," dedi zayıf adam. "Eğer her odada ikişer kişi kalmayı sorun etmezseniz."

"Etmeyiz," dedi Thrang. "Ama birimize tek kişilik oda gerekecek."

Adam başını salladı. "Üç tane çift kişilik, bir tane tek kişilik. Sorun olmaz. Ned atlarınızla ilgilenir."

Ned, meyhane sahibinden daha neşeliydi ve nazikçe eğilerek onları selamladı. Alex, Shahree'ye fısıltıyla bir şeyler söyledikten sonra Thrang ve Arconn'un ardından meyhaneye yöneldi. Binaya girdiğinde, pişmekte olan etin ve dumanın kokusunu alarak ne kadar aç olduğunu fark etti.

"Eğer bir şey yemek ya da içmek isterseniz, Rose size getirir," diyen zayıf adam bar kısmını işaret etti. "Ben odalarınızı hazırlayayım."

Meyhanenin sahibi bu sözleri söyledikten sonra uzaklaştı. Alex ve arkadaşları bara doğru yürüdüler. Kasabanın yerlilerinden birkaçı, salondaki masalarda oturuyordu. Sert görünüşlü üç adam, barın bir ucunda grup halinde duruyordu. Başka bir adam ise barın öbür ucunda tek başınaydı, ona dair bir şey Alex'in dikkatini çekmişti.

Esmer, orta yaşlı bir kadın olan Rose, "Hoş geldiniz" dedikten sonra ne istediklerini sordu. Grup üyeleri, kadına zorluk olmasın diye içki ve yiyecek olarak ne varsa onları getirmesini söyledi.

"Her şeyi yapabilirim," dedi Rose, gruba gülümseyerek. "Biraz biftek ve yumurtaya ne dersiniz, yanında patatesle birlikte?"

"İyi olur," dedi Thrang.

Rose başını sallayıp, içkileri getirmek üzere hızla uzaklaştı. Alex ve dostları, iki küçük tahta masaya yerleşip beklerken birbirleriyle alçak sesle konuşmaya başladılar. Alex'in gözü, yeniden, barda tek başına duran adama kaydı. Bu yabancıda olağan dışı bir şey sezmişti ama ne olduğunu anlayamıyordu. Herhangi bir tehlike söz konusu değildi ama yine de, adamda belli belirsiz, büyülü bir şey vardı.

Rose, içkiler, bir sepet taze ekmek, tereyağı ve reçelle birlikte geri döndü. Alex ekmekten atıştırıp etrafa göz gezdirdi. Kasabanın yerlileri ve barda birlikte duran üç adam, ara sıra ona kaçamak bakışlar atıyordu. Sadece tek başına duran adam, grubu hiçbir şekilde umursamıyor gibiydi. Bu da Alex'e biraz garip geldi.

"Buranın sahibi Walsh, kasabanın otuz yıl önce kurulduğunu söyledi," dedi Thrang.

"Yüz yıllıkmış gibi görünüyor," dedi Arconn. "Hava şartları, ahşaba kötü davranmış, insanlara da."

Thrang başını salladı. "Taştan inşa etselerdi daha iyi olurdu."

Alex, dostlarını yarım yamalak dinliyordu çünkü diğer masada oturan Kat kalkmış, barda tek başına duran adama doğru gidiyordu. Alex, Kat'in ne yapacağını merak etti ve hiç düşünmeden, sol elindeki asasını tedirginlikle kaldırdı, gerekirse onu kullanmaya hazırdı.

Thrang, normalden biraz yüksek bir sesle "Alex," dedi.

"Affedersin, ne?" dedi Alex, bakışlarını Kat'ten Thrang'e çevirerek.

"Hava böyle mi devam edecek sence, diye sormuştum," dedi Thrang, lafını tekrar etmekten hoşnut olmadığı görülüyordu.

Alex ilgisiz bir şekilde, "Etmesi gerek," dedi. "Önümüzdeki birkaç ay, havanın güzel gitmesi lazım."

Aniden "Defol, cadı!" dedi bardaki adam sert bir sesle.

Tüm gözler bara döndü. Kat gerileyip adamdan uzaklaştı ve dönüp hızla barın arkasına geçti. Sarsıldığı belli olan kâhin, ayrı bir masaya oturdu.

Alex, hızla dostlarına göz attı. Hepsi onun kadar afallamış görünüyordu ama hiçbiri hamle yapmadı. İçinde vahşi ve pervasız bir öfkenin yükseldiğini hisseden Alex, asasını sıktı.

Telaşlanan Thrang, "Alex, hayır," dedi alçak sesle.

"Ne?" Alex ayağa kalkıyordu ki Thrang'in sesi onu durdurdu.

"Yapma," dedi Arconn.

"Ne diyorsunuz siz?" diye sordu Alex şaşkınlıkla. "Birbirimizin şerefini korumak üzere anlaşmamış mıydık?"

"Bu farklı," diye fısıldadı Thrang.

"Nasıl?" diye sordu, kafası karışan Alex.

"Bu, sıradan bir insan değil," dedi Arconn, başıyla bardaki adamı işaret etti. "O, bir paladin."

"Bir ne?" diye sordu Alex, dostlarının onu engellemeye çalışmasına kızıyordu.

"Paladin," diye tekrarladı Thrang. "Kutsal ve mukaddes savaşçı."

"Kat'e hakaret etmesine izin mi vereceğiz?" dedi Alex hararetle.

"Onların kendilerine özgü güçleri vardır," dedi Arconn, elini Alex'in omzuna koyup onu yerine oturtmaya çalışırken. "Kimilerine göre, paladinler, büyücülerden yüce olmasalar da onlara denktir."

"Bunun doğruluğundan şüphe ediyorum," dedi Alex. Korkusuz duyguları, ona üstün geliyordu.

Thrang, korku dolu bir sesle "Belki doğru değildir ama şimdi bunu öğrenmeye çalışmanın hiç sırası değil," dedi.

"Ufaklık, cadıyı korumak istiyormuş," dedi barda duran adamlardan biri yüksek sesle.

"Cüceyle elfin sözünü dinle çocuk," diye katıldı ikinci adam. "Kendilerini ilgilendirmeyen işlere karışmamaları gerektiğini biliyor onlar."

"Ama ufaklıkta asa var," dedi üçüncü adam gülerek. "Belki de kendini büyücü zannediyor, istediği zaman istediği şeye karışabileceğini sanıyor."

Her şey, Thrang ile Arconn bir şey söyleyemeden ve yapamadan çok çabuk gelişti. Alex kaşla göz arasında ayağa fırladı; asası gün ışığı gibi parlıyor, odayı ışıkla dolduruyordu. Barda duran üç adam, havaya fırlayıp salonun karşısına doğru uçtular ve Alex'in büyüsüyle duvara yapıştılar. Kasabanın yerlileri çığlıklar atarak kapıya koştu ama Alex onları umursamadı. Sihirle duvara sabitlediği adamlara doğru yaklaştı. İçindeki öfke alev alev yanıyordu ve onu tamamen ele geçirmek üzereydi.

"Yeter!" diye bağırdı barın en ucundaki adam. "Bırak onları, büyücü; yoksa benimle yüzleşirsin."

Alex üç adamı serbest bırakmadı, fakat Kat'e "cadı" diyen adama döndü. Adam, yüzünde belli belirsiz bir gülümsemeyle, doğrudan Alex'in gözlerinin içine bakıyordu. Thrang ile Arconn'un dediklerinin hepsini duymuş ama hiç etkilenmemiş gibiydi. Alex onunla yüzleşmek için ilerledi, asasını sol elinden sağ eline alıp paladinle ve onun sahip olduğu güçlerle çarpışmaya hazırlandı.

İçinde bulunduğu salon yok olmuş gibiydi ve Alex'in tek görebildiği, bardaki yabancıydı. Paladinle göz göze geldiler. Alex, aralarında bir güç ve irade mücadelesinin başlayacağını hissetti. Paladinden daha güçlü olduğunu hemen anladı. Zaman durmuş gibiydi. Alex için karşısındaki yabancıdan ve içindeki öfkeden başka hiçbir şey yoktu.

Bana boyun eğmelisin, dedi bir ses, Alex'in zihninde. *Boyun eğip benim daha büyük olduğumu kabul etmelisin.*

Hayır, diye karşılık verdi Alex, kendi zihninin içinde, düşüncelerini yabancıya yönlendirdi. *Bana boyun eğecek ve kaba sözlerin için özür dileyeceksin.*

İkisinden başka kimsenin göremediği bir çatışmanın içerisinde, uzun süre öylece durdular. Alex yabancının sözlerine direniyor, kendi iradesini ve sözlerini ona dayatmaya çalışıyordu.

Bu durum, başladığı gibi çabucak sona erdi. Alex'in zihninde bir parıltı oldu ve yabancıyı alt ettiğini anladı. Önünü görebilmek için gözlerini kırpıştırdı ve öfkesi yavaşça kayboldu. Salonun ortasında ayakta duruyor ama oraya nasıl geldiğini hatırlamıyordu.

"Beni bağışlayın," dedi yabancı. "Gururumu ve kibrimi bağışlayın."

Alex aşağı baktı ve yabancının, önünde diz çöktüğünü gördü. Dostları, korku ve hayretle donakalmıştı. Duvara sabitlediği üç adam yere düşmüş, solgun ve nefes nefeseydi.

"Adınız ne?" diye sordu Alex, diz çöken adama.

"Pek çok ad ile bilinirim," diye cevap verdi yabancı, başını neredeyse yere kadar eğerek. "Bu topraklarda bana 'Bane' derler."

"Neden öyle saldırdınız?"

"İçeri girdiğinizde sizin gücünüzü hissettim," diye yanıtladı paladin. "Cüce ve elfle konuşmalarınızı duydum. Bir an, sizi kaba sözlerimi görmezden gelmeye ikna edeceklerini düşündüm. Kâhine öyle çabuk tepki verdiğim için zaten kendime kızmıştım ve sizin benimle yüzleşmenizi istedim. Sonra dostlarım gereksiz yere konuştular ve siz benim yerime onlara saldırdınız. Benim yaptığım şey yüzünden onların acı çekmesine izin veremezdim."

"Neden sadece arkadaşımdan özür dilemediniz?" diye sordu Alex, ses tonu biraz yumuşamıştı.

"Gururum buna izin vermedi. Kendimi size karşı sınamaya zorlayan da gururumdu. Daha güçlü olduğumu düşündüm ama yanılmışım. Beni affedin üstat büyücü, budalalık ettim."

"Kaba sözlerinizi geri alıp arkadaşımdan özür dileyecek misiniz?" diye sordu Alex.

"Memnuniyetle," dedi Bane ilk kez başını kaldırıp. "Beni özür dilemeye zorlayabileceğinizi biliyorum ve kâhinden af dileme fırsatı verdiğiniz için müteşekkirim."

"O zaman ben de sizi affedeceğim," dedi Alex, elini uzatıp adamın ayağa kalkmasına yardım etti. "Ben Alexander Taylor, ama dostlarım Alex der."

"Öyleyse umarım ben de dostlarınız arasında yer alırım, genç büyücü," dedi Bane, cılız bir gülümsemeyle.

Alex başını salladı. "Dost olabilmemiz için geriye sadece bir tek şey kaldı." Salonun ucuna, Kat'in de topluluğun geri kalanı gibi şaşkına dönmüş halde durduğu tarafa göz attı.

"Nasıl isterseniz," dedi Bane. Eğilip selam verdi ve hızla Kat'e doğru yürüdü.

Alex bir an onu seyrettikten sonra, masadaki dostlarının yanına döndü. Thrang ve Arconn, hâlâ sersemlemiş haldeydi, Nellus ve Barnabus da öyle. Thrain solgun ve dehşete düşmüş görünüyordu, sanki kaçıp saklanacakmış gibi. Alex masaya yerleşti ve âdeta dostlarını donduran bir büyüyü bozmuş oldu.

"Ben... ne diyeceğimi bilemiyorum," diye kekeledi Thrang, Alex'e bakarak. "Böyle bir şey ne gördüm ne duydum..."

"Etkileyici bir marifet," dedi Arconn, hafifçe titreyen bir sesle. "Bir paladinin bir büyücüye boyun eğdiğini hiç görmemiştim."

"Nasıl ya... yapabil..." diye kekeleyen Nellus, sorusunu bitiremedi.

"Bir irade sınavıydı ama artık geçti," diye cevap verdi Alex. "Ve yalnızca Thrang'in bizden yapmamızı istediği şeyi yapıyordum."

"Evet ama... bir paladin," diyebildi Thrang.

O sırada Kat ve Bane masaya geldiler.

"Teşekkür ederim, Üstat Taylor," dedi Kat, eğilip Alex'i selamlayarak. "Size borçluyum."

"Ben de öyle," diye ekledi Bane eğilerek.

Yerden kalkmakta güçlük çeken üç adama göz atan Alex, "Dostlarınızın yardıma ihtiyacı var galiba," dedi Bane'e. Paladin onların yanına koşup Alex'in duyamadığı bir şey söyledi ve tekrar masaya döndü.

"Eğer mahsuru yoksa," dedi paladin ağır ağır. "Onlar da sizden af dilemek istiyor."

"Belki de ben onlardan af dilemeliyim," dedi Alex. "Büyü

yaparak insanları etrafa savurma alışkanlığım yoktur; ama maalesef, onların sözlerinin bana verdiğinden daha fazla zarar verdim üçüne."

"Hayır, üstat büyücü," dedi ilk adam, iki arkadaşıyla beraber diz çökmüştü. "Ahmakça sözler söyledik, bizi cezalandırmakta haklıydınız."

İkinci adam yalvarırcasına "Kaba sözlerimizden dolayı bizi bağışlayın," dedi.

"Düşünmeden davrandık, sizi rahatsız ettiğimiz için özür dileriz," diye ekledi üçüncü adam.

"Öyleyse artık dost olarak ayağa kalkın," diye karşılık verdi Alex.

Üç adam ayağa kalkıp Alex ve grubun geri kalanını selamladılar. Bane arkadaşlarına başıyla işaret etti ve üçü çabucak meyhaneden çıkıp gitti.

Alex, bir Kat'e bir Bane'e bakıp "Aramızda her şey çözüldü öyleyse," dedi.

"Çözüldü," diye cevap verdi Kat. "Hem tüm kabahati Üstat Bane'e yüklemeni istemem. İstenmediği ve gerekmediği halde yardım teklif ettim."

"Ben de düşünmeden, çabuk tepki verdim," diye ekledi Bane. "Bir daha böyle aceleci davranmayacağım."

"Güzel," dedi Alex. "Şimdi yemeğimizi yiyelim. Bane, isterseniz siz de bize katılabilirsiniz."

Bane, Thrang'e bakıp "Konuğu davet eden kişi, maceranın lideri olmalı," dedi nazikçe.

"Affedersin, Üstat Silversmith," dedi Alex. "Haddimi aştım sanırım."

"Ne?" dedi Thrang, bir Alex'e bir Bane'e bakıp. "Ah, evet, bize katılmanızdan şeref duyarız."

"O şeref bana ait," dedi Bane, Thrang'i selamlayıp. "Grubunuzla birlikte yemek yemeyi büyük bir lütuf sayarım."

Thrang, Bane'e bir sandalye gösterdi. Alex de iki masayı birleştirerek uzun ve tek bir masa haline getirmeyi önerdi. Bane ve Thrang, masanın iki ucuna oturmuşlardı, Alex de Bane'in yanındaydı. Onunla konuşup hakkında daha fazla şey öğrenmek istiyordu.

Rose, kayık bir tabakla geldiğinde, "Yerleri değiştirmişsiniz," dedi. "Ve aranıza yeni bir arkadaşınız daha katılmış. İkiniz benim sürekli müşterilerimi korkutup kaçırdınız, biliyorsunuz değil mi?" dedi Alex ve Bane'e.

"Üzgünüm," dedi Bane. "Benim hatam. Müşteri kaybınızı memnuniyetle telafi ederim."

"Ah, gerek yok buna," dedi Rose gülerek. "O morukların biraz harekete ihtiyacı vardı zaten. Her akşam burada oturur, birer maşrapa bira içer ve asla bahşiş bırakmazlardı. Bu geceden sonra daha fazla içmelerini bekliyorum."

"Eğer çok zahmet olmayacaksa, yemekte sekiz kişi olacağız," dedi Thrang. "Bu maşrapaları da bizim hesabımıza ekleyin lütfen."

"Hiç zahmet olmaz," dedi Rose. Patateslerle dolu kayık tabağı masaya koydu. "Gerisini bir dakika içinde getiriyorum, sonra da sizi kendi halinize bırakacağım."

Rose şaşırtıcı şekilde hızlıydı, kısa süre sonra, gruptaki herkes, tabaklarını sıcak yemeklerle doldurmuştu. Alex, Bane'in herkes yemeğini almadan, kendi tabağını doldurmadığını fark etti ve onu takdir edercesine gülümsedi. Daha önce bir paladinle tanışmamış, çalışmalarında onlara dair bir şey görmemişti.

"Uzaktan mı geliyorsunuz?" diye sordu Bane, Thrang'e bakarak.

"Henüz değil," dedi Thrang, bifteğini keserken. "Maceramız daha yeni başlıyor ve sona ermeden önce kat etmemiz gereken uzun bir yol var."

"Bu yolun ne tarafa düştüğünü sorabilir miyim?" diye sordu Bane. "Tabii eğer açıklamak istemezseniz, anlarım."

"Doğuya gidiyoruz," dedi Thrang kısaca.

"Ben de doğudan yeni döndüm," dedi Bane. "Orada bazı sorunlar olduğuna dair söylentiler duydum, başıma bir şey gelmese de..."

"Ne tür sorunlar?" diye sordu Thrang.

"Haydutlara ve devlere dair dedikodular," diye cevap verdi Bane. "Yolculuğum sırasında fazla ayak izi görmedim. Bu yüzden dedikodular doğru mu ya da hangisi doğru bilmiyorum."

"Devlerin, haydutlardan fazla serveti olur," diye belirtti Alex.

Arconn, "Ve genellikle daha tehlikelidirler," diye ekledi.

"Mümkünse ikisinden de uzak durmak gerek," dedi Nellus, sesi kaygılıydı.

"Biz de onları bulmaya çalışacak değiliz," dedi Alex. "Sadece, eğer karşılaşırsak diye dedim."

"Üstat Taylor için haydutların da devlerin de sorun olacağını sanmıyorum," dedi Bane.

"Çok naziksiniz," dedi Alex. "Lütfen bana Alex deyin."

Bolca konuşarak ama fazla gülmeden, yemeklerine devam ettiler. Bane, doğudaki topraklar hakkında çok şey biliyordu ve karşılaştığı zorluklardan, işittiği dedikodulardan bahsederken onu can kulağıyla dinlediler.

Sözlerini, "Thraxon'da, eskisine göre daha fazla bela var," diye bitiren Bane, sandalyesini itip masadan uzaklaştı.

"Yeterince maceracı yok," dedi Thrang ve başını salladı. "Eğer burada daha çok maceraya çıkılsa, duyduğunuz sıkıntıların çoğu ortadan kalkardı."

"Belki de," diyerek kabul etti Bane. "Ama sorunların çözümü biraz da, bu topraklarda yaşayan insanların sorumluluğunda. Maceracıların gelip onlar adına sorunları çözmesini beklememeleri gerek."

"Doğru," diyen Thrang, sakalını sıvazladı. "Thraxon'un halkları farklı ve uzun yıllardır hiç birlikte çaba göstermediler. Benorg'a döndüğümüzde Kral Thorgood'a bundan bahsedeceğim."

"Kralı tanır mısınız?" diye sordu Bane.

Thrang, "Çoğu kişiden iyi tanırım," dedi. "Onun bakanlarından biriyim. Bu da bir anlamda onun macerası."

"O zaman sizden bir şey isteyebilirim," dedi Bane, dikkatle öne eğilmişti. "Benorg'a gidiyorum ve oranın tarihini araştırmam gerekiyor. Belki krala bir mektup gönderip ondan bana görevimde yardımcı olmasını rica edebilirsiniz."

Thrang ihtiyatlı davranıp "Sizi tanımıyoruz ve göreviniz hakkında bir şey bilmiyoruz," dedi. "Kraldan size yardımcı olmasını rica etmem için sizi tanımamam ve ne aradığınızı bilmem lazım."

"Tabii, elbette," dedi Bane. "Anlatabileceklerimin hepsini memnuniyetle anlatırım."

"Ama her şeyi değil," dedi Alex, Bane'e bakarak.

"Pek çok şeyi anlamışsınız," dedi Bane ve başını salladı. "Evet, anlatamayacağım bazı şeyler var, sizin gibi bir büyücüye bile."

"O zaman bize hikâyenizi anlatın isterseniz," dedi Thrang. "Anlatmak istemediğiniz bölümleri varsa anlayışla karşılar, soru sormayız."

YEDİNCİ
BÖLÜM

PALADİN'İN HİKÂYESİ

Alex ve yol arkadaşları, arkalarına yaslanıp sabırsızlıkla beklediler. Bane, birkaç dakika boyunca hiçbir şey söylemedi. Başını hafifçe öne eğmiş, sanki uzak geçmişte kalan bir şeyi hatırlamaya çalışıyor gibiydi. Alex bilmese, Bane'in uyuyakaldığını sanırdı.

Bane başını kaldırdı ve Alex, onun aslında göründüğünden çok daha yaşlı olduğunu şaşkınlıkla fark etti. Paladin yorgun ve bitkin görünüyordu, yüzü hafiften grimsi bir renge dönmüştü.

"Ben Goval'da doğdum," dedi Bane ağır ağır, "daha ülke ikiye bölünmemişti. Rahat bir çocukluk geçirdim. Yani bir çocukluk döneminin olabileceği kadar rahattı. Çocukken başıma önemli bir şey gelmedi ve bunu, sadece benim, bir zamanlar normal bir adam olduğumu bilmeniz için söylüyorum."

Bane duraksadı, yüzünden sıkıntılı bir ifade geçti ama çabucak yok oldu. Ardından hikâyesine devam etti.

"Ben on altı yaşındayken Goval'da savaş çıktı. O zamanlar, savaşı kimin ve neden çıkardığını bilmiyordum. Savaş bana büyük bir macera, şan şöhret kazanmak için bir fırsat gibi görünüyordu. Aklımda böyle düşüncelerle mutlu yuvamı terk ettim ve ülkede ilerleyen çok sayıda ordudan birine katıldım.

"Adam numarası yapan bir çocuktum. Savaş hakkında bildiğim bir şey yoktu, hayat hakkında bildiğim ise daha azdı. Maalesef her ikisine dair çok şey öğrendim çünkü bir yeteneğim vardı. Savaş sanatı bana çok kolay geliyordu, hatta fazla kolay. Evimde kalmalıydım fakat geri dönmek için çok geç oluncaya kadar, bu düşünce hiç aklıma gelmedi. On yedi yaşına geldiğimde, tek bir çarpışmada yirmi adamı, ordular arasındaki toplu çatışmalarda ise çok daha fazlasını öldürmüştüm.

"Savaş kanlı ve pis bir işti ama ben, kendi rızamla buna girişmiştim ve ordumuzun askerleri arasında ünüm yayılmaya başlamıştı. Hâlâ bir çocuk olmama rağmen, bir savaşçı olarak saygı görüyordum. Şöhret başımı döndürdü; gururlu ve kibirli biri oldum, bugün bile mücadele ettiğim iki şey bunlar."

Bane, maşrapasından büyük bir yudum aldı. Alex, Bane'in hislerini ve arzularını anlayabiliyordu. Çünkü kendisi de, kılıcı Ay Katili'ni elinde tutarken benzer duygulara kapılıyordu.

"Şöhretim arttıkça," diye devam etti Bane, "sorumluluğum da arttı. On sekiz yaşına geldiğimde bir manga askere komuta ediyordum. Yirmi yaşına geldiğimde ise bir bölüğün komutanıydım. Dört kısa yıl içinde, ordu benim hayatım oldu. Bir zamanlar sahip olduğum yuvamı ve ailemi neredeyse unutmuştum.

"Yirmi bir yaşına geldiğimde, ordumuz başka bir orduyla birleşti ve ölümcül oyunumuzda bizi yönetecek yeni bir lord geldi. Bilge bir adamdı, savaş meydanında kurnazdı ve adamlarının hayatta kalmasını önemserdi. İsmimi duymuş ve beni huzuruna çağırtmıştı. O zamanlar bunun, hayatımın en büyük fırsatı olduğunu düşünmüştüm.

"Beyinsiz bir bölük komutanından fazlası olmam için beni eğitmeye başladı. Bana taktikler ve stratejiler öğretti. Adamların sadakatini nasıl kazanacağımı ve onlardan en verimli şekilde nasıl yararlanacağımı gösterdi. Bunlar bana öğrettiği iyi derslerdi ama başka dersler de vardı."

Bane'in yüzünden bir acı ifadesi geçti. Önündeki masaya baktı ve düşüncelere dalıp gitti. Tekrar konuştuğunda sesi gergindi ve konuşmakta zorluk çekiyordu.

"Soğuk ve zalim olmayı öğrendim," dedi. "Savaşta acımasız olan avantaj sağlıyordu. Yeni efendimin eğitiminde, duygularımı bir kenara bırakıp yapılması gereken neyse, ne olursa olsun, onu yapmayı öğrendim. Benim için öğrenmesi zor bir dersti, çünkü o zamana kadar merhamet ve şerefin savaş meydanında bir yeri olduğunu düşünmüştüm."

"Asla sözünü etmeyeceğim, yapılmaması gereken şeyler yaptım. Efendim beni ve hareketlerimi övse de içten içe yanlış yaptığımı biliyordum. Kuşkularımı gizleyip duygularımı derine gömdüm. Eğer kötülük yaptıysam, bu, daha büyük bir iyilik içindi ya da ben o zamanlar kendime öyle söylüyordum. Masumların benim zaferimin bedelini ödemek zorunda kalması umurumda değildi, çünkü önemli olan tek şey, nihai zaferimizdi. Efendim tüm ülkenin kralı olduğunda, masumlarla da ilgilenilecekti.

"O zamanlar kötülüğün gerçekte ne olduğunu anlamaya başladım. Efendim de zaman içinde değişmişti. Savaşları kazanmak için her şeyi göze almış ve ordusunu umursamaz olmuştu. Sonumuz geliyordu ama ben o sonu göremiyordum. Benim umurumda olan tek şey, savaşmamızdı. Eğer ilerlemeye devam edebilirsek, zafer hâlâ bizim olabilirdi.

"Hayatımın o döneminin sonu, çok kanlı bir hikâye ve şimdi tekrar anlatmayacağım. Sadece sonun geldiğini ve o an efendimin yanında olmama rağmen, gerçekten neler olduğunu anlayamadığımı bilin, yeter. İçime akan nefret beni kör etmişti."

Bane duraksayıp birkaç kez derin nefes aldı ve ellerini saçlarının arasından geçirdi.

"Ardından sonumuz geldi," dedi acı acı. "Düşmanlarımız bizi yakaladı. Efendimin kaçmasına yardım etmeye çalıştım, tepelere doğru kaçıp baştan başlamak istedim. Başka bir ülkeye gitmemiz gerekse bile yeni bir ordu kurabilirdik. Ama çabalarımız boşunaydı. Askerler değil, büyücüler tarafından köşeye sıkıştırıldık.

"Üstat Taylor gibi gerçek, kendileri için güç aramayan, Goval halkı için adalet isteyen dört büyücü, büyüleriyle beni zapt etti ve bana efendime yaptıklarını izlettirdiler. Başta ona işkence edeceklerini, kendisinin ve başkalarının, onun adına yaptığı kötülüklerin bedelini ödeteceklerini sandım. Ancak büyücülerin niyeti işkence etmek değil, hiç beklemediğim bir şeydi.

"Birlikte bazı sihirli sözler söylediler ve karanlığın gölgesi, efendimin bedeninden dışarı çıktı. Gördüğüm şeyi anlayamamıştım. Büyü hakkında az şey biliyordum. Bilinen diyarlarda bulunan karanlık yaratıklar hakkında bildiklerim daha azdı. Gölge, dört büyücüyle konuştu ama ne dediğini duyamadım.

Büyücülerin gölgeyi yakalamasına ya da yok etmesine kalmadan, eski efendim onlara saldırdı ve dikkatlerini dağıttı.

"İhtiyarı yok etmişler ama onun içinden çıkan gölge kaçmıştı. Büyücülerin beni de yok edeceklerini sandım ama yapmadılar. Birkaç sözle zihnimden karanlığı ve gölgeleri çıkardılar. Böylece ben de gerçeği görebildim ve yapılan kötülükleri anlayabildim. Sonunda, zafer adına neler yaptığımızın farkına varmıştım ve kendimi yıllardır ilk defa insan gibi hissediyordum.

"Bu bir iyi niyet gösterisiydi ama yine de şeytani eylemlerimin verdiği suçluluk duygusu üstün geldi. Uzun süre ölmeyi diledim ama bu olmayacaktı. Büyücüler suçluluk duygumu yenmeme yardım etti ve ülkede, Goval halkında açtığım yaraları tedavi etmemin yollarını buldular. Yıllar yılı bu büyücülerle teker teker seyahat ettim. Sonunda dört büyücü yeniden bir araya geldi."

Bane, gözlerini kapayıp sandalyesinde geriye yaslandı. Bir rüyadan uyanmaya çalışıyormuş gibi başını iki yana salladı.

"Bu dört yüce adam, benden son bir görevi üstlenmemi istediler," dedi, konuşurken hafifçe gülümsemişti. "Bana, gördüğüm gölgenin ne olduğunu açıkladılar, tabii ki kelimeler onun gerçek doğasını ve dehşetini ifade etmekten acizdi. Tek söyleyebileceğim, bir kişiyi ele geçirip onu kendi çıkarları için kullanabilen bir kötülüğün gölgesi olduğu. Onun birçok ülkede, pek çok farklı adla anıldığını duydum ama neden olduğu sonuç hep aynıydı: Savaş ve acı.

"Yaptığım kötülüklerin bazılarının bedelini ödememi sağlayacağını düşünerek, görevi kabul ettim. O zamanlar görevin bu kadar uzun süreceğini bilmiyordum ama şu an bile, suçlarıma kıyasla cezamın hafif kaldığını hissediyorum."

Vücudunu şiddetle sarsan ani bir öksürük Bane'i durdurdu. Kendine gelinceye kadar birkaç dakikanın geçmesi gerekti ama kimse ne bir şey söyledi ne de kımıldadı.

"Böylece yeni efendilerim bana güç verdiler," dedi Bane, çenesini sıvazlayarak. "Kendi güçlerinin bir kısmını bana aktardılar ve beni bir paladin olarak, bilinen diyarlara gönderdiler. Artık, insanları ele geçiren gölgenin peşindeyim ve görevim, ben onu bulup yok etmeden ya da o beni yok etmeden tamamlanmayacak."

Bane konuşmasını bitirdiğinde uzun bir sessizlik oldu. Duyulan tek ses, şöminede yanan ateşten geliyordu.

Alex, Bane'in hikâyesini düşündü ve kendi hocası Whalen Vankin'in ona öğrettiği bir şeyi hatırladı.

"Sizin karşınıza çıkmak istediğimde dostlarımın neden böyle kaygılandığını şimdi anlıyorum," dedi sonunda. "Kim olduğunuzu bilmiyordum ve paladin olduğunuzu söylediklerinde neyi kastettiklerini anlamamıştım."

"Sıradan insanların kullandığı unvan," dedi Bane.

"Ama ben, başka bir unvanınızı daha biliyorum, bu grupta bahsetmeyeceğim bir unvan," dedi Alex. "Eğer sizin onlardan olduğunuzu bilseydim, karşınıza o şekilde çıkmazdım."

"Fakat yine de üstün geldiniz," dedi Bane hayretle.

"Ne kadar zamandır bu görevdesiniz?" diye sordu Arconn sakin sakin.

"Uzun zamandır," diye cevap verdi Bane. "Bazen sonsuzluk kadar uzun geliyor ve bence bu görev hiç sona ermeyecek. Ama görevimden vazgeçemem."

"Hikâyeniz inandırıcı geliyor," dedi Thrang bir süre sonra. "Kral Thorgood'un, size görevinizde yardım etmesini memnuniyetle rica edeceğim."

"Çok naziksiniz," diyen Bane, başını Thrang'e doğru eğdi.

"Sanırım benim de size yardımım dokunabilir," dedi Alex. "Hatta belki de Benorg'un kütüphanelerinden daha fazla."

"O yaratığı biliyor musunuz? Bahsettiğim gölgeyi?" diye sordu Bane heyecanla.

"Galiba biliyorum," dedi Alex. "Eğer aynı yaratık ise ki aynısı olduğunu hissediyorum, onunla iki kez karşılaştım."

"İki kez mi?" diye tekrarladı Bane hayretle.

"Beni kışkırtmaya çalıştı," dedi Alex. "Ona katılmamı istedi. İktidar, servet ve ün vaatlerinde bulundu."

"Sizdeki gücü kullanarak elde edebileceği, aksi halde yerine getiremeyeceği vaatler," dedi Bane. "Bu karşılaşmaların nerede olduğunu anlatır mısınız?"

"İlki Vargland'daydı," dedi Alex, dostlarına bakarak. "Gölge orada bazı hayaletleri kontrol ediyordu. Ben henüz eğitimli bir büyücü değildim ve neyle karşı karşıya olduğumu anlayamadım. Beni az kalsın yok ediyordu ve dostlarımın beni Duvar'dan geri çağırması sayesinde kurtulabildim."

"Sizi birden fazla kişi mi geri çağırdı?" diye sordu Bane, şaşırmıştı.

"Kısmen ben geri çağırdım," dedi Arconn, acılı bir ifadeyle. "Onu tamamen geri getirecek gücüm yoktu."

"Belki yoktu," dedi Alex. "Ama beni tamamen geri getirebilecek birine götürebilecek kadar soğukkanlıydın. Ya da senin deyiminle, geri dönmemi talep edecek birine."

"O'nun için bile amansız bir işti," dedi Arconn.

"Evet, öyleydi," diye onayladı Alex.

"Yani daha eğitiminiz yokken, bir kez ondan kaçabildiniz ve sonra tekrar mı karşılaştınız?" diye sordu Bane.

Alex açıkladı: "Şans eseri, katıldığım gruptaki bir maceracıyla birlikte seyahat ediyormuş. Eğitimim devam ediyordu ve henüz asamı almamıştım; bu yüzden, neredeyse iş işten geçene dek gölgeyi göremedim ve sezemedim."

"Peki maceracıya ne oldu, onu kurtarabildiniz mi?" diye sordu Bane endişeyle.

Alex üzüntüyle "Kurtaramadım," dedi. "Onu kaybettik ve gölge kaçtı. Bu olay kısa süre önce, Norsland'ın epeyce kuzeyinde oldu."

"Gölgeyle iki kez karşılaştınız ve ikisinde de ona üstün geldiniz. Sanırım gölge sizinle üçüncü kez karşılaşmaktan kaçınacaktır," dedi Bane başını sallayarak.

"Belki de," diye kabul etti Alex. "Galiba artık onu durdurabilirim ama nasıl yok edeceğimi bilmiyorum."

Bane kendinden emin bir sesle "Gerek duysaydınız onu yok edebilirdiniz, bundan şüphem yok," dedi. "Bu gölgenin felaketi* olmak için gönderilen beni, kolayca alt ettiniz çünkü."

"Evet ama sizin güçleriniz tamamen sizin kullanımınızda değil," dedi Alex. "Sanırım ben kötü olsaydım, güçleriniz

* Bane kelimesinin anlamı da felaket ve yıkımdır. (Ç.N.)

üzerimde çok daha etkili olurdu. Gölgenin teklifini kabul etseydim, şimdikinden daha güçsüz olurdum. Bana üstün gelirdiniz."

"Öyle mi dersiniz?" dedi Bane hafifçe. "Böyle bir sınavla asla karşılaşmayacak olmaktan memnunum."

"Ben de," dedi Alex.

Kat, "Artık gölgenin yeri hakkında fikir edindiğinize göre, yine de Benorg'a gidecek misiniz?" diye sordu Bane'e.

"Evet," dedi Bane. "Gölgeden hiç bahsedilmiş mi diye bakmak için şehrin kayıtlarını incelemek istiyorum. Kayıtlarda adının 'Gölge' olarak geçeceğini sanmıyorum ama ben yine de onu tanırım."

"Gölgenin Norsland'da kaldığından şüpheliyim zaten," dedi Alex. "Yeni bir hizmetkâr ya da bir kurban arayacaktır. Fakat kurbanını bulduktan sonra Norsland'a geri dönmek isteyebilir."

"Neden böyle dediniz?" diye sordu Bane.

"Orada onu bekleyen bir şey olduğunu düşünüyor," diye cevap verdi Alex.

Bane, kafası karışmış gibi Alex'e baktı. Alex gülümsedi ve gölgeyle en son karşılaştığı seferin hikâyesini anlattı. Konuşurken, dostlarının bakışlarını üzerinde hissediyordu. Son macerasının bu kısmını gruptakilere anlatmamıştı ve yeni anlatıyor olduğu için biraz utanıyordu.

"Geri döndüğünde hayal kırıklığına uğrayacak," dedi Bane memnuniyetle. "Fakat maceracının kurtarılamamış olmasına üzüldüm."

"O, kendi seçimini yaptı," dedi Alex. "Onun için üzülüyorum ama yaptığı seçimlerin bedelini ödemek zorunda kaldı."

"Hepimiz gibi," dedi Bane üzgün bir şekilde gülümseyerek.

"Sizi bu göreve gönderen dört büyücüye ne oldu?" diye sordu Thrain çekinerek.

"Bu önemli değil," diye araya girdi Alex. "Önemli olan, Bane'in hâlâ görevinin peşinde olması. Ben şahsen, ona elimden gelen her şekilde yardım edeceğim."

"Zaten fazlasıyla yardımcı oldunuz," dedi Bane. "Yolculuklarımda karşılaştığım herkesten daha fazla."

Thrain "Ama... büyücüler?" diye ısrar etti.

"Artık yataklarımıza gitsek iyi olur," diye önerdi Alex. "Yarın tekrar yola çıkmamız gerekiyor ve Bane'in önünde de uzun bir yolculuk olduğunu biliyorum."

"Evet, tabii ki," dedi Thrang, Alex'in ona attığı bakışa karşılık verdi. "Haydi yataklara, yarın sabah da yola."

Diğerleri masadan kalkıp odalarına yönelirken, Alex ve Bane yerlerinde kaldılar.

"Sen gelmiyor musun, Alex?" diye sordu Thrain.

"Birazdan geleceğim," dedi Alex.

Alex, Thrang'in, Thrain'i köşeye çekip kulağına bir şeyler fısıldadığını gördü. Genç dostu için biraz üzüldü ama şu anda yapabileceği bir şey olmadığını biliyordu.

"Onun sorusunu savuşturarak nezaket gösterdiniz," dedi Bane, Alex'le yalnız kaldıklarında.

"Cevabın size sıkıntı vereceğini biliyordum," dedi Alex. "Eğer hâlâ bilmek isterse, ben ona sonra açıklarım."

"Sanırım hikâyemin anlatmadığım kısımlarını öğrenmek istiyorsunuz," dedi Bane.

Alex, "Burnumu sokmak istemiyorum," dedi. "Eksik kısımların çoğunu, hakkında konuşmadan da anlayabiliyorum. Anlayamadığım kısımları bilmek de benim için önemli değil."

"Teşekkür ederim," dedi Bane. "Hem nazik hem de yardımsever davrandınız."

Alex "Şimdi ne yapacaksınız?" diye sordu. "Benorg'a yapacağınız yolculuğun kısa süreceğini biliyorum."

"İtiraf edeyim ki hikâyenizi dinledikten sonra, Norsland'a gitmeyi düşündüm," diye yanıt verdi Bane. "Gölgenin geri dönmesini bekleyip onu gafil avlayabilirim."

"Ancak bu plan hakkında şüpheleriniz var," diye belirtti Alex.

Bane başını salladı. "Zaman, gölge için pek bir şey ifade etmiyor ve..."

"Ve?"

"Başka bir şeyin olduğunu hissediyorum. Bilinen diyarlarda ters giden bir şeyler var, net olarak göremediğim bir şeyler."

Alex "Ne demek istiyorsunuz?" dedi.

"Gölge kaçıp gidiyor ve zaman zaman, âdeta tamamen ortadan kayboluyor. Sanki birisi ya da bir şey, onun benden kaçmasına yardım ediyor," diye cevap verdi Bane. "Büyük bir komplo kurulmuş ama ben herhangi bir kanıt ya da takip edecek bir ipucu bulamıyormuşum gibi hissediyorum."

"Gölgeyi gizlemek için kurulmuş bir komplo mu?"

"Sadece gölgeyi değil. Pek çok diyarda, olmaması gereken

birçok şey gördüm. Ama görünüşe göre insanlar tehlikenin farkında değil. Ya da belki, artık eskisi kadar umursamıyorlar."

"Komplo ne? Ne istiyorlar? İktidar mı? Servet mi?"

"Bilmiyorum," dedi Bane. "Bazen biliyor olmam gerektiğini hissediyorum ama cevap, görüş alanımın hemen dışında kalıyor. Bazı şeylerin değiştiğini biliyorum, iyiye gitmediğini de. Krallıklar zayıflıyor ve eski dostluklar unutuluyor. Belki de komplonun amaçladığı şey budur, fakat nedenini bilmiyorum."

"Eğer bu doğruysa, büyük bir komplo olmalı," dedi Alex. "Öyle büyük bir grup kolayca ortaya çıkarılırdı."

"Sabırlı olurlarsa hayır," dedi Bane. "Yüzlerce, hatta binlerce yıl boyunca yavaş yavaş çalışmışlarsa hayır. Goval'daki savaşların ne kadar uzun zaman önce başladığını biliyorsunuz, Alex. Ne kadar uzun zamandır bu görevde olduğumu biliyorsunuz."

"Dikkatle ve sabırla kurulan bir komployu fark edebilecek kadar uzun."

"Evet," dedi Bane. "Sizden benim için bir şey yapmanızı isteyeceğim."

"Ne yapabilirim sizin için?"

"Tanıdığınız büyücülerle konuşun, düşüncelerimi onlara aktarın," dedi Bane. "Onları bu tehlike konusunda uyarın ve mümkünse, harekete geçmelerini isteyin."

"Elimden geleni yaparım," dedi Alex.

Bane, başını salladı ve birkaç dakika sessizce oturup salonun karşısında yanan ateşe baktı.

"Sanırım en iyisi, sabah dostlarınız uyanmadan benim gitmiş olmam," dedi sonunda.

"Yalnız seyahat etmek zorunda mısınız?" diye sordu Alex sessizce.

"İnsan hayatı çok kısa ve ben de çok yaşlıyım. Ben bir paladinim ve her zaman hareket halinde olmalıyım. Aile ve arkadaş gibi bağlara ayıracak vaktim yok."

"Pekâlâ," dedi Alex, Bane için üzülmüştü. "Size görevinizde iyi avlar diliyorum."

"Teşekkür ederim," dedi Bane.

"Eğer gölgeyle tekrar karşılaşırsam, size haber vereceğim," diye söz verdi Alex. "Ve eğer ihtiyacınız olursa, lütfen beni çağırmaktan çekinmeyin."

Bane başını salladı. Ama Alex, paladinin hiçbir zaman ondan yardım istemeyeceğinden emindi. Kadim savaşçı, uzun yıllar, bilinen diyarları araştırmıştı ve Alex, tüm bu süre boyunca, ona yardım teklif eden ilk kişi olduğunu biliyordu.

Masadan kalktı ve Bane ile el sıkıştılar. Konuşmadan, dönüp odasına giderken, paladini masada öylece tek başına bıraktı.

SEKİZİNCİ
BÖLÜM

TEHLİKEYE GİDEN YOL

Ertesi sabah Alex, yol arkadaşlarının hepsinden erken kalktı. Whalen'e bir mektup yazıp, Bane'in komployla ilgili düşüncelerini açıkladı. Sonra da bara gidip masalardan birine oturdu. Thrang ve diğerlerinin çok geçmeden ona katılacaklarını bildiğinden, tüm grup için kahvaltı siparişi verdi. Beklerken, Bane'in, Benorg'a doğru ne kadar yol aldığını merak etti.

"Erkencisin," dedi Thrang salona girince.

"Ya da sen geç kaldın," dedi Alex.

Thrang "Gece uyumuş olmana şaşırdım," dedi. "Sen ve yeni arkadaşın bütün gece oturursunuz sanmıştım. Özel konuşmanızın daha iyi olacağı bazı konular vardı sanırım."

Alex başını salladı. "Topluluğun önünde konuşulmaması gereken başka şeyler vardı."

"Thrain'in sorusunun yanıtı gibi mi? Bane'e sorman gerekti mi, yoksa cevabı zaten biliyor muydun?"

"Bane'in kimin nesi olduğunu anladıktan sonra, Thrain'in sorusunun cevabını buldum zaten. Fakat bizi şu anda ilgilendirmesi gereken, Bane'in seyahatleri sırasında duyduğu söylentiler. Devlerin haydutlardan daha çok hazinesi olduğunu söylemiştim; ama onlarla karşılaşmaya can atmıyorum."

"Ben de," dedi Thrang. "Bane, yolculuğu boyunca hiçbir şey görmediğini söyledi. Bu yüzden, belki biz de sıkıntı yaşamayız."

"Bane tek başına yolculuk ediyor," dedi Alex. "Biz yedi kişiyiz. Bizi tespit etmek, onu tespit etmekten kolaydır."

"Tek başına mı yolculuk ediyormuş?" diye sordu Thrang. "O zaman yanındaki üç adam kimdi?"

Alex usulca, "Bazı şeyler sorulmamalı," dedi.

Grubun geri kalanı salona girdiği ve Rose da kahvaltıyı servis etmek üzere geldiği için konuşmaları yarıda kesildi. Alex, Thrain'in her zamanki neşesinin yerinde yeller estiğini fark etti. Dört büyücü hakkında Bane'e soru sormanın Thrain için epey cesaret gerektirdiğini biliyor, cevabını alamadığı için mutsuz olduğunu tahmin ediyordu. Fakat Thrain'in, yüzüne bakmaya isteksiz olduğunu görünce Alex, sorunun daha büyük olduğunu sezdi.

"Üstat Bane gitmiş bakıyorum," dedi Arconn, yerine geçip.

"Uzun bir yolu var," dedi Alex.

"Ama benim soruma cevap vermedi," dedi Thrain sessizce. Gözleri önüne, masaya sabitlenmişti.

"Senin sorularına ben cevap vereceğim," dedi Alex güzellikle. "Ama tekrar yola çıktığımızda; burada değil."

"Önümüzdeki yolu tartışmalıyız," dedi Arconn.

Thrang, "Alex ve ben, siz gelmeden önce tam da bunu yapıyorduk," dedi. "Dikkatli olmamız ve kamp alanlarını iyi seçmemiz gerekiyor."

"Ama Bane hiçbir şey görmediğini söylemişti," dedi Nellus.

Barnabus ekledi, "Ancak bazı söylentiler duymuş."

"Söylentilerle ilgili sorun, neye inanacağınızı asla bilememek," dedi Kat. "Yolumuzda haydutlar ve devler olabilir ama hiçbir şey olmayabilir de."

"Ya da önümüzde daha kötü bir şey olabilir," diye ekledi Arconn.

"Neyle karşılaşıp karşılaşmayacağımızı tahmin etmeye çalışmanın yararı yok. Giderken dikkatli olacağız, yolumuz doğu yönüne gidiyor," dedi Thrang.

Meyhaneden ayrıldıklarında güneş doğuyordu. Alex, Ned'in atlara iyi bakmış olduğunu görünce memnun oldu. Thrang faturayı öderken, Alex de Ned'e birkaç gümüş para verip hayvanlara baktığı için teşekkür etti. Ned, bu cömert ödül karşısında afallamış gibiydi ve atlarına binip gitmeden önce Alex'e birkaç defa teşekkür etti.

"Muhtemelen bir ayda kazandığından daha fazladır," diye yorum yaptı Kat, atını Alex'inkinin yanında sürüyordu.

"O zaman hak ettiğinden az maaş alıyormuş," dedi Alex gülerek.

Çok geçmeden, küçük kasaba arkalarında kalmıştı ama Thrang, doğru yönde gittiği için yolu takip etmelerine karar verdi. Alex, bu kararın akıllıca olup olmadığından kuşku duysa da fikirlerini kendine sakladı.

Bir süre at sürdükten sonra, Thrain, Alex'in yanına yaklaştı. "Bane hakkında soru sormakla hata ettiysem özür dilerim," dedi sessizce.

"Sorman hata değildi," dedi Alex. "Saklanması gereken bir sır falan yok."

"E o zaman, bana cevabı söyleyebilir misin?" diye sordu Thrain.

"Bane bir paladin," diye başladı Alex. "Ama büyücüler, ona farklı unvanlarla hitap eder. Bu yüzden, Thrang ve Arconn dün akşam beni uyarmaya çalıştıklarında, onları anlayamadım. Büyücülerin kullandığı unvan çok daha fazla anlam taşıyor ama paladin de idare eder."

"Evet, onun bir paladin olduğunu biliyoruz," dedi Thrang. "Peki ya Bane'e görevini veren dört büyücüye ne oldu?"

"Bunun cevabını vermek benim için bile zor," dedi Alex. "Bir paladin yaratmak, büyük bir sihirli güç gerektirir. Büyücüler öylesine gelip, 'sen artık paladinsin, git şu görevi yap,' demezler. Bundan çok daha fazlası var. İhtiyaç duyduğu gücü Bane'e vermek için, kendi güçlerinin birazından feragat etmek zorundalar. Dört büyücü, kendi güçlerini Bane'e aktarmışlar. Bunu yaptıktan sonra, artık büyücü değillerdir ama sıradan kişiler de olamazlar."

"Yani Bane görevine devam edebilsin diye kendi sihirli güçlerinden vaz mı geçtiler?" diye sordu Thrain şaşkın bir sesle.

"Evet," diye cevap verdi Alex.

"Demek Bane'de dört büyücünün birden gücü var, öyle mi?" diye sordu Kat, uzun bir aradan sonra.

"Evet," dedi Alex.

"Yine de irade sınavında ona üstün geldin," dedi Arconn, omzunun üstünden dönüp Alex'e baktı. "O sana boyun eğdi, sen ona değil."

"Doğru," dedi Alex. "Ama Bane, tüm güçlerini bana karşı kullanamadı. Güçlerinin tamamını, kovaladığı gölgeye ya da o kötülüğe hizmet edenlere karşı kullanabilir yalnızca."

"Yine de, dördünden daha güçlüydün," dedi Kat.

"Ben kötü değilim ve Bane'deki kısıtlamalar bende yok," dedi Alex. "Dün akşam ona gölgeyle karşılaşmalarımı anlatırken, Bane'e de aynısını söyledim."

"İzlemesi etkileyiciydi," dedi Barnabus, Alex'in arkasından.

"Neyi?" diye sordu Alex, Barnabus'un ne kastettiğinden emin değildi.

"Güç yarışını," diye cevap verdi Barnabus. "İzlemesi etkileyiciydi."

"Tam olarak ne gördünüz?" diye sordu Alex.

"Sen bilmiyor musun?" diye sordu Barnabus, karşılık olarak.

"O sırada biraz meşguldüm," dedi Alex hafifçe gülümseyip.

"Masadan bir hayalet gibi geçtin," dedi Barnabus. "Yalnızca bu bile ürkütücüydü."

"Ve Bane ile sen gözlerinizi birbirinize kilitlediğinizde, sanki dünyadan tüm ışık ve sesler çekilmişti," diye ekledi Arconn.

"Tek görebildiğimiz, ikinizdi. Siz parlak ve beyaz bir ışıkla sarmalanmış olarak ayakta dururken, dünyanın geri kalanı karanlığa gömülmüş gibiydi," dedi Thrain, sesi hafifçe titriyordu.

"Bana, tüm bilinen diyarlarda, sizin mücadelenizin sonucundan daha önemli bir şey yokmuş gibi geldi," dedi Nellus. "Bane üstün gelse de bir zararı olmayacağı halde."

"Zararı olmazdı belki, ama bu kadar iyi de olmazdı," dedi Kat. Alex'ten öteye, doğuya doğru bakıyordu.

"Ben... ben farkında değildim," dedi Alex, başını iki yana sallayarak. "Benim gözümde, geriye sadece Bane kalana dek, hepiniz eriyip yok oldunuz."

"Bane diz çöktüğünde, dünya şak diye tekrar var oldu sanki," dedi Thrang, kolunun tersiyle burnunu silerek.

"Gelecekte daha dikkatli olmalıyım," dedi Alex. "Böyle bir sınavın, olaya müdahil olmayan kişileri etkileyebileceğini fark etmemiştim."

Bir süre sessizce at sürdüler. Alex, dostlarının yüzlerindeki afallamış ifadeyi ve Thrain'in, onun gözlerine bakmaktan neden çekindiğini şimdi anlıyordu. Tam olarak algılayamadıkları iki büyük gücün mücadelesini izlemişlerdi. Alex, Bane'le çatışmasının, bir sınavdan fazlasına dönüşmemesine seviniyordu. Saldırgan hisler benliğini ele geçirse ve gerçek bir savaşa dönüşse, işler çok daha kötüye gidebilirdi.

Öğlen yemeği için durduklarında etrafı inceleyen Arconn, "Bu yol az kullanılmış gibi görünüyor ama üzerinde çimen veya ot bitmemiş," dedi.

"Belki burada çimenler ve otlar yavaş yetişiyordur. Ya da belki geçen haftaki yağmur, ayak izlerini silmiştir," diye tahminlerde bulundu Nellus.

"Belki de," dedi Arconn, yol boyunca doğuya bakıyordu. "İçimde bu yolla ilgili tuhaf bir his var ama ne olduğunu çıkaramıyorum."

"Yoldan çıkıp açık araziden gitsek daha mı iyi olur acaba?"

diye soran Alex, o gün erken saatlerde aklına gelen fikri dillendirmiş oldu.

"Yol bizim istediğimiz yönde devam ediyor," dedi Thrang, düşünceli düşünceli sakalını sıvazlıyordu. "Yoldan ayrılmak, ilerleyişimizi yavaşlatır."

"Yolda kalmak da tehlikeye düşmemize yol açabilir," dedi Barnabus.

"Tehlike olup olmadığını bilmiyoruz," dedi Kat. "Eğer varsa, tehlike, yolda olduğu kadar, açık arazide de bizi kolayca bulur."

"Şimdilik yoldan devam edeceğiz," dedi Thrang, kesin bir sesle. "Eğer bir tehlike varsa, karşımıza çıktığında onunla yüzleşiriz. Eğer tehlike yoksa, yolda daha hızlı ilerlemiş oluruz."

Hepsi bunu kabul etti ama Arconn'un da yol hakkında tuhaf bir hisse kapılması, Alex'in aklına takılmıştı. Yolda bir tuhaflık olduğunu Alex de hissediyordu ama mümkün olduğunca hızlı yol almak isteyen Thrang'i de anlıyordu.

Gecelemek için kamp kurduklarında Alex, normalde olduğundan daha tetikte hissediyordu kendini. Onu rahatsız eden belirgin bir şey yoktu ama aklının köşesindeki bir şeyler Alex'e rahat vermiyordu. Kaygılarını kendine sakladı ve kamp ateşinin başında konuşmaları dinledi. Diğerleri çadırlarına gittiklerinde, Alex ayakta duruyor ve karanlığa bakıyordu. İleride tehlike vardı, bundan emindi.

"Seninle konuşabilir miyim?" diye sordu Kat.

Alex ona bakmak için döndü, varlığı Alex'i şaşırtmamıştı. Diğerleri yataklarına giderken, onun, ateşin başında kalmasını bekliyordu. "Tabii ki," dedi.

"Ben... ben sana, yaptığın şey için teşekkür etmek istedim," dedi Kat, konuşurken duraksayarak. "Meyhanede."

"Yapacağımı söylediğim şeyi yaptım sadece," dedi Alex.

"Evet ama bir paladinin karşısına çıkmak... bir riskti."

"Bir paladinin ne olduğunu bilmiyordum. Bilseydim karşısına çıkmakta tereddüt edebilirdim."

"Etmezdin," dedi Kat, kendinden emin bir sesle. "Tereddüt, senin tabiatında yok."

"Beni şimdiden çok iyi tanıyorsun," diye güldü Alex.

"Ben kâhinim ve genellikle insanları uzun süre tanımadan, onlar hakkında bazı şeyleri bilirim."

"Olasılıkları görebilir misin?" diye sordu Alex.

Kat başını iki yana salladı. "Farklı türde kâhinler var. Çok net olmasa da kimimiz görür. Ama benim yeteneğim bu değil."

"Senin yeteneğin ne?" diye sordu Alex.

"Benim bulma yeteneğim var," dedi Kat. "Tek yeteneğim bu olmasa da, en güçlüsü bu."

"Ayrıca, başkalarının niyetini bilme yeteneğin de var," dedi Alex. "Eğer Bane kötü biri olsaydı, ona o şekilde yaklaşmazdın."

Kat gülümseyip başını salladı. "İşe yarar bir yetenek ama zaman zaman istenmeyen şeyler olabiliyor."

Alex, "Bane'in derdi başından aşkın. O sana değil, kendine kızgındı," dedi.

"Onu suçlamıyorum," dedi Kat. "Ama yaptıkların için sana teşekkür ediyorum."

Alex başını sallayıp Kat'e gülümsedi. Tahmin ettiğinden farklı biriydi ama bir yandan, neredeyse tam olarak düşündüğü gibiydi. Açıklaması zordu, Alex de açıklamaya çalışmadı.

Kat ona gülümseyerek karşılık verdi ve çadırına yöneldi.

Alex, Kat'in gidişini izledi, sonra dönüp tekrar karanlığa baktı. Orada hiçbir şey olmadığını biliyordu ama yine de, uzun süre gözetlemeye devam etti.

Ertesi gün, herhangi bir tehlike ya da başka bir yolcuya dair iz olmadan geçti. Alex, yolu daha dikkatli izlemeye başladı. Bir şey arıyordu; ayak izi, hayvan izi, hatta bir parça çöp. Başkalarının da bu yolu kullandığını gösteren herhangi bir kanıt. Fakat görünürde hiçbir şey yoktu ve hâlâ sıkıntılıydı.

Üç gün boyunca yolu takip ettikten sonra, Alex bir işaret aramaktan vazgeçti ve düşüncelerini diğer şeylere yöneltti. Başta, zihnini rahatlatacak ama bedeninin normal işlevlerini sürdürmesini sağlayacak bazı yöntemler üzerinde çalıştı. Bunu çok dinlendirici bulmuştu; ama geceleri uyuma ihtiyacını ortadan kaldırıyordu. Birkaç geceyi uyumadan geçirdikten sonra, duyusal egzersizler yapmaya karar verdi. Bu egzersizlerin, birisi geldiğinde ya da tehlike ve düşman yaklaştığında farkına varmasına yardımcı olması gerekiyordu. Duyusal egzersizler, zihnini rahatlatanlardan daha zordu. Çevresinde bu kadar çok kişi varken egzersizlerde zorlandığını fark etti.

Yolu takip ettikleri yedinci günde, Thrang onları bir dere kenarında durdurdu. Dağlardan uzaklaştıktan sonra ilk kez bir akarsu bulmuşlardı.

"Şimdiden epey yol kat ettik, fazladan istirahat iyi gelir," dedi Thrang. "Burada kamp kuracağız."

Nellus, çimenlik araziye bakarak, "Doğu Denizi'ne yaklaşıyor olmalıyız," dedi. "Dağlardan bu yana iki yüz kilometreden fazla yol almışızdır."

Arconn, atından yavaşça inip, "Üç yüze yakın," dedi.

"Adımların bu kadar hafif olduğuna göre, belki bizim için taze et avlayabilirsin," dedi Barnabus, Arconn'a.

"Avlanabilecek fazla hayvan görmedim ama denerim," diye karşılık verdi Arconn.

"Ben de gelebilir miyim?" diye sordu Thrain, son birkaç günde maceracılık coşkusu geri gelmişti.

"Fazla uzaklaşmayın," diye uyardı Thrang onları. "Tehlikeye karşı gözünüzü dört açın."

"Öyle yaparız," diye güldü Arconn. "Hem belki boş vaktimiz kalırsa av bile arayabiliriz."

Arconn ve Thrain kamptan uzaklaşırken, Thrang hırıltıyla güldü.

Alex, Thrang'in, Thrain için endişelendiğini biliyordu. Thrain'in ilk macerasıydı ve genç cücenin, maceralarda yaşanabilecek tehlikeler hakkında pek bilgisi yoktu. Fakat Arconn yanında olduğu sürece başına bir şey gelmezdi. Alex yürüyüp, hâlâ Thrain ve Arconn'un gözden kaybolduğu yere, kuzeye bakan cüce dostunun yanında durdu.

"Ona bir şey olmaz," dedi Alex. "Yanında Arconn var sonuçta."

"Evet, olmaz sanırım," dedi Thrang, "ve Thrain işi yapmadan sıvışmayı başardığına göre, ateşi ben yaksam iyi olacak."

Alex güldü ve Thrang'in kamp ateşi için odun toplamasına yardım etti. Kolay bir işti, çünkü derenin kıyısında, yoldakinden daha fazla ağaç vardı. Birazdan büyük bir odun yığını oluşmuştu. Thrang, odunları tutuşturup çay için su kaynatmaya başladı.

Alex, kamp alanından ayrılıp kuzeydoğudaki küçük bir tepeye tırmandı. Araziye yukarıdan bakmak istiyordu. Kat de onunla beraber gelip gelemeyeceğini sormuş, Alex memnuniyetle kabul etmişti.

Tepe alçaktı ve tırmanmaları sadece birkaç dakika sürmüştü. Alex asasına yaslanıp etrafa baktı. Doğuda giderek değişen manzaraya ve batıdaki dağlara göz attı. Kat'e baktığında, kâhinin gözlerini beklentiyle kuzeye diktiğini fark etti.

"Ne oldu?" diye sordu Alex, Kat'i korkutmamak için sesini alçaltmıştı.

"Garip bir şey var," diye cevap verdi Kat, ağır ağır, dalgın bir sesle. "Kötü emeller ama kaynağını bilemiyorum."

"Tehlikede miyiz?"

"Sanmıyorum," diye fısıldadı Kat. "Şimdi değil, henüz değil."

Kat'in yüzündeki dalgın bakış bir anda kayboldu ve gözlerini kırpıştırıp ovuşturdu. Alex'e "Ne oldu?" dercesine bakınca, genç büyücü ona durumu açıkladı.

"Transa mı geçtim?" diye sordu Kat.

"Tam olarak değil," dedi Alex. "Galiba oradaki bir şeyi görüyor ya da en azından hissediyordun. Geleceğe mi, yoksa bizden biraz uzakta bulunan bir şeye mi bakıyordun, anlayamadım."

"Ama bu daha önce hiç olmamıştı," dedi Kat, endişeli bir sesle.

"Olmuş olsa, farkına varır mıydın?"

"Hayır, varamazdım herhalde."

"Böyle şeyleri nasıl hatırlayacağını öğrenmen gerek," dedi Alex. "Belki ben bu konuda sana yardımcı olabilirim. Bence şimdi diğerlerine bundan bahsetmeliyiz."

Kat hemen, "Hayır," dedi. "Henüz değil. Sözlerimin bir anlamı olup olmadığını anlayana kadar olmaz."

"Biz anlayana kadar, sözlerinin faydalı olması için iş işten geçmiş olabilir."

"Eğer tetikte ve dikkatli olursak, bir şey olmaz."

"Nasıl istersen," diye kabul etti Alex. Kat'in tahmininin ya da önsezisinin, iyi bir şey olduğunu düşünüyordu. Bu konuda daha çok düşündükçe, ani bir tehlike içinde olmadıklarını hissetti. Kat'in istediğini yapıp, ne olduğundan kimseye bahsetmeyecekti.

İkisi sessizce kampa geri yürüdüler. Fakat çok geçmeden Thrain koşarak tek başına kampa geldi. Kaygılı ve korkmuş görünüyordu; soluklanıp konuşabilmesi birkaç dakika sürdü.

"Kocaman bir yılan," diyebildi sonunda. "Arconn geri dönüp size bildirmemi istedi. Onun, adı nagla başlayan bir şey olduğunu söyledi, yılanı takip edecekmiş."

"Nagas mı?" diye sordu Alex.

"Evet, öyle dedi," diye cevap verdi Thrain, hâlâ zar zor nefes alıyor ve dehşet içinde görünüyordu.

"Nagas nedir?" diye sordu Thrang.

"Thrain'in dediği gibi, koca bir yılan," diye cevap verdi Alex, kuzeye bakarak. "İnsana benzeyen başları vardır ve isterlerse insanlarla konuşabilirler."

"Tehlikeliler mi?" diye sordu Kat, biraz paniğe kapılmış görünüyordu.

"Ürkütür ya da öfkelendirirseniz evet," dedi Alex. "Ayrıca hazineleri korurlar, eğer koruyacakları bir hazine verilmemişse kendileri hazine biriktirirler."

"Arconn da o şeyi mi takip ediyor?" diye sordu Thrang, tekrar Thrain'e bakıp.

"Hemen geri döneceğini söyledi," diye cevapladı Thrain. "Gerçekten bir tehlike olduğunu düşünmüyordu."

"Tehlike olmayabilir," dedi Alex. "Ama bazı nagaslar kötüdür ve bundan haberi olmayan yolculara saldırdıkları bilinir."

"Bu da Arconn'un neden bizi uyarmak için Thrain'i geri gönderdiğini açıklıyor," dedi Nellus.

"Evet ama Arconn'un neden yılanı takip etmeye karar verdiğini açıklamıyor," dedi Alex.

"Eminim iyi bir sebebi vardı," dedi Thrang. "Arconn aptalca bir şey yapmaz."

"Onu aramaya çıkmalı mıyız?" diye sordu Barnabus, Alex'e ve Thrang'e bakıyordu.

"Peşinden gitmemizi istemedi, değil mi?" diye sordu Thrang.

"Hayır," dedi Thrain. "Kısa süre içinde geleceğini ve benim hemen geri dönmemi söyledi."

"O zaman bekleyeceğiz," dedi Thrang, düşünürken elini sakalına götürdü. "Eğer Arconn yakında dönmezse, gidip onu ararız."

"Ben gidip bakabilirim," dedi Alex. Thrang'e bakmak için gözlerini kuzey ufuklarından ayırdı. "Eğer hepimiz nagasın üzerine gidersek, kendisini tehdit altında hissedip bize saldırabilir."

"Pekâlâ," diyerek kabul etti Thrang. "Tecrübelerimden biliyorum, sen her durumda başının çaresine bakabilirsin."

Diğerleri ateşin etrafına yerleştiler ama Alex olduğu yerde kaldı. Gözlerini yeniden ufka çevirdi ve güçlerini kullanarak yolda, ileride onu neyin beklediğini sezmeye çalıştı. Kaygıları ve ateşin başındaki dostlarının heyecanı, uzaklara odaklanmasını zorlaştırıyordu. Fakat yavaş yavaş düşüncelerini kuzeye doğru yaymayı başardı. Arconn'un ruh halini hissedebildiğinde şaşırdı. Ama elfin, takip ettiği yaratığı çok umursamıyor olmasına daha çok şaşırdı.

Alex, gayretle asasını elinde sıkarak, düşüncelerini daha da yaydı. Nagasın kaygısızca ağaçların ve uzun otların arasında ilerlediğini sezebiliyordu. Görünen oydu ki, Arconn'un kendisini takip ettiğinin farkında değildi.

Birkaç dakika sonra Alex, zihninin rahatlamasına izin verdi ve ellerini sallayarak parmaklarındaki uyuşukluğun geçmesini sağladı. Arconn için endişelenmiyordu ama bir yanı, nagasın yine de tehlikeli olabileceğini düşünüyordu.

Tetikte olan duyularıyla, ateşin etrafındaki dostlarının konuşmalarını da duyabiliyordu.

"Ne kadar beklememiz gerekiyor?" diye sordu Barnabus.

"Arconn tam olarak ne söylemişti?" diye sordu Thrang, Thrain'e.

"Kısa sürede geri döneceğini," diye cevap verdi Thrain, dev yılanı görmenin şokunu atlatamadığından hâlâ solgundu.

"Birazdan hava kararacak," diye hatırlattı Nellus.

Kat, "Arconn karanlıkta görebilir," diye yorum yaptı.

"Ama biz göremeyiz," dedi Thrang, sesi kaygılı ve rahatsız gibiydi.

Hepsi konuşmayı bırakıp, oturarak gözlerini kamp ateşine diktiler. Alex kuzey ufuklarını incelemeye devam etti. Duyuları tetikteydi. Kat yanına gelip ona katıldı.

"Bahsettiğim şey bu olabilir mi?" diye sordu Kat, diğerleri duymasın diye sesini alçaltarak.

"Belki," diye cevap verdi Alex.

"Öyleyse niyeti kötü ve bize saldırmak için daha uygun bir zamanı kolluyor," dedi Kat yavaşça.

"Evet," diye kabul etti Alex. "Bane'in duyduğu söylentileri düşünüyordum. Haydutlar ya da devler gibi, bir nagas da yolcuları ortadan kaldırabilir."

"Söylentilerin nagas denen bu yaratıkla bir ilgisi olduğunu mu düşünüyorsun?"

"Evet," dedi Alex.

Hemen ardından Arconn ortaya çıktı, yüzünde sert ama tatmin olmuş bir ifadeyle kampa doğru koşturuyordu.

Diğerlerinin soruları arasında sesini duyurabildiğinde, "Thrain anlattı demek," dedi Arconn.

"Açıkladı," dedi Thrang. "Dev bir yılanı takip etmeye çıkmış olman da ahmakça bir şeydi."

"Sebeplerim vardı," dedi Arconn sakince.

"Neymiş o sebepler peki?" diye sordu Thrang, sesinde hafif bir kızgınlık vardı.

"Yaratığın nerede yuva yaptığını görmek istedim," diye cevap verdi Arconn. "Bane'in duyduğu söylentilerin kaynağının nagas olabileceğini düşündüm."

"Ben de aynısını düşünüyordum," diye ekledi Alex.

"Yılanın uyuduğu deliği bulabildin mi bari?" diye sordu Thrang.

"Evet ve şüphelerim doğru çıktı," dedi Arconn. "Yılanın mağarasının önünde enkaz ve kemikler yere saçılmış. Korkarım ki epey bir süredir yolcuların önünü kesiyor."

"İmkân bulursa, bizim önümüzü de kesebilir," dedi Thrang.

"Bizi çoktan görmüş olabilir," dedi Kat.

"Ne? Nasıl? Ne zaman?" diye sordu Thrang.

Kat, tepedeyken hissettiklerini, artık sezdiği kötü emellerin nagastan geldiğinden emin olduğunu ve nagasın onlara saldırmak için uygun bir fırsat kolladığını açıkladı.

"Ne yapmamız gerekiyor?" diye sordu Barnabus.

"Önce biz saldıralım," diye önerdi Nellus.

"Hava kararıyor, karanlık bizden çok, nagasın işine yarar," dedi Arconn.

"Ama burada da kalamayız," dedi Thrang düşünceli bir tavırla. "Eğer nagas bizi gördüyse, harekete geçmeliyiz. Böylece en azından, bizi umduğu yerde bulamaz."

"Bu düşünce zekice ama sorun, nereye gideceğimiz," dedi Alex. "Nagas, çabuk hareket edebilir ve nereye gidersek gidelim, bizi takip edebilir. Bizi burada bulamazsa, daha tetikte olur ve ona saldırmamız zorlaşır."

"Ne yapalım o zaman?" diye sordu Thrang, Alex'e bakıp.

"Belki onu üzerimize çekebiliriz," diye önerdi Alex. "Burada olduğumuzu biliyor ama bizim, onun varlığını *bildiğimizi* bilmiyor."

Thrang, parmaklarını baltasının üzerinde gezdirerek, "Bu şeyleri öldürmek ne kadar zordur?" diye sordu.

"Güçlü yaratıklardır ve kuyruklarında iğneler vardır," dedi Arconn.

"Dişleri uzun ve keskin olur, kendi vücutlarının yarısı kadar ağırlığı kaldırabilirler," diye ekledi Alex.

"Başı da kuyruğu da tehlikeli, öyleyse," dedi Thrang. "Yine de bu yaratık bize saldırmaya kalkışmadan önce, bizim bir şeyler yapmamız lazım."

"Zor bir mesele," dedi Alex, iyice düşünerek. "Saldırıya açık olacağımız çadırlarımızda ayrı ayrı durmamamızı öneriyorum. Fakat hepimiz açıklıkta olursak, o zaman da nagas bizi görüp, saldırmak için daha uygun bir zamanı bekleyebilir."

"Atları da düşünmemiz gerekiyor," dedi Arconn. "Bize ulaşamazsa, atlara saldırabilir."

"Bir şeyler yapmak zorundayız," diye tekrarladı Thrang, endişeli ve çaresiz durarak. "Ve *şimdi* yapmalıyız."

DOKUZUNCU BÖLÜM

NAGAS

Alex ateşin yanında oturmuş, sönmeye yüz tutan alevleri seyrediyordu. Tüm duyuları tetikteydi ve zihni, kampın etrafındaki arazide, nagastan herhangi bir iz arıyordu. Diğerleri dört çadırdan ikisine toplanmış, nagasın saldırıya geçtiğine dair bir ses duymayı bekliyordu. Umutsuz bir plandı ama akıllarına başka bir şey gelmemişti.

Önlem olarak Alex, atlara bir gizleme büyüsü yapmıştı, böylece nagas en azından onları kolay kolay bulamayacaktı. Zor bir büyü değildi fakat yedi at vardı ve Alex'in umduğundan daha fazla zaman almıştı. Yine de atlar güvende olacak ve nagas ortaya çıktığında dostları da yakınında duracaktı.

Nagas kurnaz ve zekiydi. Basit bir hile, o dev yılanı kandıramazdı. Daha karmaşık bir plan yapacak vakitleri olmamıştı. Bu yüzden Alex, yem olarak tek başına duruyor, ateşi izleyip nagasın gelmesini bekliyordu. Nagası sezebilme yeteneğinin kısıtlı olduğundan endişeleniyor, nagastan önce saldırma fırsatı bulmayı ümit ediyordu.

Ensesindeki tüyler aniden ürperdi. Nagas gelmişti. Alex,

karanlıkta onun kendisine baktığını, kampı aradığını hissedebiliyordu. Alex sanki nöbetinde uyuyakalmış gibi, hareketsiz durdu. Herhangi bir şeye kalkışmadan önce, nagasın daha yakına gelmesi gerekiyordu; yoksa kaçıp karanlıkta kaybolurdu.

Konsantre olduğunda, kampın etrafında dönen ve saldırmak için en uygun yeri arayan yılanın hareketlerini sezebildi.

Alex hareketsiz kalıp zihnini nagasa odakladı. Onun tam olarak nerede olduğunu biliyordu. Yılanın sabrı Alex'i etkilemiş, biraz da şaşırtmıştı. Nagas saldırmadan önce, her ihtimali gözden geçiriyordu, sanki biraz da hile bekliyordu. Bir an Alex, o gün nagasın Arconn'u görüp görmediğini merak etti. Durum, nagasın, Arconn'u fark ettiğini gösteriyordu. Doğası gereği dikkatli bir yaratıktı, ayrıca canice bir yok etme arzusuna sahipti.

Hareketleri sessiz ve hızlıydı; Alex daha ne olduğunu anlayamadan, nagas ona yaklaşmıştı. Alex arkasını dönerken asasını kaldırdı. Düşmanını net olarak görmeyi beklemeden dondurucu bir büyü yaptı ve dostlarına seslenip ona katılmalarını istedi.

Dondurucu büyü, nagası kuyruğundan yakaladı ve dev yılanın arkada kalan üçte birlik kısmını hareketsiz hale getirdi. Maalesef öndeki üçte ikilik kısmı hâlâ fazlasıyla hareketliydi ve büyü, nagası öfkelendirmişti. Kolay bir av bekliyordu ama şimdi altı savaşçı ve bir büyücüyle çarpışması gerekiyordu.

Nagas, Alex'in üzerine bir hamle yaptı ve Alex onun kocaman dişlerinden kaçınabilmek için sola doğru atladı.

Alex yuvarlanarak hemen ayağa kalktı, eli kılıcına giderken yarı yolda donup kaldı. Bir anlığına durdu, ne yapacağına karar veremedi. Asasıyla bir büyü daha yapabilir ya da sihirli kılıcını çekip nagasla fiziksel olarak savaşmayı deneyebilirdi.

Ne yapacağını düşünürken, Arconn ve Thrain'in yaylarının sesini duydu. Arconn'un oku, nagası tam göğsünden vursa da, yılanın kalın pullarında kırıldı. Fakat Thrain'in oku, nagasın bedenine, tam da kafasının arkasına saplandı.

Nagas acı ve hiddetle bağırdı. Doğrulup Alex'ten uzaklaşarak Thrain'e yöneldi. Thrain, nagasa dikkat etmek yerine tatar yayına bir ok daha sürmekle meşguldü ve tehlikenin farkında değildi.

Alex dostunun üzerine doğru atılıp Thrain'i yere devirdi, nagas tam da Thrain'in az önce durduğu yere saldırdı. Alex yuvarlanıp dostunun yanından uzaklaştı ve yılanın bundan sonra ne yapacağına bakmak için ona döndü. Asasını kaldırıp bir büyü daha yapmaya hazırlanıyordu ama nagas ona göre fazla hızlıydı. Kocaman kafası ileri atıldı ve Alex'i ıskalasa da, asasına vurdu. Asası elinde sallanan Alex, sersemlemiş halde geriye doğru düştü.

Ayağa kalkabildiğinde, nagas ona doğru yaklaşıyordu. Nellus ve Barnabus, kenara sıçrayıp yılanın saldırısından kurtulmuşlar, sendeleyerek ayağa kalkıyorlardı. Arconn ve Kat ok atıyor, canavarın üzerinde oklarının işe yarayacağı zayıf bir nokta arıyorlardı. Şiddetli bir tıngırtı duyuldu ve nagas bir daha doğrulduğunda ikinci kez haykırdı. Thrain ikinci okunu atmayı başarmış, bu kez nagası gözünden vurmuştu.

Alex büyü yapmak için beklemedi; bunun yerine kılıcını çekip ileri atıldı. Bane'le karşılaştığında tecrübe ettiği o saldırgan his, geri gelmişti. Fakat bu kez, ona saldırmaya hazırlanan yılana yöneltilmişti. Nagasın kafası, yerden üç metre yukarıdaydı. Bu yüzden Alex kılıcını, önünde duran koca gövdeye savurdu. İndirdiği darbenin, düşmanının pullu zırhını delip geçtiğini ve nagasın bedenini neredeyse ikiye böldüğünü hissetti.

Birden arkasındaki Thrang'in "Çabuk!" diye bağırdığını duydu.

Nagasın kafası yere devrildi, kırılan bedenini kaldıramıyordu.

Thrang hücuma geçti ve baltasını çaresizce sürünüp uzaklaşmaya çalışan yılanın kafasına geçirdi. Nagas şiddetle sarsılıp Thrang'i geri fırlattı. Alex de kafaya doğru koşup son darbeyi indirmek için kılıcını kaldırdı. Nagas yerde delicesine çırpınıyor, korunmak için gövdesini başının üstüne kıvırmaya çalışıyordu ama donmuş kuyruğu bunu imkânsız hale getirmişti. Alex var gücüyle kılıcını indirdi.

Nagas bir an tekrar hareket etti ama Alex onun artık öldüğünü biliyordu. Saldırganlaşmasına neden olan his geçiyordu fakat Alex, bu hissin onu tamamen ele geçirmesine ramak kaldığının farkındaydı.

Barnabus ve Nellus silahlarını bırakıp, cesurca saldırmasıyla ilgili yorumlar yaparak Thrang'in yerden kalkmasına yardım ettiler. Alex, korkmuş ve solgun görünse de dik durmaya çalışan Thrain'e bakıp gülümsedi.

"Ejderhadan daha tehlikeli," dedi Thrang, baltasını nagasın parçalanmış kafasından çekip çıkarırken.

"O kadar da kötü değildi," dedi Arconn.

"Tahmin ettiğimden çok daha hızlı hareket ediyordu," dedi Alex.

Thrang "Onu kısmen dondurabilmiş olduğun için şanslıydık," diyerek baltasını otlara sildi.

Thrain, Alex'in yanına gelip, "Beni... beni kurtardın," dedi. "Eğer iterek yolundan çekmeseydin, nagas beni öldürecekti."

"Sen de benim için aynısını yapardın," dedi Alex. Yol arkadaşlarına baktı. "Görünüşe göre hiçbirimiz yara almadık."

"Evet, öyle," dedi Nellus, ateşin yakınında duruyordu.

"Herhalde hiçbirimiz, gecenin geri kalanını bu şeyin yakınında geçirmek istemeyiz," dedi Kat. Ölü nagası gösterirken yüzünde tiksinti ifadesi vardı.

"Kampı taşımamız gerek," dedi Thrang. "Ölü bile olsa, bu yaratığın yakınında olmak hoş değil."

Hemen işbaşı yaptılar; çadırları kaldırıp eşyalarını topladılar. Alex, atlara yaptığı gizleme büyüsünü kaldırırken Thrang, Thrain'den ateşi söndürmesini istedi. Arconn, nagasın mağarasına daha yakın bir yere gitmeyi ve güneş doğunca mağarayı aramayı önerdi.

"En iyisi bu olur," diyerek kabul etti Thrang. "Karanlıkta mağarayı aramaya hiç niyetim yok. Kim bilir başka ne yaratıklar vardır."

"Bir nagasla aynı mağarayı paylaşacak yaratık olacağını sanmıyorum," dedi Alex.

Yeni kamplarını kurmadan önce, kuzeye doğru birkaç kilometre yol alarak dereyi takip ettiler. Gece hava ılık ve açıktı, burada çok uzun süre kalmayı planlamadıkları için tekrar çadır kurmakla uğraşmadılar. Nagasla savaştıktan sonra hiçbirinin uykusu gelmemişti, bu nedenle son karanlık saatleri, ateşin başında oturup konuşarak geçirdiler.

"Son vuruşun ustacaydı," dedi Barnabus, Alex'e. "Saldırırken hızlı davrandın."

"Yem olan kişi için faydalı bir meziyet," diyerek güldü Kat.

"Neredeyse fazla yavaş kalacaktım," dedi Alex. "Nagas benim beklediğimden çok daha hızlı hareket etti."

"Ama yeterince hızlı değilmiş," diye güldü Thrang. "Yine de bazılarımız ucuz kurtuldu. Genç Thrain saldırmayı düşünmekle öyle meşguldü ki, yaratık az kalsın onu avlayacaktı. Düşmanına daha fazla dikkat etmelisin," dedi Thrain'e.

"Savaşın hararetiyle tehlikeyi unutmak işten bile değil," dedi Alex, biraz utanmış görünen Thrain'e bakarak.

"Hakkın var," diye katıldı Arconn. "Çoğu kez, savaşçıların, saldırmaya çalışıp savunmayı unuttukları için, korkunç yaralar aldıklarını görüyorum."

Thrang, daha yumuşak bir sesle "Tüm dedikleriniz doğru," dedi. "Thrain de ilk kez kan döktü. İlk seferi olan bir maceracı için hiç fena değil."

Gün doğmadan önceki son birkaç saat, şaşırtıcı biçimde hızlı geçti ve yeni gün ağarırken konuşmalar azalıp yerini sessizliğe bıraktı. Grup kahvaltı ederken, Alex, Thrain'in hâlâ ondan biraz çekindiğini fark etti. Onun hayatını kurtarmış olmasına rağmen Bane'le girdiği güç mücadelesinin Thrain'in onun hakkındaki düşüncelerini değiştirip değiştirmediğini merak etti.

Alex, nagasla savaşırken ve Bane'le mücadele ederken, kendisini neredeyse ele geçiren vahşi ve saldırgan hisleri anımsadı. Daha önce, sihirli kılıcıyla goblinlere karşı savaşırken bile hissetmediği bir şeydi bu. Whalen'e açılmayı düşündü ama Whalen'in ona, duygularını kontrol etmesini söyleyeceğini biliyordu. Sorun, hissettiği şeyin aslında bir duygu olmamasıydı. Bir güç hissiydi, daha önce tecrübe ettiklerinin hepsinden daha büyük bir güç. Saldırganlık, yenilmesinin mümkün olmadığını bilmesinden kaynaklanıyordu. Garipti ve Alex'i, itiraf etmek istemediği kadar fazla korkutuyordu.

Kahvaltıdan sonra, Arconn onları ağaçların arasından geçirip yıkıntılarla dolu, geniş bir açıklığa getirdi. Parçalanmış el arabaları, at arabaları ve kemikler, yerlere saçılmıştı. Açıklığın bir tarafında, küçük bir tepenin yamacında, geniş bir mağara vardı. Mağaranın karanlık ağzı, geceden kalma bir parça gibi duruyordu.

"Neden insanlar buraya at ve el arabalarıyla gelmiş?" diye sordu Nellus.

"Nagas onları kandırmış," dedi Alex. "Yolcuları ininin yakınına çekmek için onlara vaatlerde bulunmuş olmalı."

"O zaman neden bize de aynısını yapmadı?" diye sordu Kat.

"Yolcular, maceracılardan daha kolay avlardır," diye cevapladı Arconn.

"Evet," diye onayladı Thrang ve açıklığa baktı. "Arconn, Alex ve ben mağaraya gireceğiz. Geri kalanlar, el ve at arabalarını arasın."

"Ne için?" diye sordu Thrain.

"Hazine için, tabii ki. Nagas, eşyaları arabalardan alıp kolayca taşıyamaz," dedi Thrang. "Her yeri iyice aramamız en iyisi."

Diğerleri Thrang'in dediğini yaptı; atlarından inip işe koyuldular. Alex ve Arconn, Thrang'le birlikte atlarını mağaranın ağzına kadar sürdüler ve karanlık girişin hemen dışındaki bir el arabasının tekerine bağladılar.

"Meşale lazım," dedi Thrang.

Alex gülümsedi, elini şöyle bir sallayıp birkaç bent ışığı oluşturdu ve onları mağaraya doğru gönderdi.

"İşte, yanında büyücü getirmek için iyi bir sebep daha," dedi Thrang sırıtarak.

"Meşaleden daha kolay geliyor bana, daha da hızlı," dedi Alex.

"Halfdan bir önceki maceranızda bunları çok etkin kullandığını söyledi," dedi Thrang.

"Pek çok kullanımları var," dedi Alex. "Şu anda, araştırmamızı kolaylaştırmaya yarayacaklar. Bu mağarada gereğinden fazla zaman geçirmek istemiyorum."

"Ben de," dedi Arconn.

Thrang de onaylayıp başını salladı ve mağaraya ilk o girdi. Bent ışıkları önden gidiyor, mağarayı bir düzine meşaleden daha iyi aydınlatıyordu. Neyse ki mağara, tepenin içlerine doğru uzanmıyordu. Üçünün ana odayı bulması sadece bir, iki dakika sürdü ve bulduklarında, şaşkınlıkla kalakaldılar.

"Bu yaratıkların hazine biriktirmeyi sevdiğini söylemiştin ama bu kadarını beklemiyordum," dedi Thrang, Alex'e.

Odanın zemini hazineyle kaplıydı. Altın ve gümüş paralar her yere saçılmıştı. Öyle ki, mağaranın zemini katı metalden yapılmış gibi görünüyordu. Bent ışıkları, parıldayarak hazinelerden yansıyordu.

"Bunların hepsini dışarı çıkarmak en az iki gün sürer," dedi Thrang.

"Ama harcanacak emeğe de fazlasıyla değer," dedi Arconn.

Alex, "Evet ama ben bu karanlık yerde iki gün kalmak istemem," dedi.

"Ne yani, tüm bunları arkamızda mı bırakalım?" diye sordu Thrang, şaşkına dönmüştü.

"Öyle demedim," diye cevap verdi Alex. "Eğer izin verirsen, tüm bunları hemen çantama taşıyabilirim, sonra da düzenleme ve bölüştürme için daha uygun bir yer bulabiliriz."

"Hepsini teker teker yerleştirmeyi denemeyeceksin herhalde," diye güldü Arconn.

"İkiniz bana çanta yerleştirmeyi çok iyi öğrettiniz," dedi Alex onları selamlayıp. İlk defa büyülü çanta kullandığında yaşadığı sıkıntıyı hatırlıyordu. "Şimdi, size zahmet, biraz geride durur musunuz? İkinizi yanlışlıkla hazinelerime eklemek istemem."

Thrang ve Arconn gülerek Alex'in arkasına çekildiler. Alex çantasını havaya kaldırdı ve önündeki odaya konsantre oldu. Daha önce de benzer bir şey yapmıştı, o nedenle bunun şimdi de işe yarayacağını biliyordu. Thrang ve Arconn'un duymayacağı, alçak bir sesle büyülü çantasının gizli şifresini söyledi ve bir ışık çakmasının ardından oda boşalıverdi.

Thrang, hayretler içinde "Daha önce bunun yapıldığını hiç görmemiştim," dedi. "Bir sürü çanta veya bir yığın hazine gördüm ama odanın tamamının bir anda taşındığına tanık olmamıştım."

"Eğer acelen varsa epey işe yarar," dedi Arconn.

Thrang, boş mağaranın her köşesini kontrol etmekte ısrar etti. Thrang etrafı araştırırken Alex de bent ışıklarını havada dans ettirdi. Hatta iki tanesini Thrang'in başının etrafında döndürmeye başladı. Thrang aniden ayağa kalkınca bent ışığı kafasından sekti ve odada deli gibi dönerek uçmaya başladı. Bunu gören Arconn, kahkahasını zor bastırdı.

"Görünen o ki işini iyi yapmışsın," dedi Thrang sonunda. Başının etrafında tekrar dönmeye başlayan bent ışıklarından birini eliyle kovuyordu. "Hadi şu delikten çıkıp bakalım diğerleri ne bulmuş."

Boş mağarayı terk ettiler ve Alex sabahın parlak ışıklarına geri döndüklerinde bent ışıklarını söndürdü. Diğerleri, arayışlarında Alex, Thrang ve Arconn'dan daha çok zorluk çekiyordu. El ve at arabalarının çoğu ters duruyor, altında ne olduğunu görmeyi zorlaştırıyordu. Alex, dostlarının daha şimdiden epeyce çanta ve kutu istiflediğini fark etti ve nagasın ne kadar hazine biriktirebildiğini düşündü.

"Mağarada hiç hazine var mı?" diye sordu Barnabus.

"Epeyce," diye cevap verdi Thrang. "Üstat Taylor daha sonra dizip bölüştürmenin en iyisi olacağını düşünerek, hepsini çantasına koydu."

"Akıllıca düşünce," dedi Nellus, kırık bir el arabasını kaldırıp altında ne olduğuna baktı. "Burada her yer ölülerin kemikleriyle dolu."

"Buradan ne kadar çabuk uzaklaşırsak, o kadar iyi," dedi Thrang. "Şimdiye kadar ne buldunuz?"

Diğerlerinin, açıklığın henüz üçte birlik kısmını aramış olduğunu gördüler. Alex, Thrang ve Arconn da aramaya katıldı ama çok geçmeden ter ve çamur içinde kaldılar. Alex, kırık el arabaları ve at arabalarından çıkan hazinenin miktarına şaşırmıştı. Bu ıssız ve boş topraklarda kimin bu kadar çok hazineyi yanında gezdirdiğini merak etti. Ancak bunu düşünecek vakti pek olmadı, çünkü Thrang, içine baktığı bir el arabasının yanından ona seslenmişti.

"Büyü kitapları," dedi Alex'e, büyük ve deri ciltli bir kitabı tutuyordu. "İlginç bir ganimet, senin bakman daha iyi olur."

Alex, kitabı Thrang'den aldı ve birkaç dakika inceledi. Sonra, Thrang'in parçalanmış el arabasından bulduğu dokuz, on kitaplık yığını fark etti.

"İzninle, bunları çantama koymak istiyorum," dedi Alex yavaşça, Thrang'e bakıp.

"Elbette, senindir," dedi Thrang. "Hiçbirimiz büyü kitabı kullanmayız. Birileri bulup almasın, ortada da bırakmamak lazım."

Alex, Thrang'i eğilerek selamladı ve kitaplara daha yakından bakmaya başladı. Birkaç dakika sonra, kitapları çantasına koydu ve geniş bir çember oluşturacak biçimde, açıklığın etrafında yürümeye başladı.

"Ne yapıyorsun?" diye sordu Thrang, el arabalarının birinin altındaki ağır bir sandığı çekiyordu.

"Bir şey arıyorum," diye cevapladı Alex.

Diğerleri aramayı bitirdiklerinde, Alex ileri geri dolanıp, açıklığın etrafında ve bir ucundan öbür ucuna yürümeye devam ediyordu.

"Eh, işte bu kadar," dedi Thrang, Alex'in duyabileceği kadar yüksek bir sesle. "Eğer Alex mağaradan aldıklarımızın yanına bütün bunları da eklerse, hazineleri ayırmak için daha uygun bir yere gidebiliriz."

"Bir saniye," dedi Alex, sonunda aradığı şeyi tespit edebilmişti ve ona doğru koşuyordu.

Dikkatle açıklığın bir tarafındaki ağaçların arasına doğru yürüdü; geri döndüğünde elinde iki asa vardı.

"Nagas düşündüğümüzden daha tehlikeliymiş," dedi Thrang fısıltıyla.

"Onu yenebildiğimiz için şanslıyız," diye katıldı Nellus.

"Peki o asa bir büyücünün müydü?" diye sordu Barnabus.

"Belki de," dedi Alex. "Büyücü asası bu ama kullanan kişi gerçek bir büyücü olmayabilir."

"Asanın orada olduğunu nasıl bildin?" diye sordu Kat.

"Kitaplardan," dedi Alex. "Çoğu kişi için fazla ileri seviye. Herhangi birinin onları yanında taşıması pek olası değil."

"Ama bir büyücünün nagasa karşı şansı yüksektir," dedi Barnabus.

"Gerçek bir büyücüyse evet," dedi Alex. "Asayı kimin kullandığını bilmiyoruz, bu yüzden büyücü olduğunu söyleyemeyiz."

"Alex haklı," dedi Arconn. "Asa taşıyıp büyücüymüş numarası yapanlar var. Bu asa, onlardan biri tarafından kullanılmış olabilir."

"Evet ama asa yine de," dedi Thrain nefes nefese.

"Asa, bir büyücünün aracı ve simgesidir, büyücünün gücünün kaynağı değil," diye açıkladı Alex, Thrain'e bakıyordu. "Güç, büyücüdedir; asada değil."

"İkinci asayla ne yapacaksın peki?" diye sordu Thrang.

"Yanıma alacağım," dedi Alex. "Whalen'e ve büyücüler

konseyine bir mektup göndereceğim. Onlar asanın kime ait olduğunu söyleyebilir. Eğer bilmiyorlarsa, o zaman asanın sahte bir büyücüye ait olduğunu varsayacağım."

"Pekâlâ öyleyse," dedi Thrang, asaya ilgiyle bakıyordu. "Artık gitmeliyiz. Eğer bu hazine yığınını da mağaradan aldıklarımıza eklersen..."

"Nasıl istersen," diyen Alex, büyülü çantasına uzandı.

Yola geri dönüp, doğuya ilerlemeye devam ettiler.

Öğlen olduğunda, Thrang, kamp alanı aramaya başladı. Nagastan ele geçirdikleri hazineyi düzenlemek ve bunun için iyi bir yer bulmak istiyordu. Yarım saat boyunca aradıktan sonra, içine sinen bir yer buldu ve yeniden kamp kurdular. Barnabus onlara yemek pişirmeye başladı, Alex de dizilecek hazinelerin toplanacağı yeri belirledi.

Thrang, toprağa asasıyla bir çember çizen Alex'e "Buraya sığar mı?" diye sordu.

"Burası hazineye dar gelebilir," dedi Alex gülerek.

"Bize dizecek yer bırak," dedi Thrang. "Fazla tepeleme yığma da, hazine yığınları devrilirse altında kalma tehlikesi yaşamayalım."

Alex yine güldü ve çemberi çizmeyi bitirdi. Hepsi yemeğini yedikten sonra Thrang, grubu çemberin yanına topladı ve Alex'ten hazineyi çıkarmasını istedi. Alex önünde eğilip çantasına fısıldadı. Nagasın hazinesi, parıltılı bir ışıkla birlikte Alex'in çizdiği çemberin içinde belirdi. İkindi güneşi devasa yığının üzerinde pırıl pırıl parlıyordu.

"Kendi hazinenden de biraz eklemediğine emin misin?" diye takıldı Arconn gülümseyerek.

"Tabii ki hayır," diye güldü Alex.

"Görünüşe göre, iş başa düştü," dedi Kat. "Tüm bunları dizmek iki, belki üç gün sürer."

"O zaman başlayalım," dedi Thrang mutlulukla.

"Hiç hazine bulamazsak diye endişeleniyordun bir de," dedi Alex, Thrain'e.

Thrain biraz kızardı ama karşılık vermedi.

Thrang onları hazine dizip ayırma işine başlattı. Ortadaki yığın aynı büyüklükte görünürken, istifledikleri hazinelerin giderek büyüdüğünü görmekten memnundu. Güneş batarken, işlerine devam edebilmeleri için Alex'ten bent ışıkları oluşturmasını istedi.

Alex güldü ve yemek ile iyi bir gece uykusunun daha iyi bir fikir olacağını söyledi.

"Evet, tabii ki," dedi Thrang, hazineye bakarak. "Hazine burada güvende olur herhalde."

"Eğer nagastan daha beter bir şey hazineyi almaya gelmezse," dedi Arconn.

"Ah, deme öyle," dedi Thrain, omzunun üstünden koyulaşan karanlığa bakıp.

Kamp ateşinin başında mutlu bir akşamdı. Nellus ve Barnabus, Thrang'in önlerine atlayarak nagasa saldırmalarına engel oluşuyla ilgili şaka yaptılar. Thrang, onların işi berbat edeceğinden korktuğu için önlerine atladığını söyleyerek karşılık verdi. Alex, Thrain'in ne kadar iyi iş çıkardığından bahsetti. Arconn ve Kat de hemen onu desteklediler. Thrain bu övgüden dolayı utanıp kızardı, gördüğü ilgiden memnun olmuştu.

Mağarada ve açıklıkta buldukları her şeyi dizip paylaştırmak tam iki günlerini aldı. Thrang, nagası öldüren Alex olduğundan, bölüşüldükten sonra artanların hepsinin Alex'e verilmesinde ısrar etti. Alex bundan memnun olmadı ama Thrang'in kararını kabullendi, çünkü itirazın bir işe yaramayacağını çok iyi biliyordu.

Nagasla savaştan sonra üçüncü günün sabahında, yolculuklarına devam ettiler. Hava ılık ve kuruydu. Yakında Doğu Denizi'ne varacaklarını hepsi biliyordu. Fakat hiçbirinin bilmediği şey, denize ulaştıklarında ne olacağıydı.

ONUNCU BÖLÜM

DUNNSTAL

"Gördünüz mü?" dedi Thrang, doğuyu işaret edip. "Doğu Denizi."

Alex ve dostları, yolda küçük bir tepenin üstünde duraklamışlardı. Doğuya baktıklarında, uzaklarda güneş ışığının denizden yansımasını açıkça görebiliyorlardı.

"Denizin kıyısında küçük bir şehir var," dedi Arconn, elini gözlerine siper etti. "Suyun üstünde birkaç yelken görüyorum."

"Dunnstal olması gerek," dedi Thrang. "Çok büyük bir şehir değil, ama bizi Kemik Adası'na götürecek bir gemi bulabiliriz."

"Dunnstal halkı, adaya sık sık gidiyor mu?" diye sordu Kat.

"Bilmiyorum," diye cevap verdi Thrang. "Eğer Albrek'in halkından birileri hâlâ Kemik Adası'ndaysa, gemiler sıklıkla Dunnstal'dan oraya yol alıyordur."

"Ya Albrek'in halkından kimse kalmamışsa?" diye sordu Arconn.

"O zaman biraz zorluk yaşayabiliriz," diye cevap verdi

Thrang, biraz endişeli görünüyordu. "Ama gereken parayı ödersek, bizi oraya bırakacak birini bulabiliriz sanıyorum."

"*Bırakacak* mı? Peki ya kim bizi geri getirecek?" diye sordu Alex.

Thrang cevap vermedi, sadece atını dürtüp ileri yürüttü. Alex ve diğerleri onu izledi. Gözleri denizde, uzaktaki şehir tam karşılarındaydı. Dunnstal, şehirden çok, büyük bir kasaba gibiydi. Ama Doğu Denizi'nin kıyısında, gayet davetkâr görünüyordu.

"Thraxon barışçıl bir ülke olsa gerek," dedi Alex.

Thrang "Neden öyle diyorsun?" diye sordu.

"Kentin surları yok," dedi Alex.

"Doğu Denizi çevresindeki bazı halklar, şehirlerini korumak için sur inşa etmezler," dedi Thrang. "Ya da en azından Dunnstal gibi küçük şehirler, diyeyim. Eğer bela gelirse, teknelere atlayıp kaçarlar."

"Peki ya evleri ve varlıkları?" diye sordu Kat.

"Onların varlığı denizdir, evleri ise tekneleri," diye cevap verdi Thrang. "Eski cüce şarkıları öyle söylüyor."

Arconn, "Ama karada evleri var," diye belirtti.

"Eh, eski cüce şarkıları her zaman hikâyenin tamamını anlatmaz," dedi Thrang.

Şehre yaklaştıklarında, surları olmamasına rağmen, Dunnstal'ın iyi korunduğunu fark ettiler. Yol kenarında ve şehrin etrafındaki tarlaların belli noktalarında gözetleme kuleleri vardı. Her kulede bir çan mevcuttu ve yanlarından geçtiklerinde o kulenin çanı çalınıyordu.

Alex ve dostlarının şehre girmesine bir kilometreden az kaldığında, çanların ne anlama geldiği belli oldu. Silahlarını kuşanmış kalabalık bir atlı bölük, onları karşılamaya geliyordu. Thrang yolda durup adamların yaklaşmasını bekledi.

"Merhaba, yolcular," dedi çetin görünen bir adam, atın üstünde Thrang'e yaklaşıp yakından baktı. "Batıdan pek kimse gelmediğinden, şehrimize girmeden önce size amacınızı sormamız gerekiyor."

"Güzel şehrinize hiçbir rahatsızlık vermek istemiyoruz," dedi Thrang. "Buradan Kemik Adası'na geçiş imkânı bulmayı umuyorduk."

"Pek umudunuz olmasın," dedi adam, atı Thrang'in önünde ileri geri hareket ediyordu. "Halkımızın pek azı teknesini kiralar, o adaya gitmek isteyenler ise daha da azdır."

"O nedenmiş?" diye sordu Thrang.

"Kemik Adası'nı hangi sebeple arıyorsunuz?" diyerek soruya soruyla karşılık verdi adam.

"Kayıp cüceleri arıyoruz," dedi Thrang. "Uzun zaman önce, halkımdan pek çok kişi buraya geldi. Ben de dostlarımla birlikte onları, en azından onlara ne olduğunu bulmaya geldim."

"Cücelere dair eski hikâyeler var," dedi adam düşünceli bir tavırla. "Belki doğru, belki yanlış."

Alex, adamın gözlerinin süratle hepsinin üzerinde gezindiğini, kent için bir tehlike arz edip etmediklerine karar vermeye çalıştığını fark etti.

"Garip bir grupsunuz," dedi adam, "ama şehre girmenize izin vereceğiz."

"Çok naziksiniz," dedi Thrang. "Belki aradığımız şeyi burada buluruz. Bulamazsak en azından, bahsettiğiniz hikâyelerin bazılarını dinleme imkânımız olur."

"Hikâye duyma ihtimaliniz, Kemik Adası'na gidebilmekten daha yüksek," diyen adam, eliyle işaret etti. "Gelin. Size kalacak bir yer bulalım."

Adam, atını yol arkadaşlarının yanına doğru sürdü. Thrang ve diğerleri de biraz geriden onları takip etti.

Şehre girdiklerinde, silahlı adamlar ara sokaklara doğru hızla dağıldılar. Birliğin komutanı, Alex ve dostlarını, çatısından tuhaf açılarla fırlamış çok sayıda bacası bulunan büyük ve iki katlı bir meyhaneye götürdü. Önlük giymiş, iri ve yuvarlak yüzlü bir adam kapıda duruyor, gelenleri izliyordu.

"Deniz Sisi, tüm grubunuzu alacak büyüklükteki tek meyhane," dedi komutan ve başıyla meyhaneyi işaret etti. Eğilip Thrang'i selamladı. Resmi bir tavırla, "Rüzgâr sizin lehinize essin," dedi ve atını şehrin içine doğru sürüp gitti.

Thrang atından inip meyhane kapısına doğru birkaç adım attığında, önlüklü adam konuştu.

"Demek Babafingo'nun* sınavından geçtiniz, öyle mi? Çoğu kişi geçer ama istediği kadar sınayamıyor insanları."

"Eh, evet," diye başladı Thrang, adamın ani sözleriyle şaşırmıştı.

"Adım Ishly Prow, Deniz Sisi'nin sahibi ve işletmecisiyim," dedi adam. "Bana Ishly diyebilirsiniz."

* Yelkenli gemilerde direklerin ve gabyanın üstünde bulunan en yüksek bölüm. (Ed. N.)

"Anlıyorum, Ishly," dedi Thrang, düşüncelerini yeniden toparlamaya çalışırken.

"Herhalde siz oda istersiniz, atlarınız için de ahır. Çocuklara söylerim, atlarınızla ilgilenirler. Sonra da odaları, fiyatları falan konuşabiliriz," dedi Ishly. Thrang'e arkasını dönüp binanın içine doğru bağırdı.

Ishly'nin oğulları gibi görünen iki genç adam, eşikte belirdi.

"Pekâlâ," diye devam etti Ishly. "İkiniz, atlarla ilgilenin. En iyi bakımı görmezlerse canlı canlı derinizi yüzerim, ona göre."

Çocuklar başlarını sallayıp, Alex ve arkadaşlarından atları almak için atıldılar. Atları köşeden döndürüp meyhanenin arkasına götürdüler. Ne yaptıklarını iyi biliyor gibi görünüyorlardı. Bu yüzden Alex, Shahree ya da çocukların canlı canlı derilerinin yüzülmesi konusunda endişeye gerek olmadığına karar verdi.

"Hadi o zaman, beni takip edin de odalarınızı ayarlayalım," dedi Ishly, gülümsüyor ve eliyle kapıyı işaret ediyordu.

"Burada uzunca bir süre kalabiliriz," dedi Thrang, Bay Prow'un hızlı konuşmasından ötürü sersemlemişti. "Anlayacağınız, bir tekne kiralayıp..."

"Eh, burası tekne kiralamak için uygun bir yer, denize ne kadar yakın olduğumuzu düşünürseniz..." diye araya girdi Ishly. "Tabii eğer denize yakın olmasak tekneyi kiralayıp da ne yapacaktınız, o da ayrı bir konu ama."

"Elbette," dedi Thrang ve tekrar denedi. "Açıkçası, Kemik Adası'na gitmek istiyoruz ve..."

"Dunnstal'da denizciler teknelerini kiralamak istemez.

Herhalde Babafingo size söylemiştir bunu," diye devam etti Ishly. Thrang'in dediklerini ya duymuyor ya da umursamıyordu.

"Evet, evet, söyledi," dedi Thrang, "Ama ücretini ödemeye hazırız ve..."

"İkişer kişi kalmak sorun olmaz, değil mi?" diye sordu Ishly, hâlâ dinlemiyordu. "Hanımefendi için tek kişilik, güzel bir odam var. Eğer diğerleri ikişer kişi kalmayı sorun etmezse, işler kolaylaşır."

"Sorun olmaz," dedi Thrang, pes etmiş gibi iç çekerek.

"Size odalarınızı göstereyim," diye devam etti Ishly. "Siz önce biraz rahatlayın, sonra akşam yemeğini konuşuruz. Ne isterseniz hazırlarız, ama spesiyalimiz balık."

Alex, Thrang ve Ishly arasındaki diyalogla eğleniyordu. Arkadaşlarının yüzlerindeki ifadeden, onların da aynı durumda olduğunu görebiliyordu. Sadece Thrang gidişattan mutsuz olmuş gibi görünüyordu. Thrang tam yeni bir soru sormaya hazırlanırken, Ishly işe yarayacak bir bilgi sundu.

"Akşam yemeği demişken, kaptanların çoğu, ara sıra bir içki için uğrar," diye belirtti Ishly. "Normalde akşam yemeği vakti gelmeye başlarlar. Tekne bulmak için onlardan biriyle konuşma fırsatınız olur. Kabul edeceklerini söylemiyorum tabii."

"İşleri, müşterileri geri çevirecek kadar iyi mi?" diye sordu Thrang.

"Elbet ilgilenen de çıkar," dedi Ishly, Thrang'i duymamış gibi. "Ama size biraz pahalıya patlayabilir. Günlük dokuz on altından aşağısını kabul edeceklerini sanmıyorum."

“Ücret sorun değil,” dedi Thrang. “Ama burada hiç kimseyi tanımıyoruz. Bu yüzden, eğer siz...”

“İşte odalarınız,” diye sözünü kesti Ishly. “Hazır olduğunuzda ortak salona gelebilirsiniz.”

“Tamam, ama...” diyerek tekrar denedi Thrang.

“Sizi kendi halinize bırakayım, o zaman,” dedi Ishly. “Kaptanlardan birini görürsem, tekne aradığınızı memnuniyetle haber veririm. Çok umutlu olduğumu söyleyemem ama yine de bilemeyiz.”

“Teşekkür ederiz,” dedi Thrang, Ishly hızla uzaklaşırken.

“Kahramanca çaba gösterdin, dostum,” diye güldü Arconn.

“Söylediğim tek kelimeyi bile duyduğunu sanmıyorum,” diye homurdandı Thrang.

“En azından, kiralamak için tekne aradığımızı öğrendi,” dedi Kat umutla.

“Ve kaptanlardan bazılarının ilgilenebileceğini söyledi. Gerçi fiyatı yüksek geldi ama,” diye ekledi Barnabus.

“Bizi adaya götürecek bir tekne bulmak, küçük bir sorun gibi görünüyor. Asıl bizi oradan geri getirecek tekne bulmak beni endişelendiriyor,” dedi Nellus.

Alex, Nellus’a hak verdi. Çok az sayıda denizcinin Kemik Adası’na gitmeyi kabul edecek olması, Alex’e, adada, Albrek’in halkından kimsenin olmadığını düşündürüyordu.

Thrang, hızlıca temizlenip ortak salonda buluşmayı önerdi.

Alex, Arconn’la aynı odayı paylaşıyordu. Temizlenip kıyafetlerini değiştirmeleri sadece birkaç dakikalarını aldı. Kısa süre sonra ikisi, ortak salona girdiler ve diğerlerini beklemek için bir masaya oturdular.

Alex, ortak salona göz atıp "Ishly çok konuşup az dinleyen birine benziyor," diye yorum yaptı. Sadece Arconn'un duyması için alçak sesle konuşuyordu.

"Bence, belli ettiğinden fazlasını duyuyor," dedi Arconn. "Sonuçta, gemi kaptanlarının sonradan buraya geleceğini, birkaçının işi almaya istekli olabileceğini söyledi."

"İşle *ilgilenenler* olabileceğini söyledi," diye düzeltti Alex. "Benim şüphelerim var. Kemik Adası'yla ilgili ne tür hikâyeler anlatılıyor, bilmek istiyorum."

"Kötü hikâyeler olduğundan şüphem yok," diye kabul etti Arconn. "Thrang adadan bahsettiğinde, Ishly'nin, 'Babafingo' dediği adamın keyfi kaçtı."

"Fark ettim," dedi Alex. "Albrek'in halkından birilerinin hâlâ orada olduğundan şüphe duymama sebep oldu."

"Benorg'a dönmedilerse, nereye gittiler?" diye sordu Arconn.

"Albrek'le birlikte güneye belki de," diye cevapladı Alex. "Ya da belki hiçbir yere gitmemişlerdir."

"Böyle aydınlık bir günde, karanlık bir düşünce," dedi Arconn.

"Karanlık ya da değil, Albrek'in halkının adada ölmüş olma ihtimali var," diye ısrar etti Alex.

"Umarım tahminin yanlıştır. Fakat adaya gidene kadar bunu öğrenemeyeceğiz," dedi Arconn.

Thrang salona girdi, hemen peşinden de topluluğun geri kalanı geldi. Thrang, Alex ve Arconn'un masasına otururken, boş görünen ortak salona göz gezdirdi.

"Müşterilerin gelmesi için henüz erken," dedi Thrang. "Ama gün battıkça gelenlerin artacağından kuşkum yok."

"Sence beklemeli miyiz?" diye sordu Alex.

"Başka ne yapabiliriz?" diye soruyla yanıtladı Thrang, yüzünde şaşkın bir ifade vardı.

"Rıhtıma inebiliriz," dedi Alex. "Orada birkaç gemi vardı. Belki bizi Kemik Adası'na götürecek bir gemi bulabiliriz."

"Belki," dedi Thrang, düşünürken sakalını sıvazladı. "Ancak yedi kişi birden gidersek, onlarla konuşmakta sorun yaşayabiliriz. Sonuçta buranın yabancısıyız ve yabancılar pek sevilmiyor."

"O zaman bir ya da iki kişi gitsin," dedi Arconn.

"İşi hızlandırır," dedi Thrang, düşünceyi değerlendiriyordu. "Yine de, iyi bir fikir olduğundan emin değilim."

"Bir zarar gelmez," dedi Alex. "Hem Dunnstal'da yaşayanların ada hakkında anlattıkları hikâyeleri bilmek istiyorum."

"Ben de," dedi Thrang düşünceli halde. "En iyisi senin gidip öğrenmen. Barnabus'u da yanına al. Eğer burada yaşayanların Kemik Adası'ndan korkmak için sebepleri varsa, bundan dolayı cüceleri suçlayabilirler."

"Pekâlâ," dedi Alex, hafifçe selam verip. "Öğrenebildiğimiz ne varsa öğrenip akşam yemeğinden önce geri döneriz."

"Dikkatli olun!" dedi Thrang, Alex ve Barnabus kapıya yönelirken. "Denizciler biraz kaba saba, biraz da batıl inançlı olabilir."

Alex ve Barnabus meyhaneden çıkıp sahile doğru ilerlediler.

Barnabus, rıhtıma yaklaştıklarında, "Daha fazla ticaret olmasını beklerdim," dedi. "Eğer Dunnstal'ın denizcileri o kadar meşgulse, ambarlarda daha fazla çalışıyor olmalılar."

"Tuhaf görünüyor," diye onayladı Alex, şehirde dolaşan insan sayısının az olduğu dikkatini çekmişti. "Belki de yılın durgun geçen bir dönemidir. Ya da gemilerin çoğu başka şehirlere gitmiştir."

"Belki de. Ama garip geliyor," dedi Barnabus.

Rıhtıma vardılar ama etrafta tek tük insan gördüler. Alex, limanlardan birine bağlanmış iki küçük gemiyi fark etti. Fakat ikisinin de hiçbir işlevi yokmuş gibi görünüyordu. Ambarlardan birinin arkasında birkaç adam oturuyor, kendi aralarında kart oyunu hakkında konuşuyorlardı.

"Belki onlar bir şeyler anlatır," diye önerdi Alex, başıyla adamları işaret ederek.

"İhtiyar balıkçının daha iyi bir seçenek olduğunu düşünüyordum," diyen Barnabus diğer tarafta, öğle güneşinin altında oturmuş, ağ onaran yaşlı bir adamı gösterdi. "Bize Kemik Adası hakkında hikâyeler anlatabilir. Bizi adaya götürmesi için kimi kiralayacağımız konusunda da fikir verir."

"Onun ada hakkında diğer adamlardan daha çok şey bildiğini mi düşünüyorsun?" diye sordu Alex.

"Yalnız başına olduğu için yabancılarla konuşmaya daha istekli olacağını düşünüyorum," diye cevap verdi Barnabus.

Alex, Barnabus'un sözünü düşündü. Yalnız adamın, kart oyunlarından başka bir şeyle ilgilenmiyor gibi görünen gruptan daha ilgili olması, yüksek ihtimaldi. Onayladığını belirterek başını salladı ve ikisi, ihtiyar balıkçıya doğru yürüdüler.

"İyi günler, üstat," dedi Barnabus neşeli bir sesle.

"Onarman gereken ağlar varken, pek iyi bir gün olmuyor," dedi ihtiyar. Dikkatini tekrar ağlarına yöneltmeden önce, Alex ve Barnabus'a bir göz attı. "Burada yenisiniz, denizden de anlamıyorsunuz."

"Gözleriniz keskinmiş," dedi Alex. "Bize seyahatimizde yardımcı olacak bir gemi arıyoruz."

"Denizde bir sürü gemi var," dedi ihtiyar.

"Doğru ama ikimizi ve diğer dostlarımızı Kemik Adası'na götürecek bir gemi arıyoruz," dedi Alex.

"Ahhh!" dedi ihtiyar, onlara bir kez daha bakarak. "Sizi oraya götürecek birini bulmanız zor. İnsanlar fazla batıl inançlı."

"Hangi batıl inanç nedeniyle Kemik Adası'na gitmek istemediklerini anlatabilir misiniz?" diye sordu Alex.

"Çünkü ada perili," diye cevapladı ihtiyar, ağlarına geri dönerek. "Perili ya da lanetli ya da işte her ne ise."

"Eğer kimse oraya gitmiyorsa, perili olduğunu nereden biliyorsunuz?" diye sordu Barnabus nazikçe.

"Mantıklı bir soru," dedi ihtiyar, işine ara verip. "Fakat cevabı uzun, benimse ağları onarmam gerekiyor."

"Vaktinizi ayırıp bize açıklarsanız, belki işinizde yardım ederiz," dedi Alex, ağlara yaklaşmak için bir adım attı.

"Yardım mı edeceksiniz?" diye sordu ihtiyar, sonra da yüksek sesle güldü. "Siz ikiniz hayatınızda ağ onarmamışsınız. Bana nasıl yardım edeceksiniz?"

Alex, "Bir daha ağlarınızı onarmanıza hiç gerek kalmaması için bir büyü yapabilirim," diye öneride bulundu.

"Ah?" dedi ihtiyar, Alex'in elindeki asaya dikkatle bakarak. "O zaman siz büyücüsünüz."

"Öyleyim," dedi Alex, hafifçe eğilip selam vererek.

"Büyücüler hakkında çok bilgim yok ama bana, büyücü olmak için aşırı genç göründün," diye yorum yaptı ihtiyar.

"Sizi temin ederim ki, genç de olsam, ben bir büyücüyüm," dedi Alex ciddi bir tavırla.

"Belki büyücüsünüz, belki de değil," dedi ihtiyar. "Tartışacak değilim ve neden bahsettiğinizi bilmediğinizi söylemek kabalık olur."

"Ve tehlikeli." Yaşlı adamın sözlerinin genç büyücüyü kızdırmadığından emin olmak isteyen Barnabus, çabucak Alex'e baktı. "Evet, sanırım haklısınız," diye kabul etti ihtiyar.

"O zaman," dedi Alex. "Anlaştık mı?"

"Emin değilim," dedi ihtiyar düşünceli düşünceli. Bir an sonra omuz silkti. "Herhalde bildiklerimi size anlatmamdan zarar gelmez, zaten çok şey de bilmiyorum."

"Zahmet olmazsa," dedi Alex.

"Şimdi, öncelikle, buralardaki insanların çoğu Kemik Adası'na hiç gitmemiştir," diye başladı ihtiyar. "Burada iyi balık varken o kadar kuzeye gitmeye gerek de yok. Kuzeydeki kıyılarda sadece birkaç kasaba var, bu yüzden ticaret pek olmuyor."

"Mantıklı," dedi Alex.

"Tabii arada sırada birinin aklına, kuzeyde balık tutmanın daha verimli olacağı geliyor. Orada çok balıkçı olmadığından, bolca balık bulunmalı, en azından öyle düşünüyorlar," diye devam etti ihtiyar. "Bir keresinde, yıllar önce, ben de kuzeye gitmiştim. Daha çok balık tutmak isteyen amcamla beraberdim. Neyse, bir hafta geçti, on gün geçti, adanın her yanında tekneyle dolaştık. Çok balık yakalayamadık ama en kötü yanı bu değildi. Oradayken sürekli biri bizi izliyormuş gibi hissediyorduk."

"Adaya ayak bastınız mı?" diye sordu Barnabus.

"Basmayı düşündük," dedi ihtiyar, hafifçe kımıldanarak. "Adada; cüce madenleri ve alınmayı bekleyen bir yığın hazine olduğuna dair hikâyeler duymuştuk. Gerçek olup olmadığını bilmiyorduk ama gidip bir baksak mı diye konuştuk."

"Ama yapmadınız," dedi Alex.

"Hayır, yapmadık," dedi ihtiyar. "Birinin ya da bir şeylerin bizi izlediği hissi, adaya yaklaştığımızda daha kötü bir hal aldı. Sanki bir nedenle, birilerinin gözü hep üzerimizdeydi. İkimiz de, değil kıyıya çıkmak, adaya yakın durmak bile istemedik."

"Demek bu yüzden adanın perili olduğunu düşünüyorsunuz?" diye sordu Barnabus.

"Orada bir şeyler oluyor, o kesin," dedi ihtiyar, sesini alçaltarak. "Adada yaşayan bir şey olduğunu tahmin ediyorum, çünkü ada çevresinde hiç balık yakalayamadık. Öyle temiz suların tonlarca balıkla dolu olmasını beklersiniz ama balık varsa da biz bulamadık."

"Adada bir şeyler ya da birilerini gördünüz mü? Yoksa yalnızca izlendiğinizi mi hissettiniz?" diye sordu Alex.

"Bir şey görmedik. Bir işaret bile. Hiçbir tekne ya da gemi yoktu. Hiçbir şey," diye cevap verdi ihtiyar, düşünceleri dağılmış halde. "Tabii bir liman vardı, onu net olarak gördük."

"Ve artık Dunnstal halkı, hayaletli olduğunu düşünerek adadan uzak duruyor," dedi Alex, düşünceli bir şekilde adama bakıyordu.

"Büyük ölçüde," dedi ihtiyar. "Arada sırada biri çıkıp adaya gitmekten bahseder, fakat bahsetmekten fazlasını yapan pek olmaz. Aslında ihtiyar Bill Clinker, daha geçen sonbahar kuzeye gitmekten bahsediyordu. Ama gideceğini pek sanmıyorum; sohbet sırasında çok içmişti ve kafası iyiydi, bilmem anlatabildim mi?"

"Elbette, anlıyorum," dedi Barnabus gülümseyerek.

"İşte böyle," dedi ihtiyar, dikkatini tekrar ağlara vererek.

"Üzerinde düşünecek bir şeyler verdiniz bize," dedi Alex. "Üstat Clinker haricinde kuzeye gitmeyi düşünen birini tanımıyorsunuz herhalde?

"Ah, bence çoğu düşünmüştür," diye cevap verdi ihtiyar, hafifçe gülerek. "Gençken hepimiz bu hikâyeleri dinlerdik. Eskiden cüceler madenleri terk etmiş, altın ve mücevher yığınları, birileri gelip alsın diye öylece duruyormuş. Ama düşünmekle, gerçekten yapmak arasında fark var."

"Sanırım bir tekne alıp kendimiz de denize açılabiliriz," dedi Alex, suya doğru bakıyordu.

"Eğer denizciliği biliyorsanız, olabilir," dedi ihtiyar kıkırdayarak. "Ama eğer bilmiyorsanız ahmakların yolculuğu olur bu."

"Belki de," diye kabul etti Alex. "Şimdi nezaketinizin karşılığını ödeyeceğim ve ağlarınıza bir daha onarmaya gerek bırakmayacak şekilde büyü yapacağım."

"Ah, hayır," diyen ihtiyar güldü. "Büyücü ol ya da olma,

ağların onarılması gerekir. En iyisi onları olduğu gibi bırakın ki benim gibi bir ihtiyara oyalanacak iş çıksın."

"O zaman, nezaketinizin karşılığını nasıl ödeyebiliriz?" diye sordu Alex.

"Düşüneyim," dedi ihtiyar, doğrudan Alex'in gözlerine bakıyordu, "eğer adaya gidebilirseniz ve orada ne olduğunu öğrenebilirseniz, geri dönüp bana anlatın."

"Bunu mutlaka yapacağım," diyen Alex, eğilip yaşlı adamı selamladı.

ON BİRİNCİ
BÖLÜM

AÇIK DENİZİN ÖTESİ

Alex ve Barnabus, bu konuşmadan sonra Kemik Adası hakkında kimseye bir şey sormamaya karar verdi. İhtiyar balıkçı, Dunnstal'da yaşayanların tamamının olmasa da çoğunun, adanın perili ya da lanetli olduğuna inandığını söylemişti.

Barnabus, Alex'le meyhaneye dönerken, "Görünüşe göre, onların eski hikâyeleri de adada bir zamanlar cüceler olduğunu doğruluyor," diye yorum yaptı.

"Evet ama cüceler uzun zamandır ortada yokmuş gibi görünüyor," dedi Alex. "Neredeyse Albrek'in kayıp olduğu zaman aralığı kadar uzun bir süredir orada olmadıklarını tahmin ediyorum."

"Belki Albrek'in mezarı adadadır ve Arayış Yüzüğü'nü çok geçmeden buluruz," dedi Barnabus umutla.

Alex bundan şüphe etse de "Belki de," diye destekledi.

Dunnstal halkının, Kemik Adası'ndaki cüce madenlerinin varlığını biliyor olması akla yatkındı. Eğer Albrek, Benorg'a yüklü miktarda hazine gönderseydi, bu durum fark edilirdi. Elbette o servet Dunnstal'dan geçmemiş de olabilirdi ama yine de hikâyeler kıyı boyunca yayılıp herkesin kulağına giderdi.

Pek akla yatmayan şey, kenttekilerin, cücelerin adadan ayrılıp ayrılmadıkları ya da ne zaman gittikleri konusunda hiçbir şey bilmiyormuş gibi görünmeleriydi. Yaşlı balıkçının hikâyesi, –artık orada olmadıkları haricinde– cücelerin akıbetine dair hiçbir şey anlatmıyordu. Alex bunun ne anlama geldiğini bilemiyordu.

"Perili," dedi Thrang, Alex ve Barnabus'un neler öğrendiğini dinledikten sonra. "En hafif deyimiyle, zahmetli olacak." İç çekti. "Durumun adada hiç cüce kalmamış gibi göründüğüne katılıyorum. Fakat yine de gidip bakmamız gerek."

"Eğer şehirdeki herkes oraya gitmekten korkuyorsa, adaya ulaşmamız zor olacak," dedi Arconn. "Belki de, perili ada hikâyelerinin anlatılmadığı, daha güneydeki bir şehre yolculuk etmeliyiz."

"Bu, zaman alır," dedi Thrang. "Belli bir yol kat etmemiz gerekir. Hem bu hikâyelerin, bu civarda her yerde anlatıldığına eminim."

"Hatta belki de tüm kıyılarda," dedi Kat. "Böyle hikâyeler limanlarda çok yaygındır, denizcilerin çoğu da bunlara inanır."

"Öyleyse, ne yapabiliriz?" diye sordu Nellus.

"Bir tekne satın alıp kendimiz denize açılabiliriz," diye önerdi Thrain ama sesinde şüpheli bir ifade vardı.

"Ya da kanatlarımız çıkarsa uçabiliriz," diye tersledi Thrang onu. Durumu tartışmaya devam ettikçe, kasvetli bir ruh haline bürünüyordu.

"Thrain'in önerisi, işe yarayacak tek seçenek olabilir," dedi Alex. Sıkıntılı halinin acısını Thrain'den çıkardığı için, Thrang'e kızmıştı. "Ben de aynısını düşünmüştüm."

"Buraya kadar gelip adaya ulaşamıyor olmaktan nefret ediyorum, hepsi bu," dedi Thrang, sesini yumuşatarak.

"Yine de belki birilerini bizi götürmeye ikna edebiliriz," dedi Barnabus. "İhtiyar balıkçı, genç kaptanların bazen kuzeye açılmaktan bahsettiğini söyledi. Bill Clinker diye birinin adını verdi. Bill daha geçen sene adaya gitmekten bahsediyormuş."

"Ama Bill'in o sırada içiyor olduğunu da söyledi," diye belirtti Alex.

"Daha önce oraya gitmeyi *istemiş* birini bulursak eğer," dedi düşüncelere dalan Thrang, "belki sen sihirle o isteğe cesaret katabilirsin, ha Alex?"

"Olmaz," dedi Alex, Thrang'in fikrini düşündükten sonra. "Bu seçeneği sadece, adaya ulaşmamız için başka hiçbir yol kalmazsa kabul ederim."

"Geldiklerinde kaptanlarla konuşmalıyız. Her şeye rağmen birilerini bulabiliriz," dedi Arconn.

"Ve eğer adada bizi beklemeleri gerekmediğini, bizi adaya bırakıp önceden belirlenen bir zamanda gelip geri alacaklarını söylersek, kabul edebilirler," diye ekledi Alex.

"Eğer, eğer, eğer," dedi Thrang, derin bir nefes alıp, patlar gibi nefesini üfledi. "Bir şeyler denememiz gerek ama. Burada oturup konuşmanın bir faydası yok."

"Belki Clinker'la bir görüşme ayarlayabiliriz," dedi Arconn. "Onun gururunu okşayıp adaya gitmek için doğal cesaretini tetikleyebiliriz. Sihir kullanmadan tabii ki."

"Evet, bu işe yarayabilir," dedi Thrang. "En azından denize açılana kadar, peki ama ya sonra? Yarı yola vardıktan sonra cesaretini yitirir, buraya geri dönmek isterse ya da daha kötüsü olursa..."

"Yapabileceğimiz tek şey, denemek," dedi Alex. "Denizciliği öğrenmeye vakit ayırmak; bizi götürecek birini bulmaktan daha uzun sürer."

"Pekâlâ," dedi Thrang, sesi bunalmış ve çaresiz geliyordu. "Ishly'le konuşup şu Clinker denen adamla bir görüşme ayarlatacağım."

Thrang'in, Ishly ile konuşması, beklendiğinden daha iyi geçmiş gibi görünüyordu. Ya da en azından, Ishly, Thrang'in dediklerine daha çok dikkatini veriyor gibiydi. Başını sallayıp elinden geleni yapacağını söyledi. Sonra da Thrang ve grubunun akşam yemeği için ne istediğiyle ilgili bazı sorular sordu. Thrang, Ishly'nin, söylediklerinin tek kelimesini bile dinlediğinden emin değildi ama Alex, hancının muhtemelen Thrang'in anlatmak istediğinden fazlasını anladığını düşündü.

Alex ve arkadaşları ortak salonda akşam yemeği yerken, Ishly, Thrang'in yanına gelip kulağına bir şeyler fısıldadı. Thrang başını sallayıp Ishly'ye teşekkür etti.

Ishly gidince Thrang, gruba döndü ve mutlulukla "Ishly, Üstat Clinker'ın, benimle ve grubumuzun iki üyesiyle buluşacağını söyledi," dedi. "Görünen o ki bunlardan birinin Alex olmasını istemiş ama nedenini Ishly de bilmiyor."

"Şüphesiz büyücü olduğu için," dedi Arconn.

"Evet, belki de," dedi Thrang, biraz dikkati dağılmıştı. "Ishly, buluşmamız için küçük bir oda ayarlamış. Sanırım Bill Clinker'la görüşmeye katılacak üçüncü üyemiz Arconn olmalı."

"Buluşma ne zaman?" diye sordu Alex, maşrapasını masaya koyup.

"Şimdi," dedi Thrang. "Üstat Clinker bizi bekliyor."

Thrang, Arconn ve Alex ortak salondan çıkıp arkadaki bir odaya giderken, diğerleri onlara şans diledi.

Bill Clinker'ın bekliyor olması gereken odaya girdiklerinde, lambalar kısıktı. Thrang eşikte duraksadı. Alex, Thrang'in onları yanlış odaya getirmiş olabileceğini düşündü. Fakat o sırada birisi konuştu:

"İçeri gelin lütfen."

Thrang ilerledi, hemen peşinden Arconn ve Alex geliyordu. Alex kapıyı kapatınca, konuşan kişi lambaların ışığını artırdı. Alex, masanın başında oturan adamı görünce şaşkına döndü. Onların şehre girmesine izin veren, Ishly'nin 'Babafingo' diye hitap ettiği adamın ta kendisiydi. Adam onların şaşkınlığıyla eğlenmiş gibi görünüyordu ama gülmedi.

"Gizliliğimi bağışlayın," dedi. "Dunnstal'da, bizim görüşmemizden hoşlanmayacak kişiler var."

"Peki neden?" diye sordu Thrang, masanın yanındaki sandalyelerden birine geçerek.

"Kemik Adası'nın kendine ait bir efsanesi var," diye cevap verdi adam. "Çoğu kişi oranın perili olduğunu söylüyor, bazıları daha da kötüsünü. Daha kötüsünden korkanlar, benim sizi o adaya götürmemin düşüncesinden bile hoşlanmazlar."

Thrang boğazını temizleyip "Anladığıma göre Bill Clinker sizsiniz," dedi.

"Benim."

"Ishly size, ne aradığımızı söyledi mi?"

"Söyledi."

"Bizi Kemik Adası'na götürmek istiyor musunuz?"

"Belki," diye bir cevap geldi ağır ağır. "Henüz kararımı vermedim ama olasılığı görüşmek istiyorum."

"Bir şey sorabilir miyim?" dedi Alex.

"Elbette."

"Adınızın Bill Clinker olduğunu söylüyorsunuz ama Ishly size 'Babafingo' diye hitap ediyor. Neden iki adla tanındığınızı anlatır mısınız?"

"Ishly'nin fil gibi hafızası var," diye cevap verdi Bill gülümseyerek. "Ben küçükken, hep babamın gemisinin gözetleme yerinde durmak isterdim. Gözetleme yeri, geminin 'babafingo' da denen gabya direğindeydi. Bu yüzden Ishly, espri olarak bana 'babafingo' demeye başladı."

"Gabya direğinde durmak cesaret ister," dedi Arconn.

"Evet," dedi Bill. "Ama gençlik, gururun ve hiçbir şeyin sana zarar veremeyeceğine inanmanın dönemidir."

"Artık daha mı tedbirlisiniz?" diye sordu Alex.

"Biraz. Yine de olmam gerektiği kadar ve her zaman değil," diye cevap verdi Bill.

Thrang, görüşmenin ana konusuna dönerek, "Yedi kişi, Kemik Adası'na gitmek istiyoruz," dedi. "Adada belli bir süre kalmamız gerekecek, sonra da Dunnstal'a geri dönmemiz lazım."

"İlk karşılaşmamızda, Kemik Adası'ndaki kayıp cüceleri aradığınızı söylemiştiniz," diyen Bill itinayla. "Yolculuğunuzla ilgili bilmem gereken başka bir şey var mı?"

"Orada yapacağımız iş, bize özel," diyen Thrang, başka detay vermedi.

"Bir cüce, bir elf, bir büyücü," dedi Bill düşünceli düşünceli. "Galiba eski hikâyelerin bir kısmı doğruymuş. Sanıyorum ki siz, cüce efendilerin bıraktıkları hazineyi arıyorsunuz."

"Tek bir nesneyi arıyoruz," dedi Alex, elini sessiz kalması için Thrang'e doğru kaldırarak. "Nesne, etkileyici görünmeyen ve küçük bir şey. Ama bizi onu aramaya gönderen kişi için ciddi bir önemi var."

"Ve bu sırada hazineyi bulursanız... eh, bu da ücretinizin bir parçası," dedi Bill bilmiş bir gülümsemeyle.

"Maceracıların geleneksel anlaşması böyledir," diye cevap verdi Thrang, gergin bir sesle.

"Kabalık etmek istemedim," dedi Bill. "Maceracıları biraz bilirim sonuçta. Ne aradığınız ve ne bulacağınız beni ilgilendirmez. Benim derdim, sizi Kemik Adası'na götürmenin bana neye mal olacağı ve böyle bir yolculuktan ne kadar kâr edeceğim."

"Neye mal olacağı mı?" diye sordu Arconn.

"Zamanım ve emeğim bir maliyet," dedi Bill. "Bu yolculuk, bana her ikisine mal olacak ama belki daha da fazlasına. Dunnstal'da bazı kişilerin, benim sizinle konuşmamı istemediğini söylemiştim. Hakkımda düşünecekleri, ismime ve namıma da mal olabilir."

"İşinizi biliyor, insanlarınızı tanıyorsunuz," dedi Thrang düşünceli bir sesle. "Bu yolculuğu yapmamız gerekiyor. Harcadığınız zaman ve zahmetiniz için size makul bir ücret ödeyebiliriz."

"Makul ücret mi?" diye tekrarladı Bill.

"Siz *ve* tayfanız için," dedi Alex. "Adaya gitmeyi pek az kişinin istediğini ve mürettebatı tamamlamanın ne kadar zor olacağını biliyoruz."

"Doğru," dedi Bill.

"Makul bulduğunuz ücret nedir?" diye sordu Thrang.

"Bunun üzerine düşüneceğim," diye cevap verdi Bill, çenesini ovuşturup. "Yarın akşam yemeğinden sonra benimle burada buluşun. Cevabımı o zaman vereceğim."

Thrang, "Şimdi bir cevap almayı tercih ederim," diyordu ki Alex ona engel oldu.

Thrang, önce Alex'e bir bakış attı, sonra da Bill'e. Gecikmeden dolayı morali biraz bozulmuş görünüyordu.

"Pekâlâ," dedi Thrang, bir an sustuktan sonra. "Yarın akşam sizinle burada buluşacağız."

"Siz çıkana kadar bekleyeceğim," dedi Bill, masadaki lambayı tekrar kısıp.

Thrang başını salladı ve Alex ile Arconn'u ardına katıp odadan çıktı. Ortak salondan çıktıklarında Thrang durup Alex'e döndü.

"Neden onu biraz sıkıştırıp cevabı şimdi almama izin vermedin?" diye sordu.

"Kararsız durumda. Çabuk cevap vermesi için baskı yapmak, 'hayır' demesine sebep olabilir," dedi Alex. "Ücret dışında, iyice düşünmesi gereken başka şeyler de var. Mürettebatının da bu yolculuğu kabul etmesi gerekiyor."

"Kaptan o, kaptan ne derse tayfa onu yapmalı," dedi Thrang katı bir sesle.

"O kadar basit değil," dedi Arconn. "Buradakilerin, adanın hayaletli olduğuna inandıklarını ve kimsenin oraya gitmek istemediğini biliyoruz. Belki de bir kötülüğün adadan buraya geleceğinden korkuyorlar."

"Evet, tabii ki," dedi Thrang. "Sanırım böyle şeylerin olduğuna dair hikâyeler var. Doğal olarak tedbirli davranıyorlar. Güzel birer hayatları var sonuçta, o hayatı tehlikeye atabilecek her şey onları rahatsız eder."

"Kesinlikle," dedi Alex. "Bu yüzden bekleyip, Clinker'ın ne karar vereceğini göreceğiz."

Thrang yine de beklemekten memnun değildi ama Alex ve Arconn'un haklı olabileceklerini kabul etti. Ertesi gün, hepsi için çok yavaş geçti. Thrang, günün büyük bölümünde, ortak salonda ileri geri volta attı. Alex ve diğerleri, eski maceralardan hikâyeler anlatarak zaman geçirdiler. Thrain de hikâyelerin tümünü büyük bir ilgiyle dinledi. Sonunda akşam yemeği vakti geldiğinde, cevabı merak etmekten Thrang'in iştahı kesilmişti. Yemeğini didikleyip duruyor, sürekli kapıya bakıyordu.

"Birazdan öğreneceğiz," dedi Alex. "Sen de bir şeyler yesen iyi olur. Açlıktan ölmenin faydası yok."

"Biliyorum," dedi Thrang, çatalını masaya koyup. "Cüceler sabırlı olur derler ama beklemek, bana her zaman eziyet gibi gelmiştir."

Alex ve Arconn yemeklerini bitirir bitirmez, Thrang, birlikte, küçük görüşme odasında beklemekte ısrar etti. Alex onun biraz aptalca davrandığını düşünüyordu ama bir şey demedi. Bill Clinker'ın henüz geleceğini sanmıyordu. Kaptan, göze batmamak için geliş saatini dikkatle ayarlamak istiyor olmalıydı.

Alex, Bill'in küçük odada, onları beklediğini görünce şaşırdı. Sanki dünden beri uyumamış gibi yorgun ve solgun duruyordu. Alex, bakışlarından, yüzündeki serinkanlı ve kararlı ifadeden, Bill'in kararını verdiğini anlayabiliyordu.

"Eğer koşullarımı kabul ederseniz, sabaha yola çıkabiliriz." Bill sanki bütün günü bu konuşmayı hazırlayarak geçirmiş gibi, ağır ağır konuşuyordu.

Thrang bir sandalyeye geçti ve "Koşullarınız neymiş, duyalım bakalım," dedi.

"İlk olarak, ne ben ne de adamlarımdan biri adaya adımımızı atacağız," dedi Bill. "Gemiden ayrılıp adaya gitmeniz ve gemiye geri dönmeniz için bir kayık temin edeceğiz ama sizinle gelmeyeceğiz."

"Kabul edilebilir," dedi Thrang. "Başka?"

"Şahsen ben, Dunnstal'da bulunmadığımız her gün için on altın istiyorum," diye devam etti Bill. "Demirleyip adadan geri dönmenizi beklediğimiz günler de buna dahil."

"Pekâlâ," diye kabul etti Thrang.

"Adaya varmamızın üç gün süreceğini tahmin ediyorum, üç gün de geri dönüş," diye açıkladı Bill. "Fırtına çıkarsa daha uzun sürebilir ama bu riski göze almak zorundasınız."

"Evet, elbette," dedi Thrang. "Adada bizi ne kadar süre bekleyebilirsiniz?"

"Biz adada beklemeyeceğiz," dedi Bill. "Biraz uzaklaşıp demir atacağız. İki haftayı bir gün geçtiğinde, Dunnstal'a geri döneceğiz. Sizinle ya da siz olmadan."

"Pekâlâ," diye istemeye istemeye kabul etti Thrang. "Başka?"

"Adamlarımın her biri için, yolculukta olduğumuz her günün karşılığında birer altın istiyorum. Koşullarım bunlar. Kabul ediyor musunuz?"

"Kaç adamınız var?" diye sordu Arconn.

"On iki olacak, artı ben," diye cevap verdi Bill.

"Eğer her şey yolunda giderse, toplam dört yüz altmış iki altın ediyor," dedi Arconn, Thrang'e bakıp.

"Koşullarım bunlar," diye yineledi Bill.

"Pekâlâ, kabul ediyoruz," dedi Thrang.

"Ödemeyi peşin alırım," diye ekledi Bill çabucak.

"Yarısı adaya vardığımızda, kalan yarısı da bizi geri aldığınızda," dedi Thrang.

"Yarısı şimdi, ikinci yarısı Dunnstal'a geri döndüğümüzde," diye karşı teklif verdi Bill.

"Tamamdır," diyen Thrang, elini sıkıp pazarlığı bağlamak için Bill'e elini uzattı.

Daha sonra büyülü çantasını çıkarıp altınları saydı. Bill tam olarak ne kadar aldığını görebilsin diye iki yüz otuz bir altın parayı yavaş yavaş sayarak adama verdi. Thrang ödemeyi yapınca Bill hepsiyle el sıkıştı ve gemisinin yerini tarif etti.

"Gün doğmadan bir saat önce orada olun," dedi. "Rüzgâr istediğimiz gibi eserse, güneş doğduğunda çoktan denize açılmış oluruz."

"Orada olacağız," dedi Thrang.

Bill başka bir şey söylemeden odayı terk etti.

Biraz sonra Thrang "Eh, artık bir gemimiz var," dedi.

Arconn, "Ücreti düşündüğümden fazla oldu," diye ekledi.

"Adada aradığımız şeyi bulursak ücretin önemi kalmaz," dedi Thrang.

"Adanın ne kadar büyük olduğunu bilmiyoruz. Aramamız on dört günden fazla sürebilir," diye belirtti Alex.

"Kat'in nesneleri bulma yeteneğinin, arayışımızı hızlandırması lazım," dedi Thrang. "Hem Albrek'in şehrinin, adanın güney ucunda olduğunu biliyoruz. Aramaya oradan başlayacağız."

"Peki ya orada *bir şey* varsa? Hayaletlerden daha kötü bir şey?" diye sordu Alex.

"Sen de bu yüzden varsın," diye hırıltıyla güldü Thrang.

Alex hafifçe gülümsemeyi başardı. Bu macerada tehlikeyle yüzleşirken hissettiği vahşi ve saldırgan his aklına gelmişti. Bunun ne anlama gelebileceğini düşünürken, bir parça korku hissetti. Ama dostlarına hiçbir şey söylemedi.

O gece Alex, rüyasında Kemik Adası'nı gördü fakat normal bir rüya değildi bu. Denizin üzerinde uçuyor, adını koyamadığı bir sebepten dolayı çaresizce adaya ulaşmak istiyordu. Adaya ulaşırsa tüm sorularının cevap bulacağını biliyordu. Ama ne zaman adanın yakınlarına uçsa, ada gözlerinin önünde yok oluyordu. Sonunda uyandığında, Alex kendini bitkin hissetti. Fakat uyumak, yapmak istediği son şeydi. Bunun yerine, yatakta uyanık halde uzanıp zihnini rahatlamaya zorladı ve gördüğü rüyanın ne anlama geldiğini düşündü.

Sabah olduğunda Thrang'in morali yüksekti ve onun iyi ruh hali hepsine yansıdı. Meyhanede zengin bir kahvaltı ettiler ve doyduklarında Thrang, atların Deniz Sisi'nin ahırında kalması için Ishly'le anlaşma yaptı. Ishly bunu kabul edip yolculuktan döndükleri zaman ödeme alacağını söyledi. Eğer geri dönmezlerse ücret olarak atları alacaktı.

Alex ve dostları, Bill Clinkers'ın gemisi *Arayıcı*'ya bindiklerinde, doğuda gökyüzü siyahtan laciverte dönmeye başlamıştı. Alex geminin adının iyiye alamet olduğunu düşündü. *Arayıcı* büyük bir gemi değildi ama yine de, ortalama bir balıkçı teknesinden büyüktü. Bordada kamara yerine Alex ve diğerlerinin paylaşmak zorunda kalacağı, bir çift küçük oda vardı.

"Daha kötü olabilirdi," dedi Thrang. "En azından yağmurdan ve gece havasından uzak olacağız."

"Yılın bu mevsimi yağmur yağmaz sanıyordum," diye şaka yaptı Barnabus.

"Çok olası değil ama denizdeyiz, kim bilir. Eğer yağarsa, en azından kuru kalacağız," dedi Thrang.

Alex güverteye geri dönüp tayfanın alarga* hazırlıklarını izledi. İşleri ağır görünüyordu ama Bill'in mürettebatı ne yaptığını biliyor gibiydi. Birazdan yelkenler çözülmüştü ve Dunnstal'dan yavaş yavaş uzaklaşıyorlardı. Alex, arkalarında kalan kentin giderek küçülüşünü izledi. Kemik Adası'na vardıklarında ne bulacaklarını merak ediyordu.

Güneş yükseldikçe rüzgâr da kuvvetlendi. Alex nereye gittiklerini görmek için geminin baş kısmına geldi. Geminin altında dağılan suların, zihninin rahatlatmasına yardımcı olduğunu fark etti. Maalesef odaya döndüğünde, aynısının dostları için geçerli olmadığını gördü. Arconn iyi görünüyordu ama diğerlerini, yelken açar açmaz deniz tutmuştu. Thrain

* Denize açılmak. (Ed. N.)

en kötü durumda olandı ama diğerleri de pek iyi görünmüyordu.

Alex büyülü çantasına elini atıp işe yarayacak bir şey olup olmadığına baktı. Deniz tutmasını yatıştıracak bir iksir yaptı fakat maalesef, bulantılarını tamamen geçiremedi. Ayrıca iksirin tadı o kadar kötüydü ki dostları, deniz tutmasının bile bundan iyi olduğunu düşündüler.

"Bütün iksirler bal gibi tatlı olmaz," dedi Alex onlara.

"Bir damla bal, karışımına iyi gelebilirdi," dedi Nellus.

"Gelirdi herhalde," diye kabul etti Alex. "Ama bal, iksiri tamamen işe yaramaz hale getirebilir; bu durumda içmenin anlamı kalmaz."

Dostları güvertenin altındaki odada mideleri bulanarak bekleseler de üç günlük deniz yolculuğu Alex için çok eğlenceli geçti. Günde birkaç kez onları kontrol ediyor ve sürekli deniz tutması iksirinden biraz daha yapmayı öneriyordu. Ama teklifini kabul eden çıkmadı.

Alex, Bill'in mürettebatından arkadaşlar edindi ve onlara geminin yelkencilik işlerinde yardım etti. Bu üç kısa gün içerisinde pek çok şey öğrenip adamların ve kaptanın saygısını kazandı. Arconn da yelken işine yardımcı oldu ve ip merdivenlerden tırmanıp inerek, yelken açma ve halat bağlamada çok iyi olduğunu kanıtladı.

Denizdeki üçüncü gün, öğleden sonra Kemik Adası ufukta belirdi. Thrang güverteye çıkmayı başardı. Ayakta durarak, Albrek'ten bir iz bulmayı umdukları adaya uzun uzun, sessizce baktı. Sonunda arkasını dönüp Arconn'un yardımıyla odasına gitti.

Thrang ve Arconn'un güverteden inişini izlerken, "Dostlarınız denize pek uyum sağlayamadı," dedi Bill, Alex'e.

"Ayaklarının altında sert toprağın olmasına alışkınlar," dedi Alex.

"Ama siz sanki denizci doğmuş gibi uyum sağlıyor ve yelken işlerini yapıyorsunuz," diye gözlemini söyledi Bill.

Alex, "Daha önce hiç denize açılmamıştım ama yaptıklarım bana doğal geliyor," dedi.

"Sabahleyin sizi kıyıya göndereceğimizi söyleyin dostlarınıza," dedi Bill işine dönerek. "Bu gece kıyıdan epey uzakta, adanın güneyinde demir atacağız."

"Adanın güney ucunda bir liman olabilir," dedi Alex, ihtiyar balıkçının hikâyesini hatırlamıştı. "Limanı bulup araştırmamıza oradan başlayabilirsek yararı olur."

"Bakalım," diyen Bill, yürüyüp gitti.

Alex bir süre daha güvertede kalıp Kemik Adası'na baktı. Adaya doğru çağrılıyormuş gibi tuhaf bir hisse kapılmıştı. Belki de adaya *doğru* değil de *bizzat* adadan çağrılıyordu. Birkaç dakika bunun üzerine düşünüp hangisi olduğuna karar vermeye çalıştı ama o his ortadan kaybolmuştu.

Alex arkasını dönüp güvertenin altına indi. Dostlarının, sabah kıyıya inecekleri haberine sevineceklerini biliyordu, özellikle de Thrang'in. Thrang adada cüceleri bulmayı umuyordu. Alex bunun pek mümkün olmadığını düşünse de bir yanı Thrang'in haklı olmasını ümit ediyordu.

"Bu yuvarlanan canavarın içinde son bir gece daha," dedi Barnabus. Lambanın ışığı altında solgun görünüyordu.

Alex dostlarına bakıp "Güverteye çıkıp biraz temiz hava almalısınız," dedi.

"Hareket güvertede çok belirgin," diye şikâyet etti Thrain. "Burada en azından sadece hissediyorum, görmem gerekmiyor."

"Yarın kayığa zor bineceksiniz," dedi Arconn gülerek.

"O yolculuk kısa sürecek, hem ucunda toprağa çıkma vaadi var," dedi Nellus.

"İki haftanın sonunda da yeni bir deniz yolculuğu vaadi," diye hatırlattı Alex.

"Ondan bahsetme şimdi," dedi Kat, yüzünü ekşitiyordu. "Bir daha asla iyi hissetmeyecekmişim gibi geliyor."

"Daha önceki maceralarınızın hiçbirinde deniz yolculuğu olmadı mı?" diye sordu Alex.

"Şimdiye dek hayır," diye cevapladı Barnabus.

"Mümkünse bundan sonra da hayır," diye ekledi Kat.

Alex gülümsedi ve bir kez daha deniz tutması iksiri yapmayı teklif etti. Hepsi teşekkür ederek teklifi geri çevirdi. Bunun üzerine Alex onlardan ayrılıp güvertedeki açık havaya döndü. Arconn da peşinden geldi ve ikisi yan yana durarak, güneşin batışını seyrettiler. Ertesi gün Kemik Adası'na varacak ve onları bekleyen şey ne ise onunla yüzleşeceklerdi.

ON İKİNCİ
BÖLÜM

KEMİK ADASI

Bu kadar kuzeydeyken erkenden sabah oluyordu. Alex ve Arconn çoktan güverteye çıkmış, gemiden ayrılmaları için yapılan hazırlıklara yardım ediyorlardı. Bill, sabahın erken saatlerinde gemiyi, adanın güney kıyısına yaklaştırmış, Alex'in bahsettiği limanı arıyordu.

"Dostların biraz ağır hareket ediyor," dedi Bill.

"Hâlâ güvertede dolaşma becerisi kazanamadılar, mideleri de yatışmadı," dedi Alex.

"Hava bu kadar güzel olduğu için şanslılar," dedi Bill gülümseyerek. "Eğer bozuk olsaydı veya fırtınaya kapılsaydık, deniz tutması neymiş, o zaman görürlerdi."

"Liman! Sancak baş omuzluğun üç kerte ilerisinde!" diye bağırdı denizcilerden biri, babafingo direğinin üstünden.

Bill'in gözleri, denizcinin belirttiği noktaya döndü. Birazdan, Alex bile gözcünün tespit ettiği yeri görebildi. Adanın kıyısı boyunca, büyük, taş bir iskele, denize doğru uzanıyordu. Bill, rotalarını hafifçe düzeltip gemiyi iskelenin en ucuna doğru hareketlendirdi. Gemiyi ustalıkla limana yanaştırdı ve tayfaların yelkenleri kapatmasının ardından, gemi sakin sularda hareketsiz kaldı.

"Görünen o ki buraya daha önce birileri gemiyle gelmiş," dedi Bill, iskeleyi inceliyordu. "Bu limanı inşa etmek büyük çaba ister ve aceleyle yapıldığını da hiç sanmıyorum."

"Belki yıllarca sürmüştür," dedi Alex. "Cüceler uzun süre adada kalmış olmalı."

"Burada yaşayan bir cüce bulamazsınız," dedi Bill, sesinde bir parça üzüntü vardı. "Eğer adada cüceler olsaydı biz bilirdik."

"Doğrudur," diye cevap verdi Alex. "Ama Thrang'in yine de umudu var."

Alex daha sonra, denizcilerin, onu ve dostlarını kıyıya çıkaracak büyük bir kayığı denize indirmelerine yardım etti. Kayığı denize bıraktıklarında Thrang, grubun geri kalanıyla birlikte güvertede belirdi. Günlerdir olduklarından daha mutlu görünüyorlardı. Alex onların yeniden karaya ayak basmaya can attıklarını biliyordu.

Alex ve diğerlerinin, geminin yanına tırmanıp kayığa binmeleri uzun sürmedi. Alex, el sallayıp ayrılmadan önce, Bill ve diğer denizcilere tüm yardımlarından dolayı teşekkür etti. Onlar da Alex'e ve diğerlerine görevlerinde şans dilediler.

"İki hafta içerisinde bu noktaya geri geleceğiz," diye seslendi Bill. "Bir gün bekledikten sonra ayrılacağız. Günleri unutmayın, yoksa ömrünüzün kalan günlerini burada geçirmek zorunda kalabilirsiniz."

"Sizi bekleyeceğiz," diye seslendi Thrang, kayığın kenarına sıkıca tutunuyordu.

Alex ve dostları kürek çekip hızla uzaklaşırken, *Arayıcı*'nın denizcileri çabucak yelkenleri çözdüler. Kayık adaya ulaştığında, Bill *Arayıcı*'ya manevra yaptırıp limandan çıkarmış, gemi denize açılmıştı.

Alex, kumsalın ötesine bakıp adayı sezmeye ve cücelerin nerede madencilik yapmış olabileceğine dair bir fikir edinmeye çalışırken, kendini garip bir şekilde yalnız hissetti. Yakınlarda birkaç yüksek, kayalık tepe görebiliyordu ama başka pek bir şey yoktu. Koyu yeşil çam ağaçları, –limanın etrafında geniş yer tutan sahil haricinde– adanın her yerinde yetişiyor gibiydi.

"Toprağa ayak basıyor olmak güzel," dedi Thrang. "Artık suda yuvarlanmak yok." Gelgit tarafından sürüklenmemesi için, kayığı sahilin yukarılarına kadar çektiler.

"Lütfen," dedi Kat. "Artık yuvarlanma falan duymak istemiyorum."

Thrang, aramaya başlamak konusunda istekliydi ama sadece Alex ve Arconn, kendilerini keşfe çıkabilecek kadar iyi hissediyorlardı. Diğerleri deniz tutması ve açlıktan zayıf düşmüştü. Thrang bile, tüm arzusuna rağmen yavaş yavaş yürüyüp sık sık dinlenmek zorunda kalıyordu.

"Yakınlarda bir iz bulabiliriz," dedi Arconn umutla. "Eğer cüceler liman inşa etmişse, yakınına başka şeyler de inşa etmiştir."

"Arconn ve ben, gidip biraz etrafa baksak iyi olur," diye ekledi Alex. "Siz, yolculuğun etkilerinden kurtulana kadar ağırdan alırsınız."

"Evet, en iyisi bu herhalde," diye kabul etti Thrang. "Eğer

bir şey bulursanız ya da bir sorunla karşılaşırsanız, seslenin. Mümkün olduğunca çabuk geliriz."

Alex ve Arconn, diğerlerinden ayrılıp kumların üzerinde yürümeye başladı. Sahil, Alex'in düşündüğünden daha genişti ve göründüğünden daha dikti. Kuru ve yumuşak kumların üzerinde yürümek zordu. Öyle ki Arconn'la ikisinin, ağaçların yanına ulaştıkları zaman soluklanmak için durması gerekti.

"Tahminime göre..." diye söze girdi Arconn, derin bir nefes almak için durakladı. "Tahminime göre, yakınlarda bir yerde, ağaçların içine doğru ilerleyen bir patika bulacağız."

"Bu zamana kadar, tüm patikaların üzeri ağaçlarla örtülmüştür," dedi Alex. "Eğer Albrek'in halkı taş yol yaptıysa bunu bulabiliriz.

"Taş yol inşa etmek uzun iş," diye belirtti Arconn. "Fakat liman için iskeleyi yaptılarsa yolu da yapmış olabilirler."

"Denize ulaşmak için taş yola ihtiyaçları olduğunu düşünüyorum," dedi Alex. "Kumların içinden malları taşımak zor olmalı. Herhalde taşınacak bir sürü mal ve başka şeyler vardı."

"O zaman, ne taraftan?" diye sordu Arconn, önlerindeki ağaçlara bakıyordu.

"Sola?" diye tahmin etti Alex. "O tarafta birkaç tepe vardı. Belki cüceler maden çıkarmaya oradan başlamışlardır."

Arconn onayladı ve ikisi ağaçlığın kenarından yürümeye başladılar. Alex bu adaya maden bulma ve zengin olma umutlarıyla gelen cüceleri düşündü. Benorg arşivindeki hikâyelere göre, bu umutların bazıları gerçekleşmişti. Ama o zaman, neden artık burada hiç cüce yoktu? Cücelerin madenleri bulup, çekip gitmeye karar vermesi olası görünmüyordu.

"Burada bir şey var," diyen Arconn, Alex'i düşüncelerinden çekip çıkardı.

Arconn ileri atılıp yerden bir şey almak için eğilince, Alex, arkadaşının ne bulduğunu merak ederek onu takip etti. Arconn ayağa kalktığında, elinde parlak bir şey tutuyordu. Elindekine bir süre baktıktan sonra, onu Alex'e uzattı. Alex, Arconn'dan aldığı yumurta biçimindeki safir taşı havaya kaldırıp güneşe tuttu.

"Hiçbir cüce bunu kazayla düşürmez," dedi Arconn. Gözlerini taşa değil, Alex'e dikmişti.

"Bu, bir işaret olabilir mi?" diye sordu Alex.

"İşaret bırakmak için tuhaf bir yer."

Alex, etraflarındaki boş kumsala baktıktan sonra dikkatini ağaçlara verdi. Daha uzun olan ağaçlardan bazılarının kumsala bakan tarafının –bir zamanlar yanmış gibi– zarar görmüş olduğunu fark etti. Yanık ağaçlara yakından bakmak için yürüdü, Arconn da yanındaydı.

"Tuhaf," dedi Alex.

"Çok tuhaf," diyerek ona hak verdi Arconn. "Bu yanık izlerinin bazıları cüce harflerine benziyor ama kesin bir şey söylemek imkânsız."

"Devam edelim," dedi Alex, mücevheri Arconn'a geri verip. "Belki bu bilmecenin cevabını buluruz."

Arconn, mücevheri cebine koydu ve kumsalın kıyısında yürümeye devam ettiler. Gözleri, önlerindeki araziyi tarıyordu. Eğer o yumurta biçimindeki safir gerçekten bir işaret ise başka işaretler de olabilirdi. Birkaç yüz metre yürüdükten sonra ikisi de aynı anda durdular. Ağaçların yakınındaydılar ve farkına varmaksızın, sahilden görünmeyen bir koruya gelmişlerdi.

Ağaçlar neredeyse her yeri sarmıştı ve sağ tarafta, çam ağaçlarının arasında taş bir yol, şüpheye yer bırakmayacak şekilde net olarak görülüyordu.

"Bu yolun gözden uzak olması garip," dedi Arconn.

Alex, "Belki cüceler evlerine giden yolu herkesin bulmasını istememişlerdir," diye fikir yürüttü.

"Ya da belki cüceler gittiğinden beri ağaçlar büyüyüp yolu kapatmıştır."

Bir an ikisi de sessiz kaldı.

"Huzursuz hissediyorum," dedi Arconn.

"Ben de," dedi Alex. Gergin olmak için bir sebebi bulunmadığını biliyordu ama o his yine de vardı. "Neden bilmiyorum ama içimde bu adaya dair kötü bir his var."

"Diğerlerini çağırmalı mıyız?"

"Önce yola biraz bakalım," diyen Alex ileri yürüdü.

Alex ve Arconn, ağaçların arasındaki taş yolda yürümeye başladılar. Biraz ilerde, yolun üstünde orta büyüklükte bir çanta fark ettiler. Alex eğilip çantayı aldı ve beklenmedik şekilde tıka basa dolu olduğunu fark etti. Arconn'a ve tekrar elindeki çantaya baktı. Ağzı kapalı çantanın bağını yavaşça çözdü ve çantanın içini görünce hayrete düştü.

"Kimse böyle bir şeyi düşürmez," dedi Alex. Arconn da içindeki yüzlerce değerli taşı görebilsin diye çantanın ağzını açıp gösterdi. "Tek bir safir belki, ama bu?"

"Zor bir bilmece," dedi Arconn, gözlerini yola dikmişti. "Burası beni kuşkulandırıyor. Sanki izleniyormuşuz gibi hissediyorum ama yakınlarda hiç kimsenin olmadığını biliyorum."

"Ben de hissediyorum bunu," diye onayladı Alex. "Biraz daha gidelim, bakalım ağaçlar seyrekleşmeye başlıyor mu. Sonra geri dönüp diğerlerinin yanına gideriz. Belki Kat, bilmeceyi çözmemize yardımcı olur."

Arconn, kabul ettiğini belirtir şekilde başını salladı. Alex arkadaşının yanında ağır ağır yürürken, hislerini düşünüyordu. *Arayıcı*'nın gidişini izlerken kendisini tuhaf bir şekilde yalnız hissetmiş ama huzursuzluk duymamıştı. Şimdi ise hem yalnız hem huzursuz hissediyordu ve bu durumdan hiç hoşlanmamıştı.

Kemik Adası'nda ters giden bir şeyler vardı ve Alex bunun ne olduğunu bilmek istediğinden emin değildi. Zihninin gerisinde, anlayamadığı bir özlem duygusu, burada kalıp hatırlayamadığı soruların cevaplarını bulmaya dair tuhaf bir arzu da vardı. Duyguları kafasını karıştırıyordu ve Alex bunlarla mücadele edip onları zihninden uzak tutmaya çalışıyordu.

Yolda içlerinde yine değerli taşlar bulunan üç çanta daha bulup alarak, bir kilometreye yakın yürüdüler. Aldıkları her çantayla birlikte Alex'in huzursuzluğu artıyordu, buraya hiç gelmemiş olmayı dilemeye başladı. Sonunda çevrelerindeki ağaçlar seyreldi ve küçük bir vadinin kenarına vardılar. Uzakta birkaç taş ev görebiliyorlardı, fakat evler uzun süredir boşmuş gibi görünüyordu. Alex kendine, Albrek'in neredeyse iki bin yıl önce burada olduğunu hatırlattı.

"Diğerlerinin yanına dönelim," dedi Arconn, sesi üzgün çıkıyordu. "Thrang ne bulduğumuzu öğrenmek isteyecektir. Hem hepimiz birlikte olursak kendimi daha iyi hissedeceğim."

Alex, en iyisinin, aramaya grupça devam etmek olduğuna katılıyordu. Arconn'la birlikte yoldan geri koştular. Sahile ulaştıklarında Alex'in huzursuzluğu neredeyse kaybolmuştu.

Birlikte kayığa ve dostlarının yanına doğru yürürlerken "Burada kendimi çok daha sakin hissediyorum," dedi Alex.

"Evet," dedi Arconn. "Sanki kafamdan büyük bir yük kalkmış gibi. Uzak geçmişten bir şeyleri anımsatıyor bana; ama ne olduğunu tam hatırlayamıyorum."

"Sence bunun anlamı ne?" diye sordu Alex.

"Keşke bilsem," dedi Arconn.

Diğerleri, Alex ve Arconn'un buldukları şeylere büyük ilgi gösterdi. Yolda buldukları hazine çantalarını gösterdiklerinde, Thrang kaygılanmış göründü. Dört çantaya da bakıp kaşlarını çatarak düşünceler içinde sakalını sıvazladı.

"Tedbirsizce düşürülecek şeyler değil bunlar," dedi sonunda.

"Ya da iyi bir sebep olmadan bırakılıp gidilecek şeyler," diye ekledi Nellus.

"Biz de aynısını düşündük," dedi Arconn.

"Ve köy terk edilmiş görünüyordu öyle mi?" diye sordu Thrang, kaşları hâlâ çatıktı.

"Görebildiğimiz kadarıyla evet," diye cevap verdi Arconn, Alex'e bakıp.

"Bulduklarımızdan fazlası var," dedi Alex, asasına dayanıp gerideki ağaçları gözlüyordu. "Huzursuzluk hissi, sıkıntılı düşüncelerimiz, hatta izleniyor olma hissi, köye yaklaştığımızda çok şiddetlendi."

"Ve şimdi geçti," diye ekledi Arconn.

Alex, Kat'e döndü. "Sen tuhaf bir şey hissediyor musun? Bir varlık mesela?"

"Bir şey var," diye başladı Kat ama duraksadı. "Burada, keşfedilmek istemeyen bir şey var."

"Bir şey mi?" diye sordu Thrang. "Ne demek istiyorsun?"

"Kafa karıştırıcı," dedi Kat başını ovuşturarak. "Ne olduğuna odaklanamıyorum sanki. Ne zaman düşüncelerimle yaklaşsam, o uzaklaşıyor."

"Burada bir şey olduğunu ne zamandır biliyorsun?" diye sordu Alex.

"Çok olmadı," dedi Kat. "Siz yol aramak için gittikten sonra endişelenmeye başladım. Ama o his bana ait değildi sanki. Düşüncelerim bir süre amaçsızca dolaştı ve kafam karışmış, hatta kaybolmuş gibi hissettim."

"Bundan hiç hoşlanmadım," dedi Thrang. Grubun her üyesine tek tek baktı. "Ama yapabileceğimiz bir şey yok, o yüzden devam etmeliyiz."

"Dikkatlice," diye ekledi Arconn.

"Evet, dikkatlice," diye tekrarladı Thrang.

Hâlâ sabah saatleriydi, bu yüzden Thrang, ormandan geçen yolu takip ederek terk edilmiş köye gitmeleri gerektiğine karar verdi. Eğer huzursuzlukları artarsa sahile geri dönüp, geceyi geçirmek üzere orada kamp kuracaklardı. Eğer o his olmazsa ya da fazla şiddetli değilse, köyü araştıracaklardı.

Alex köye geri dönmeye pek can atmıyordu ama Thrang'in haklı olduğunu da biliyordu. Yapabilecekleri tek şey, devam etmekti. Alex ve Arconn'un keşfettiği taş yola doğru yürümeye başladılar fakat Alex, biraz geriden geliyor, hislerini yoluna koymaya çalışıyordu. Huzursuzluğu, ona bir şeyi hatırlatıyordu ama onun ne olduğunu bilmiyordu.

Ağaçların arasından yürürken Alex duygu ve düşüncelerine odaklanmıştı. Huzursuzluk hissinin tam olarak ne zaman başladığını ya da düşüncelerinin ne zaman karıştığını bilmek istiyordu. Ancak bu kez huzursuzluk hissi yoktu. Aslında hiçbir şey yoktu. Güneş parlak ve sıcaktı, yolda yürümek keyifliydi. Alex, daha önce neden huzursuz hissetmiş olduğunu merak etti. Artık düşüncelerini rahatsız eden hiçbir şey yokmuş gibiydi. Ama aynı hislerin olmaması da onu rahatsız etti.

Thrang, ağaçlığın kenarına gelip cüce köyüne baktıklarında, "Gittiğiniz en son yer burası mıydı?" diye sordu.

"Topluca devam etmemizin en iyisi olacağını düşündük," dedi Arconn. "Hepimiz bir aradayken hiçbir sıkıntı hissetmiyorum."

"Ben de," diye katıldı geriden yürüyen Alex. "Sanki daha önceki hissimiz hiç var olmamış gibi."

"Kat," diye başladı Thrang umutla ona bakarak. "Hâlâ bir şey hissediyor musun?"

"Hiçbir şey hissetmiyorum," dedi Kat, gözlerini kapatıp. "Burada hiçbir şey yok, en azından benim hissedebildiğim hiçbir şey."

"O zaman köye doğru devam edelim," dedi Thrang, sesi rahatlamış gibiydi. "Belki Albrek'in halkına ne olduğu hakkında bir ipucu buluruz."

"Hiçbirinin kalmadığı apaçık," dedi Barnabus. "Köy terk edilmiş."

"Ama nereye gitmiş olabilirler?" diye sordu Thrain, cevap bulmak için teker teker yol arkadaşlarının yüzlerine bakıyordu.

"Her yere gitmiş olabilirler," dedi Thrang umutlu görünmeye çalışıyordu. "Thraxon büyük bir ülke sonuçta; Benorg'a geri dönmemiş olmaları, başka bir yere gitmedikleri anlamına gelmiyor."

"Uzun zaman olmuş ve eski memleketlerine hiçbir haber vermemişler," dedi Nellus, gözlerini köye dikmişti.

"Bu hiçbir şeyi kanıtlamaz," dedi Thrang, köye doğru yürümeye başlayarak. "Gidip bakmazsak bir şey bulamayacağız."

Thrang ilerlemeye başlar başlamaz, Alex de onu izledi ama diğerleri bir anlığına tereddüt ettiler. Thrang farkında değilmiş gibi yaptı ama Alex, dostlarının yüzündeki sıkıntılı ifadeyi görebiliyordu. Grubun endişelerini anlıyordu çünkü o kaygıların çoğunu kendisi de hissetmişti, öte yandan Thrang'in kararlılığını da anlıyordu. Burada neler olduğunu öğrenmeleri gerekiyordu ve bunun tek yolu, ipucu bulmak için köyü araştırmaktı.

Ağaçlıkla köyün arası, kısa bir yürüyüş mesafesiydi ama her on metrede bir yollarına, hazine içeren bir ya da daha fazla çanta çıkıyordu. Etrafa dağılmış bu hazine, rahatsız ediciydi çünkü hiç kimsenin aklına, neden orada olduklarının cevabı gelmiyordu. Yürürken Thrang kendi kendine bir şeyler mırıldanıyordu. Alex, dikkatini hislerine vermek için çanta aramaktan vazgeçti ama hisler hâlâ hareketsizdi ve bu durumun değişeceğini düşünmesi için sebep yoktu.

Thrang, "Bu çok mantıksız," dedi. Bir çantayı daha almak için durdu. "Cüceler hazinelerini böyle fırlatıp atmaz."

"Ya takip ediliyorlarsa?" diye sordu Barnabus. "Eğer bir

şey onları kovalıyorsa, yüklerini hafifletmek için bunları atmış olabilirler."

"Bu bir olasılık," diyerek kabul etti Thrang. "Fakat cücelerle dolu bir köyü, hazinelerini atacak kadar korkutup kaçıran şey ne olabilir, bilmiyorum."

"Cücelerle dolu bir köye saldırıp onları kovalayacak pek fazla şeyin olduğunu düşünmüyorum," diye ekledi Nellus. "Cüceler genellikle kolay kolay korkmazlar. Eğer kaçmışlarsa, onları kaçıracak kadar korkunç bir şey olmuş olmalı."

"Belki yiyecekleri tükenmiştir ve adayı terk etmek zorunda kalmışlardır," diye fikir yürüttü Arconn. "Burada çok fazla ürün yetiştirebileceklerini sanmıyorum."

"Evet, bu kadar kuzeydeyken zor," dedi Thrang, yola devam etti. "Eğer kaynakları tükenmekteyse ve kış geliyorsa, o zaman hazinelerini bırakabilirler. Elbette daha sonra gelip bunları geri almaya çalışırlar."

Kat ise "O durumda, eşyaları yola fırlatacaklarını sanmıyorum," dedi. "Bir yere saklarlardı, güvenli olduğunu düşündükleri bir yere."

Alex tüm fikirleri dinlese de yorum yapmadı. Cücelerin kovalanmasının, akla daha yatkın bir açıklama olabileceğini düşünüyordu. Fakat cüceleri kovalayıp hazinelerini yerlere fırlattıracak hiçbir şey aklına gelmiyordu. Peşlerinde goblin sürüsü olan cüceler bile düzenli bir şekilde kaçardı. Hem goblinler bu hazineleri yerde bırakmazdı. Bu, çözemediği bir gizemdi ve Alex'i, bugün olan her şeyden daha fazla rahatsız ediyordu.

Köyün dışına geldiklerinde durup, uzun sıralar halinde dizilen boş evlere baktılar.

"Dağılıp köyü arayalım," dedi Thrang. "Alex, sen Kat ve Barnabus'la git. Soldaki evi arayın. Kalanımız şu sağdakine bakacağız. Eğer birimiz bela ile karşılaşırsa seslensin."

Başını sallayan Alex, Kat ve Barnabus'la beraber soldaki eve doğru yürüdü. Harap haldeki evin uzun süre önce terk edilmiş olduğu belliydi. Evin ağır ahşap kapısını açmakta biraz zorlandılar, çünkü menteşeleri pastan neredeyse hareket edemez hale gelmişti.

"Menteşeleri kımıldayamaz haldeyken kapının hâlâ bu kadar sağlam kalmasına şaşırdım," dedi Barnabus.

"Ahşapta bağlayıcı büyü var," dedi Alex, kapıya bakıyordu. "Cüceler, ahşabı taş gibi sağlam hale getiren bağlayıcı büyüler yapabilmeleriyle bilinir."

"Menteşeleri paslanmaz hale getirme büyüsü de yapmalarını beklerdim," dedi Kat, hafifçe gülümseyerek.

Kat'in gülümseyişi Alex'i de gülümsetti ve kendini bütün gün olduğundan daha iyi hissetti. Köhne evi aramaya başladıklarında, zihninin rahatlamasına izin verdi. Fakat burada ne aradıklarını bilmiyordu. Cücelerin kayıtlarını bu evlerden birinde bırakmayacağının farkındaydı ve Thrang'in de bunu bildiğinden emindi. Kayıtlarını güvende tutmak için bir yer altı odası ya da en azından özel bir taş bina yapmış olmalıydılar.

Evde birkaç dakika dolandıktan sonra Barnabus, "Pek bir şey yok," dedi. "Değerli hiçbir şey yok ve eşyalar heba olup gitmiş."

"Durun. Burada bir şey var," dedi Kat, boş duvara bakıyordu.

Alex duvara yürüyüp "Gizli bir oda mı?" diye sordu. "Galiba evin sahibinin, hazinesini saklayacak bir yere ihtiyacı vardı."

"İyi gizlenmiş," dedi Kat. "Göremiyorum ama orada olduğunu biliyorum."

Alex birkaç saniye duvara baktı ve sonra asasıyla dokunmak için öne uzandı. Bir an hiçbir şey olmadı ama sonra duvarda, bir kapının ana hatları belirdi.

"Yanımızda büyücü getirdiğimiz için şanslıyız," diye güldü Barnabus.

"Gizli kapıları bulacak bir kâhinimiz olduğu için şanslıyız asıl," dedi Alex.

"Kapıyı bulmak zor değil ama açmak zor olabilir," dedi Kat.

Alex'in kapıyı açabilmek için üç deneme yapması gerekti. Kapının arkasında sanki alelacele aranmış gibi görünen, hazine yığınlarıyla dolu bir oda vardı. Odanın sahibinin bir şey bulmak için çok acelesi vardı da ortalığı toplayamadan çıkmıştı sanki. Alex rahatsız olsa da Barnabus ve Kat bu keşiflerinden memnun görünüyordu. Altın bir kolyeyi öylesine eline aldı Alex. *Neden?* Tek düşünebildiği şey buydu. *Cüceler neden tüm bunları arkalarında bıraksın?*

Barnabus birkaç dakika sonra "Diğerlerine haber vermeliyiz," dedi.

"Evet," diye katıldı Alex, kolyeyi yakındaki bir rafa geri koydu. "Thrang ne bulduğumuzu bilmek isteyecektir."

"Bunlardan rahatsızlık duyduğunu seziyorum," diye mırıldandı Kat.

"Bir anlam veremiyorum," diye cevap verdi Alex, çıkmak için arkasını dönerken. "Kimse servetini ve evini sebepsiz yere terk etmez."

Diğerleri, evden çıkan Alex'i takip etti. Nellus ve Arconn, sokakta onları bekliyordu ama yalnızca ikisi vardı.

"Thrang ve Thrain nerede?" diye sordu Kat, sokağa bakınıyordu.

"Gizli bir oda bulduklarını düşünüyorlar," dedi Arconn. "Kapıyı açmak için bir yol arıyorlar."

"Bunda zorlanacaklar," dedi Alex. "Biz de bir tane bulduk ve umduğumdan daha iyi korunuyordu."

"Bütün evlerin gizli odaları olduğunu tahmin ediyorum," dedi Arconn düşünceli düşünceli.

"Ben de Thrang'in, o odaların hepsini açmamızı isteyeceğini tahmin ediyorum," dedi Alex.

Thrang ve Thrain'i evin içinde mutsuz mutsuz boş bir duvara bakarken buldu. Thrang sadece birkaç açma büyüsü biliyordu ve bunların hepsini denemişti. Alex, diğer evde buldukları gizli odayı anlattı ve Thrang, eski bir cüce büyüsü daha denemekte ısrar edince gülümsedi. Thrang bir an hareketsiz ve derin düşüncelere dalmış gibi durdu. Geriye doğru bir adım atıp kelimeleri söyledi ama hiçbir şey olmadı.

"O zaman herhalde senin yapman gerekecek," dedi Thrang ve umutla Alex'e baktı.

Alex hafifçe eğilip onu selamlayarak asasıyla duvara dokundu. Yine bir kapının ana hatları belirdi ve bu kez Alex, ilk denemede kapıyı açabildi. Thrang ve Thrain aceleyle küçük hazine odasına daldılar. Alex ise eşikten onları izledi.

"Diğer evdeki odada da bu kadar hazine var mıydı?" diye sordu Thrang.

"Aşağı yukarı," dedi Alex omuz silkerek.

Thrang gülerek, "O zaman hazinemizi genişletiyoruz desene," dedi.

"Öyle, ama asıl soru hâlâ yanıtlanmadan duruyor," dedi Alex, odaya sırtını dönerek.

"Ne sorusuymuş o?" diye seslendi Thrang arkasından.

"*Neden*?" dedi Alex ve evden dışarı çıktı.

ON ÜÇÜNCÜ BÖLÜM

SALİNOR

"Ne neden?" diye sordu Thrang, evden çıkıp yola inen Alex'i takip ederken.

"Neden bunların hepsi bırakılmış?" dedi Alex. "Neden burada hiç cüce yok? Neden kendimizi kâh rahatsız kâh rahat hissediyoruz? Burada bir tuhaflık var ve ne olduğunu öğrenmek istiyorum."

"Evet," dedi Thrang başını sallayarak. "Bunların hiçbirinin anlamlı olmadığına katılıyorum. Bence koloninin kayıtlarını arayıp hazine avı işini sonraya bırakmalıyız."

"En akıllıca seçim bu olur," dedi Arconn da.

"Evet, şimdi," dedi Thrang, taş döşeli sokağa bakıp. "Kasabanın içlerine doğru gitmemiz gerekiyor sanırım. Geleneksel olarak arşivler, yerleşim yerinin merkezine yakın bir yere kurulur. Tabii eğer cüceler şehrin çoğunu yer altına inşa etmemişlerse."

"Şehrin çoğu yer üstündeymiş gibi görünüyor," dedi Nellus.

"Kat, eğer bir şey hissedersen –ne olursa– lütfen derhal bize söyle," dedi Alex kâhine.

"Daha önce hissettiğim şey her ne ise gitti ya da kendini çok iyi gizliyor," dedi Kat. Sesi aynı anda hem rahatlamış, hem de mutsuz gibiydi.

Alex kendine bile izah edemiyordu ama adada bir şeyler olduğunu biliyordu. Ve Kat bunu hissedemiyor olsa bile yine de oradaydı. O şey her ne ise kendini göstermediği sürece Alex, ona karşı hiçbir şey yapamazdı. Bu yüzden en önemli ikinci şeyle ilgilenmeye karar verdi: Kentin kayıtlarını ve içerdiği cevapları bulmak.

Thrang, kasabanın merkezine giden yola çıkarak, "Gelin, hadi," dedi.

Alex ve diğerleri onu takip etti, yürürken bir o yana, bir öbür yana bakıyorlar, artık o küçük çantaları toplamakla oyalanmıyorlardı. Cücelere ne olduğunu bulduktan sonra, hazine avcılığı için zaman olurdu.

Neyse ki sadece altmış kadar taş eviyle köy, küçük sayılırdı. Evlerin her birinin etrafında boş alan vardı; ki bu da en azından Alex'e, bir cüce kolonisi için garip gelmişti.

Thrang düşünceli bir sesle "Koloninin büyümesini beklemiş olmalılar," dedi. "Genelde cüce evleri birbirine daha yakındır, ortak duvarları olur."

"Şimdiye kadar bulduğumuz hazineler, buraların gelecek vadeden topraklar olduğuna işaret ediyor," dedi Nellus. "Eğer cüceler bu kadar büyük bir hazinenin sahibi olduysa, başka cüceler de mutlaka onlara katılmaya gelirdi."

"Evet," dedi Thrang. "Ama görünüşe göre kimse gelmemiş."

Thrang aradığı şeyi gördüğünde, tartışmaları kesildi. Beyaz mermerden yapılmış, büyük bir bina, kasabanın meydanında tek başına duruyordu. Cilalı tunç kapılar, öğle güneşi altında hâlâ ışıl ışıl parlıyordu.

Thrang kapılardan birini iterek, "Kilitli," dedi. "Bence bunu tahmin etmeliydik."

Barnabus şaşkınlıkla "Tunç hiç kararmamış," dedi. Eliyle kapılardan birini ovalıyordu.

"Küçük bir cüce büyüsü," dedi Thrang, sesinde bir parça gurur vardı. "Köyün cüceleri, depolarını inşa ederken çok titiz davranmış."

"Burası depo olmak için fazla görkemli görünüyor," dedi Nellus.

Thrang kapıyı tekrar iterek, "Bu tür binaların genel ismi bu," diye açıkladı. "Cüceler burayı, kaynaklarını depolamak ve kayıtlarını saklamak için de kullanmış olmalı. Kamuya ait hazinenin de burada saklanıyor olma ihtimali var."

"Kapıyı açmanın bir yolunu bulsak iyi olur," dedi Alex.

"Müsaade sizin, üstat büyücü," dedi Thrang, eğilip Alex'i selamlayarak.

Alex öne çıkıp bir elini tunç kapılara koydu. Parmaklarında ve avucunda cüce büyüsünün titreştiğini hissedebiliyordu; kapı canlıydı sanki. Cüce evlerindeki gizli odalarda karşılaştığı sihirden daha derindi bu. Daha derin ve çok daha güçlü... Birkaç dakika hareketsiz durup, beyninin, kapıları kilitli tutan büyüyü keşfetmesine izin verdi. Yavaşça geri çekildi, sonra asasını kaldırdı ve tunç kapılara iki kere hafifçe vurdu. Önce hiçbir şey olmadı ama sonra, tuncun parlaklığı azalmaya başladı. Diğerleri, sağlam ve kilitli tunç kapıların eriyip tamamen ortadan kaybolmasını, hayretler içinde izlediler.

"Harika," dedi Thrain, yüzünde sersemlemiş bir ifade vardı.

"İlginç bir büyü," diye yorumladı Alex. "Bunu yapan her kimse, işini çok iyi biliyormuş."

"Peki o zaman," dedi Thrang, önlerindeki karanlık alana baktı. "Sanırım içeri girip bakmamız gerekecek."

Alex, Thrang ve diğerlerinin nasıl da gergin olduğunu görebiliyordu. Ama kendisi, bir tehlike olmadığını biliyordu. Karanlığın içine doğru bir adım attı ve binanın içinde hiçbir ışık kaynağı olmadığını görünce birkaç bent ışığı oluşturdu. Thrang, hemen gelip yanından yürüdü. Bent ışıklarının karanlık geçitlerde onlara hangi yöne gideceklerini göstermesini, gülümseyerek karşıladı.

"Hiç pencere olmaması ilginç," dedi Thrang, Alex'in yanında yürürken.

"Cüceler soyulmaktan korkmuş olmalı," dedi Alex. "Kapı etkileyiciydi, her ne kadar ben, koloninin kayıtlarının bu kadar sıkı korunmaya ihtiyacı olmadığını düşünsem de..."

Karanlığın içine doğru yürümeye devam ederken Thrang, yorum yapmadı. Binadan içeri ilerleyince, dik bir şekilde yerin altına inen, geniş merdivenlere ulaştılar.

"Görünüşe göre bina, sadece girişi belli eden bir işaretti," diyen Thrang, birkaç basamak aşağı indi. "Belki de cüceler, burada arşivlerden çok daha fazlasını koruyordu."

Merdivenler, epeyce aşağı indikten sonra geniş bir salona açılıyordu. Alex, duvarlardaki meşalelerle lambaları sihirle yaktı ve dönüp Kat'e bakarak "Arşivin nerede olabileceğine dair fikrin var mı?" diye sordu.

"Daha aşağıda," dedi Kat, bir an düşündükten sonra.

"Mantıklı," dedi Thrang ve salonda yürümeye başladılar. "Burası ziyafet salonu olmalı. Mutfaklar ve ambarlar solda olsa gerek, belki sağda da kişiye özel birkaç oda vardır. Salonun en sonunda, bizi ikinci kata indirecek bir başka merdiven olmalı. Arşivler oradadır."

"Üçüncü kat da var," dedi Kat, düşünceli düşünceli.

"Ah," diyen Thrang, şaşırarak arkasına baktı. "Üçüncü kat olmasının tek sebebi, hazine depolamak olabilir. Arşivleri bulduktan sonra oraya da bakmalıyız."

"Ve bir yemek yedikten sonra," dedi Barnabus.

Arconn, Thrang'e gülümseyip "Şimdiden yorucu bir gün oldu," diyerek Barnabus'a katıldı.

"Evet, elbette," dedi Thrang. Hiçbirinin sabahtan beri bir şey yemediğini yeni fark etmiş gibiydi. "Barnabus, Nellus, Thrain, belki bize bir iyilik yapıp, yukarı çıkar çıkmaz kampımızı kurarsınız. Geri kalanımız arşivlere gidip, neler olduğuna dair bir kayıt var mı diye bakacağız. Yarına kadar üçüncü katı keşfetmeyeceğiz."

Barnabus ve Nellus, başlarını sallayıp geri dönerek merdivenlere yürüdüler. Thrain bir adım attı, sonra sanki gitmekle ilgili itirazı varmış gibi arkasını döndü.

"Yarın hepsini görebilirsin, Thrain," dedi Thrang, nazik ama katı bir sesle.

Thrain başını salladı ve merdivenlere giden Barnabus ve Nellus'u isteksizce takip etti. Thrang, genç cücenin gidişini gülümseyerek izledi ve tekrar salona dönüp ilerlemeye başladı.

Alex, Arconn'la göz göze geldiğinde gülmemek için kendini tuttu. Thrain'in bu terk edilmiş cüce binasını keşfetmek için nasıl sabırsızlandığını biliyordu ama Thrang'in, onu şimdilik geri göndermekte haklı olduğunun da farkındaydı. Burada hâlâ bazı tehlikeler olabilirdi ve Thrain, henüz bilinmeyenlerle yüzleşmeye hazır değildi.

Salonun sonunda ikinci bir merdiven buldular ve buradan aşağı indiler. Alex'in oluşturduğu, başlarının üzerinde süzülen bent ışıkları, şimdi hızla aşağıdaki karanlığa uçup yollarını aydınlatıyordu.

Merdivenin dibinde sağlam görünen, demir bir kapı vardı. Alex, kapıyı iten Thrang'in yanından geçip elini, soğuk metalin üstüne koydu. Buradaki cüce sihri, tunç kapıdakinden daha da güçlüydü. Bir süre düşündükten sonra Alex, cüce dilinde birkaç kelime söyledi ve kapı yavaş yavaş gıcırdayarak, kendi kendine açıldı.

"Etkileyici," dedi Arconn.

"Evet," diye ona katıldı Alex. "Burada yaşayan cücelerin yanında en az bir tane büyücü olmalı."

Thrang düşündü ve "Cüce büyücüleri azdır," dedi. "Thraxon'da, Albrek'le aynı dönemde yaşamış bir büyücü biliyorum. Adı Languinn'di ama onun hakkında anlatılan fazla hikâye yok."

"Görünüşe göre kayıtların olduğu salonu bulduk," dedi Kat, kitaplarla dolu odayı inceleyerek. "Salonun en ucundaki kapının da en alt kata indiğini söyleyebilirim."

"Evet," dedi Thrang, kapının olduğu yöne bakarak. "Ama her şeyin bir sırası var. Bakalım kayıtlarda koloni hakkında ne diyor ve cücelerin burayı terk etme sebebiyle ilgili bir şey var mı."

Terk etme ya da yok edilme, diye düşündü Alex ama bunu söylemedi.

Alex lambaları yaktı ve kayıtları inceleyen dostlarına katıldı. Burada, Benorg arşivlerinde olduğundan çok daha az kayıt vardı ve aradıkları şeyi bulmaları uzun sürmedi.

"İşte burada," dedi Thrang, taş bir masanın üstünde duran, deri kaplı, büyük bir kitaba bakıyordu. "Koloninin, madenlerden çıkardıklarının bir listesi bu. Görünüşe göre burada zengin madenler bulmuşlar. En az bir tane som gümüş madeni de buna dahil."

"Madenciliğin üçüncü yılından sonra, çıkarılan miktarda düşüş var," dedi Alex, bilgileri gözden geçirerek. "İlk üç yıl, sayılar giderek artıyor ama sonra biraz düşüyor."

Thrang, parmağını sayfanın üstünde gezdirirken "Mantıklı," dedi. "Eğer Albrek, halkının çoğunu güneye götürdüyse, burada madencilik yapacak cüce sayısı azalmıştır."

"Görünüşe göre Albrek, üç yıl sonra Kemik Adası'ndan ayrılıp gitmiş... ama nereye?" diyerek kaşlarını çattı Arconn.

"Kayıp Dağlar'a kuşkusuz," dedi Thrang. "Baştan beri planının bu olduğunu biliyoruz ama bunu doğrulayan yazılı bir kaynak bulsak iyi olurdu."

"Bu kayıtların tümünü taramak biraz zaman alacak," dedi Alex. "Kat, nereden başlamamız gerektiğiyle ilgili bir fikrin var mı?"

Kat bir süre gözleri kapalı ve sessiz kaldı. Yavaş yavaş odanın bir tarafına yürüdü ve elini kocaman bir kitabın üzerine koydu.

"Bu," dedi Kat, gözleri yeniden odaklanabilsin diye birkaç kez gözlerini kırpıştırdı.

Arconn ve Thrang, kitabı kaldırıp taş masalardan birine götürdü. Alex hayatında hiç bu kadar büyük bir kitap görmemişti. Cücelerin, neden tek bir cücenin yerinden oynatamayacağı kadar ağır bir kitap yaptığını merak etti. Thrang kitaptan okumaya başlayınca, düşüncelerini çabucak unuttu.

"Evet, koloninin tüm tarihi bu kitapta," dedi Thrang, sayfaları çevirerek. "Tarihin sona erdiği yere baktığımızda, burada ne olduğunu anlarız."

Thrang kitabın sayfalarını hızla çevirdi, yazıların bittiği yeri arıyordu. Bulması sadece birkaç dakika sürse de Alex ve diğerlerine, saatler geçmiş gibi gelmişti.

Thrang, yazının sonundan birkaç sayfa geriye gittiğinde, "Ah, işte burada," dedi.

Birkaç dakika, içinden okudu. Alex ve Arconn, omzunun üstünden kelimelere göz atıyorlardı. Kat ise geride duruyor, odaya bakınıyor ve olanları duymak için bekliyordu.

"Görünüşe göre işler iyi gidiyormuş; sonra birdenbire adadaki cücelerin hepsi bir anda kendilerini huzursuz ve gergin hissetmeye başlamış," diye özetledi Thrang. Alex ve Arconn da okumayı bitirebilsin diye ellerini sayfadan çekti.

"Alex ve benim sabahın erken saatlerinde duyduğumuz hisse benziyor," dedi Arconn.

"Çok benziyor," diye katıldı Alex. "Adadaki bir şey, cüceleri etkiliyormuş."

"Ama ne olabilir bu?" diye sordu Thrang. "Kayıtlarda hiç

ipucu yok ve neler olduğuna dair hiçbir şey anlatmadan bitiyor yazılar. Kat adada hiçbir şey sezemedi, o zaman sorun ne olabilir?"

"Bilmiyorum," dedi Alex, ileri geri dolanıyordu. "Ama burada bir şey var. Bulunmak istemeyen bir şey."

"O şey her ne ise, bizi rahat bırakıyor gibi," dedi Thrang, biraz zorlanarak kitabı kapattı. Hayal kırıklığıyla iç çekti. "Buraya koloniye ne olduğunu öğrenmeye gelmedik, Albrek'in mezarını bulmaya geldik."

"Yani görevimize devam etmemiz ve burada neler olduğu hakkında endişelenmememiz gerektiğini mi düşünüyorsun?" diye sordu Alex.

"Endişelenmeliyiz ama bunun görevimizin önüne geçmesine izin vermemeliyiz," diye cevap verdi Thrang. "Adada kalmak için iki haftamız var ve bu yüzden süreyi iyi değerlendirmeliyiz. Yarın üçüncü katı inceleyip, iki hafta içinde bulabildiğimiz tüm hazineleri toplayacağız. O sıkıntılı duygular geri gelmedikçe başka ne yapabiliriz bilmiyorum."

"Ya geri gelirse ne yapacağız?" diye sordu Arconn.

"O zaman kendimizi korumak ve maceramızı tamamlayabilmek için ne yapmamız gerekiyorsa onu yaparız," dedi Thrang.

"Pekâlâ," dedi Alex, yeniden düşüncelerine odaklandı. "Ama hepimiz dikkatimizi duygularımızda yoğunlaştırmalıyız. Umarım *Arayıcı* geri dönene kadar bir sorun yaşamayız."

Hepsi bunu kabul etti ve Thrang'in peşinden merdivenden yukarı, terk edilmiş cüce köyüne doğru çıktılar. Alex giderken zihnini rahatlatmaya çalışıyordu ama düşüncelerine müdahale eden bir şey vardı. Günün erken saatlerinde hissettiği sıkıntılı duygular, ona hâlâ bir şeyi anımsatıyor ama bunun ne olduğunu yine bulamıyordu.

Cüce harabelerinden çıktıklarında, Barnabus'un akşam yemeğini neredeyse hazırlamış olduğunu gördüler. Nellus ve Thrain, önceden tunç kapıların olduğu boşluğu izliyorlardı. Alex ve diğerleri ortaya çıktığında onlar da rahatlamış göründü.

"Ne oldu?" diye sordu Nellus.

"Yemek yerken anlatırım," dedi Thrang, kamp ateşine doğru yürürken. "Bir şeyler öğrendik ama her şeyi değil."

Barnabus yemekleri aralarında paylaştırdı ve Thrang, dev kitaptan okuduklarını yavaş yavaş anlatmaya başladı.

Alex hikâyeye de, yemeğine de odaklanmakta zorlanıyordu; hâlâ unuttuğu şeyin ne olduğunu ve o garip hislerinin neleri aklına getirdiğini hatırlamaya çalışıyordu. Cevabın eninde sonunda geleceğini biliyordu ama şimdilik düşünceleri dağınık ve karışıktı.

Diğerleri yatmaya hazırlanırken Alex, ateşin başında kaldı. Nöbet tutmanın iyi bir fikir olduğunu hepsi kabul etmiş ve kurada ilk nöbeti Alex çekmişti. Arconn da ateşin başında kalmıştı ama hareketsiz ve sessizdi. Alex, ateşin yavaş yavaş sönmesini izlerken dostlarının nefes alıp verişini dinledi. Hâlâ zihnini rahatlatmaya çalışıyordu.

"Sıkıntılı görünüyorsun," dedi Arconn sonunda.

Alex, duruşunu biraz değiştirip, "Bu sabahki hislerimiz bana bir şeyi hatırlatıyor ama ne olduğunu anımsamıyorum," dedi.

"Evet, ben de aynısını hissediyorum fakat nedenini bilmiyorum. Belki uykunda bir cevap gelir. Genellikle aklımız, cevapları, aramayı bıraktığımız zaman kendiliğinden buluyor."

"Evet," diye katıldı Alex. "Uyumayı denesem sanırım iyi olacak."

Arconn başka bir şey söylemedi ve Alex yavaşça ateşten uzaklaşıp battaniyesine uzandı. Gözlerini yumup kendini rahatlamaya zorladı ve ne olduğunu bile anlamadan, uykuya daldı.

Ne kadar tuhaf, diye düşündü rüyasında.

Uyanık olmadığını bilse de kendini uyanıkmış gibi hissediyordu. Bir sahilde oturuyordu, muhtemelen bu sabah karaya çıktıkları sahildi bu. Rüzgâr saçlarını savuruyor ve denizin kokusu ona *Arayıcı*'da tanıştığı denizcileri hatırlatıyordu. Oturur halde birkaç dakika bekledi ve sonra, yavaşça kalkıp karaya doğru baktı. Bu sabah gördüğü sahilin aynısını görüyordu, ama büyük bir farkla...

Tam karşısında oturan, kocaman bir ejderha vardı!

"Demek Kat'in hissettiği şey sendin. Çok yaklaştığı zaman uzaklaşıp giden varlık," dedi Alex.

"Rüyalarında tanışmamızın en iyisi olacağını düşündüm," dedi ejderha. Sesi Alex'in beklediğinden daha yumuşak ve dostçaydı. "Umarım rüyana zorla girdiğim için beni affedersin ama yüz yüze karşılaşmamız zor olacaktı."

"Seni burada gördüğüme şaşırdım," dedi Alex. Herhangi bir ani harekete karşı ejderhayı dikkatle izliyor ve gözlerine bakmamaya çalışıyordu.

"Ben de senin bu kadar genç olmana şaşırdım," dedi ejderha.

Alex korkmuyordu ama belki de korkması gerektiğini düşündü. Bu ejderha, Slathbog'dan çok daha büyüktü ve gördüğü sadece bir rüya bile olsa, ejderhanın hâlâ müthiş bir gücü vardı.

"Yardımına ihtiyacım var, genç büyücü," dedi ejderha. "Hizmetin karşılığında önerebileceğim çeşitli şeyler var."

"Neden benim yardımıma ihtiyacın olsun?" diye sordu Alex.

"Çünkü sen kimsen osun," diye cevap verdi ejderha. "Büyük güç sahibi bir büyücüsün ve benim de amaçlarıma ulaşmam için o güce ihtiyacım var."

"Bir ejderhaya yardım etmeyi neden kabul edeyim?" diye sordu Alex. "Daha önce türünden biriyle karşılaştım ve senin amaçlarının onurlu olduğundan da şüpheliyim."

"Evet," dedi ejderha, düşünceliymiş gibi geliyordu sesi. "Slathbog'la karşılaştın ve onu yok ettin, olması gerektiği gibi. Slathbog'la karşılaşmış olduğun için bana güvenmiyorsun. Senin açından akıllıca görünüyor. Fakat ben Slathbog gibi değilim; ben ne hazine biriktiriyorum ne de yok etmek için küçük ırkların peşine düşüyorum."

Alex, karşılık vermeden önce, ejderhanın sözlerini birkaç dakika düşündü. Bu ejderhanın, adaya dağılmış cüce hazinelerini umursamadığı doğruydu. Yine de ejderha, ejderhaydı. Alex dikkatli olması gerektiğini biliyordu.

"Benden istediğin nedir?" diye sordu.

"Bir büyü," diye cevap verdi ejderha. "Bu adayı, arayan herkesin gözünden gizleyecek bir büyü."

"Bunu neden istiyorsun?" diye sordu Alex, ejderhanın isteği karşısında şaşırmıştı.

"Tarih tekerrür etmesin diye," dedi ejderha, garip bir şekilde üzgün gibiydi sesi.

"Demek sendin," dedi Alex. Rüyada bir ejderhanın ne kadar tehlikeli olacağını hesap etti. "Burada yaşayan cüceleri sen yok ettin."

"Maalesef, evet," dedi ejderha. "Böyle olmasını istemedim ama kabahatin büyüğü bende olsa da, cücelerin de payı var."

"Bana ne olduğunu anlatır mısın?" diye sordu Alex.

"Uzun zaman önce saklanmak için burayı seçtim," diye başladı ejderha. "Uzun yolculuklarımdan yorulmuş, sadece uyumak ve rüya görmek istiyordum. Bu ada iyi bir yerdi; küçük ırklardan uzaktı ve deniz de burayı erişilmez kılıyordu. Yüzlerce yıl burada uyudum ve sonra cüceler geldi."

Alex sessiz kaldı.

"Başta onları fark etmemiştim," diye devam etti ejderha. "Cüceler madenlerini kazıp hazinelerini buldular, ben ise uyumaya devam ediyordum. Sonra yeni madenler açıp daha fazla hazine aradılar. Cüceler böyledir, bu sebepten ötürü onları suçlayamam. Maden çıkarırken çok gürültü yapıyorlardı ve beni uzun uykumdan uyandırdılar. Yanlarında bir büyücü vardı ve beni ilk fark eden o oldu."

"Sen de sana saldırmalarına fırsat vermemek için cüceleri yok ettin," dedi Alex.

"Hayır, öyle olmadı," diye karşılık verdi ejderha. "Cüceler ben daha tam olarak uyanmamışken saldırdılar. Languinn ismindeki cüce büyücülerinin büyük bir gücü vardı. Beni buradan kovabileceğine, hatta yok edebileceğine inanıyordu. Bana saldırdığında tamamen uyandım. Sihrinden ürkerek sadece kendimi korumayı düşündüm. Ama öfkem, içimde ateş gibi yanmaya başladı ve bir ejderha olduğumdan, hiddetim bana üstün geldi. Bana saldıranlara karşı taarruza geçtim ve deliliğimi ancak çoğunu yok ettikten sonra atabildim."

"Çoğunu yok ettin ama hepsini değil, öyle mi?" diye sordu Alex.

"Hayır, hepsini değil. Languinn ve diğer bazı cüceler, yer altındaki arşivlerde saklandılar. Ben özür dilemek ve durumu düzeltmek istedim ama Languinn benimle konuşmadı, rüyalarında bile."

"Yani o ve halkı hâlâ aşağıdalar mı?" diye sordu Alex, bu düşünce onu sersemletmişti.

Ejderha kafasını sağa sola salladı. "Öldüler, sadece Languinn kalana dek hepsi öldü. O zaman, karanlıkta tek başınayken bile benimle hiç konuşmadı. Defalarca denememe rağmen..."

"Yani yarın üçüncü kata indiğimizde onların kemiklerini bulacağız," dedi Alex, ejderhanın hikâyesinin ne kadarının doğru olduğunu merak ediyordu.

"Evet," diye karşılık verdi ejderha. "Belki bu, seni benim gerçeği söylediğime ikna eder. Tabii daha kolay bir yolu da var, eğer cesaret edersen..."

"Gözlerine bakmamı isteyeceksin," dedi Alex. Tehlikenin farkında olduğu halde, ejderhanın gözlerine bakmak için tuhaf bir istek duyuyordu.

"Bir rüyanın içindeyiz. Bu yüzden güçlerimiz gerçekte olması gerektiği gibi olmayabilir," dedi ejderha. "Ve eğer bana güvenirsen, sana kendini koruman için bir şey vereceğim."

"Kendimi koruyacak ne verebilirsin ki bana?" diye sordu

Alex. Bu ejderhaya güvenmek istiyor ama herhangi bir ejderhaya güvenmenin ölümcül sonuçları olabileceğini biliyordu.

"Sana gerçek adımı söyleyeceğim," diye cevap verdi ejderha.

Alex bu teklifi düşündü. Ejderhaların genellikle çok sayıda adı olduğunu biliyordu ama hepsinin, bir tane gerçek adı vardı. Onları onlar yapan ve güçlerini veren şey, isimleriydi. Ayrıca gerçek adını bilmenin, kendisine ejderha üzerinde yaptırım gücü vereceğini de biliyordu. Ejderhaya ne isterse yaptırabilecek şekilde emir verip, onu kontrol etmesini sağlayacak bir güç...

"Bana söylediğin ismin, gerçek adın olduğunu nereden bileceğim?" diye sordu Alex.

"Bileceksin," dedi ejderha. Yüzünde kendisine göre gülümseme sayılabilecek bir ifade vardı. "Ben Salinor'um, ırkımın hayatta kalan en yaşlısı. Ejderhaların efendisiyim, en kadim olanım ve geçmişin koruyucusuyum."

"Salinor," diye tekrar etti Alex, bu ismin inanılmaz gücünü rüyasında bile hissedebiliyordu. "Evet, sana güveneceğim. Gözlerine bakacağım."

Alex, gözlerine bakmadan bile Salinor'un ona gerçeği söylediğini anlamıştı. Gözleri buluştuğunda Alex, Salinor'un gücünü hissetti ve ejderhanın uzun yaşamından bazı detayları görebildi. Salinor, Slathbog'dan çok daha güçlüydü. Alex bu ejderhayı yenemeyeceğini biliyordu; ne Slathbog'u yendiği şekilde ne de başka şekilde. Sonra şaşırarak, Salinor'un da onu yenemeyeceğini fark etti. İkisi birbirine eşitti, denk güçlerdi.

"Sende düşündüğümden fazlası varmış," dedi Salinor. Sesi memnun, belki biraz da gururlu gibiydi. "Bu şekilde karşılaşmış olmamız iyi. Eğer savaşmak zorunda kalsaydık, bana göre sonunda ikimiz de kaybederdik."

"Düşman olarak karşılaşmadığımıza sevindim öyleyse," dedi Alex. Zihninin Salinor'unkine yaklaşmasına izin verdi.

Düşüncelerinin karışması inanılmazdı. Alex bir anlığına bağı koparıp kendini uyanmaya zorlamayı düşündü. Alex bazen kendi zihnini karışık ve dolu olarak görüyordu ama o his, şu anda hissettiğinin yanında hiçbir şeydi. Ve bir şey daha hissetti: Yolculuğu sırasında, bundan önce iki kere daha hissettiği saldırganlık hissi.

"Dostların için üçüncü katın kapısını da aç, sonra gel ve benimle konuş," dedi Salinor. Gözlerini kırparak aralarındaki bağı kopardı. "Konuşmamız gereken, senin bilmen gereken şeyler var."

"Geleceğim," dedi Alex.

"O zamana dek," dedi Salinor, Alex'in rüyasındaki sahili terk etmek üzere döndü, "hoşça kal, genç ejderha efendisi."

"Ejderha efendisi," dedi Alex, sıçrayarak uyanırken.

"O da ne?" diye sordu Thrang, yemek pişirilen ateşten başını kaldırıp Alex'e baktı.

"Ah, hiçbir şey," dedi Alex. Başka duyan var mı diye etrafına bakındı.

"Ee, gel de kahvaltını al o zaman," dedi Thrang. "Önümüzde uzun bir gün var."

Alex hâlâ rüyayı düşünerek kalktı. Gördüklerinin gerçek olduğunu biliyordu. Fakat daha önce hiç kimseyle bir rüya buluşması sırasında konuşmamıştı.

"Bu sabah üçüncü kata ineceğiz," dedi Thrang kahvaltılarını bitirirlerken. "Etrafı aradığımıza değecektir, hem belki biraz hazine de buluruz."

"Üçüncü katın kapısını açtıktan sonra yapmam gereken bir şey var," dedi Alex.

"Öyle mi? Neymiş o?" diye sordu Thrang. Yüzünde, kafası karışmış gibi bir ifade vardı.

"Gidip biriyle konuşmam gerekiyor," diye cevapladı Alex.

"Kiminle konuşacaksın?" diye sordu Thrain. Onun kafası Thrang'den daha çok karışmış gibiydi.

"Bir dostla," diye cevap verdi Alex yarım bir gülümsemeyle.

"Bu bir cevap değil," dedi Thrang ayağa kalkıp, sakalını sıvazlarken.

"Bir ejderha diyeyim o zaman," dedi Alex. Dostlarının yüzündeki afallamış ifadeyi görünce az kalsın kahkaha atacaktı. "Huzursuzluk hissinin sebebi ve Kat'in hissedip de yaklaşamadığı şey buymuş. Adada bir ejderha var ve ben onunla konuşacağım."

"Ejderhadan nasıl haberin oldu?" diye sordu Nellus, endişeli ve solgun görünüyordu.

"Dün gece rüyamda onunla konuştum," dedi Alex. "Her şeyi açıklayacak vaktim yok ama kaygılanmak için bir sebep olmadığını söyleyebilirim. Üçüncü katın kapısını açacağım ve orada bazı cücelerle birlikte cüce büyücü Languinn'in kalıntılarını bulacaksınız. Bundan sonra ben, birkaç günlüğüne ayrılacağım."

"Bir ejderhayla konuşacaksın, ha?" diye tekrarladı Thrang kafası karışık halde.

"Bunun riski çok büyük," dedi Kat. Bir Alex'e, bir Thrang'e bakıyordu.

"Hayır, değil," dedi Alex. "Yeterince konuştuk. Haydi gidip üçüncü katın kapısını açalım. Ya da belki önce Thrain'e evlerdeki gizli kapıları nasıl açacağını göstersem iyi olur."

"Gitmeye kararlı görünüyorsun," dedi Arconn.

Alex, "Evet. Bir tehlike olmadığından da eminim," dedi.

Thrang ve diğerleri, itiraz edecekmiş gibi görünüyordu ama Alex bunların hiçbirini dinlemek istemedi. Dönüp kamplarının arkasındaki taş binaya doğru yürüdü ve diğerlerinin, onu takip etmekten başka seçeneği kalmadı.

Üçüncü kata giden kapı, önceki ikisinden daha iyi korunuyordu. Görünüşe göre Languinn, kendini ve yol arkadaşlarını ejderhadan korumak için, zamanının çoğunu üçüncü katın kapısına büyüler yaparak geçirmişti. Alex tam Languinn'in bütün büyülerini kaldırdığını sandığında, şiddetle hapşırmaya başladı.

"Bunu beklemiyordum," dedi Alex, Languinn'in büyüsünün etkilerini üzerinden atmaya çalışırken. "Bir kapıya böyle bir büyü yapmak tuhaf."

"Tuhaf değil," diyerek güldü Thrang. "Cüceler, eğer birilerinin onlara gizlice yaklaşmaya çalıştığından korkuyorsa, böyle büyüleri sıklıkla yapar. Düşmanın hapşırması, onlara birinin geldiğini haber verir."

"Evet, anlıyorum," dedi Alex, burnunu silerek.

Tekrar kapıya döndüğünde hapşırtma büyüsünü kaldırdı ve gözünden kaçan başka bir şey var mı diye çabucak kontrol etti. Kapıdaki tüm büyüleri kaldırdığından emin olarak, dostlarına, bu kısa koridorun yanlarına çekilmelerini söyledi. Kapıyı asasıyla dikkatle itince, karanlığın içinden bir ok sağanağı yağdı ve oklar takırdayarak arkalarındaki merdivenlere düştü.

"Üçüncü katı araştırırken dikkatli olmalısınız," diyen Alex, asasıyla okları aradı.

"Tuzağı nereden bildin?" diye sordu Arconn, açık kapıya endişeyle bakıyordu.

"Languinn'in böyle bir şey yapacağını tahmin ettim," dedi Alex. "Korkuyordu ve sihrinin, onu ejderhadan korumaya yeteceğinden emin olamıyordu."

"Onu buraya kıstıran ejderhanın ta kendisi," dedi Thrang, Alex'in gözlerine bakarak. "Senin konuşmak istediğin ejderha. Bu adadaki halkımı öldüren ejderha."

"Daha sonra açıklayacağımı söyledim," dedi Alex. Üçüncü katın karanlığından yankılanıp geri gelen sesi katı ve soğuktu. "Languinn ahmakça davrandı. Laftan anlamadığı için burada kapana kısılıp kaldı."

"Ama... ejderha?" dedi Barnabus yavaşça.

"Yeter," dedi Alex, sakin kalmaya çalışarak. "Ben ne yaptığımı biliyorum."

"Kendimizinki kadar senin güvenliğinden de endişe ediyoruz," dedi Arconn yatıştırıcı bir tavırla. "Yeteneğini veya inancını sorgulamıyoruz."

Alex derin bir nefes alıp, "Bağışlayın," dedi. "Anlamadığınızı ve bir açıklama beklediğinizi biliyorum ama zaman yok. Güvende olacağım ve ejderha size bulaşmayacak, bana inanın. Languinn'in tuzakları ise bambaşka bir konu, o yüzden dikkatli olun."

"Pekâlâ," dedi Thrang fakat hâlâ mutsuz görünüyordu. "Sen Thrain'e gizli kapıları açmayı öğretirken biz yukarı çıkacağız. Zaten senin bent ışıkların yanımızda olmayacağından, üçüncü katı aramadan önce meşaleler yapmamız gerekecek."

Thrang'in sözleriyle diğerleri, yukarı çıkan merdivenlere geri döndüler. Alex dostlarına bildiği her şeyi anlatamadığı için kendini kötü hissediyordu. Ama Salinor'la görüşmeye gitmek için acelesi vardı. Dostlarına rüyasını anlatması, sadece, tüm cevapları bilse bile yanıtlamaya vaktinin olmayacağı bir sürü soruya yol açacaktı.

Alex nasıl yapıldığını açıklayıp kullanması gereken sihirli sözleri öğrettiğinde, Thrain gizli kapıları nasıl açacağını çabucak öğrendi. Thrang de dikkatle dinliyordu ve biraz çabayla, o da gizli kapıları açabilecek duruma geldi. Bu iş tamamlandıktan sonra Alex, sokağa çıktı ve dönüp dostlarına baktı.

"Ne kadar süre aranızda olmayacağımı bilmiyorum ama *Arayıcı* bizi Dunnstal'a götürmek için gelmeden önce dönmüş olacağıma söz veriyorum," dedi Alex. "Size de, buradaki değerli olan her şeyi toplayarak vakti değerlendirmenizi öneririm. Arşivler de dahil. Bu adadan ayrıldıktan sonra, bir daha hiç kimse buraya geri dönemeyecek."

"Neden?" diye sordu Thrang.

"Şu kadarını anlatayım, sonra gitmem gerekiyor," dedi

Alex ve asasına yaslandı. "Biz buradan ayrılınca, adayı bir daha bulunması imkânsız hale getirecek bir gizleme büyüsü yapacağım. Ejderha benden bu iyiliği istedi. Buradaki cücelere olanlardan dolayı pişmanlık duyuyor ve bir daha böyle bir şeyin olmasını istemiyor. Ben de ona katılıyorum ve önce o geldiğine göre, ada onun hakkıdır."

"Tüm bunları nereden biliyorsun?" diye sordu Arconn.

Alex, arkasını dönüp, "Ejderha bana söyledi," dedi. "Geri geldiğimde sorularınızın kalanına cevap vereceğim."

Alex, boş cüce köyünden hızla yürüyüp geçti ve ardına bakmadan ormana girdi. Kayalık, alçak tepelere tırmandı. Salinor'u nerede bulacağını biliyordu ve ejderhanın, rüyasındaki gibi gerçek hayatta da dostça davranmasını umuyordu. Elbette ejderhanın gerçek adını bilmesi bir avantajdı. Fakat Salinor'un bunu neden yaptığını hâlâ merak ediyordu; ejderhalar genellikle gerçek adlarını çok sıkı korurdu. Yine de Alex, Salinor'un ona doğruyu söylediğini ve ejderhanın bu noktadan sonra fikrini değiştirme ihtimalinin az olduğunu biliyordu.

Salinor'un mağarası çok iyi saklanmıştı ve bulması, Alex'in tahmin ettiğinden çok daha uzun zaman aldı. Salinor, adaya gelebilecek herhangi birilerinden ya da bir şeyden gizlenmek için, mağaranın girişine bazı büyüler yapmıştı. Ve ejderhanın büyüsü çok etkileyiciydi. Alex sırf, Salinor'un ona nereyi arayacağını söylemiş olması sayesinde mağarayı bulabilmişti.

Alex, bundan sonraki on bir günü ve geceyi ejderhanın yanında geçirdi. Kadim yaratıktan çok şey öğrenip, ejderhaya da kendi hikâyesini anlattı. Zaman akıp geçiyor ve Alex ne bir şey yediğini ne de içtiğini hatırlıyordu. Kendisini azıcık olsun acıkmış ya da yorulmuş hissetmiyordu. Sonunda gitme vakti geldiğinde Alex, ejderhayı ardında bırakmaya isteksizdi. Salinor'un bildiği çok fazla şey vardı, Alex'in de sormak istediği çok fazla soru... Salinor da Alex'in gidiyor olmasına üzülmüş görünüyordu ama zaman zaman rüyalarında onu ziyaret etme sözü verdi.

"Sen artık bir ejderha efendisisin," dedi Salinor, Alex gitmeye hazırlanırken. "Eğer bana ihtiyacın olursa, sadece adımı söylemen yeterli."

"Çok naziksin, dostum," dedi Alex. "Umarım dinlenirken seni rahatsız etmeme hiç gerek kalmaz."

Salinor, dev gibi kafasını mağaranın gerisine çevirip, "Birkaç şey daha var," dedi. "Yanında götürmen gereken kitaplar."

"Kitaplar mı?" diye sordu Alex. Ejderhaları kitap okurken veya yazarken hiç düşünmemişti.

"Antik yazılar," dedi Salinor. "Çoktandır kayıp olan gizemler ve bilgiler. İçerdiği şeyler sana lazım olabilir."

Alex mağaranın arka kısmına gitti ve duvarda küçük bir aralık gördü. Aralıktan geçip, eski görünen kitaplarla dolu ikinci bir mağaraya girdi. Mağaradaki kitapların sayısı onu şaşırtmıştı ve buraya nasıl gelmiş olabileceklerini merak etti. Salinor'un, yavru bir ejderhayken bile bu aralıktan geçmiş olması mümkün değildi. Alex kitaplardan birini aldı ve sayfalarına göz gezdirdi. Yazılar, öğrendiği büyü harflerinden farklıydı fakat yine de, garip bir şekilde tanıdık geliyordu. Alex bütün kitaplara bakmak için vakit harcamadan, büyülü çantasını kaldırıp hepsini kendi kütüphanesine ekledi.

Ana mağaraya dönünce "Kitaplar benim anladığım harflerle yazılmamış," dedi Salinor'a.

"Onlar okumaktan çok, tecrübe etmek için," dedi Salinor. "Bu kitapları okuduğunda, okumak gibi olmayacak; sanki oradaymış gibi hissedeceksin."

"Anlamadım," dedi Alex.

"Zamanla anlayacaksın," diye cevap verdi Salinor, kendinden emin bir sesle. "Gitmeden önce, son bir şey daha var."

"Nedir?" dedi Alex, Salinor'un kadim yüzüne bakarak.

"Ailen," dedi Salinor. "Kendini bulmak için, aileni bulman gerekiyor."

"Benim ailem yok," dedi Alex ve arkasını döndü.

"Hepimizin ailesi var," dedi Salinor, gür bir ejderha kahkahası patlatarak. "Ebeveynlerinin, senin annen, baban olmadan önce kendi aileleri vardı. Onları bul. Sana ihtiyaçları olacak ve bence, senin de onlara..."

Salinor, "Veda ederken, sana son bir hediye olarak şunu söyleyeceğim," diye devam etti. "Çoğu kişinin uzun zaman önce unuttuğu bir dönem vardı; ejderhaların ve insanların tek bir ırktan olduğu dönem. Hepsinin değil, sadece yüce ve soylu insanların... Daha sonraları bilinen diyarlara kral ve idareci olan insanların, damarlarında ejderha kanı olanların... Ben o zamanlar da vardım, söylediklerimin doğru olduğunu biliyorum. Ayrıca seninle ilgili, daha tahmin bile etmediğin bir şeyi biliyorum."

"Nedir o?" diye sordu Alex endişeyle."

"Sen benim soyumdansın," diye cevap verdi Salinor. "Annenin de, babanın da damarlarında ejderha kanı vardı. Ve senin damarlarında bu kan çok güçlü akıyor çocuğum. Aslında, düşünceme göre, büyücüler arasında bir tek sen, kendini kaybetme korkusu olmadan ejderhaya dönüşebilirsin."

"Ejderhaya dönüşmenin tehlikesine karşı bütün büyücüleri uyarırlar," dedi Alex.

"Çünkü büyücülerin çoğu, ejderhaya dönüştüklerinde kendilerini kaybeder. Ejderha olmanın nasıl bir şey olduğunu hissettiklerinde, insanlıklarını tamamen unuturlar."

"Sence ben bu biçimi almalı mıyım?" diye sordu Alex.

"Hazır olana kadar, hayır," dedi Salinor. "Ejderha biçimindeyken, müthiş bir güç keşfedeceksin. Şu anda sahip olduğundan ve benim sahip olabileceğimden çok daha büyük bir güç. Fakat bu güce sahipken bile, bence istediğin zaman insan biçimine geri dönebileceksin. Eğer fena halde yanılmıyorsam, senin iki gerçek biçimin var: İnsan *ve* ejderha."

Alex, Salinor'a daha fazla soru sormak istedi ama Salinor, başını mağaranın zeminine indirip gözlerini kapadı. Alex eğilip yüce ejderhayı selamladı ve çıkıp onu, gizli mağarasında tek başına bıraktı. Cüce köyüne varmak için uzun bir süre yürümesi gerekiyordu. Yolda, Salinor'un ona anlattıklarını ve kendisinin ejderhaya verdiği sözleri düşündü.

Verdiği ilk söz, gerçekten küçük bir şeydi ve Alex daha Salinor'la yüz yüze gelmeden önce bunu yapmaya karar vermişti: Kemik Adası'na bir büyü yapıp, adayı aramaya gelen herkesin gözünden gizlemek. Alex'in diğer iki sözü daha karmaşıktı ve tam olarak ne anlama geldiğini düşünmek için zamana ihtiyacı vardı.

Salinor'un, ailesi hakkında anlattıkları da onu düşündürmüştü. Alex, anne ve babasının ailesi hakkında soru sormanın, neden hiç aklına gelmediğini merak etti. Hayatta olan büyükbaba, büyükanne, amca, teyze, hatta kuzenlerinin olması ihtimali, çok yeni bir düşünceydi. Alex, onları nasıl bulabileceğini merak etti.

Kendisini biraz şaşırtan bir söz daha vermişti Salinor'a. Ejderhanın düşünmesini pek beklemediği bir şeydi bu.

"İhtiyaç duyduklarında, her zaman dostlarının yardımına koş," demişti Salinor ciddi bir ifadeyle. "Eğer bir dostun senden yardım istemişse, mümkün olduğunca çabuk git."

Bunu zaten yapmaz mıydı? Dostlarından herhangi birinin başı belaya girse, elbette onların yanına giderdi. Arkadaşlar böyle günler içindi. Bu zaten doğal olarak, düşünmeden yapacağı bir şeydi. O zaman Salinor neden ona böyle bir söz verdirmişti?

Terk edilmiş cüce köyüne yaklaştığında Alex, Salinor'un veda sözlerine kafa yordu. Salinor, Alex'in ejderha biçimi alıp tekrar kendi biçimine geri dönebileceğini düşünüyordu. Bu, en azından Alex'in bildiği kadarıyla, daha önce hiçbir büyücünün yapamadığı bir şeydi. Çoğu büyücü, ejderha biçimi almayı denemezdi bile. Alex'in, bunu denediğini okuduğu büyücülerin tamamı ya ejderha olarak uçup gitmiş, ya da tamamen delirip ölmüşlerdi. Alex yürürken düşüncelere dalmıştı. Salinor'un düşüncelerinin kendi zihninde yankılandığını duyduğunu sandı.

"Dostların ve ailen sayesinde, gerçek kimliğini bulacaksın," demişti ejderhanın sesi usulca. "İhtiyaç duydukları zaman, onların yanına git."

Bunun anlamı neydi? Alex kendisinin kim ve ne olduğunu bilmiyor muydu? Eh, aslında bilmiyordu. *Ne* olduğunu hâlâ öğreniyordu ve *kim* olduğu hakkında, hiçbir fikri yoktu. Beyaz Kule'nin kâhini Iownan, ilk macerasında ona, bazı ırkların karışımı olduğunu söylemişti. Alex, kendini hep insan olarak düşünmüştü ama bu, tam olarak doğru değildi. Soy ağacının bir yerlerinde başka ırklar vardı. Elfler, cüceler ve hatta görünüşe göre, Salinor'un dediklerine bakılırsa ejderhalar... Salinor'un ona ailesini aramasını söylemesinin sebebi kısmen bu olabilir miydi? Alex'in geleceğinde, ejderhanın görebildiği bir şey mi vardı? Bu sorular bile Alex'i delirtmeye yetecekti, bu yüzden onları zihninin gerisine itmeye çalıştı. Daha sonra bunlar üzerinde düşünmeye vakti olacaktı. Şu an dostlarının yanına dönmesi ve Kemik Adası'nı ardında bırakmak üzere hazırlanması gerekiyordu.

ON DÖRDÜNCÜ BÖLÜM

KAZAD-SYN YOLU

Alex kısa sürede ormandan çıkıp boş cüce köyüne girdi. Salinor'un, cücelerin yok oluşundan dolayı ne kadar üzgün olduğunu biliyordu ama yine de köyün görüntüsü çok iç karartıcı geliyordu. Alex, yokluğunda dostlarının epey çalıştığını görebiliyordu. Çünkü eşit bölünmüş hazine yığınları, kasabanın her yanında parlıyordu. Bu yığınların bazılarının yüksekliği, neredeyse Alex'in boyuna ulaşıyordu. Grubun kamp alanını bulabilmek için koca bir labirentte ilerliyor gibiydi. Neredeyse öğlen olmuştu ve Alex, adımlarını hızlandırıp, yemeğe başlamadan önce dostlarına yetişmeyi umut etti.

"Vay, bakın kim gelmiş," dedi Nellus. Alex kampa yaklaşırken gülümseyerek ona baktı. "Saklanıp *asıl* işten kaçıyordun demek."

Alex, gülümseyerek "Onun gibi bir şey," diye karşılık verdi. "On bir günü ve geceyi bir ejderhayla geçirmek de kolay bir iş değildi ama."

Barnabus, kamp ateşine odun yığarken "Bir ejderhayla zaman geçirmektense hazine dizmeyi tercih ederim," dedi.

"İkisinin de kârlı olduğunu söyleyebilirim," diye cevap verdi Alex. "Diğerleri nerede?"

Nellus, "Birazdan gelirler," dedi. "Thrang günlerdir hepimizi üçüncü katta çalıştırıyor."

"Koloni epey zenginmiş demek," dedi Alex.

"İyi kâr ediyorlarmış, o kadarı belli. Burada gördüklerini toplamamız neredeyse bir hafta sürdü. Ve bunlar sadece evlerden çıkanlar." Barnabus başını iki yana salladı. "Thrang'i bu adadan ayırabilecek miyiz, bilmiyorum."

"*Arayıcı* yarın dönüyor ve bizim de onunla, buradan ayrılmamız gerek," dedi Alex.

"Thrang bu konuyu tartışacak," dedi Nellus, kamp ateşinin yanına oturup. "Cüceler arkalarında hazine bırakmayı pek sevmezler."

"Belki ben yardımcı olabilirim," dedi Alex, Nellus'un yanına oturup.

"Umarım," dedi Barnabus. "Sen gittiğinden beri Thrang çok huysuz."

"Huysuz demek hafif kalır," dedi Nellus, sıkıntılı görünüyordu. "Thrang'in sinirleri giderek bozuluyor, genç Thrain'in de."

"Ne demek istiyorsun?" diye sordu Alex.

"Gözlerindeki ifade," dedi Nellus. "Vahşi, dehşet verici bakışları var. Doğada çok uzun zaman kalan kişilerde görmüştüm bunu ya da çok fazla maceraya katılmış maceracılarda."

"Doğru," diye katıldı Barnabus. "İkisi de tükenmiş durumda bence. Hazine... Burada yaşayan soydaşlarını yitirmiş olmak... Sonra senin ejderhayla konuşmak için çekip gitmen... Thrang ve Thrain'i bunlar değiştirdi. Artık akıl mantık dinlemiyorlar."

"Dinlemek zorundalar," dedi Alex. "Yarın gitmeliyiz, yoksa sonsuza dek bu adada kalacağız."

"Thrang, intikam almakla ilgili bir şeyler homurdanıyordu," diye ekledi Nellus. "Kendini, burada olanların sorumlusunun, senin ejderha dostun olduğuna ikna etmiş. Arconn bile onunla bu konuyu konuşamıyor."

"İntikam düşüncelerinden vazgeçmesi gerekecek," dedi Alex, az buz kaygılanmamıştı. "Thraxon'daki tüm cüceleri yardımına çağırsa bile, bu ejderhayı rahatsız etmekten fazlasını yapabileceğini sanmıyorum."

"İntikamla ilgili bir şey mi diyordun?" dedi Thrang'in sesi.

Alex başını kaldırıp, Thrang ve Thrain'in hazine yığınlarının etrafından dönüp geldiğini gördü.

"İntikamın tehlikeli bir oyun olduğunu söyledim. Ve genellikle herkesten çok, intikamı isteyen kişi için tehlikelidir," dedi Alex.

"Görüyorum ki geri dönmüşsün," dedi Thrang, sesi normalden soğuktu. "Herhalde bu ejderhanın benim halkım hakkında söylediklerini dinlemişsindir. Herhalde onların yok edilmesinin, kendi hatası olmadığını söylemiştir sana."

"Hayır, aslında söylediği bu değildi," dedi Alex. "Eğer dinlemek istersen, diğerleri de buraya gelir gelmez, onun tam olarak neler söylediğini anlatacağım."

Thrang bir an konuşmadı, kımıldamadı da. Yalnızca yüzünde öfke ve korku karışımı bir ifadeyle Alex'e bakarak karşısında dikildi. Alex, Thrang'in onun hakkında endişelendiğini görebiliyordu. Ama aynı zamanda, Salinor'a ve bundan dolayı da tüm ejderhalara notunu verdiğini de görebiliyordu.

Arconn, yürüyüp kampa vardığında, mutlulukla, "Alex," dedi, "seni aramaya çıkmamız gerekecek sanmıştım."

"*Arayıcı* geri dönmeden geleceğim demiştim," dedi Alex. "Görünüşe göre, ben yokken hepiniz meşgulmüşsünüz."

Thrang gergin bir sesle, "Yarın *Arayıcı*'yla gitmiyoruz," dedi. "Burada hâlâ toplanacak bir sürü hazine var ve ben hepsini almadan adayı terk etmiyorum."

"Seni hiç açgözlü biri olarak tanımamıştım, Thrang," dedi Alex, sesi sakin ve düzgündü.

"Açgözlülüğün bununla bir alakası yok," diye tersledi onu Thrang. "Bu adanın hazineleri benim halkım tarafından kazanıldı. Benim görevim, bu maceranın sözleşmeli bir üyesi olarak senin de görevin, buradan gitmeden önce hazineleri toplamak."

Kat, Arconn'un yanına geldi, yüzünde kaygılı bir ifade vardı. Alex, hepsinin Thrang'in ruh halinden dolayı endişeli olduklarını anlayabiliyordu. Thrain de neredeyse Thrang kadar ciddi görünüyordu.

"Pekâlâ," dedi Alex bir süre sonra. "Eğer sizi gücendirdiysem özür dilerim. Hazineyi toplamak sorun olmaz. Yarın yine de yola çıkabiliriz."

"Nasıl olacak anlamadım," diye karşılık verdi Thrang, Alex'in özrünü umursamadan. "Neredeyse iki haftadır hazineyi ayırıyoruz ve daha yarısını bile tamamlamadık."

"Ayırma işini başka zamana bırakabiliriz," dedi Alex, Thrang'e kızmamaya çalışıyordu. "Daha önce olduğu gibi, tüm hazineleri çabucak çantamın içine koyabilirim. Eğer sizin adınıza saklamam için hâlâ bana güveniyorsanız tabii."

Thrang, bakışlarını Alex'ten uzaklaştırıp "Güvenmek mi?" diye tekrarladı. "Bir zamanlar aramızda güven konusu tartışılmazdı bile. Ama artık..."

"Bir ejderhayla konuştum ve sen artık bana güvenebileceğinden emin değilsin," diyerek onun yerine tamamladı Alex. "Burada olan her şey için ejderhanın suçlu olduğuna karar vermişsin ve intikam almak için can atıyorsun."

"İntikam yeterli değil!" diye bağırdı Thrang, yüzü öfkeden kızarmıştı. "Aldığı yüzlerce canın bedelini, bir tek ejderha nasıl ödeyebilir? Evet, ejderhayı yok etmek istiyorum ki bir daha başka bir yaratığa zarar veremesin."

"Sen ne dediğini bilmiyorsun," dedi Alex ve sinirlenmeye başladı.

"Bu ejderha seni büyülemiş," diye devam etti Thrang. "Burada gerçekte neler olduğunu göremiyorsun ve ejderhanın suçlu olduğunu kabul etmiyorsun. Amma da iyi bir büyücü oldun," deyip yere tükürdü.

"Sus!" diye, normaldeki sesinden daha derin ve daha güçlü bir tonda emretti Alex. Altlarındaki zemin sarsıldı ve güneşin önüne kara bir bulut geçti. "Benim söyleyeceklerimi dinleyecek ve büyülenmiş miyim, ondan sonra karar vereceksin."

Alex dostlarına baktı; bu ani haykırış ve güç gösterisiyle şoka girmiş, korkmuşlardı. Daha önce Alex hiç böylesine kudretle konuşmamıştı. Thrang dehşet içinde donakalmış, başına korkunç bir şey gelmesini bekliyormuş gibi görünüyordu.

"Şimdi," dedi Alex, duygularının kontrolünü tekrar ele alarak. "Suçladığınız ejderha, burada olan bitenin bütün hikâyesini bana anlattı. Eğer oturup dinlerseniz, size anlatacağım."

Thrang yavaşça ilerleyip ağır ağır oturdu, kocaman gözlerini Alex'in suratından ayırmıyordu.

Thrain taşa dönüşmüş gibi duruyordu ve Alex bir sandalyeyi gösterip ona oturmasını söyleyene kadar kımıldamadı.

Alex, adaya vardıklarından beri neler öğrendiğini yavaş yavaş onlara anlattı. O konuşurken herkes sessiz kaldı. Arconn anladığını belirtir gibi sık sık başını sallıyordu. Alex hikâyesini anlatırken, söylediklerini Thrang'in kabul etmesine yardım edecek bazı özel büyüler de yaptı. Thrang'in, öfkesini ve nefretini, gerçeği görebilmesine yetecek kadar uzun süre bir kenara bırakabilmesini umuyordu.

Alex hikâyesini bitirdiğinde, hepsinin ona soracak soruları olduğunu anlayabiliyordu. Ama hepsi kendini tutup, önce Thrang'in konuşmasını bekliyordu.

"Demek Languinn, ejderhaya o uyurken saldırdı," dedi Thrang, sesi neredeyse bir fısıltı gibiydi.

"Evet," dedi Alex. "İyi bir fikir ama sadece eğer uyanmadan önce ejderhayı öldürebileceğinden eminsen."

"Evet," diye tekrarladı Thrang. "Eğer ejderhayı yenemiyorsan aptalca bir hareket."

"Nereden bilebilirsin?" diye sordu Thrain. "Yani uyanmadan bir ejderhanın ne kadar güçlü olduğunu nasıl bilebilirsin?"

Alex, "Mümkün olmayabilir," dedi. "Ve bu adadaki ejderha kötü değil. O burada gözlerden ve tehlikeden uzak durmaya çalışarak yaşıyordu."

"Ama sen onu yok edebilirdin," diye devam etti Thrain, sesinde umutlu bir ifadeyle. "Yani, Slathbog'u yendin, bu ejderhayı da yenebilirdin, değil mi?"

"Hayır, yenemezdim," diye cevap verdi Alex. "Onu kontrol edebilirdim çünkü onun gerçek adını biliyordum. Ancak iş sıcak savaşa geldiğinde..." sesi yavaş yavaş kesildi ve derin bir nefes aldı. "Bence iş sıcak savaşa geldiğinde, birbirimizi yok ederdik; muhtemelen adanın tamamını da."

"Ejderhanın adını biliyor musun?" diye sordu Arconn, yüzünde şaşkın bir bakış vardı.

"Evet," dedi Alex.

"Öyleyse sen... sen bir ejderha efendisisin," dedi Arconn. Sesindeki şaşkınlık, hayrete dönüştü.

Thrang, Alex'e bakarak "Ejderha efendisi mi?" diye tekrarladı. Yüz ifadesi zihninin karışık olduğunu gösterirken değişti ve anlayışa dönüştü. "Evet, tabii ya. Ne aptalım. Bağışla beni Alex, budalalık ettim."

"Affedecek bir şey yok," dedi Alex. "Hislerini anlayabiliyorum. Ama bil ki ejderha burada olanlardan pişmanlık duyuyor."

"Evet, artık anlıyorum," dedi Thrang, gözlerini kurulamak için bir an bakışlarını kaçırdı. "Geldiğinde *Arayıcı*'yla birlikte adadan ayrılacağız. Alabildiğimiz kadar hazine alacağız fakat toplayamadıklarımızı pişmanlık duymadan ardımızda bırakacağız."

Thrang adadan gitmeyi kabul edince, gerilim ortadan kalktı ve Alex'in arkadaşlarının hepsi rahatlamış göründüler. Barnabus çabucak yemeği hazırlamaya başladı ve Thrang ağır ağır yürüyerek kamp ateşinden uzaklaştı. Alex, Thrang'i takip etti; dostunun, aralarında bir dargınlık yaşanmayacağından emin olmasını istiyordu. Cüce arşivlerinin dışına geldiklerinde Thrang'e yetişti.

Thrang, Alex'i üçüncü kata indirdi. Alex, mağaradaki hazinenin miktarına hayret etmişti. Dostları hazineyi dizmekle meşgul olmuşlar ama daha çantalarına yerleştirmeye başlamamışlardı bile.

"İzninle," dedi Alex, hafifçe eğilip Thrang'e selam vererek.

"Ne yapabiliyorsan yap," dedi Thrang cılız bir sesle. "Zaman tükendi; burada kalanlar, sonsuza dek kalacak."

Alex, Thrang'i rahatlatmak istedi. Fakat başka ne söyleyebileceğini, nasıl söyleyeceğini bilmiyordu. Alex ona dinlemesi emrini verdiğinde, Thrang'in özgüveni sarsılmış, gerçeği gördüğünde ise tamamen kaybolmuştu. Yapılabilecek en iyi şey buydu, Alex bundan emindi ama Thrang, kendisinin gözünde saygınlığını kaybetmişti. Alex onun, topluluğa liderlik etme yeteneğinden şüphe duyduğunu görebiliyordu ve bu da soruna yol açabilirdi.

Alex, birkaç büyülü söz ve büyülü çantasının üzerine söylenen bir emirle dev salondaki hazineleri boşalttı. Hazine yığını, meşale ışığında bir an parıldadı ve şaklayan kırbaca benzer bir sesle, hızla Alex'in büyülü çantasına girdi.

Tekrar yukarı çıktıklarında Alex, arkadaşlarının geri kalanının, köyden topladıkları hazineyi kendi çantalarına yerleştirmeyi başardıklarını gördü. Thrang hiçbir şey söylemedi; sadece ateşin başındaki yerine geri döndü ve sessizce adayı terk edecekleri zamanı bekledi.

Ertesi sabah sahile geri döndüler. Herkes karamsar bir ruh halindeymiş gibi görünüyordu. Alex gruptakilerin, maceranın geri kalanında Thrang'in onlara önderlik edebilme yeteneğinden kuşkulu olduğunu biliyordu. Eğer Thrang özgüvenini geri kazanamazsa, bu maceranın sona ermesi ve hazineleri bölüşüp kendi yollarına dağılmaları olasıydı. Alex'e göre bu, kabul edilemezdi. Thrang'in eski özgüveninin geri gelmesine yardımcı olacak bir yöntem bulmaya çalıştı.

Sahile varmalarından yaklaşık bir saat sonra, *Arayıcı* limana yanaştı. Alex ve yol arkadaşları, suyun kenarına ittikleri kayığa bindiler ve hızla gemiye geri döndüler. Bill Clinker ve tayfası, onları mutlulukla karşıladılar fakat grupta bir şeylerin ters gittiğini fark etmişlerdi. Sorunun ne olduğunu çabucak kavrayan Bill, yola çıkmak için Thrang'den izin istedi. Thrang konuşmayıp sadece başını salladı ve Bill, yelken açmaları için mürettebatına emirler verdi.

Alex, sırayla gruptaki herkese bakarak "Bir saniye lütfen," dedi. "Adaya bir büyü yapma sözü verdim ve hepinizin buna tanık olması gerektiğini düşünüyorum."

Herkes kabul etti fakat sadece Arconn bundan memnundu. *Arayıcı* limandan çıkarken, Alex ve dostları geminin yüksek kıç tarafında toplandılar. Alex, adadan birkaç kilometre uzaklaşmalarını bekledikten sonra dönüp Thrang'e baktı.

"İzninle," dedi ve eğilip Thrang'i selamladı.

"Evet," dedi Thrang yavaşça selama karşılık vererek. "Evet, tabii."

Alex diğerlerinden birkaç adım uzaklaşıp asasını kaldırdı. Salinor ona büyüyü açıklamıştı ve Alex alçak sesle kelimeleri söylerken, ejderhanın sesini hatırlıyordu. Büyüyü yaparken, güneş sanki önüne bir bulut geçmiş gibi sönükleşti. Denizden tuhaf bir sis yayılmaya başladı ve adayı çevirdi. Alex, tüm düşüncelerini işine odakladı. Sihri yaparken Salinor'un büyüsünün de onunkine katıldığını hissediyor ve adanın artık sonsuza dek gizleneceğini biliyordu.

Az sonra ada, suyun yüzeyine yayılan büyük bir bulut tarafından gizlenmişti. Alex yavaş yavaş işini bitirdi ve asasını indirirken, büyüyü sonsuza dek sabitledi. Gücünün tükendiğini seziyordu ama adaya doğru baktığında, tuhaf bir mutluluk hissediyordu. Bulut, olduğu yerde bir iki dakika kaldı ve sonra denizin meltemiyle savrulup gitti. Kemik Adası'nın olduğu yerde açık denizden başka hiçbir şey yoktu artık.

"Etkileyici," dedi Arconn şaşkın görünüyordu. "Bulutun, adayı gizlemek için hep kalacağını düşünmüştüm."

"Öyle olsa yerini belli ederdi," dedi Alex yorgun bir sesle. "Böylesi daha iyi, ardında hiçbir iz bırakmıyor."

Thrang cılız bir gülümsemeyle "İyi iş çıkardın," dedi. "Ve bence en iyisi bu."

Alex gülümsedi ve bir kez daha eğilip ona selam verdi. Diğerleri, Alex'in eserinden etkilenmişti fakat bir yandan da güvertenin altına geçmek istiyorlardı. Deniz yolculuğu hâlâ hoşlarına gitmiyordu ve gemi şimdiden, açık denizin dalgaları üzerinde sallanmaya başlamıştı. Aşağı indiler. Geminin kıç tarafında sadece Alex ve Arconn kaldı. İkisi, eskiden Kemik Adası'nın bulunduğu noktaya bakıyorlardı.

Gece çökerken Arconn, grubun geri kalanını kontrol etmek için aşağı indi. Alex güvertede kalmış, açık denizi izliyordu.

Thrang'le konuşmak istiyordu ama bunu, grubun geri kalanının önünde yapmayacaktı. Thrang'in kendinden duyduğu şüphelerden sıyrılmasını umuyor ve ona yardımcı olabilecek sözleri düşünüyordu. Sonra Alex şaşkınlık içinde, Thrang'in güverteye, yanına doğru geldiğini gördü.

"Deniz tutması iksirlerinden hiç kaldı mı?" diye sordu Thrang, geminin korkuluklarına sıkıca tutunmuştu.

"Elbette," dedi Alex gülümseyerek. "Tadının, hatırladığın kadar kötü olmayacağına mı karar verdin?"

"Aşağıda durmaya tahammül edemiyorum," dedi Thrang. Alex onu hiç bu kadar sıkıntılı görmemişti. "Hepsi benden şüphe ediyor artık, Arconn bile."

"Ben etmiyorum," dedi Alex. "Ve diğerlerinin ettiğinden de o kadar emin değilim. Bence sen, kendi şüphenin onların yüzündeki yansımasını görüyorsun."

"Belki de," dedi Thrang. "Ama şimdi ne yapacağım konusunda hiçbir fikrim yok."

"Devam edeceğiz elbette," dedi Alex, ufak bir şişeyi Thrang'e uzatarak. "Azar azar içsen iyi olur."

Alex'in iksirinden bir yudum alan Thrang, "Ben bir budalayım," dedi. "Aptalca düşüncelere kendimi kaptırıp, kararlarımı bozmasına sebep oldum. Gerçekte neyin peşinde olduğumuzu unuttum."

"Bir hata yaptın sadece, hepimiz yapıyoruz," dedi Alex. "Artık yapabileceğin tek şey, bundan ders çıkarmak ve bir daha aynı hatayı yapmamaya çalışmak."

"Çok naziksin, Alex. Durumu kurtarmama yardım ettin ama..."

"Aması yok," diye araya girdi Alex. "Sen bu maceranın liderisin ve ne zaman, nereye gideceğimizi söyleyecek kişi sensin. Bir hata yapmışsın. Ne var bunda? Herkes hata yapar."

"Sen yapmadın," diye belirtti Thrang.

"Bu sefer yapmadım," dedi Alex. "Daha önce yapmıştım ve yine yapacağım. Umudum, aynı hataları tekrar tekrar yapmamak. Ve bir hata yaptığımda, benden başka kimsenin bunun bedelini ödememesi."

"İlk tanışmamızdan bu yana çok değiştin," dedi Thrang gülerek. "Artık çok büyümüş gibisin. Sanırım büyücülük eğitiminin karşılığını alıyorsun."

"Sanırım," dedi Alex. "Üzerinde hiç düşünmedim ama galiba, büyücü olmak beni biraz değiştirdi."

"Evet ama hâlâ, o gün Clutter'ın dükkânında tanıştığım dost canlısı ve güvenilir çocuksun," dedi Thrang.

"Sen de o gün tanıştığım, kendinden emin ve bilge cücesin. Özgüvenin biraz sarsıldı ama hâlâ aynısın."

"Belki," diyerek kabul etti Thrang. "Hem belki senin sayende, o zamankinden biraz daha bilgeyimdir."

"Dostlar ne için var?" dedi Alex.

Thrang, deniz tutması iksirini bitirdi ve Alex'le birlikte güvertede durmaya devam etti. Birlikte çıktıkları ilk macera hakkında konuştular. Maceraya çok eskiden çıkmış gibi konuşuyorlardı oysa üzerinden hiç de uzun zaman geçmemişti.

Thrang sonunda, "Dunnstal'a döndüğümüzde sanırım güneye ve batıya doğru at sürmemiz gerekiyor," dedi. "Kayıp Dağlar'a doğru yollanmadan önce Kazad-Syn'de duracağız."

"İyi bir plana benziyor," dedi Alex.

"Kazad-Syn'deyken Kayıp Dağlar'la ilgili bazı bilgiler de edinebiliriz hatta," diye devam etti Thrang. "Şehirde ailem var, onları görmek güzel olacak."

"Aileyi görmek her zaman güzeldir," dedi Alex, Salinor'un yorumunu hatırlamıştı.

"Sen de kayıp çantayı, mirasçısına teslim edebileceksin."

"Evet. Bunu yapmam gerek, değil mi?"

Bir an sessizce durdular, sonra Thrang, Alex'in omzuna hafifçe vurdu: "Pekâlâ öyleyse, ben biraz uyumayı deneyeceğim sanırım. Ümidim havanın sakin kalması; şu ankinden daha fazla sallantıyı kaldırabileceğimi sanmıyorum."

Alex, Thrang'in güvertede sendeleyerek ilerlemesini ve grubun geri kalanının yanına dönmesini izledi. Thrang'in maceraya devam etmeye karar vermesi nedeniyle mutluydu ve diğer dostlarının da mutlu olacağını umuyordu.

Dunnstal'a geri dönerken hava açık ve sakindi, bu da Alex'in yol arkadaşları için iyi bir şeydi. Karaya vardıklarında Alex ve Arconn, diğerlerinin gemiden inmesine yardım ettiler; Thrang de o sırada Bill Clinker ve tayfasının ücretini ödüyordu. Alex, Thrang'in midesinin bulandığı anlaşılmasın diye ne kadar çabaladığını fark etti. Ödeme yapılır yapılmaz, arkadaşının gemiden inmesine yardım etmek için yanına koştu.

Thrang, Alex'e yaslanarak "Umarım bir daha asla denize açılmam," dedi. "Senin iksirin bile, deniz tutmasını bastırmada fazla etkili olmadı."

"Evet, aslında ben de onun üzerine bir okuma yapıyordum,"

dedi Alex hafiften gülerek. "Anlaşılan iksir, açık havada, güvertedeysen faydalı oluyor."

"Ah, bunu şimdi öğrendiğimiz iyi oldu," dedi Arconn, Thrang'in diğer koluna girerken gülüyordu.

Thrang, Alex'in verdiği bilgiyi, Arconn kadar eğlenceli bulmamıştı ama biraz olsun gülümseyebildi.

İkindi saatleriydi. Thrang ve diğerlerinin en çok istediği şey, Deniz Sisi'ne gidip bir yatak bularak uzanmak ve yolculuğun yorgunluğunu atabilmekti. Ishly'nin onları beklediğini gördüler. Hepsinin odalarını hazırlamıştı. Alex ve Arconn, diğerleri yataklarına gittikten sonra, kısa bir süre daha ortak salonda kaldılar ve Dunnstal'ın sokaklarında dolaşmaya çıktılar.

"Adadan ayrıldığımızdan beri Thrang'in morali düzeldi," diye yorum yaptı Arconn, Alex'e bakarak.

"Konuştuk," dedi Alex. "Bir hata yaptığını biliyor ama bundan ders çıkardı. Sanırım artık devam etmeye hazır."

"Bunu duyduğuma sevindim," dedi Arconn. "Bir ara onun vazgeçeceğini sanmıştım."

"Bana kalırsa istedi ama bu, kabul edilemez bir şey olurdu," dedi Alex.

"Senin için mi, onun için mi kabul edilmez?"

"İkimiz için de sanırım," dedi Alex. "Ve bence sen de aynı fikirdesindir."

"Evet," dedi Arconn.

Dunnstal'da görecek fazla bir şey yoktu ama Alex, deniz havasından ve yüzüne vuran hafif meltemden hoşlanıyordu. O ve Arconn rıhtıma inip, Kemik Adası hakkındaki hikâyeyi anlatan ihtiyar balıkçıyı buldular. Yaşlı adam, Alex'in kayıp cüce madenleri hakkında anlattıklarını dinlemekten hoşnut olmuş görünüyordu. Fakat Alex, adada bir ejderhanın yaşadığı gerçeğini atladı. Bir kere daha balıkçının ağlarına büyü yapmayı teklif etti ve yaşlı adam bir kez daha gülüp "Hayır," dedi. Günbatımında, Alex ve Arconn onu rıhtımda bırakıp meyhaneye geri döndüler. Sadece Thrain ve Barnabus, akşam yemeği için odalarından çıkabilmişlerdi. Alex diğerlerinin uyumasının daha iyi olduğunu düşündü.

Ertesi sabah Alex'in dostlarının hepsi, önceki güne göre çok daha mutlu ve sağlıklı görünüyordu. Yumuşak yataklarda uzun bir uyku çekmek, onlarda harikalar yaratmıştı. Konuşarak vakit harcamadan kahvaltılarını ettiler. Yemeklerini bitirirken Thrang ayağa kalkıp masada oturan grup üyelerine teker teker baktı.

"Güneye, Kazad-Syn'e doğru yol almamıza karar verdim," dedi. "Orada Kayıp Dağlar hakkında bazı bilgiler alabiliriz. Alex'te de kayıp bir maceracının çantası var, teslim edilmesi gerekiyor. Mirasçısı Kazad-Syn'de yaşıyormuş, bu yüzden en azından birkaç gün orada kalmamız gerekiyor."

Arconn hemen, "Kayıp Dağlar hakkında ne biliyoruz?" diye sordu.

Thrang, hafif bir kahkahayla "Eh, gerçekten kayıp olmadıklarını biliyoruz," dedi. "Kayıp Dağlar deniyor çünkü orada kaybolmak kolay. Daha önce oraya hiç gitmedim ama dağların arasında kıvrılan yüzlerce dar vadinin olduğunu söylemişlerdi."

"Orada tehlikeli bir şeylerin yaşadığı tahmin ediliyor mu?" diye sordu Nellus.

"Hiç bilmiyorum ama Kazad-Syn'e ulaştığımızda daha fazlasını öğrenebileceğimizden eminim," diye cevap verdi Thrang. "İnanıyorum ki, Kayıp Dağlar'da yaşayan cücelerin bazıları Kazad-Syn'e gitmiştir ve bilgileri işimize yarayabilir. Sonuçta Albrek'ten bir iz bulmak için dağların tamamını aramak istemeyiz."

Thrang'in önerisi genel bir kabul gördü ve birlikte kalkıp güneye doğru yola çıkmak üzere hazırlandılar. Alex ve diğerleri ahırlara yollanırken, Thrang, arkada kalıp grubun konaklama ücretini ödemek için Ishly'yi arıyordu. Alex, Thrang'in yeniden kazandığı özgüveninin, diğerlerini etkilediğini görebiliyordu. Şimdi hepsi, Kemik Adası'ndan ayrılırken olduklarından çok daha mutlu görünüyordu.

Thrain, atına eyer vurmaya çalışırken, "Kazad-Syn buradan ne kadar uzakta?" diye sordu.

"Atla on, belki on iki günlük yol," dedi Alex. Benorg'da incelediği Thraxon haritasını anımsıyordu. "Elbette yol zorlu olabilir, bu yüzden daha uzun sürebilir."

"En azından at sırtında olacağız," dedi Kat gülerek. "Hayatımda hiç o gemideyken olduğumdan daha kötü hissetmemiştim."

"Ben de," diye katıldı Barnabus. "Yeniden at sırtında gitmek iyi olacak."

"Bense deniz yolculuğundan çok keyif almıştım," dedi Arconn gülerek.

"Ben de," diyerek destekledi Alex, konuşurken Shahree'nin boynunu okşuyordu. "Ama normal seyahat yöntemimize geri dönmüş olmak güzel."

Ahırdan çıkarken diğerleri gülüyordu. Arconn, Thrang'in atını da kendininkiyle birlikte getirdi ve Thrang'i, hanın önünde onları beklerken buldular.

"Ishly, sahil yolunu izleyerek güneye gitmemizi önerdi," dedi Thrang, eyerine tırmanırken. "Darvish'ten Kazad-Syn'e giden iyi bir yol olduğunu söyledi. Darvish buradan sadece dört ya da beş gün güneydeymiş."

"Denize bu kadar yakın olmak istediğinden emin misin?" diye sordu Alex gülümseyerek.

Thrang hırıltılı bir kahkahayla "Üstünde olmadığımız sürece sorun yok," diye cevap verdi.

Thrang'in ardında hemen sıraya dizilip, at sırtında Dunnstal'dan ayrıldılar. Şehir gözden kaybolmadan önce Alex, arkasını dönüp son bir kez baktı, *Arayıcı*'daki dostlarının o gece hanlarda ne hikâyeler anlatacağını merak ediyordu.

Sahil yolu, iyi bir yoldu ve Darvish'e vardıklarında, Dunnstal'dan ayrılmalarının beşinci günüydü, saat de henüz erkendi. Darvish, etrafındaki yüksek surlarıyla, Dunnstal'dan çok daha büyük bir şehirdi. Fakat kapı nöbetçileri gayet dost canlısıydı ve sadece birkaç soru sorduktan sonra, geçmelerine izin verdiler. Thrang, günün geri kalanını Darvish'te geçirmelerine ve ertesi gün Kazad-Syn'e doğru yola çıkmalarına karar verdi.

"Eyerden yalnızca birkaç haftalığına indik ama uzun bir yolculuk için formumu kaybetmişim," diye şikâyet etti Thrang.

Grubun geri kalanı bu kararı onayladı. Darvish şehrini keşfetmek için hevesliydiler ama Thrang, keşfe çıkmadan önce bir han bulmaları konusunda ısrar etti. Şehirde çok az boş oda olduğunu öğrenince şaşırdılar.

"Yılın en yoğun zamanı," dedi hancı onlara. "Sakin deniz bütün yıl sürmüyor sonuçta. Çoğu tüccar, hava kötüyken mallarını gemiye yüklemekten hoşlanmıyor."

Sonunda, üç tane boş odası olan bir han bulabildiler ve Thrang hepsini tuttu. Thrang ve Thrain bir odayı paylaşacaktı, Nellus ve Barnabus da öyle. Arconn ve Alex, üçüncü odayı Kat'le paylaşıyordu ama odaları küçük bir süitti; orta büyüklükte bir oturma odasına açılan iki tane yatak odası vardı. Alex, iki yatak odasında birer yatak olmasını mesele etse de Arconn bunu dert etmedi.

"Ben sizin gibi dinlenmeye ihtiyaç duymuyorum," diye hatırlattı Arconn, Alex'e. "Ateşin önünde fazlasıyla rahat ederim. Ancak son zamanlarda, senin de günlerce hiç uyumadan durabildiğini fark ettim."

"Sadece gerektiğinde..." dedi Alex. "Ve bugün pek gerektiğini düşünmüyorum."

Yatacak yerle ilgili ayarlamaları halledince, hepsi şehri görmek için dışarı çıktı. Alex, kentte bu kadar çok cüce olmasına şaşırmıştı. Fakat Thrang ona, Darvish'in Kazad-Syn'le ve bunun yanında başka cüce şehirleriyle, bolca ticaret yaptığını açıkladı.

Thrang, kalabalık bir cadde boyunca yürürlerken "Kardeşimin orada bazı mülkleri var," dedi. "Epeyce ticaret yaptı ve denizdeki büyük limanların çoğuyla ticaret yapabilmek için gemilere para ödedi."

Nellus, şehrin ana meydanına girdiklerinde, "Epey varlıklı olsa gerek," dedi. Meydan, her çeşit mal ve eşyanın satıldığı, yüzlerce küçük tezgâhla doluydu. Nellus, "Görünüşe göre burada her şeyden biraz var," diye yorum yaptı.

"Darvish, Doğu Denizi'nin en büyük limanlarından biridir," dedi Thrang. "Thorson onların, anlaşması zor ama her zaman adil insanlar olduklarını söyler."

"Thorson kardeşin oluyor herhalde," dedi Arconn, Thrang'e bakıp.

"Evet," diye cevap verdi Thrang. "Benden biraz gençtir ama durumu gayet iyi."

Alex, Thrang'in sözlerinden ve yüzündeki ifadeden, küçük kardeşiyle gurur duyduğunu anlayabiliyordu. Thrang'in, kardeşi hakkında konuştuğunu duymak tuhaf geliyordu çünkü Alex, daha önce dostlarının hiçbiriyle aileleri hakkında konuşmamıştı. Bir an kendi ailesini düşündü, Salinor'un ona aramasını söylediği ailesini... Bay Roberts onun ailesi hakkında bir şeyler biliyor olabilir miydi? Eğer Bay Roberts bilmiyorsa, kim bilirdi?

Barnabus, "Ben yeni bir çift çizme bakacağım," diyerek Alex'in düşüncelerini dağıttı.

"Yanına birini almalısın," dedi Thrang.

Thrain, "Burada herhangi bir tehlike olduğunu düşünmüyorsun, değil mi?" diye sordu.

"Hayır ama yine de tetikte olmalıyız," dedi Thrang.

Thrang'in önerisini kabul ettiler ve böylece, Nellus ile Kat, Barnabus'la birlikte çizme almaya gitti. Thrang'in, Thrain'in yanında kalmasında ısrar etmesi, Alex ve Arconn'un şehirde rahatça birlikte gezmesini sağladı.

Meydandaki pazar yerinden yavaş yavaş ilerleyip çeşitli ürünlere baktılar, hatta birkaç şey de satın aldılar. Darvish halkı, bir insanla bir elfi beraber gördüklerine pek şaşırmıyor gibiydi. Ama birkaçı, asasını fark ettiklerinde Alex'e ikinci bir bakış attı. Güzel bir sabahtı. Öğlen, Alex ve Arconn, pazar tezgâhlarının birinden yiyecek aldılar ve oturup yiyebilecekleri bir yer aradılar.

"Güzel bir şehir," dedi Arconn yürürken. "Keşke burada daha fazla zaman geçirebilseydik."

"Thrang'in, kardeşini görmek istediğini tahmin ediyorum," dedi Alex. Şehir parkına benzeyen bir parça yeşil alanı fark edince, Arconn'a oraya oturmalarını işaret etti.

"Thrang'in ailesi hakkında ne biliyorsun?"

Alex'le yüksek bir kulenin gölgesindeki bir banka oturan Arconn, "Birkaç erkek kardeşi olduğunu biliyorum," diye cevap verdi. "Neden bilmiyorum ama maceracılar arasında aileler pek konuşulmaz."

"Maceranın parçası gibi gelen bir şey değil," dedi Alex.

"Evet, değil sanırım," dedi Arconn.

"Eski kitaplar hakkında bir şey biliyor musun?" diye sordu Alex. Kendi ailesi hakkında ne kadar az bilgisi olduğunu düşünmek istemediğinden, konuyu değiştirmişti.

"Ne kadar eski?"

"Sanıyorum ki elfçeden daha eski, belki büyü yazısından da eski," diye cevap verdi Alex.

Arconn bir an düşündü. "Neden soruyorsun bu kitapları?"

"Bende birkaç tane var," dedi Alex. "Kemik Adası'ndaki ejderha verdi. Sadece bir tanesine ve birkaç saniyeliğine baktım. Ama ne büyü ne de elf harfleriyle yazıldığını anladım."

"Bir ejderhanın neden kitapları olsun?" diye sordu Arconn. Alex'e olduğu kadar, kendine de soruyordu bunu.

"Bilmiyorum," dedi Alex. *Salinor keşke bazı şeyleri biraz daha açıklasaydı,* diye düşündü. "Onları almamı ve içlerinde epeyce kayıp bilgi olduğunu söyledi."

"Diyebilirim ki, onların içinde olabilecek hemen hemen her şey, kayıp bilgi sayılır," dedi Arconn, gökyüzüne bakıyordu. "Öyle kitaplarla ilgili bazı hikâyeler duymuştum ama hepsi bu."

"Peki hikâyeler ne diyor?"

"Bu eski kitaplar nadirdir," diye başladı Arconn. Ağır ağır, hatırlamaya çalışıyormuş gibi konuşuyordu. "En eskisinin geçmişi, farklı ırkların kendi ülkelerinden gelip yayılmasından öncesine, bilinen diyarların yaratılışından hemen sonrasına kadar gider."

"Yani toprakların nasıl ve kimin tarafından yaratıldığından mı bahsediyor? Hangi ırkın nereden geldiği ve bunun gibi şeylerden mi?" diye sordu Alex.

"Belki," dedi Arconn. "Kim kesin olarak bilebilir ki? Duyduklarım çoğunlukla söylenti ya da efsane. Hayattaki en yaşlı elfin bile o kitaplar hakkında neyin gerçek olduğunu bilebileceğini sanmıyorum."

Arconn'un, sorusuna gerçek bir cevap vermediğini anlayan Alex, "Peki söylentiler ve efsaneler ne diyor?" diye ısrar etti.

"Böyle kitapların tehlikeli olabileceğini söylüyorlar," dedi Arconn. "Bazı efsaneler, bu kitapların okuyucusuna güç verdiğini iddia eder. Okuyanın kim olduğuna bağlı olarak, böyle kitaplar ya çok tehlikelidir ya da muhtemelen çok faydalıdır."

"Ya da ikisi birden," dedi Alex, Arconn'un sözlerini düşünüyordu.

Arconn, "Eğer ejderhanın sana verdiği kitaplar eski zamanlardan kalmaysa, onları incelerken dikkatli olmalısın," dedi. "Belki bunu Whalen'e sormalısın."

"Evet, sanırım öyle yapacağım," dedi düşüncelere dalan Alex.

O sırada ihtiyar bir adam, "Üstatlar," diye seslenerek Alex ve Arconn'un konuşmasını böldü.

"Yardıma mı ihtiyacınız var?" diye sordu Alex.

"Neden burada olduğunuzu sormak istedim," diye cevapladı yaşlı adam.

"Kazad-Syn'e yolculuk ederken şehrinizden geçiyorduk," dedi Arconn.

"Ah, hayır, demek istediğim *burada,* boş kulenin gölgesinde neden durduğunuz," dedi yaşlı adam gülümseyerek.

"Burada olmamamız mı gerekiyor?" diye sordu Alex.

"Öyle bir kanun yok," dedi adam, sakin bir sesle. "Sadece, tehlikeleri bildiklerinden, pek az kişi kuleye bu kadar yakın oturur."

Arconn, "Tehlikeler mi?" diye sordu.

"Burası Kâhin'in Boş Kule'si," diye açıkladı adam. "Ben Kathnar, bu arazinin koruyucusuyum. Ben ve soydaşlarım, Boş Kule'nin hizmetkârları olarak biliniriz."

"Ne zamandır hizmet ediyorsunuz?" diye sordu Alex.

"Ailem bin yıldan uzun süredir kule arazisiyle ilgileniyor," diye cevap verdi Kathnar gururla. "Nöbet tutuyor ve kâhinin gelmesini bekliyoruz."

"Uzun bir bekleme süresi," diye yorum yaptı Arconn.

"Evet ama ne kadar beklememiz gerekiyorsa, o kadar bekleyeceğiz," dedi Kathnar hüzünle.

"Gelecek olan kâhin kim?" diye sordu Alex, başını kaldırıp kuleye bakarak.

"Onu ejderha getirecek," diye cevap verdi Kathnar saygıyla. "En azından efsanelerden biri böyle söylüyor. Bu kadar çok efsane anlatılırken, hangisinin gerçek olduğunu bilmek zor."

"Kuleye girebilir miyiz?" diye sordu Arconn.

"Ah, hayır," diye yanıtladı Kathnar hemen. "Çok tehlikeli. Kule sihirle mühürlenmiştir."

"Bizi girişe götürün," dedi Alex. "Kulenin kapısını nasıl bir sihrin tuttuğunu görmek istiyorum."

"Nasıl isterseniz," dedi Kathnar eğilip. "Kapı uzakta değil. Size göstereyim."

Alex ve Arconn, ağaçların arasında, taş bir patika boyunca Kathnar'ı takip ettiler. Kulenin etrafında yüksek duvarlar vardı ve duvarın bir köşesinden döndüklerinde Alex, Nellus, Barnabus ve Kat'in kapıların önünde durduğunu gördü. Barnabus ve Nellus endişeli gibiydiler ama Kat, kapıya doğru yürürken çok sakin görünüyordu.

"Kat, hayır!" diye seslendi Arconn, ileri atılarak.

"Onu durdurmamalısın!" diye bağırdı Kathnar, Arconn'un ardından koşuyordu. "Denemeye hakkı var."

Kat ile kapının arasına adım atan Alex, asasıyla yere vurdu.

Bir gök gürültüsünün gümbürtüsü havayı sardı ve Kat'in gözleri şaşkınlıkla kuleden Alex'e doğru döndü.

"Bu sana göre değil," dedi Alex, güçle dolu bir sesle. "Yerine getirmen gereken başka görevler var."

"Evet," dedi Kat rüyadaymış gibi bir sesle. "Tutmam gereken sözler var."

"Ama zaman daralıyor!" diye bağırdı Kathnar. "Eğer yakında gelmezse, kule sonsuza dek kaybedilecek."

"Ne demek istiyorsun?" diye sordu Alex, Kathnar'a bakmak için dönerek.

"Efsanelerin dediğine göre, kule belirli bir süre boş kalacak," dedi Kathnar. Bir Alex'e, bir Kat'e bakıyordu. "Eğer zaman dolmadan kâhin gelmezse, kule tıpkı bir sis gibi yok olacak."

"Kulenin yok olmasına ne kadar zaman kaldı?" diye sordu Alex.

"Bunu tahmin etmek zor," dedi Kathnar, öfkesi acizliğe dönüşüyordu. "Tam sayı yıllar önce unutuldu." Omuz silkti. "Belki bir yıl, belki daha az. Öfkemi bağışlayın, ben... ben sadece zamanın tükendiğini hissediyorum ve kulenin kaybolup gitmesini istemiyorum."

"Affedecek bir şey yok," dedi Alex. Bir yandan da Kat'e bakıyordu. "Arkadaşım bir kâhindir. Kulenin gücü onu çağırdı. Eminim başkalarını da çağırmıştır."

"Evet, deneyen başka kişiler de vardı," dedi Kathnar. "Kuleye girmekte hepsi başarısız oldu. Ama bu, arkadaşınızın denememesi gerektiği anlamına gelmiyor."

"Başarısız olanlar... Ne oldu onlara?" diye sordu Arconn.

"Kendilerini kaybettiler," diye yanıt verdi Kathnar yavaşça. "Kim olduklarını, nerede olduklarını unuttular. Bazıları delirdi. Diğerleri öylece şehirden uzaklaşıp gitti. Bazıları da yemek yemeyi reddederek sonunda, işte..."

"Tamam, anladım," dedi Alex. "Kule yeni bir kâhin arıyor. Bu yerin gücü, onu kontrol edebilecek birini bulmaya çalışıyor ve bu gereksinimi karşılayabilecek herkesi çağırıyor."

"Küçük bir kötülükten fazlası gibi geliyor kulağa," dedi Arconn, kuleye bakarak.

"Hayır, kötülük değil," dedi Alex. "Bu bir sihir ve irade sınavı. Kulenin sihri, içeri girmeye çalışanları yok etmiyor: Onları yok eden, girmeyi başaramamış olmaları ve başarısızlığı hazmedememeleri. Kat'in bu sınava hazır olduğunu düşünmüyorum, en azından şimdilik. Onun kuleye körü körüne girmesine izin veremem. Ne olduğunu ve başına ne gelebileceğini anladığında, o zaman belki kuleye girmeyi denemek isteyecektir."

"Nasıl isterseniz, üstat büyücü," dedi Kathnar, eğilip Alex'i selamlayarak. "Umarım buna teşebbüs etmeden önce çok uzun süre beklemez."

"Umarım kule yok olmadan, kâhin gelir," diye karşılık verdi Alex.

Kathnar eğilip selam verdikten sonra yürüyüp gitti.

Kat hâlâ Alex'e bakıyordu. Uzaklara dalmıştı. Alex yavaşça adını söyleyince, transtan çıktı.

Diğerleri neler olduğunu anlattıktan sonra, "Buraya neden

geldiğimi bilmiyorum," dedi Kat. "Rüya gibiydi ama ne kadar hatırlamaya çalışırsam, o kadar kayıp gidiyor aklımdan."

"Dert etme," dedi Alex. "Öncelikle bitirmemiz gereken bir macera var. Bu teşebbüsün ne anlama gelebileceğini anladığında, kuleye girmeyi denemeye karar verirsen, eh, o zaman ben de seninle gelirim ve sana elimden geldiğince yardım ederim."

Kat konuşmadan, Alex'in dediklerini kabul ettiğini belirtir şekilde başını salladı. Hepsi, kuleye bir daha dönüp bakmadan şehre geri geldiler. Alex, Kat'in fark ettirmeden onların arasından ayrılıp kuleye geri dönebileceğinden endişeleniyordu ama Kat bunu yapmadı. Kuleyi düşünüyormuş gibiydi ve günün geri kalanında fazla bir şey söylemedi.

"Kazad-Syn harika bir şehirdir," dedi Thrang akşam yemeğinde. "Bir hafta ya da on gün sonra, güneşte bir mücevher gibi parladığını göreceksiniz."

Arconn, Thrang'e bakıp, "Daha önce hiçbir şehirden böyle övgüyle bahsettiğini duymamıştım," dedi.

"O kent, ailemin geldiği yer, benim yuvam," dedi Thrang gülümseyerek. "Diğer kardeşlerim taşınmış olsalar da, Thorson hâlâ orada yaşıyor. Ayrıca kuzenlerim ve diğer akrabalarım da hâlâ orada. Bu yüzden, ziyaretimiz keyifli geçecektir."

Nellus, maşrapasını kaldırıp "Öyleyse, Kazad-Syn'e içelim ve bir an önce oraya ulaşmayı ümit edelim," dedi.

Diğerleri de maşrapalarını kaldırınca, Thrang bundan mutlu oldu.

"Son bir içki daha, sonra da yataklara," dedi, yemeklerini bitirmişlerdi. "Yarın sabah erkenden yola çıkacağız.

Eğer şansımız yaver giderse, on güne kalmaz Kazad-Syn'e varırız."

Hepsi içkilerini içti ve odalarına çekilmeye hazırlandı. Diğerleri kalkarken Thrang, Alex ve Arconn'a beklemelerini işaret etti. Yalnız kaldıklarında, Thrang alçak sesle konuştu.

"Kat'in kuleye geri dönmeye çalışacağını düşünüyor musunuz?"

"Sanmıyorum," dedi Alex usulca. "Onu çağıran sihri engelledim, en azından şimdilik."

"Engeli kaldırdığın zaman ne olacak peki?" diye sordu Arconn.

"O zaman kulenin sihri onu tekrar çağıracak," dedi Alex. "Eğer kuleye girmeyi denemek isterse, şey... Ne olursa olsun, bu teşebbüsün ona neler yapabileceğini gerçekten anlamadan hiçbir şey yapmasına izin vermem."

"Yarın gidecek olmamız iyi," dedi Thrang, sesi düşünceliydi. "Arconn, bu gece gözün onun üstünde olsun, belki sıvışıp gitmeye çalışır, ne olur ne olmaz."

Arconn başını salladı ve üçü, hızla dostlarının peşinden gittiler. Alex, maceraları tamamlandıktan sonra Kat'in geri dönüp kuleye girmeyi denemek isteyeceğinden emindi. Hatta başına neler gelebileceğini bildiğinde bile... Ayrıca, Kat bunu deneyip başarısız olursa, elinden hiçbir şey gelmeyecekti. Bu yüzden kendini çok huzursuz hissediyordu.

ON BEŞİNCİ BÖLÜM

ÜÇÜNCÜ ÇANTA

Thrang'in, Kazad-Syn'e ne zaman ulaşacakları hakkındaki tahmini doğru çıktı. Darvish'ten ayrıldıktan dokuz gün sonra, öğleye doğru, grup bir tepenin üstünde durdu. Karşılarında uzanan, cüce şehri Kazad-Syn'di ve Thrang'in sözlerini doğruluyor, bir mücevher gibi parlıyordu.

"Çok güzel," dedi Thrain, heyecandan soluğu kesilmişti. "Daha önce hiç böyle bir şey görmemiştim."

"Bütün cüce yolları, şehirlere varmadan önce bir tepeye mi çıkar?" diye sordu Nellus. "Sanki yolları, bize şehrin mümkün olan en etkileyici manzaralarını sunmak üzere, özellikle tasarlanmış."

"Yollar öyle mi tasarlanmıştır, bilemem," diyen Thrang güldü. "Ama harika bir manzara."

Alex de şehrin çok güzel göründüğünü kabul ediyordu ve şaşkınlıkla, şehrin çok da yeşil olduğunu fark etmişti. Kent, dağlara yakın bir yere kurulmuştu ve dağların yamacından uzanan bir duvar, kentin bir kısmını yarım daire içine alıyordu. Duvar, soluk yeşim rengindeydi. Taş bir duvardan çok, çalıdan dev bir çite benziyordu. Duvarların arasında çok sayıda büyük bina vardı. Binaların çoğunun duvarları, aynı renkteki taşlardan yapılmıştı. Ayrıca, şehrin içinde ve çevresinde çok sayıda ağaç yetişiyor, ağaçlar yeşil taşın etkisini daha da arttırıyordu.

Thrang, tekrar ilerlemeye başladıklarında, "Kazad-Syn, yeşim renkli mermeriyle tanınır," dedi. "Bu bölgenin taşı, bilinen diyarların pek çok yerine gönderilir."

"Etkileyici," dedi Arconn. "Bir cüce şehrinin bu kadar hareketli ve canlı olabileceğini hiç düşünmemiştim."

"Şehrin yer altındaki kısımlarını görene dek sabret," dedi Thrang, gülümsüyordu.

Şehrin kapılarına geldiklerinde muhafızlar, Thrang'i eski bir dost gibi karşıladılar ve grubun geçmesine tereddütsüz izin verdiler. Grubun şehre geldiğinin haberinin yayılması uzun sürmemişti. Çok geçmeden, Thrang'in adını söyleyen bir sürü genç cüce, onları takip etmeye başladı.

Thrang sırıtarak, "Burada biraz ünlüyümdür," dedi. Elini cebine atıp bir avuç gümüş para çıkardı ve omzunun üzerinden, peşlerinden gelen gençlere paraları attı. "Her zaman onlara biraz para atarım ve bu bana şans getirir," diye açıkladı.

"Bir gelenek mi bu?" diye sordu Arconn, paraları kapmak için arkalarında koşturan genç cücelere bakıyordu.

"Ailem için evet," dedi Thrang. "Bunu başlatan büyük büyükbabammış. Artık ne zaman ailemden biri buraya geri dönse, bir gelenek olarak para atarız."

Thrang daha konuşacakmış gibiydi ama o anda, mutlu bir cüce kalabalığı sokaktan bağırarak onu selamlamaya başladı.

Thrang de onlara seslenip el salladı. Alex onun, anavatanına geri dönmekten ne kadar memnun olduğunu görebiliyordu.

Şehrin içinden geçen ana yolu takip ettiler fakat giderken, onları çevreleyen kalabalık büyüdü ve çok geçmeden, hareket etmekte zorlanır hale geldiler. Alex, Thrang'in bu şehre her gelişinde böylesi bir karşılama olup olmadığını merak etti. Fakat bunu sormasının pek iyi olmayacağına karar verdi. Bunun yerine, atını Thrang'in ardından ağır ağır sürdü ve Thrang ile grubunu görmekten son derece mutlu olan cücelere gülümsedi.

Biraz zaman alsa da, sonunda kalabalıktan sıyrılmayı ve ana yoldan çıkıp, dağ yamacına giden çok sayıdaki yan yollardan birine sapmayı başardılar. Kısa bir süre sonra Thrang, tam dağın yamacının karşısına inşa edilmiş, güzel bir evin önünde durdu. Evin etrafında yüksek bir duvar vardı ve bahçe kapısı kapalıydı. Thrang atından inip, sağlam ahşap kapılara sertçe vurdu.

Kapıyı açan genç cüce, "Kuzen Thrang!" diye şaşkınlıkla bağırdı. "Geleceğini bilmiyorduk. Bilseydim kapıyı açtırırdım."

"Haber gönderecek vaktim olmadı," dedi Thrang. Genç kuzenine gülümseyip, kapıdan geçerken diğerlerine onu takip etmelerini işaret etti.

"Thorson seni gördüğüne çok sevinecek," diye devam etti cüce, grubun geri kalanını belli ki fark etmemişti. "Daha geçen gün, sana mektup yazıp bir süreliğine bizde kalmaya davet etmek istediğini söylüyordu."

"Umarım dostlarım için de oda vardır," dedi Thrang, diğerlerini işaret etmek için arkasına dönerek.

"Dostlar için her zaman oda olur," diye cevap verdi cüce; o da görebilmek için dönüp baktı. Maceracılar grubunu gördüğünde, gözleri kocaman oldu ve ağzı bir karış açıldı. Alex, cücenin konuşma yeteneğini kaybetmiş olabileceğini düşündü.

"Macerada olduğunu bilmiyordum," diyebildi cüce, birkaç saniye sonra. "Affedersin, kuzenim, seni ve dostlarını avluda böyle bekletmemeliyim."

"Sorun değil," dedi Thrang gülerek. "Sen de hazır buradayken, herkesle tanışmış ol. Millet, bu benim kuzenim Dain. Dain benim izimden gidip bir maceracı olmak istiyor ama henüz yaşı gelmedi."

Dain eğilip grubu selamladı. Doğrulduğunda yüzü hafifçe kızarmıştı. Thrang sırayla gruptaki tüm üyeleri tanıttı, Alex'i sona bıraktı.

"Alexander Taylor mı?" diye tekrarladı Dain. "Slathbog'u yenen büyücü mü?"

"Ta kendisi," dedi Thrang, gülümseyip Alex'e göz kırptı. "Ondan çok daha fazlasını gerçekleştirdi hem de."

"Büyük şeref duydum, efendim," dedi Dain, eğilip Alex'e selam vererek.

"O şeref bana ait," dedi Alex, başını eğip karşılık verdi ve Thrang'e göz kırptı.

"Atlarınızı sizin için ahırlara götüreyim," dedi Dain, Thrang'e.

Thrang, "Thorson'a bizim geldiğimizi kim haber verecek peki?" diye sordu.

Dain "Şey, ben..." diyecek oldu ama birden sesi kesildi.

"Hadi o zaman," diyerek güldü Thrang. "Atları yanında götür, geldiğimizi kardeşime ben haber vereceğim."

Dain atların koşumlarını aldı ve avluda yürümeye başladı.

Thrang, gruba, onu diğer yöne doğru izlemelerini işaret etti. Alex, evin büyük olduğunu dışarıdan anlayabiliyordu; ya yer altında, ya da evin arkasına yakın olan dağın içinde, bundan çok daha fazlasının olduğunu tahmin etti.

Thrang, kardeşini günün bu saatinde nerede bulacağını kesin olarak biliyormuş gibiydi. Onları, evin küçük bir kısmından geçirdi ve duvarlarla çevrilmiş, geniş bir bahçeye çıkardı. Birkaç cüce, bir havuzun yakınındaki taş masada oturmuş, yüksek sesle konuşuyorlardı.

Thrang'e çok benzeyen bir cüce, "Yaşı gelmişse gelmiş. Yine de kâhine gitmesi için bir yolculuk ayarlanana kadar beklemesi gerekiyor," diyordu.

"Beklemesi gerekmiyor, kuzen," dedi ikinci bir cüce. "Artık reşit olduğunu ve nasıl isterse öyle yapacağını söylüyor."

"O zaman kendi başına, benim yardımım olmadan gidebilir," diye karşılık verdi ilk cüce. "Bu akşam buraya gelmesini söyle, ona bunları kendim söyleyeyim."

"Kâhin'e gitmek isteyen kimmiş?" diye sordu Thrang yüksek sesle.

"Kim o?" dedi ilk cüce, konuşanı görmek için arkasına dönerek. "Thrang, ihtiyar keçi seni, ne zaman geldin?"

"Daha şimdi," dedi Thrang, ilerleyip kardeşiyle kucaklaştı. "Dain bizi kapıda karşıladı ve atlarımızı ahırlara götürmeye gitti. Kötü bir zamanda gelmedik, değil mi Thorson?"

"Ah, grubunla gelmişsin," dedi Thorson neşeyle. "Önceden haber vermeliydin; bir ziyafet hazırlatırdım."

"Ziyafet bekleyebilir," dedi Thrang ve kahkaha attı. "Yedi kişiye yetecek kadar odan var mı? Bir iki hafta şehirde kalacağız."

"Odam olduğunu biliyorsun," dedi Thorson. "Ve eğer en az bir hafta kalacaksanız, birkaç tane ziyafet için bile vakit olur."

"Çok naziksin," dedi Thrang. "Müsaadenle dostlarımı tanıştırayım."

Thrang, kardeşine ve bahçedeki diğer cücelere grubu tanıttı. Alex'i yine en sona bıraktı. Thorson hepsiyle tanıştığına memnun olmuştu. Diğer cüceler de tanıştırıldıklarında gülümsediler ve eğilip selam verdiler. Alex hepsinin isimlerini hatırlamaya çalıştı ama Thrang'in akrabaları birbirine o kadar çok benziyordu ki isimleri ve yüzleri karıştırmamak çok zordu.

Thorson, havuzun başındaki masayı işaret etti. "Lütfen buyur, kendini evinde hisset. Öğle yemeğinizi buraya getirteceğim, hepiniz için odalarınızı da hazırlatacağım." Thorson hemen kuzenlerinden birine döndü ve bir çırpıda bazı talimatlar verdi. Alex, bu kuzenin adının Bulbur olduğunu sanıyordu ama tam olarak emin olamamıştı.

"Peki o zaman," dedi Thrang, masaya doğru yürüyüp. "Kaçıp gitmek ve bir kâhinle görüşmek isteyen kimmiş bakalım?"

"Yeğenin Fivra," diye cevap verdi Thorson, başını iki yana sallıyordu. "Daha geçen ay reşit oldu ve şimdiden kaçıp bir kâhin bulmak istiyor."

Thrang oturup, "Doğaldır," dedi. Grubun geri kalanı da masada onun etrafına yerleşti.

Thorson, masada Thrang'in yanına geçerek, "Öyle diyebilirsin; ama istediği şey, gidip herhangi bir kâhinle görüşmek değil. Vargland'a gidip Beyaz Kule'nin kâhinini görmek istiyor," dedi. "Halfdan'ın maceracılar grubu o tarafa gidecek ve daha şimdiden birkaç cüceyi yanında götürmeyi kabul etti."

"Bir ücret karşılığında," dedi Thrang başını sallayıp.

"Her birini yüz altına," dedi Thorson. "Fivra'ya, eğer paranın yarısını biriktirirse, diğer yarısını vereceğimi söylemiştim. Ama şu an birbirine sürtecek iki mangırı bile olduğunu sanmıyorum."

"Fakat hâlâ gitmek istiyor ve senin ödemeni bekliyor," diyen Thrang, bir kez daha başını salladı.

"Ben ödesem de, ödemesem de gideceğini söylüyor," dedi Thorson, biraz endişeli bir sesle. "Kararını vermiş bir kere. Ne kadar inatçıdır, bilirsin."

"Vargland'a gitse bile, kâhinin onunla görüşeceğinin garantisi yok," dedi Thrang ve çabucak Alex'e göz attı.

"Evet, yok," dedi Thorson. "Ama ben tüm parayı ödemeyi kabul etmiyorum. O da şimdi surat asıp bir yerlere kayboldu."

"Her zaman biraz somurtkan olmuştu zaten," dedi Thrang.

"Ve mali durumu da hiçbir zaman iyi olmamıştır," diye ekledi Thorson. "Sen ve Halfdan gibi bir maceracı olmayı kafasına koymuş. Maceraların kolay yoldan, çabucak zengin olmanın bir yolu olduğunu düşünüyor sanırım."

Thrang, başını iki yana sallayıp, "Ona maceracı olmanın zor bir iş olduğunu yüz kere söyledim," dedi. "Vargland'a gitse, kâhin onunla görüşse bile, maceracı olarak seçilmeme ihtimali var."

"Biliyorum," dedi Thorson, o da başını sağa sola salladı. "Bunu ona açıklamaya çalıştım ama dinlemiyor. Şimdi sen ve dostların burada olduğunuza göre, gitmek için her zamankinden daha azimli olacaktır."

"Belki onunla konuşabiliriz," diye teklif etti Arconn. "Maceraların ne kadar zor olabildiğini anlatırız."

Thrang, Arconn'a gülümseyip, "Nazikçe bir davranış," dedi. "Bir zarar gelmez. Ama ailevi meselelere sizi de bulaştırmaktan nefret ediyorum."

"Elimizden en azından bu kadarı gelir," dedi Nellus.

"Ama onunla konuşmanızı bizim istediğimizi düşünmemeli," diye uyardı Thorson. "Eğer konu kendiliğinden açılırsa tamam ama konuyu siz açmayın."

Hepsi bunu kabul ettiler. Thorson, her birine kişisel olarak teşekkür etti. O sırada öğle yemeği geldi ve çok geçmeden, yemeklerini yiyerek başka şeylerden konuşmaya başlamışlardı.

"Demek Thraxon'da bir maceraya çıktın, ha," dedi Thorson, Thrang'e bakıyordu. "Bana biraz bahsedebilir misin?"

Thrang, yarım bir gülümsemeyle "Bahsedemeyeceğimi biliyorsun," dedi. "Ama bize bir konuda yardımcı olabilirsin."

"Her ne olursa olsun yaparım," dedi Thorson.

"Dostum Alex'in elinde bir çanta var. Mirasçısını bulup çantanın teslim edilmesi işini halletmek istiyoruz."

"Mirasçının adını biliyor musunuz?" diye sordu Thorson, Alex'e.

"Haymar Glynn," dedi Alex, tabağını itip, sandalyesinde geriye yaslanarak. "Telous'taki çantacı bana bu ismi verdi."

"Haymar Glynn," diye tekrar etti Thorson. "Evet, tanıyorum galiba onu. İyi adamdır. Görüşmek istediğinizi öğleden sonra ona bildiririm."

"Harika," dedi Thrang. "İşler yolunda giderse, bu görevi halledip yola devam edeceğiz. Ha, senden isteyeceğim bir şey daha var."

"Sadece bir şey mi?" diyerek güldü Thorson.

"Kayıp Dağlar hakkında bilgiye ihtiyacımız var," dedi Thrang. "Her türlü bilgi olur ama şehirdeki tüm cücelerin oraya gittiğimizden haberi olmasını istemiyoruz."

"Evet, elbette," dedi Thorson, ciddileşmişti. "Bakalım neler bulabileceğim. Sanki orada benim bir işim varmış gibi göstereceğim, eğer senin için de uygunsa."

"Öylesi harika olur," dedi Thrang.

Alex öğleden sonra bahçede, Kat ve Arconn'la konuşarak oturuyordu. O sırada Thrang ve Thorson yanlarına geldiler.

"Ufak bir sorun çıktı," dedi Thrang, yüzünde endişeli bir ifade vardı. "Görünüşe göre, Haymar Glynn'e geri vermek istediğin çantayla ilgili bir anlaşmazlık var."

"Nasıl bir anlaşmazlık?" diye sordu Alex.

"Haymar'ın üvey kardeşi Halbrek, Haymar'ın mirasçı olmasına karşı çıkıyor," dedi Thorson. "İddiasına göre, babaları vasiyetini değiştirip çantanın mirasçısı olarak onu belirleyecekmiş fakat buna zaman kalmadan ölmüş."

"Çantacı bana Haymar'ın adını verdi," dedi Alex. "Bildiğim kadarıyla mirasçı Haymar ve çantayı onun alması gerekiyor. Eğer üvey kardeşi hak iddia ediyorsa, bunu başka bir şekilde yapması gerekecek."

"O kadar kolay değil," diyen Thrang, bir yere geçip oturdu. "Halbrek açık iddiada bulundu ve artık iddiasının doğru olup olmadığına karar verilmeden, çanta iade edilemez. Çok eski bir cüce yasasıdır. Yüzlerce yıldır kimsenin bunu uygulamaya çalıştığını sanmıyorum."

"Anlaşmazlığı kim çözecek?" diye sordu Alex. Bir Thrang'e, bir Thorson'a bakıyordu.

"Şey, iki yolu var," diye başladı Thrang. "Kral iki tarafın da ifadesini dinler ve bir hüküm verir. Ama bu, aylarca, hatta yıllarca sürebilir."

"Ayrıca kralın gerçek mirasçıyı seçip seçmeyeceğini bilmek de mümkün değil," diye ekledi Thorson. "Hata yapma ihtimali her zaman mevcut."

Thrang kaygılı bir sesle "Ya da kralın veya iddiaları dinleyen görevlilerden birinin rüşvet almış olma ihtimali," dedi.

"Peki diğer yol ne?" diye sordu Alex. Cevabı zaten biliyor olmaktan endişe ediyordu.

"Bir büyücü ve çantayı elinde tutan kişi olarak, gerçek mirasçının kim olduğuna *siz* karar vereceksiniz," dedi Thorson ve hafifçe gülümsedi.

"Nasıl yapacağım bunu?" diye sordu Alex.

"Çantayı teslim etme töreni, daha önce yaptıklarınla aşağı yukarı aynı olacaktır," dedi Thrang hemen. "Ama bu sefer, hem Haymar hem de Halbrek çanta üzerinde hak iddia ederek öne çıkacak. En kolay yolu, her ikisinin de size çantanın parolasını söylemeleri. Eğer parolalar birbirinden farklıysa, doğru parolayı bilen, gerçek mirasçı olacaktır."

"Ya her ikisi de doğru parolayı biliyorsa?" diye sordu Alex. Anlaşmazlığı kralın çözmesini tercih edeceğini hissediyordu.

"O zaman kendiniz bir sınav bulmalısınız," diye cevap verdi Thorson.

"Ah," dedi Alex, yere bakıyordu. "Onları nasıl bir sınava tabi tutabilirim ki?"

Thrang omuz silkti. "Kanun çok eski ve tarihimizde, buna benzer sadece birkaç vaka olmuştur. Belki, çantanın sahibinin, mirasçısının kim olmasını istediğini öğrenmenin sihirli bir yolu vardır."

Alex yukarı bakıp "Olabilir," dedi. "Ya da büyüyle Haymar'ı da Halbrek'i de gerçekleri söylemeye zorlayabilirim. Ama eğer her ikisi de kendi söylediklerinin doğruluğuna inanıyorsa, büyü işe yaramaz tabii."

"Zor bir görev olacak, o kesin," diye kabul etti Thorson. "Ancak Haymar da, Halbrek de sizinle görüşmek istediler. Belki gerçeği başka bir şekilde öğrenebilirsiniz."

"İkisi de benimle aynı anda mı konuşmak istiyorlar?" diye sordu Alex.

"Hayır, her ikisi de sizinle yalnız konuşmak istiyor," dedi Thorson. "Şüphesiz, ikisi de kendi iddialarını savunarak, kendisi lehine karar vermenizi umuyorlar."

"Ne zaman görmek istiyorlar beni?" diye sordu Alex, midesine bir ağırlık yerleşmiş gibi hissediyordu.

"Haymar, siz ne zaman isterseniz o zaman geleceğini söyledi," dedi Thorson. "Halbrek ise, siz Haymar'la konuştuktan sonra sizinle görüşmek konusunda ısrar etti."

"Pekâlâ," diye kabul etti Alex gönülsüzce. "Haymar'dan bu akşam gelmesini isteyin. Halbrek de yarın sabah gelebilir. İkisinin de anlatacaklarını dinleyeceğim; bakalım anlaşmazlığa bir çözüm bulabilecek miyim."

Thorson eğilip selam vererek "İstediğiniz gibi olacak," dedi.

Thrang, Thorson gittikten sonra, "Hangisinin doğruyu söylediğini anlamanın bir yolu olmalı," dedi.

Kat, "İkisi de söylediklerinin doğru olduğuna inanıyor olmalı, yoksa eski bir cüce yasasının uygulanmasını istemezlerdi," diyerek görüşünü belirtti.

"Doğru," diyerek kabul etti Thrang. "Ama kendi iddialarına inanıyor olsalar da, büyük bir risk alıyorlar. Aleyhinde karar vereceğin kişi, onurunu kaybedecek."

Alex düşünceli bir tavırla "Ancak Haymar'ın iddiası daha güçlü görünüyor," dedi. "Mirasçı olarak onun adı verildi bana."

Arconn da düşünceli bir ifadeyle "Doğruymuş gibi görünenler, her zaman doğru değildir," diye ekledi.

Alex başını salladı ama başka bir şey söylemedi. Durumun gidişatından memnun değildi. Çantayı iade etmenin basit bir görev ve sevindirici bir olay olacağını düşünmüştü. Şimdi ise, kayıp çantayı teslim etmenin, bir aileyi parçalayacağından korkuyordu. Haymar'ın ve Halbrek'in iddialarını geri çekmesinin iyi olabileceğini düşündü; en azından kendi aralarında gerçek mirasçının kim olması gerektiğine karar verene kadar.

Alex'in ne yapacağını düşünmek için çok vakti olmadı. Çünkü Thorson, Haymar'la görüşmesini bir saatten kısa bir süre sonrasına ayarlamıştı. Alex tek başına bahçede kalıp Haymar'ı bekliyor ve seçenekleri düşünüyordu.

Güneş batarken, Haymar Glynn bahçeye girdi. Kaygılı görünüyordu. Alex havuzun başında oturuyor, cücenin yaklaşmasını izliyordu.

Haymar, yüzünde şaşkın bir ifadeyle, "Üstat Taylor?" diye sordu.

"Evet," dedi Alex, bilgece görünmeye çalışarak.

"Özür dilerim. Ben... ben sizin daha yaşlı olacağınızı düşünmüştüm," dedi Haymar, eğilip selam verirken. "Elbette hikâyeleri duymuştum ama yine de..."

"Büyücü olmak için fazla genç görünüyorum," diyerek cümleyi onun yerine tamamladı Alex.

Haymar, tekrar eğilip "Kabalık etmek istemedim," dedi. "Büyücüleri ve onların yöntemlerini yargılamak benim haddime değil."

"Ama sizi ve üvey kardeşinizi yargılamak benim haddime imiş gibi görünüyor."

"Bu durumdan dolayı üzgünüm," dedi Haymar. "Halbrek'le konuşmayı denedim ama beni dinlemiyor. Çantada ne varsa eşit olarak bölüşmeyi teklif ettim fakat kabul etmedi. Çantanın yasal mirasçısının kendisi olduğu ve onu alma onurunun kendisinin olması gerektiği konusunda ısrar ediyor."

"Ve siz de bu şereften vazgeçmiyorsunuz," dedi Alex, Haymar'a dikkatle bakarak.

Haymar, "Çantadaki her şeyden vazgeçerim ama mirasçı olma onurundan vazgeçmem," dedi.

"Onur sizin için ailenizden daha mı önemli?"

"Halbrek benim üvey kardeşim ama hiçbir zaman yakın olmadık. Ben, babamın, ilk karısından olan ilk oğluyum, servetinin ve unvanlarının mirasçısıyım. Halbrek ise babamın ikinci karısından ilk oğlu ve asla gerçek mirasçı olamayacağını kabul etmek istemiyor."

"Zor bir mesele," diye yorum yaptı Alex.

"Öyle, evet. Anlayışlı olmayı denedim ama Halbrek anlayış değil, mirasçı olmak istiyor."

"Yani babanızın, Halbrek'i mirasçı yapmakla ilgili bir şey söylediğine inanmıyorsunuz?"

"Babam son macerasına çıktığında yaşlıydı," dedi Haymar. "Yaşlı ve yorgundu; gitmemesi gerekirdi ama gitti. Son macerasında elde edeceği tüm hazineleri Halbrek'e vereceğini söyledi bana. Herhalde bu, Halbrek'in asla onun mirasçısı olamayacağı gerçeğini telafi etme yöntemi olmalıydı."

Alex, tekrar konuşmadan önce birkaç dakika kadar Haymar'ın sözlerini düşündü. Haymar'ın dediği her şey, Alex'e mantıklı geliyordu ama zaten gelmesi lazımdı. Haymar muhtemelen uzun zamandır babasının ölümünden haberdardı ve Halbrek'in iddiasının sebebini açıklayacak inandırıcı bir hikâye uydurmuş olabilirdi.

"Bütün sorularımı, gerçekten cevap vermeyerek cevapladınız," dedi Alex, Haymar'ın tüm hareketlerini izliyordu.

"Evet, sanırım öyle oldu," dedi Haymar. "Açıklamaya gerek olmayan şeyleri açıkladım. Şunu söyleyeceğim: Ailem benim için her türlü onurdan ve servetten daha önemlidir. Ama babamın çantasını devralma onurundan vazgeçmek, aileme daha fazla zarar verir. Babamın Halbrek'e hiçbir zaman, onun çantasının mirasçısı olacağını söylediğine inanmıyorum. Fakat *Halbrek'in* de böyle bir söz verildiğine inandığını düşünüyorum."

"Çanta üzerindeki hak iddianızdan vazgeçmenin neden ailenize zarar vereceğini düşünüyorsunuz?" diye sordu Alex. Haymar'ın sözlerine şaşırmıştı.

Haymar üzüntülü bir sesle "Eğer Halbrek kayıp çantayı alma onuruna erişirse, bu konumu kullanarak başka iddialarda da bulunacak," dedi. "Korkarım ki Halbrek, babamın, bana ve kardeşlerime bıraktığı her şeyi almaya çalışacak. Bense buna izin veremem."

"Pekâlâ," dedi Alex, Haymar'ın gözlerine bakarak. "Olayı sizin açınızdan dinledim. Yarın Halbrek'in söyleyeceklerini dinleyeceğim. İki tarafı da dinledikten sonra, adil bir karar vermeye çalışacağım."

Haymar, eğilip Alex'i selamlayarak "Çok naziksiniz," dedi.

Haymar gitmek üzere dönerken "Son bir soru," dedi Alex. "Halbrek'in çantanın parolasını biliyor olma ihtimali var mı?"

"İhtimal her zaman vardır," dedi Haymar. "Dediğim gibi, babam yaşlanıyordu. Halbrek'e parolayı söylemiş olabilir ama ben söylediğine inanmıyorum."

"Ve sanırım siz de ben çantayı teslim etmeye hazır oluncaya dek parolayı bana söylememeyi tercih edersiniz," dedi Alex gülümseyerek.

Haymar samimiyetle, "Eğer benden isterseniz, size parolayı söylerim," dedi. "Size parolayı şimdi vermemi istiyor musunuz?"

"İstemiyorum," dedi Alex, hafifçe eğilip selam vererek. "Halbrek'le konuşup bir iki gün içinde kararımı ikinize de bildireceğim."

"Nasıl isterseniz," diyen Haymar, gitmeden önce bir kez daha selam verdi.

Alex bahçede bir süre yalnız kaldı, Haymar'ın söylediklerini düşündü. Haymar'ın doğru söylediğini düşünüyordu ama emin olması mümkün değildi. Acaba Haymar'la görüşürken Kat'ten de kendisine katılmasını istemeli miydi? Fakat bunun doğru bir hareket olmayacağını biliyordu. Kat bir büyücü değildi ve istese bile onun adına böyle bir karar veremezdi.

Alex nihayet ana binaya döndüğünde, Thrang "Haymar'la görüşmen iyi gitti mi?" diye sordu.

"Olabildiğince iyiydi. Sorunu çözecek kişi olduğumdan emin değilim. Ne karar verirsem vereyim ya Haymar ya da Halbrek mutsuz olacak. Kararımdan sonra da gerçek mirasçının kim olduğu konusunda mücadeleye devam edebilirler."

Thrang, ciddi bir ifadeyle "Hayır, bunu yapmazlar," dedi. "İkisi de seni, bu meselede yargıç olarak kabul etti. Bu yüzden, ikisi de senin kararını kabullenmek zorunda olacak. Yasa bu konuda çok net. Karar ya da müsabakanın kendisi hakkında şikâyetçi olamayacaklar."

"Doğru kararı vermek zor olacak," diyerek iç çekti Alex.

Thrang güvenle "Doğru olan neyse onu yapacaksın," dedi. "Gerçek mirasçının kim olduğuna karar verebileceğinden eminim."

Alex, Thrang'e gülümsedi ve başını salladı.

Ertesi sabah Alex bahçeye geri dönmüş, Halbrek'in gelmesini bekliyordu. Halbrek'in neler söyleyeceğini ve neden Haymar'dan sonra gelmekte ısrarcı olduğunu merak ediyordu. Alex, eğer kendisi böyle bir durumda olsaydı, karar verecek kişiyle ilk görüşen olmak isteyeceğini düşündü. Halbrek biraz geç kaldı ve Thrang'in kuzeni Dain'in peşinden bahçeye girdi.

"Üstat Halbrek Glynn, Üstat Alexander Taylor," dedi Dain. Alex ve Halbrek'i eğilerek selamladı.

"Büyük bir zevk," diyen Halbrek, öne çıkıp elini uzattı.

Alex, Halbrek'in elini sıktı ama bir şey söylemedi. Dain çıktıktan sonra, Halbrek'in söze girmesini bekledi.

"Herhalde Haymar size benimle ilgili her şeyi anlatmıştır," dedi Halbrek, geri çekilerek. "İnsanlara benim ona ne kadar korkunç davrandığımı anlatmak konusunda Haymar'a her zaman güvenebilirim."

"Konusu hiç açılmadı," dedi Alex.

"Sanırım her şeyin bir ilki var," dedi Halbrek şaşırmış görünerek. "Muhtemelen hikâyelerini size anlatmasının bir hata olacağını düşündü. Sonuçta, siz bir büyücüsünüz ve sahtekârlıkları kolayca fark edersiniz."

"Zaman zaman evet," dedi Alex, Halbrek'i izliyordu.

"Evet, elbette," dedi Halbrek, Alex'in gözlerine bakmadı. "O zaman, konumuza geçelim."

"Nasıl isterseniz," dedi Alex. Geçip otursun diye Halbrek'e işaret etti.

"Herhalde Haymar size, babamızın ilk eşinden en büyük çocuğu olduğunu anlatmıştır," dedi Halbrek. "Nasıl sadece en büyük oğlun gerçek mirasçı olabileceğinden ve diğer tüm saçmalıklardan da..."

"Bu konudan bahsetmiştik," dedi Alex, Halbrek'in karşısına oturarak. "Fakat biliyorum ki maceracılar kimi isterse onu, çantalarının mirasçısı olarak ilan edebilir."

"Evet, bu doğru," dedi Halbrek gülümseyerek. "Haymar buna inanmıyor tabii. Ama dediğiniz gibi, maceracılar kimi isterse seçebilir. Babam çantanın mirasçısı olarak *beni* seçti ve bu yüzden de çantanın bana teslim edilmesinde ısrar etmek zorundayım."

"Ama babanız sizi mirasçısı olarak seçmemiş," diye düzeltti Alex. "Telous'taki çantacının listesinde Haymar'ın adı yazıyor. Babanız size, bunu değiştireceğini söylemiş olabilir ama değiştirmemiş."

Halbrek hemen, "Buna zamanı kalmamış olabilir," dedi. "Son macerasına çıkmadan önce bana, eve geri döndüğünde onun mirasçısının ben olacağımı söylemişti."

"Fakat eve bir daha dönemedi, değil mi?" dedi Alex düşünceli bir halde.

Alex'in düşünceleri Hathnord'a; çantanın sahibi ve Haymar ile Halbrek'in babasına gitti. Haymar babasından pek az bahsetmiş ama babasının sağlığı ve yaşına dair endişelerini belli etmişti. Halbrek ise babasını hiç umursamıyor gibiydi; tek umursadığı, büyülü çanta ve kendisinin Hathnord'un mirasçısı olduğu iddiasıydı. Alex bunun önemli bir husus olduğunu, Haymar'ın iddiasını daha çok onaylamasına yol açacağını düşündü.

"Evet, dönemedi. Ve görünen o ki, çantanın mirasçısının adını değiştirmekle de uğraşmadı," diye devam etti Halbrek, Alex'in sesindeki ifadeyi fark etmemişti. "Yine de, benim iddiam haklıdır ve haklarım için ödeme yapmaya hazırım."

"Ödeme mi?" diye sordu Alex.

"Elbette," dedi Halbrek. "Çantanın içindekiler, mirasçı olarak belirlenme onurunun yanında hiçbir şey. Eminim Haymar size, çantayı ona teslim etmeniz için cömert bir teklifte bulunmuştur. Ama o ne teklif ettiyse, ben size daha fazlasını vereceğim."

"Çantanın iadesinde verilen ödül konusu, iade töreninin bir parçasıdır," dedi Alex kesin bir ifadeyle. "Haymar'la ben, bu konuyu görüşmedik."

"Evet, tabii ki," dedi Halbrek, yüzünde çarpık bir gülümseme vardı. "Ve eminim biz de görüşmeyeceğiz. Fakat ben size çantadakilerin yarısı gibi bir şey önerebilirim."

"Dediğim gibi, böyle şeyler şu anda konuşulmamalı," dedi Alex.

Halbrek konuştukça Alex, ondan hoşlanmamaya başladı. Bu konuşmadan sonra, gerçek mirasçının Haymar olduğu konusundaki kararı kesinleşmişti.

"Evet, tabii ki," dedi Halbrek göz kırpıp.

"Herhalde babanızın çantasının parolasını biliyorsunuzdur?" diye sordu Alex, ayağa kalkarak. Öfkesini belli etmemeye çalışıyordu.

"Zamanı geldiğinde eminim ki bileceğim," diye cevap verdi Halbrek, tekrar Alex'e göz kırptı. "Haymar ilk önce size söyleyeceği için, parolayla ilgili bir sorun yaşayacağımızı sanmıyorum."

"Ben de sanmıyorum," dedi Alex soğuk soğuk.

"Peki öyleyse. Eğer birbirimizi anladıysak, ben yoluma gideyim," dedi Halbrek mutlulukla.

"Sizi çok iyi anlıyorum," dedi Alex. İçinde büyüyen öfkeyi dizginlemeye çabalıyordu.

Halbrek ayağa kalktı ve tekrar tokalaşmak için elini Alex'e uzattı. Ama Alex arkasını dönüp havuza doğru yürüdü.

"Tören için size haber göndereceğim," dedi Alex omzunun üstünden. Halbrek'e bakmak istemiyordu. Duygularının, yalan söyleyen bu cüceye, korkunç şeyler yapmasından korkuyordu.

"Evet, tabii," dedi Halbrek ve çabucak çıktı.

Alex birkaç dakika boyunca, duygularını kontrol etmeye çalışarak havuza baktı. Halbrek'in hiçbir hakkı yoktu; yalnızca elinden geldiğince Haymar'ın onurunu ve servetini çalmak istiyordu. Daha kötüsü, rüşvet vererek Alex'ten yardım alabileceğini sanıyordu. Bu, Alex'in asla müsaade etmeyeceği bir onursuzluktu. Bir an, kendisine rüşvet teklif etmenin cezası olarak, Halbrek'i korkunç bir şeye dönüştürmeyi düşündü. Ama sonra, Halbrek'in gerçek yüzünü ortaya çıkarmanın daha uygun bir ceza olduğuna karar verdi.

Alex öğle yemeği için eve döndüğünde, "Artık ikisiyle de konuştun. Ne düşünüyorsun bakalım?" diye sordu Thrang,

"Gerçek mirasçının kim olduğunu biliyorum," dedi Alex ama aklındaki ismi açıklamadı. "Tören en yakın ne zaman düzenlenebilir? Kararımı bildirmek ve aynı anda çantayı teslim etmek istiyorum."

"Ne kadar çabuk hazır olabileceklerini öğrenmek için Haymar ve Halbrek'le konuşmam gerek," dedi Thorson. "Fakat ikisinin, gerçek mirasçıyla ilgili kararının açıklanmasını ve çantanın teslim töreninin aynı anda yapılmasını kabul edeceklerinden kuşkuluyum."

"Onlara bunun, çantanın teslim edilebilmesinin tek yolu olduğunu söyle," dedi Alex gülümseyerek. "İkisinin de hem kararın verilişine hem de çantanın gerçek mirasçıya teslim edilişine tanıklık etmek için orada olmaları gerek."

"İstediğiniz gibi olacak," diyen Thorson, anlayışla gülümsedi.

Tören hazırlıklarının yapılabilmesi için iki gün geçmesi gerekiyordu. Haymar ile Halbrek, törene ne kadar kişinin katılacağı ve bunların kimler olacağı üzerine tartıştılar. Sonra, törenin nerede gerçekleşeceği ve hatta günün hangi saatinde olacağı konusunda bile tartıştılar. Nihayet Thorson, gerekli düzenlemelerin çoğunu yapıp kimlerin geleceğine karar verdi. Alex'in ısrarla istediği sadece iki şey vardı: Katılan bazı konukların ne Haymar'la ne de Halbrek'le akraba olması ve kendi yol arkadaşlarının tamamının konuklar arasında yer alması. Aynı zamanda, Thrang'in yeğeni Fivra'nın da orada olmasını tavsiye etmişti.

"Bu onu biraz aydınlatacaktır," dedi Alex. "Sonuçta kayıp çanta demek, kayıp bir maceracı demek. Eminim bu, Fivra'nın, üzerinde düşünmediği bir konu."

"Ah, evet," dedi Thrang başını sallayıp. "Hiçbir şey söylemeksizin, maceraların acı gerçeklerini ona göstermek için kurnazca bir fikir. Çok iyi, Alex, çok iyi."

Törenin başlamasını beklerken, Alex'in yol arkadaşlarının hepsi tedirginleşiyor gibiydi. Ne karar verdiğini merak ediyorlardı ama Alex onlara söylemiyordu. Törene kadar hiçbir şey söylememenin en iyisi olacağını düşünmüştü. Bunun sebebi, aslında o zamana kadar Haymar ile Halbrek'in nasıl hareket edeceklerini görmek istemesiydi.

"Halbrek kendine güveniyor gibi," diye yorumladı Thorson. Alex ve dostları, tören gününde şölen salonuna doğru gidiyorlardı. "Şehirde, gerçek mirasçının o seçileceğine dair dedikodular dönüyor."

Thrang mutsuz görünüyordu, "Kuşkusuz Halbrek'in kendisinin başlattığı dedikodulardır," dedi.

"Boş laflar nadiren gerçeği söyler," dedi Arconn, Alex'in yanına oturup.

"Gerçek mirasçının kim olduğunu sahiden *anlayabildin,* değil mi?" diye sordu Thrang, endişeli bir ifadesi vardı.

"Evet, anladım," dedi Alex hafifçe gülümseyerek.

Tüm konuklar geldiklerinde Thorson, kalabalığa hitap etmek için ayağa kalktı. Hazırlıkların çoğunu Thorson ayarladığından, hem gerçek mirasçının kim olduğu kararının açıklanışını hem de kayıp çantanın iade törenini yönetmek için o seçilmişti.

Birkaç dakika süren selamlaşma ve neler olduğundan habersiz cüceler için olayların kısaca açıklanmasının ardından Thorson, Thrang ve grubunu tanıttı. Ardından, Haymar ve Halbrek'i aynı anda çağırdı.

"Üstat Taylor, buyurunuz," dedi Thorson, eğilip Alex'i selamlayarak.

"Hathnord'un gerçek mirasçısının kim olduğuna karar vermek için seçildim," diye söze başladı Alex. Haymar ve Halbrek'in arasında ayakta duruyordu. "Kolay bir görev olmadı ama gerçek mirasçının kim olduğunu ve Hathnord'un kayıp çantasını kime teslim edeceğimi biliyorum."

Alex bir an duraksayıp Haymar'a ve Halbrek'e baktı. Haymar biraz endişeli görünüyor ama yerinde sabit bir şekilde duruyordu. Halbrek kendinden memnun gibiydi ve topuklarının üstünde bir aşağı bir yukarı zıplayıp duruyordu.

"Hathnord'un gerçek mirasçısı, Haymar Glynn'dir," dedi Alex yüksek ve net bir sesle. "Çanta üzerindeki hak iddiası kabul edilmiştir ve ben, babasının kayıp çantasını ona iade etmeyi teklif ediyorum."

"Hayır!" diye haykırdı Halbrek, gülümsemesi silinmişti ve yüzü öfkeyle kızarıyordu. "Biz bir anlaşma yapmıştık. Gerçek mirasçı olarak beni belirleyecektin."

"*Siz* bir anlaşma yapmıştınız," diye düzeltti Alex. "Ben hiçbir konuda anlaşmadım. Siz babanızın çantasının parolasını bilmediğinizi bana itiraf ettiniz. Daha kötüsü, sizi Hathnord'un mirasçısı olarak seçmem için bana rüşvet vermeye çalıştınız."

"Parolayı bilmediğimi hiçbir zaman söylemedim," dedi Halbrek hiddetle. "Ve zaten kendi hakkım olan bir şeyi almak için rüşvet teklif etmeyi düşünmem bile."

"Çantanın kime ait olacağına karar vermem istendi ve ben de kararı verdim," dedi Alex sertçe. "Eğer öne sürdüğünüz gibi, parolayı biliyorsanız, bana söyleyin o zaman."

"Ben... şey... biz anlaşmıştık..." diye kekeledi Halbrek.

"Sen bir ahmaksın, Halbrek Glynn," dedi Alex soğuk bir sesle. "Hileyle ağabeyinin haklarını ve onurunu çalmaya çalıştın. Daha kötüsü, bir büyücüye rüşvet vermeyi denedin. Yaptıklarını itiraf et, yoksa ömrünün geri kalanını bunları gizlemeye çalışarak geçirirsin."

"İtiraf edecek hiçbir şey yok!" diye bağırdı Halbrek. "Sen bir hata yaptın ama sanırım bu konuda yapabileceğim hiçbir şey yok. Senin gibi genç bir büyücüye güvenerek kendi layığımı bulmuş oldum. Ama olan oldu artık."

"Halbrek, lütfen doğruyu söyle," dedi Haymar, çok kaygılı görünüyordu.

"Asıl sen doğruyu söyle," diye cevabı yapıştırdı Halbrek. "Burada rüşvet veren biri varsa o da sensin, bu çok belli. Hileyle benim mirasımı elimden aldın, tıpkı diğer her şeyi beni kandırarak elimden almaya çalıştığın gibi."

Alex sakince, "Sen kendini kandırıyorsun," dedi. "Rüşvetle ilgili sözlerini geri alacaksın, yoksa bunu hakaret kabul ederim."

"Ne kabul edersen et!" diye küçümsedi onu Halbrek. "Bugün benim onurumu elimden aldın. Sana hakaret etmiş olmak umurumda değil."

"Onu mazur görün, Üstat Taylor," diye yalvardı Haymar. "Ne dediğini bilmiyor."

"Bugünkü tören nedeniyle ve Haymar böyle istediği için, Halbrek'in hakaretlerine tepki göstermeyeceğim," dedi Alex, Halbrek'e ters ters baktı. "Fakat eğer bir daha benim rüşvet kabul edeceğimi ima dahi edersen, izini bulup intikamımı alırım. Ve söz veriyorum ki Halbrek Glynn, intikamım bugün yaşadığın onur kaybından çok daha korkunç olur."

Halbrek'in beti benzi attı. Yerinde donakalmış gibiydi. Alex sözünü bitirdikten sonra bir şeyler demeye çalıştı ama ağzından tek kelime çıkmadı. Yüzü öfke ve korkuyla buruştu.

"Git şimdi!" diye bağırdı Alex. "Senin bu onurlu insanların arasında yerin yok!"

Halbrek dönüp hızla odadan çıktı. Alex ve Haymar, salondaki diğer herkesle birlikte, onun gidişini izlediler. Misafirler serseme dönmüş ve hayretler içinde kalmış görünüyordu. Thorson tekrar konuşana dek herkes sessiz kaldı.

"Pekâlâ, o zaman kayıp çantanın teslim edilme töreni başlasın," dedi Thorson endişeyle.

Thorson'un sözleriyle gerginlik kayboldu ve salondaki cüceler fısıldaşmaya başladılar. Thorson, Alex ve Haymar'ın durduğu yere geldi ve fısıltılar arasında sesini duyurup töreni başlattı.

Haymar hafifçe de olsa gülümseyebildi ve Alex'e, çantadaki her şeyin yarısını teklif etti. Alex, Haymar'ın fazla cömert olduğunu düşünüyordu ve sonunda, Hathnord'un çantasındaki hazinenin üçte birini almayı kabul etti. Daha az da isteyebilirdi ama çok az ödül istemesinin, Haymar'a hakaret olacağını çok iyi biliyordu.

Çanta meşru mirasçısına teslim edilince ziyafet başladı ve salondaki gürültü arttı. Alex, dostlarının yanındaki yerine döndü. Thrang, Halbrek'in öfkelenmesine ve Alex'e hakaret etmesine kızmıştı. Halbrek'in bir şekilde cezalandırılmasında ısrarcıydı.

"Bence zaten yeterince ceza çekecek," dedi Alex. "Buradaki herkes onun ne yaptığını biliyor ve haberi Kazad-Syn'de çabucak yayılacak."

"Yine de sana hakaret etti," dedi Thrang. "Halkın önünde küçük düşmesinden daha fazlasını hak ediyor."

"Kendi cezasını kendi yaratacak," dedi Alex. "Şehirdeki herkes onun ne yaptığını öğrenecek. Ama sanırım o inkâr etmeye devam edecek. Yine de gerçeği ne kadar inkâr ederse, diğerlerinin onun gerçek yüzünü anlaması o kadar kolaylaşacak."

Thrang karşılık vermedi ama Halbrek'e başka bir ceza daha verilmesi gerektiğini düşündüğü belliydi. Fakat şölen çok iyiydi ve birazdan sohbetleri, cezadan daha keyifli konulara döndü.

Alex'in ücretinin düzenlenmesi birkaç gün sürdü; Hathnord pek çok maceraya çıkmış ve devasa bir hazine biriktirmişti. Alex beklemeyi sorun etmiyordu çünkü Kazad-Syn harika bir şehirdi. Günlerini diğer cücelerle tanışıp sokaklarda gezerek geçirdi. Thorson, Alex'i ve yol arkadaşlarını tüm dostlarına tanıştırmaktan büyük keyif alıyordu. Her akşam yeni bir ziyafete katılıyorlardı. Görünüşe göre, kayıp maceracının çantasını teslim ettikten sonra, şehrin çoğu Alex'in kim olduğunu öğrenmişti ve nereye gitse herkes onu selamlıyordu.

Birkaç gün sonra Thrang, Kazad-Syn'den ayrılıp görevlerine devam etmekten bahsetmeye başladı. Ama Alex ona, Kemik Adası'nda topladıkları hazineleri ayırıp bölüştürecek bir yere ihtiyaçları olduğunu hatırlattı. Thrang, Thorson'a hazineyi koyacak büyük bir yeri olup olmadığını sordu.

"Tamamını ayırıp bölüştürecek kadar kalmayacağız şehirde," dedi Thorson'a. "Yine de, bir başlangıç yapsak iyi olur."

"Alt katlardaki odaları kullanabilirsiniz," dedi, Thorson. "Bir süredir boş duruyorlar. Ayrıca, isterseniz hazinenizi orada bırakabilirsiniz; ben de kuzenlerden bazılarını hazineleri ayırsınlar diye oraya gönderirim."

"Bu bize zaman kazandırır," dedi Thrang. "Eğer grubun

geri kalanı da kabul ederse, hazineyi, dizilip paylaştırılması için burada bırakırız."

O akşam yemekte Thrang, grubun geri kalanına, planı hakkında ne düşündüklerini sordu. Hepsi, hazineyi Thorson'un yanında bırakmak konusunda olumlu görüş bildirdi. Thrang, onların bu kadar büyük bir hazineyi, ailesine emanet etmek istemelerine memnun olmuştu. Thorson'un teklifini derhal kabul etti. Thorson güvenleri için onlara teşekkür etti ve yerinden kalkıp, eğilerek birkaç kez grubu selamladı.

"Eh, bu da hallolduğuna göre, size başka haberlerim var," dedi Thorson. Yüzündeki gülümseme, sandalyesine tekrar otururken daha ciddi bir ifadeye dönüştü. "Kayıp Dağlar hakkında birkaç şey öğrendim fakat öğrendiklerimden pek de memnun olmadım."

"Sorun mu var?" diye sordu Thrang hemen.

"Muhtemelen," dedi Thorson. "Bilmeniz gereken, dağlarda birkaç cüce köyü olduğu. Çoğu batı tarafında. Belki birkaç şehir de vardır ama bunu doğrulayamıyorum. Kayıp Dağlar'da yaşayan cüceler, oldukça zengin görünüyor ama bu gerçeği mümkün olduğunca gizlemeye çalışıyorlar."

"Binlerce cücenin onların alanına koşmasını istemediklerinden, herhalde," dedi Thrang.

"Doğru, bu, gizliliklerinin sebebini açıklıyor," diye kabul etti Thorson. "Yine de orada sorun olduğuna dair söylentiler var. Somut bir şey değil tabii ama; sadece dedikodu."

Arconn, sandalyesinde geriye yaslanarak "Ne tür bir sorun?" diye sordu.

"Kadim bir kötülüğün yeniden doğduğuna dair söylentiler,"

dedi Thorson, konuklarına kaygıyla bakarak. "İnsanları öldüren bir kötülük. Görünüşe göre köylerdeki cüceler onu durduramıyor."

"Kadim bir kötülük mü?" diye tekrarladı Alex, tereddüt içindeki Thorson'a bakarak.

Thorson, çabucak Thrang'e bakıp, "Hikâyelerde anlatıldığına göre, kurda benzer yaratık sürüleri o bölgede dolaşıyormuş," dedi. "Korku nedir bilmeyen, kötü yaratıklar."

Thrang sakalını sıvazladı ve "Kurda benzer yaratıklar," diye tekrarladı. "Benim kastettiğini düşündüğüm şeyi mi söylüyorsun?"

Thorson, "Söylentiler –hatırlatırım, bunlar sadece söylenti– kulağa sanki... hellerashtan bahsediyor gibi geliyor," dedi ve gözlerini tabağına dikti.

Alex hemen masada oturan dostlarına baktı ama hiçbirinin, hellerashın ne olduğuna dair en ufak bir fikrinin olmadığı belliydi. Her ne iseler, Thorson da Thrang de onlardan korkuyordu.

"Olamaz," dedi Thrang, yüzünde sersemlemiş bir ifadeyle. "Neredeyse bin yıldır hiç hellerash görülmemişti."

"Yani bunlar sadece söylenti," dedi Thorson umutla. "Kayıp Dağlar hakkında herhangi bir bilgi alırken zorlandım. Bu söylentilerin, bölgedeki cüceler tarafından, başkalarını uzak tutmak için ortaya atılmış olması mümkün."

"Evet, öyle olsa gerek," dedi Thrang, biraz daha mutlu görünmeye çalıştı.

"Hellerash da neyin nesi?" diye sordu Nellus, hepsinin cevabını öğrenmek istediği soruyu dile getirmişti.

"Hellerashlar vahşi yaratıklardı, dev kurtlara benzerlerdi," dedi Thrang yavaşça. "Sırf öldürmüş olmak için öldürürler ve hemen her zaman sürü halinde gezerlerdi."

"Eskiden cüceler onları avlamaya çıkar ve öldürürlerdi," diye ekledi Thorson. "Tehlikeli ve zeki yaratıklar oldukları için avcı grubunda en az otuz cüce bulunurdu."

"Ama son hellerash, bundan neredeyse bin yıl önce öldürülmüştü," dedi Thrang, bunu diğerlerinden çok kendine söyler gibiydi.

"O zaman belki bunlar sadece söylentidir," dedi Barnabus.

"Öyle olmalı," dedi Thrang, yüzüne yerleşmiş korku dolu ifadeyi sildi. "Bu söylentiler yalan olmalı ama her ihtimale karşı, yoldayken tetikte olacağız."

"Mantıklı bir plan, özellikle de en son bir belaya dair söylentiler duyduğumuzda neler olduğunu düşünürsek," dedi Arconn.

ON ALTINCI BÖLÜM

HELLERASH

Alex ve dostlarının kenti terk etmeden önceki günleri, Thorson'un evinin alt katlarında, Kemik Adası'ndan topladıkları hazineleri dizip ayırmakla geçti. Thorson, buldukları hazinenin miktarına hayret etmiş, alt kattaki odaların tüm hazineyi alacak kadar geniş olmadığından endişe etmişti.

Thorson, Thrang'e gülümseyerek "Eh, ağabey, görüyorum ki bizim bildiğimizden çok daha zengin olmuşsun," dedi.

"Şansımız çok yaver gitti," dedi Thrang. "İyi insanlarla iyi maceralara çıktım ve Üstat Taylor da benim servetime servet kattı."

Thorson güldü, "Macerada yanında bir büyücü olmasından hiç zarar gelmez. Büyükbabamız hep bunu söylerdi, haklı olduğunu şimdi anlıyorum."

"Yanınızda bir büyücü olması fayda sağlar, evet. Ama iyi insanlarla birlikte maceraya çıkmak daha önemli," dedi Alex. "Thrang'e, birlikte çıktığımız ilk macerada bir büyücü olmadığımı hatırlatırım. Yine de, o yolculukta hatırı sayılır miktarda hazine toplamayı başarabilmiştik."

"Namın belki büyücü değildi," dedi Thrang muzip bir gülümsemeyle. "Fakat iyi insanlarla maceraya çıkmanın daha önemli olduğunu söylemekte haklısın."

Hazineler güvenle yerleştirildikten sonra Thrang, grubu yola çıkarmaya hazırdı. Thorson, mevsim konusunda biraz endişeliydi, Thrang'e kışın yaklaştığını hatırlattı.

Thrang düşünceli düşünceli, "Kış gelmeden önce, hava, bir ay kadar güzel olur," dedi. "Dahası, güneye doğru gideceğiz. Kış bizi çok çabuk yakalamaz orada."

"Ayrıca şansınız varsa, kar başlamadan önce Kayıp Dağlar'daki köylerden birine ulaşırsınız," diye ekledi Thorson. "Yine de, hepiniz kışı burada geçirseniz benim için hiç sorun olmaz."

"Ama bahar gelmeden önce sorun etmeye başlayabilirsin," diye güldü Thrang. "Hayır, yarın sabah yola çıkacağız ve başarıya ulaştıktan sonra çabucak geri döneceğiz."

O akşamki ziyafet, daha önce katıldıkları tüm ziyafetlerle karşılaştırıldığında bile müthişti. Alex, Thorson'un bunları günlerdir hazırlatıyor olduğunu düşündü, hazırlıklardan belliydi. Thrang'in akrabalarının çoğu oradaydı, bunun yanında şehrin önde gelen bazı cüceleri de vardı. Hepsi gruba iyi şanslar ve görevlerini tamamlayınca Kazad-Syn'e çabucak dönmelerini diledi. Parti geç saatlere kadar devam etti ve Thrang bitirmeseydi bütün gece sürebilirdi.

"Önümüzde hâlâ uzun bir yol var. Burada daha fazla oturursak, yarın öğleden önce yola çıkamayacağız," dedi Thrang. "Kendim ve yol arkadaşlarım adına hepinize teşekkür ediyorum ve her birinize keyifli, güzel bir gece diliyorum."

Buna rağmen, Alex ve yol arkadaşlarının odalarına çekilebilmeleri biraz zaman aldı. Alex, Kazad-Syn'den ayrıldığı için üzgündü ama bir yandan da, yola devam etmekten dolayı mutluydu. Önlerinde hâlâ uzun bir yol vardı ve eğer yanılmıyorsa, geri döndüklerinde yemekli partiler için bolca vakitleri olacaktı.

Alex yatmaya hazırlanırken küçük bir 'pat' sesi ve bir gib'in geldiğini haber veren şiddetli bir çınlama duyuldu. Gib'in Whalen'den mektup getirdiğini öğrenince pek de şaşırmadı. Epey zamandır bunu bekliyor ve mektubun gelmesini umuyordu.

Sevgili Alex,

Sana cevap vermekte geç kaldığım için özür dilerim fakat başka bazı konularla meşguldüm. Senin bana gerektiği kadar yazmadığını belirtebilirdim ama ben hiç yazmadım, en iyisi baştan başlayalım. Bu sefer düzenli haberleşeceğime söz veriyorum.

Eski mektuplarına göz attığımda Bane'le tanıştığını öğrendim. İlginç bir adamdır, hikâyesi daha da ilginçtir. İkinizin dost olduğuna sevindim. Eğer düşman olsaydınız arkanızdan, bu karışıklığı düzeltmek hiç hoşuma gitmezdi. Bir dahaki sefere görüştüğümüzde, Bane ve onun bilinen diyarlarla ilgili komplo şüphesi hakkında seninle konuşmak isterim.

Nagas'a karşı iyi iş çıkardınız. Seyahatlerimde birkaç tanesiyle karşılaşmıştım. Ne kadar hızlı hareket edebildiklerini ve ne kadar ölümcül olduklarını biliyorum. Grubunda iyi kişiler bulunduğu için şanslısın.

Şimdi, daha önemli olan konuya gelelim. Kemik Adası'ndaki ejderha hem beni hem de konseyi yakından ilgilendiriyor. Adayı herkesten gizlemek zorunda kalman çok yazık. Ama ejderha bunu kendi istemiş ve onu suçladığımı söyleyemem. Hem artık ejderha efendisi oldun, çok özel bir unvan bu. En az iki bin yıldır gerçek bir ejderha efendisi görülmemişti. Ben bile bu unvanın tüm detaylarını bilmiyorum. Konsey senin, bir sonraki toplantımıza katılmanı umuyor. Tarih ve yer henüz belirlenmiş değil çünkü herkesin katılmak için ne zaman müsait olacağını bilmiyoruz.

Neler olup bittiğine dair beni haberdar etmeye devam et. Ben de sana düzenli olarak yazmak için daha çok çaba göstereceğim. Üzülerek söylüyorum, neden vahşi hislere kapıldığını bilmiyorum. Saldırma dürtünü kontrol edebildiğin sürece kaygılanacak bir şey yok. Fakat daha önce de defalarca yaptığım gibi, sana tekrar hatırlatayım: Öfkenin senin kontrolünü ele geçirmesine izin verme. Asla sadece öfkeyle hareket etme, yoksa çok korkunç şeyler olabilir. Bu kadarını söylemem yeterli.

Yol arkadaşın,
Whalen

Not: Eğer ailen hakkında daha çok şey öğrenmek istiyorsan, Bay Clutter'la konuşmanı öneririm. Onda babanla ilgili kayıtlar vardır ve annen hakkında da bir şeyler biliyor olabilir.

Alex, mektubu iki kez okuduktan sonra gülümseyip çantasına koydu. Whalen'den haber alalı uzun zaman olmuş gibi geliyordu. Ona gerektiği kadar sık mektup yazmadığını biliyordu ve kendi kendine bundan böyle, Whalen'e en az iki, üç haftada bir mektup göndermek için zaman ayıracağına söz verdi.

Alex, büyücüler konseyinin, bir sonraki toplantıya onu davet etmelerine şaşırmıştı. Onun tek tanıdığı, büyücü Whalen'di. Diğerleriyle tanışmayı istese de tüm konseyle aynı anda tanışacak olmak, onu biraz telaşlandırıyordu. Henüz çok gençti ve şimdiden bazı etkileyici işler başarmış olsa da diğer büyücülerin onu ciddiye alacağından emin değildi. Sonuçta hepsi ondan daha büyüktü ve çok daha fazla tecrübeleri vardı.

Sonunda Alex, büyücüler konseyiyle tanışma konusunda endişelenmemeye karar verdi. Toplantı zamanı geldiğinde endişelenmek için vakti olurdu. Whalen'in, saldırgan hisleri hakkında yaptığı yorumu düşündü. Alex artık bu hislerin kaynağını biliyordu ancak bulduğu cevap onu rahatlatmıyordu. Whalen'e, Salinor'un neler söylediğini anlatması gerekebilirdi ama Whalen'le yüz yüze görüşene dek beklemesi daha iyi olurdu. Bu kararı aldıktan sonra Alex, kendini rahat yatağına bırakıp hemen uykuya daldı.

Ertesi sabah hava gri ve rüzgârlıydı. Gün bitmeden yağmur yağacağı neredeyse kesindi. Havanın değişmesi nedeniyle, Thrang'in ruh hali de karamsarlaşmıştı. Fakat yola çıkmakta hâlâ kararlıydı.

"Yola koyulmak için kasvetli bir gün," dedi Thorson, Thrang'in yanında duruyordu. "Hepinize güvenli bir yolculuk diliyorum. Geri döndüğünüzde sizi çok iyi ağırlayacağımıza söz veriyorum."

"Bize karşı çok cömert davrandın," dedi, kardeşini eğilerek selamlayan Thrang. "Nezaketini unutmayacağız."

"Of, kes şunu," dedi Thorson. "Maceracılık kurallarının böyle şeyler söylemeni gerektirdiğini biliyorum ama burada pek lüzumu yok. Biz aileyiz. Sen ve arkadaşlarına kapımız her zaman açıktır."

"Çok naziksin, kardeşim," dedi Thrang. "Umarım yakında geri döner ve tekrar bu nezaketinin keyfini sürebiliriz."

Thorson güldü ve Thrang'le kucaklaştılar. Alex ile diğerleri eğilip selam vererek Thorson'a teşekkür ettiler ve atlarına doğru gittiler. Thorson onların teşekkürlerini, 'yaptığım önemsiz bir şey' der gibi eliyle savuşturdu ama yine de memnun olmuş görünüyordu. Hepsi atlarına bindiler, bir tek Thrain yoktu.

"Thrain, bizimle geliyor musun?" diye sordu Thrang yüksek sesle.

"Evet, geliyorum," diyen Thrain, koşup atına tırmandı.

Thrang, yüzünde bilmiş bir gülümsemeyle "Nereye kayboldun sen?" diye sordu.

"Dain'e hoşça kal demek istemiştim," dedi Thrain özür diler gibi. "Dün akşam fırsatım olmadı, veda etmeden gidersem kabalık olur diye düşündüm."

"Peki ya Fivra?" diye sordu Thrang.

Yüzü bariz bir şekilde kızaran Thrain, "Şey, evet, Fivra da oradaydı," dedi.

"Ailemle beraber kumpas kuruyordun demek," dedi Thrang

gülerek. "Yani Fivra, Vargland'a gitmeden önce senin dönmeni beklemeyi kabul mu etti?"

"Şey," diye kekeledi Thrain, Thrang'in gerçeği tahmin etmiş olmasına çok şaşırmıştı. "Evet, ben de onunla birlikte gidene dek bekleyeceğini söyledi."

"Bu uzun sürebilir," dedi Thorson. "Sonuçta bu macerayı bitirmeden bir yere gidemezsin."

"Evet, yani, geri dönmeye çalışacağımı söyledim," dedi Thrain. "Ya da belki Fivra, maceramız bittikten sonra Benorg'a gelebilir diye düşündüm."

"En azından Thrain, Fivra ile konuşup onu beklemesi için ikna edebilmiş," diye belirtti Arconn. "Aramızdan başka kimsenin bunu yapabileceğini sanmıyorum."

"Sanırım öyle," dedi Thrang gülerek. "Yine de, ben olsam gözümü genç dostumuzun üzerinden ayırmazdım."

"Siz geri dönene dek, dostlarım," dedi Thorson. "Geri geldiğinizde belki Fivra sahiden de Benorg'a gidebilir."

"Elveda, kardeşim," dedi Thrang. "Gençlere dikkat et, beraber kumpas kuruyor gibiler."

Thorson güldü ve hepsine el salladı. Thrang, grubunu kapılara, Thorson'un evinden ve şehirden uzaklara doğru götürdü.

Fakat görünüşe göre, şehir halkının, bir kez daha onlara şans dilemeden ayrılmalarına izin vermeye niyetleri yoktu. Kazad-Syn sokakları dolmuştu ve cüceler bağırıp alkışlıyor, onlara güvenli bir yolculuk diliyorlardı.

"Şehir halkı sana çok değer veriyor," dedi Arconn, Thrang'in yanında at sürerken. "Bu tabloyla seni fazlasıyla onurlandırıyorlar."

"Dilekleri hepimiz için," dedi Thrang. Konuşurken bir yandan da bazı dostlarına gülümseyip el sallıyordu.

"Yine de, liderimiz sen olmasaydın böyle uğurlanmazdık diye düşünüyorum," dedi Kat.

Çok geçmeden, bağırıp alkışlayan kalabalığı arkalarında bıraktılar ve şehir, arkalarındaki yolda küçük, yeşil bir nokta haline geldi. Thrang'in mutlu ruh hali, öğle yemeğinden sonra yağmur çiselemeye başladığında bile bozulmadı.

"Kış hızla güneye ilerliyor," dedi Thrang gülerek. "Tabii itiraf etmeliyim ki, güneye gidiyor olmaktan ben de memnunum. Kuzeyde kış çetindir ve seyahat etmek neredeyse imkânsızdır."

"Kayıp Dağlar'a varmamız ne kadar sürecek?" diye sordu Alex.

"İki, belki üç hafta," dedi Thrang. "Dağlar güneyde, biraz da doğumuzda kalıyor. Ama Thorson'un Kazad-Syn'de görüştüğü kişiler, yolun iyi durumda olduğunu söylemişler. Ana yolda kalırsak bir sorun çıkmaz sanıyorum."

"Benorg'dan ayrıldığımızda da öyle düşünmüştük," dedi Nellus sırıtıp.

"Hem hellerashlarla ilgili söylentiler de var," diye ekledi Thrain.

Thrang, "Sadece bir söylenti," dedi, biraz huzursuz görünüyordu. "Bir şeyle karşılaşacağımızdan şüpheliyim."

"Söylentiler sadece söylenti olarak kaldığında, bazı yaratıklar daha da güçlenir," dedi Kat. Bunu öyle alçak bir sesle söyledi ki, onu sadece Alex duyabildi.

Gece için kamp kurduklarında yağmur dindi ve bulutlar yavaş yavaş dağılıp kayboldu. Alex başını kaldırıp gökteki binlerce yıldıza bakarak zihninin özgürce dolaşmasına izin verdi. Güzel bir akşamdı ama Alex'in zihnindeki bir şeyler onu tedirgin ediyordu. Kamp alanında çevreye bakındı, bir şey onları mı izliyor diye merak etti ama hiçbir şey göremedi.

Kat, yanına gelip, "Bir şey sezdin," dedi, bir soru değildi bu.

"Tedirginlik hissi, başka bir şey değil," dedi Alex.

"Ben de hissettim bunu," dedi Kat, yüzünden konsantre olduğu anlaşılıyordu. "Orada şu an hiçbir şey yok, boş arazi var sadece."

"Belki de tedirgin olmamın sebebi budur," dedi Alex hafifçe gülerek.

"Çok fazla tehlike," dedi Kat.

"Ne demek istiyorsun?"

"Senin gibi genç biri için çok fazla tehlikeyle yüzleştin. Artık yüzleşecek tehlike olmadığı zaman, kendini tedirgin hissediyorsun."

"Belki," diye kabul etti Alex. "Yeni bir tehlikeyle karşılaşmak için acele etmiyorum."

Kat gülümseyerek, "Tehlike seni buluyor gibi," diye karşılık verdi. "Bunu tuhaf buluyorum ama açıklamayı başaramıyorum."

Alex kamp ateşine geri dönerken "Dert etme," dedi.

Kat de birkaç dakika daha kampın kenarında durduktan sonra ateşin başına döndü.

Günler geçti ve her yeni günle beraber havalar da değişti. Bazı günler hava ılık ve kuruydu, diğer günler yağmurlu ve bazen de rüzgârlı. Alex ve dostları havayı sorun etmiyorlar ama güneye gittikçe kendilerini tuhaf bir şekilde tedirgin hissediyorlardı. Nellus ve Barnabus, şakalar ve şarkılarla grubun ruh halini iyileştirmeye çalışsa da her zaman başarılı olamıyorlardı. Alex tetikteydi ve Kat ile Arconn'un da geceleri kampta sık sık ayağa kalkıp karanlığa baktığını fark ediyordu.

Kazad-Syn'den ayrılmalarının sekizinci gününde, küçük bir derenin kenarında kamp kurmuşlardı ve yağmur altında sessizce yemeklerini yiyorlardı. Yağmurda kamp ateşinden patırtı ve cızırtılar geliyor ama Alex büyüyle yaktığı için, ateş sönmüyordu.

Thrang, karanlık gökyüzüne bakıp "Kış hızla güneye ilerliyor," dedi. "Ama havalar iyice kötüleşmeden Kayıp Dağlar'da bir sığınak bulabiliriz."

Yemeklerini bitirip hemen kuru çadırlarına koştular. Alex büyülü ateşi söndürmedi ama böyle karanlık bir gecede, bu kadar parlak bir ışığın yanmasıyla ilgili kaygıları vardı. Alex'in nöbeti sırasında Arconn da ateşin yanında durdu. Alex, elfin bir şeyleri dinlediğini hissediyordu, yağan yağmurun sesi nedeniyle kendisinin duyamadığı bir şeyleri...

Ertesi sabah yağmur durmuştu ama huzursuzluk hissi daha da güçlenmişti. Kemik Adası'ndayken hissettiklerinden daha karanlık hislerdi bunlar. Kahvaltılarını ederken Arconn, derenin kenarına yürüdü ve sonra, yüzünde kaygılı bir ifadeyle çabucak kampa döndü.

"Ne oldu?" diye sordu Kat, tabağını kenara koyup.

Alex de ayağa fırladı ve ani bir saldırı bekliyormuş gibi kampın çevresine bakınmaya başladı.

"Çamurun üstünde izler var, hepsi bu," dedi Arconn, sakin görünmeye çalışarak.

"İzler mi?" diye sordu Thrang. "Ne tür izmiş bunlar?"

"Anlaması zor," dedi Arconn. "Daha önce hiç öyle bir şey görmemiştim. Ama kurt izine benziyor."

"Kurt izi mi?" diye sordu Thrang. "Thraxon'un bu kadar güneyinde hiç kurt olmaz."

Nellus ayağa kalkarak "İzleri bana göster," dedi. "Geçmişte pek çok yaratığın izini sürmüştüm. Belki bir anlam çıkarabilirim."

Arconn, Nellus'u ve grubun geri kalanını dereye götürüp büyük ayak izlerini gösterdi. İzlerin hepsi derenin karşı kıyısındaydı ama hiçbiri suya bir iki metreden fazla yaklaşmıyordu.

"Biraz kurt izine benziyor ama fazla büyük," dedi Nellus.

"Ben de böyle düşünmüştüm," dedi Arconn. Hemen tekrar Thrang'e ve yerdeki izlere baktı.

"Hellerash," diye fısıldadı Thrang. "Bunlar hellerash izleri."

"Ne?" diye sordu Barnabus, dönüp Thrang'e baktı.

"Hellerashların saldırgan yaratıklar olduğunu sanıyordum," dedi Thrain, sakin bir sesle. "Eğer hikâyelerde anlatıldığı gibi saldırganlarsa, –Kazad-Syn'deyken pek çok hikâye duydum– o zaman neden dereyi geçip kampımıza saldırmadılar?"

"Kim bilir?" diye karşılık verdi Thrang, solgun görünüyordu. "Belki de burası onların bölgesinin sınırıdır ya da belki Alex'in ateşinin ışığından korkmuşlardır."

Kat karamsar bir şekilde "Ya da belki bu, tek bir hellerashın izidir, diğerlerini çağırmaya gitmiştir," dedi.

"Belki de," diyerek kabul etti Thrang. "Sebep ne olursa olsun, bundan böyle hepimiz çok daha tetikte olmalıyız. Ne olur ne olmaz."

"Akıllıca bir önlem," dedi Arconn. "Bence atlarımızı da çadırlarımıza yakın tutmalıyız."

"Evet, iyi bir fikir," diye onayladı Thrang hemen. Grubu kampa geri götürdü.

O gün yolculukları yavaş ilerliyordu. Hepsi etraflarına bakıp duruyor, herhangi bir harekete dair belirtileri gözlüyorlardı. O gün hiçbir şey göremediler ve gecelemek için kamp kurduklarında, Alex'in sıkıntılı duyguları yatışmaya başlamıştı. Fakat Thrang, her zamankinden daha huzursuzdu ve Alex'ten, tüm gece parlak bir şekilde yanacak ateşler oluşturmasını istedi.

Ertesi sabah tekrar yola çıktıklarında korkularının çoğu kaybolmuştu. Gece boyunca hiçbir ses duymamışlardı ve kamplarının yakınlarında hiçbir yerde ayak izine rastlamadılar. Arconn ve Alex, kampın çevresinde, geniş bir çember boyunca iz aradı. Thrang rahatlamış görünüyordu ama yine de sorarak, Arconn ve Kat'in yaylarının hazır, Thrain'in tatar yayının dolu olduğundan emin oldu.

Yola çıkarlarken "Pişmanlık duymaktansa uyanık olalım," dedi Thrang, yüzünde cılız bir gülümseme vardı.

Alex yolda bir şeyle karşılaşmalarını pek olası görmüyordu ama asasını yine de hazır bulunduruyordu. Güneye doğru at sürmeye devam ettiler. Öğle güneşi ve ılık, nemli hava, Alex'in uykusunu getirmişti. Arconn ve Kat'in yaylarının aynı anda şaklaması üzerine sıçrayarak uyandı. Bunu,Thrain'in tatar yayının yüksek perdeden sesi izledi. Fakat bunların hiçbiri Alex'i, sonrasındaki korkunç çığlık kadar sarsmamıştı. Neredeyse insan sesine benzeyen bir ıstırap ve çaresizliğin haykırışıydı bu. Bu çığlık, Alex'i o sesi çıkaran yaratığa bakmaya zorladı.

Yolun yaklaşık otuz metre sağında, devasa, siyah ve kurda benzeyen bir yaratık, parlak siyah postuna saplanmış oklarla çömelmiş duruyordu. Alex, yaratığın kaburga kemiklerini görebiliyordu. Yaratık, Arconn'un attığı okun sapını delicesine ısırıyordu. Kat'in oku, yaratığı daha yukarıdan, boynundan vurmuştu ve başını oraya çeviremiyor, oku çıkaramıyordu. Sonra arkasını dönüp kaçtı ve büyük kayaların arasına atıldı, koşarken Arconn'un okunun sapı kırılmış ve yere düşmüştü.

Hellerash çok hızlıydı, Arconn yayına ikinci bir ok süremeden gözden kayboldu.

"Bu atış onu öldürmeliydi," dedi Arconn, atını hellerashın izine doğru çevirerek. "Benimki olmasa bile Kat'inki mutlaka..."

Thrain hemen peşinden gidip, "Ben de okumun onu vurduğuna eminim," dedi.

"Senin okunun onu yaraladığını görmedim," dedi Thrang ters bir sesle.

"Canı yanmış ama oklardan yara almamış gibi görünüyordu," diye ekledi Nellus.

Arconn atından indi ve okunun kırık sapını yerden almak için eğildi. Thrain kayaların etrafında dolaşıp kendi attığı oku arıyordu. Arconn, grubun yanına dönerken sıkıntılı, neredeyse korkmuş görünüyordu.

"Kan yok," dedi, kırık oku Thrang'e uzatırken. "Sapında hiç kan yok."

"Ama bu, yaradan çıktı," dedi Thrang oka bakarak.

"Kayaların üzerinde ve çimenlerde de kan yok," diye ekledi Arconn.

"Benim okumda da hiç kan yok," dedi Thrain de, Arconn'un yanına geldi ve bulduğu kendi okunu gösterdi.

Thrang, Thrain'i başından savar gibi bir ifadeyle, "Onu tamamen ıskalamış olmalısın," dedi.

"Iskalamadım," diye ısrarla karşı çıktı Thrain.

Arconn araya girip Thrain'in haklı olduğunu söyledi. "Okunun, yaratığın karnı olması gereken yerden geçtiğini gördüm. İçinden dümdüz geçmesini hiç beklemezdim ama görünüşe göre böyle olmuş."

"Ne diyorsunuz siz?" diye sordu Thrang, solgun yüzü katılaşmıştı.

"Yeterince açık değil mi?" dedi Kat, hepsini yerlerinden sıçratmıştı.

"Hayır, hiç açık değil," dedi Thrang. Sanki Kat'in söyleyeceği hiçbir şeyi dinlemek istemiyormuş gibi görünüyordu.

"Bu yaratık gerçek bir hellerash değil," dedi Kat düz bir sesle. "İçinde kanı ve canı yok."

"Bu imkânsız," dedi Thrang cılız bir sesle.

"Ama bunun tek bir anlamı olabilir," dedi Arconn, önce okuna, sonra da dönüp Alex'e baktı.

"Ruhçağıran," dedi Alex, bu kelimeyi söylerken ensesinden bir ürperti geçti.

"Hayır, olamaz," diye başladı Thrang, ama sesi kesildi.

"Tek açıklaması bu," dedi Alex. "Uzun zamandır ölü olan

bir hellerashı geri çağırıp hayata ya da en azından yarım hayata döndürebilecek olan tek varlık o."

Alex dostlarının gözlerini üzerinde hissetti. Ama onların şaşkın ve korku dolu bakışları, onu, şimdi söylemesi gereken sözler kadar rahatsız etmiyordu:

"Onunla benim yüzleşmemem gerekiyor," dedi atının eyerine bakarak.

"Hayır, bu çok tehlikeli," diye araya girdi Kat.

Thrang hemen, "Güneye giden başka bir yol buluruz," dedi.

"Anlamıyorsunuz," dedi Alex ve elini kaldırdı. "Gerçek bir büyücü olarak, bu kötülüğü arayıp bulmalı ve yok etmeliyim."

"Sana bunu yasaklıyorum," dedi Thrang otoriter bir sesle. "Sen bu grubun bir parçasısın ve ben de lideriyim. Görevimizle hiçbir ilgisi olmayan bir tehlikenin içine atılamazsın."

"Dostum olduğun için böyle söylediğini biliyorum, Thrang. Ama başka seçeneğim yok," dedi Alex. "Bir büyücü olarak ettiğim yemin, bizim sözleşmemizden daha bağlayıcı. Eğer mecbur kalırsam maceracılık sözleşmesini bozup tek başıma gideceğim."

"Tek başına değil," dedi Arconn hemen.

"Teşekkür ederim, dostum. Ama sen onurunu kaybetmeden bu sözleşmeyi bozamazsın," dedi Alex. "Ne olursa olsun, senin gruptan ayrılmana izin veremem çünkü ben gittiğimde, sana her zamankinden çok daha fazla ihtiyaçları olacak."

"Arconn haklı," dedi Thrang. "Eğer bu kötülüğün peşine düşmen gerekiyorsa, bunu tek başına yapmayacaksın. Maceramız tümüyle başarısızlıkla sonuçlansa bile, bu kötülükle tek başına yüzleşmene müsaade etmeyeceğim."

"Öyleyse güneye devam ediyoruz," dedi Alex, Thrang'in sözlerine minnettar olmuştu.

"Güneye devam ediyoruz," diye tekrarladı Thrang. "Kötülük bizden korksun."

Grubun geri kalanı, Thrang'in sözlerine tezahüratla karşılık verdi ve Alex, ister istemez dostlarına minnet duydu. Fakat endişeliydi. Ruhçağıranın barındırdığı tehlikeyi, belki de diğerlerinden çok daha iyi biliyordu. Ayrıca, eninde sonunda ruhçağıranın karşısına tek başına çıkması gerekeceğini de biliyordu. Bu karşılaşma, sadece kendisi için değil, tüm Thraxon için inanılmaz derecede tehlikeli olacaktı.

Güneye doğru yola devam ettiler. Mümkün olduğunca hızlı gidiyor ve kamp kurmak için güvenli bir yer arıyorlardı. Güneş batıda alçalınca Thrang onları durdurdu ve ana yoldan biraz uzağa götürdü. Bir dizi büyük kaya, at nalına benzer bir şekil oluşturmuştu. Bu şekliyle ortası, mükemmel bir kamp kurma noktası sağlıyordu.

Nellus, "İyi bir yer," yorumu yaptı. "Yaratıklar bize sadece tek bir yönden saldırabilir."

"Arkamızdaki kayaların üstünden üzerimize atlayabilirler," dedi Thrain endişeli bir ifadeyle.

"Ve kaçış yolumuzu kapatabilirler," diye ekledi Thrang kaygıyla. "Yine de, bugün için bulabileceğimiz en iyi yer burası. Bu yüzden kampımızı kursak iyi olur."

O gece kamp ateşi başında pek konuşulmadı ve şakalar yapılıp hikâyeler anlatılmadı. Her biri gergindi ve kampın dışından gelen en ufak bir ses bile hepsinin dikkatini oraya çekmeye yetiyordu. Thrang ve diğerleri çadırlarına gidip Alex ve Arconn'u nöbette bıraktıklarında, Alex büyülü çantasından yazı malzemelerini çıkardı. Whalen'i son gelişmelerden haberdar etmesi gerekiyordu.

"Üstat Vankin'e haber mi vereceksin?" dedi Arconn.

"Evet," dedi Alex, başını kaldırıp arkadaşına bakarak.

Arconn, gözleri kamp ateşine sabitlenmiş halde, "Çok şeyi bilir o. Bu kötülükle başa çıkmak için sana tavsiyede bulunabilir," dedi. "Fakat itiraf etmeliyim ki, senin bir ruhçağıranla karşı karşıya gelmenden endişe ediyorum."

"Ben de. Ama bu konuda yapılabilecek bir şey yok," diye cevap verdi Alex, yazdığı mektubu katlıyordu. "Buradayım ve bu yüzden, bu sınavla yüzleşmem gerekiyor."

"Peki ya başarısız olursan?" diye sordu Arconn, yüzünde acı dolu bir ifade vardı.

"Bu kötülük tarafından kullanılmama izin veremem," dedi Alex, kesin bir ifadeyle. Arconn'un en büyük korkusunu tahmin etti. "Ruhçağıranın kuklası olmama kalmadan, beni yok etmesi için ejderhayı çağırırım."

"Umarım iş o noktaya gelmez," dedi Arconn usulca ve Alex'e kaçamak bir bakış attı.

"Ben de," dedi Alex cılız bir gülümsemeyle. "Ben de."

O gece hellerashtan bir iz yoktu. Sonraki birkaç gün de yaratığa dair bir işaret ya da ayak izi göremediler. Alex diğerlerinin, hellerashı arkalarında bırakmış olduklarını ummaya başladığını anlıyordu. Hatta Thrang, ortada ruhçağıran olmadığını ve grubun, görevine sorunsuz devam edeceği umudunu dile getirdi.

Lakin Alex biliyordu ki, ruhçağıran vardı. Hellerashı gördüğünden beri kötülüğün varlığını hissediyordu. Daha kötüsü Alex, ruhçağıranın da onun varlığından haberdar olduğunu biliyordu.

Thrang bir sabah kampı toplarken "Bir iki gün içinde Kayıp Dağlar'a varırız," dedi. "O zaman, Albrek ve halkından haber alabiliriz belki."

"O kadar kolay olacağından şüpheliyim," diye yorum yaptı Kat alçak sesle.

"Ah, Kayıp Dağlar'ın cüceleri gayet dost canlısı olsa gerek," diye devam etti Thrang. Kat'in ifade etmeye çalıştığı noktayı dile getirmekten kaçınmıştı.

Diğerleri yorum yapmadı çünkü, hiçbiri bunu dile getirmese de, hepsi hellerashı düşünüyordu.

Yola çıktıklarında, Alex, Kat'e sessizce, "Ruhçağıranın varlığını seziyorsun," dedi.

"Evet," yanıtı verdi Kat, solgun ve yorgun görünüyordu. "Korkarım ki, sen başarısız olursan beni de alt edecek."

"Öyleyse başarısız olmamalıyım," dedi Alex, gülümsemek için kendini zorlayarak.

Güneşli ve ılık bir sabahtı ama öğlen, gökyüzünü kara bulutlar sardı ve yağmur kokusu havayı kapladı. Thrang onları, ilerlemek için teşvik etti. Geceyi geçirmeleri için bir cüce kenti ya da köyü bulmayı umuyordu. Etrafları kararmaya başladığında Alex, göz ucuyla bazı hareketler fark etti. Bir anlığına, bir şey gördüğünden emin olamadı ama aslında gördüğünü biliyordu.

Arconn, Alex'in bakışlarını fark edip, "Evet," dedi. "Ben de görüyorum onları."

"Ne onlar?" diye sordu Thrang, dikkatini önlerindeki yoldan uzaklaştırmıştı.

"Bir sürü hellerash," dedi Arconn. "Son bir saattir etrafımızda daire çizip duruyorlar."

Nellus omzunun üstünden bakıp, "Mesafeyi korudukları müddetçe..." dedi.

"Hava kararana kadar saldırmayacaklar," dedi Kat. "Üzerimize atılmadan önce, mümkün olduğunca iyi korunmak isteyecekler."

"O zaman acele etmeliyiz," dedi Thrang, sesi endişeliydi. "Birazdan bir köye varabiliriz ve bulduğumuz herhangi bir cüce, bize bu yaratıklara karşı mutlaka yardımcı olur."

Alex bundan şüpheliydi. Eğer bir cüce kentine ya da köyüne yakın olsalardı, hellerashlar şu anda onların etrafında daire çiziyor olamazdı. Bu şeytani yaratıklara karşı ne kadar şansları olduğunu düşünürken bile, hellerashların onlara daha da yaklaştığını fark ediyordu.

"İşte," diye seslendi Arconn, yolun solundaki yüksek bir tepeyi gösterdi. "Tepeye çıkarsak orada karşı savunmamızı oluşturabiliriz."

Thrang "Evet," dedi hemen. "Onlarla açıklıkta karşılaşmaktan iyidir. Çabuk olun, haydi tepeye."

Thrang, atını koşması için mahmuzladı ve diğerleri de onu takip etti. Başta atlar tepeye doğru koşmakta isteksiz görünüyordu ama birden, arkalarında kulak tırmalayıcı bir uluma duyulunca, hepsi ürperip ileri atıldılar. Alex bu ulumanın bir işaret, bir saldırı çağrısı olduğunu biliyor ve altındaki Shahree'nin titrediğini hissediyordu.

"Sakin ol, kızım," dedi Alex atına yumuşak bir sesle. "Eskiden bundan büyük tehlikeler atlatmıştık."

Shahree ileri koştururken biraz olsun sakinleşmiş göründü. Alex onun, hellerashlar saldırmadan güvenle tepeye çıkma konusundaki çaresizliğini hissediyordu.

Arazi bulanıklaştı ve topluluk dağılmaya başladı. Kat'in atı diğerlerininki kadar çevik değildi ve hızla onların gerisinde kalıyordu. Alex, Shahree'yi yavaşlattı, Kat'i ardında bırakmak istemiyordu ama diğerleri hızla devam ettiler. Atlarının kontrolünü tamamen yitirmiş, yalnızca tutunabilmek için çabalıyor gibi görünüyorlardı.

Her şey bir anda oldu ama Alex'e ağır çekimde hareket ediyorlarmış gibi geldi. Arkasında bir çığlık ve bir atın dehşet içinde kişnemesi duyuldu. Alex düşünmeksizin Shahree'nin koşumlarını çekti ve onu, geldikleri tarafa geri çevirdi.

Shahree sabırsızca toynaklarını yere vurdu ama Alex bir an onu yerinde sabit tuttu. Sonra ileri atılsın diye mahmuzlayıp biraz önce geçtikleri araziye geri sürdü.

Kat ayağa kalkmaya çabalıyor, atı ondan üç metre geride, yerde yatıyordu. Alex, birkaç karanlık hellerash suretinin, yere düşen ata vahşice saldırdığını gördü. İçinde bir öfke ateşi yanmaya başladı.

Shahree'nin koşabildiği kadar hızla ileri atıldı, bir yandan büyülü sözler fısıldıyordu. Asasının ucu karanlıkta parladı ve birden bir alev topu, önündeki karanlık gölgelere doğru fırladı. Bir hellerash alevlere boğuldu, diğerleri sıçrayıp uzaklaştı. Alex, şeytani yaratıklara karşı saldırısını sürdürmek istiyordu ama Kat yerdeydi, düştüğü için sersemlemişti ve onu kurtarabilecek tek kişi Alex'ti.

Alex atını ona doğru sürünce, Kat, "Beni bırak!" diye haykırdı. "Zaman yok, senin atın ikimizi taşıyamaz."

"Gel!" diye bağıran Alex, boştaki elini uzatıp Kat'in kolunu yakaladı. Tek hareketle onu savurarak atının arkasına attı ve dizginleri bıraktı. Shahree'ye istediği gibi koşma özgürlüğü verdi. "Koş hadi, dostum! Rüzgâr gibi koş!"

Shahree ileri sıçrayıp yeniden karanlığın içine atıldı ve çok yakındaki ama bir yandan da çok uzakta olan tepeye doğru koştu. Alex, Kat'in düşmemek için çaresizce, sımsıkı ona sarıldığını hissediyordu. Shahree daha fazla hızlanmaya gayret ediyor ama sırtına eklenen ağırlık onu yavaşlatıyordu. Alex biraz daha zaman kazanabilmek için çaresizce asasını başının üstüne kaldırdı. Asasında yanan ışık, karanlığın geride kalmasını sağladı. Alex, ışığın, hellerashları da geriletmesini umuyordu.

Tepenin dibine vardıklarında Shahree tökezledi ve Alex eyerden fırladığını hissetti. Kat ona tutunmaya çalıştı ama nafileydi. Alex ve Kat birlikte çaresizce havaya savruldular ve Alex'in döne döne elinden fırlayan asasının ışığı söndü.

Ayağa kalkmak ve Kat'i de kaldırmak için savaşan Alex, asasını eline geri getirmek için bir çağırma büyüsü mırıldandı. İlerleyen hellerashların şeytani, sarı-yeşil gözleriyle karşı karşıya geldiğinde, asasını yeniden yakmayı ancak başarabilmişti. Sesi tamamen gitmiş gibiydi, tek yapabildiği bakmaktı. Hızla yaklaşan hellerashlar, kendini korumasına fırsat vermeden Alex'e saldırdılar. Alex, bir an hayatının sona erdiğini düşündü ama sonra, gümüşi gri renkte bir gölge, hellerashlarla arasına geçti.

"Hayır!" diye haykırdı Alex, ne olduğunu fark etmişti.

Etin parçalandığı ve Shahree'nin gövdesinin yere yığıldığı duyuldu. Hellerashların şeytani gözleri geri gelmişti. Alex'in asasının ışığı, hellerashın kanlı çenesinin sanki gülüyormuş gibi kocaman açıldığını gözler önüne serdi. Öfke ve keder Alex'i sardı, mantık ve düşünceye karşı kör etti. Önündeki hellerash tüyler ürperten ulumasıyla yol arkadaşlarını ziyafete çağırdı ve o anda Alex'in öfkesi her şeyin önüne geçti.

Shahree'nin yanında duran hellerash alevlere boğuldu ve neredeyse anında küle dönüştü. Alex asasını indirip hızla yere vurdu ve aynı anda da büyülü sözleri bitirdi. Birkaç saniyeliğine karanlık yok oldu ve Alex'in etrafında parlak, mavi beyaz alevlerden bir duvar belirdi. Yanan duvar bir an hareketsiz kaldı ve sonra, hızla tüm yönlere doğru dağıldı.

Kat korkuyla haykırdı ama Alex onu fark etmedi. Karanlık tekrar geceyi ele geçirirken yere çöküp yitirdiği dostunun boynuna dokundu, yüzünden gözyaşları akıyordu.

Bir süre sonra Alex etrafındaki seslerin farkına vardı. Arkasında Kat'in inlediğini, grubun geri kalanının dikkatle tepeden inip onlara doğru geldiğini duyabiliyordu. Ne yaptığını ve neden yaptığını açıklamak yerine, sadece yalnız kalmak istiyordu.

Arconn, usulca "Alex," dedi endişeyle. "Alex, iyi misin?"

"İyiyim," diye cevap verdi Alex, arkadaşına bakmak için dönmedi. "Kat'le ilgilenin ve kamp kurun. Artık tehlike kalmadı. Biraz sonra ben de geleceğim."

Arconn karşılık vermedi ama Alex onun, Kat'in ayağa kalkıp yürümesine yardım ettiğini duyabiliyordu. Onu yalnız bıraktığı, cevaplar ve sebepler için ona ısrar etmediği için Arconn'a minnettardı. Fakat keder zihnini doldurmuştu ve başka düşüncelere yer bırakmıyordu.

Alex, Shahree'nin ölü bedeninin yanında ne kadar süre oturduğunu bilmiyordu. Yaptığı büyü, gücünün büyük bir kısmını tüketmişti. Sonunda ayağa kalkmaya çalıştığında bacakları titriyordu. Asasına yaslanan Alex, yerdeki Shahree'ye baktı. Yüzünü giysisinin koluna sildi ve yavaşça kendini bir büyü daha yapmaya zorladı.

Gümüşi gri at, sis gibi saydamlaşıp toprağın altına girdi ve bulunduğu yerdeki topraktan büyük, gümüşi gri renkte bir taş çıktı. Anıtın üzerinde altın rengi harflerle yazılmış üç kelime belirdi. Bir süre daha asasına yaslanıp dinlenen Alex, hafifçe de olsa gülümsemeyi başardı ve dönüp oradan uzaklaştı.

Diğerlerini kolayca buldu ama sorularına cevap vermek istediğinden hâlâ pek emin değildi. Kederi azalmıştı ama atının ölümü hâlâ net olarak zihnindeydi. Onun, Alex'i kurtarmak için kendisini feda etmiş olduğu gerçeği, ölümünü kabullenmeyi daha da zorlaştırıyordu.

Alex ateşin yanına oturduğunda, Thrang ve diğerleri bir şey söylemediler. Alex, kendisine kaygıyla baktıklarını hissedebiliyordu. Kat'in neler olduğunu ve neler gördüğünü onlara anlattığından emindi ama bunlar her şeyi açıklayamazdı. Alex salt öfkeyle bir şey yapmıştı ve şimdi, bunu yapmakta haklı olup olmadığını merak ediyordu.

Barnabus, "Bir şey yemek ister misin?" diyerek Alex'e bir kâse yahni uzattı.

Alex kâseyi aldı ama yemedi. Birkaç dakika boyunca sadece yahniye baktı ve sonra konuştu. "Hepsini yok ettim. Hepsini. Sonsuza dek."

"Ateş duvarıyla mı?" diye sordu Arconn.

"Evet," dedi Alex. "Tüm Thraxon üzerinde ilerledi ve var olan hellerashların her birini yok etti."

Thrang tedirgin olarak, "Tüm Thraxon'da mı?" diye sordu.

"Evet," dedi Alex, kâsesini yere koyup başını ellerinin arasına aldı. "Bu kıtanın hiçbir yerinde, bir tek hellerash kemiği bile kalmadı."

"Çok güçlü bir büyü," dedi Kat yavaşça.

"Belki de fazla güçlü," dedi Alex.

"Nasıl yani?" diye sordu Thrang. "O şeytani yaratıkları yok ettiğin için üzülmüyorsun herhalde?"

"Hayır, bunun için üzülmüyorum," dedi Alex başını kaldırıp. "Ama artık ruhçağıranın saklanmaya çalışacağından korkuyorum. Artık benim karşıma çıkmak istemeyebilir. Eğer böyle olursa, onun izini bulmam yıllar sürebilir."

"Peki izini..." diye başladı Thrang ama cümlesini bitirmedi.

Alex, Thrang'in sormadığı soruyu anladı ve "Ruhçağıran ne yaparsa yapsın, ben bu görevi tamamlayacağım," dedi. "Eğer yerinde kalırsa, onun karşısına çıkacağım. Eğer kaçarsa, onu kovalayacağım. Ama bu macera bittikten sonra."

Diğerleri sessiz kaldı ve Alex kâsesini aldı. Aç hissetmiyordu ama yine de kendini yemeye zorladı. Gücünü toplaması ve derhal Whalen'e mektup yazması gerektiğini biliyordu.

ON YEDİNCİ BÖLÜM

LANETLİ ŞEHİR

O gece kimse uyuyamadı. Sonunda şafak söktüğünde, malzemelerini sessizce toplayıp yolculuğa devam etmek için hazırlandılar.

"Atlarınız nerede?" diye sordu Alex. Yol arkadaşlarından hiçbirinin atının, kamp alanına yakın bir yerde görünmediğini ilk kez fark etmişti.

"Biz tepeye ulaşmaya çalışırken elimizden kurtuldular," diye cevap verdi Thrang. "Arconn'unki onu tepenin üstüne kadar çıkardı ama diğerleri kaçtı."

"Hellerashlar bize yaklaştığında benimki bile kaçtı," diye ekledi Arconn.

"Hellerashlar size ne kadar yaklaşmıştı?" diye sordu Alex.

"Çok," dedi Nellus hafifçe gülüp.

"Tepenin üstünde sırt sırta duruyorduk," dedi Thrang. "Hellerashlar yavaş yavaş yaklaşıyor, sanırım zayıf bir nokta arıyorlardı."

"Ateş duvarı belirdiğinde, bize saldırmak üzere olduklarına eminim," dedi Barnabus. "Büyünü yapmakta birkaç saniye gecikseydin, şu an hepimiz ölmüş olacaktık."

"Gruptan ayrılmamalıydım," dedi Alex acı acı.

"Sorun yok," dedi Thrang. "Hem Kat'i, o adi yaratıklardan kurtardın."

Alex, Thrang ve diğerlerinin, Kat'i nasıl kurtardığını ve hellerashları nasıl yok ettiğini dinlemek istediğini anlıyordu. Kendisi yitirdiği dostunun yanında dururken, Kat'in onlara olanları anlattığını tahmin ediyordu. Ama yine de soruları olduğunu biliyordu. Hiçbirinin soru sormamasına minnettardı, konuşma çabucak bitti ve unutuldu.

Tepeye tırmanıp Shahree'nin öldüğü noktaya doğru ilerlediler. Yeni bir hüzün dalgası Alex'i sardı. Kat'in sanki bir şey söylemek istiyormuş gibi ona kaçamak bir bakış attığını fark etti ama kâhin, hemen başını çevirdi.

Thrang, Alex'in uzağından geçmeyi umduğu noktaya vardıklarında "Güzel bir anıt," dedi. "Bundan daha doğru bir ifade, hiçbir anıta oyulmamıştır."

"'Gerçek Bir Dost,'" diye okudu Arconn taştaki yazıyı. "Evet, çok uygun olduğunu söyleyebilirim."

Kat'ten boğuk bir hıçkırık sesi duyuldu ve yüzünü sakladı. Alex bir an onun gözlerinde yaşlar gördüğünü sandı ama emin olamadı. Anıta arkasını dönüp içindeki boşluk hissinin geçmesini diledi. Sabahın soluk ışıkları, önlerindeki açık arazide parlıyordu. Ama Alex, taşların ve çimenlerin bazı yerlerinin yanıp kararmış olduğunu görebiliyordu.

Arconn, Alex'in yanına gelerek, "Görünüşe göre onlardan epey varmış," dedi. "Tahminimden daha fazla."

"Ve artık hiçbiri yok," dedi Alex. Arkasına bakmadan açık arazide yürümeye başladı.

Arconn'un yorumu onu kızdırmamıştı ama Alex, kendini olanları düşünmeye hazır hissetmiyordu. Bunları bir süreliğine unutmak ve maceraya devam etmek istiyordu. Fakat unutamayacağını biliyordu. Yitirdiği dostuna ve anıtına sırtını dönüp gitmek, onun için daha da zor hale gelmişti.

Yol arkadaşları hızla peşinden geldiler. Yaptığı anıtla ya da büyüsüyle ilgili başka hiçbir şey söylemediler. Thrang ve Arconn'un peşinde sıraya dizildiler. Alex, Kat'in, başını ona çevirmekten kaçındığını fark etti. Başta bunun sebebini bilemiyordu ama sonra, Kat'in Shahree'nin ölümünden dolayı kendini suçladığını anladı. Kat, Shahree'nin ölümünün kendi hatası olduğunu düşünüyor ve Alex'in, dostunu yitirmesine sebep olduğu için onu suçlamasından korkuyordu.

Alex'in üzüntüsü tıpkı buz gibi eridi ve birden, kendini Kat'in kaygılarını düşünürken buldu. Shahree'nin ölümü Kat'in hatası değildi ve Alex istese bile onu suçlayamazdı. Kat ona, kendisini arkada bırakmasını söylemişti. Onun ağırlığıyla birlikte Shahree'nin taşıyamayacağı kadar ağır olacakları konusunda uyarmıştı.

Shahree'nin ölümü, uzun ve korkunç bir an boyunca, bir kez daha Alex'in gözünde canlandı. Eğer Alex, biraz daha hızlı olsaydı ya da hellerashların saldırdığı yerde donakalmasaydı, Shahree'nin, onu kurtarmak için kendini feda etmesi gerekmeyecekti.

Fakat Alex kendisinin suçlu olmadığını da biliyordu. Suçlanacak tek kişi, ölü hellerashları geri getiren ruhçağırandı. Dostunu öldüren kişi, ruhçağırandı ve Shahree'nin ölümünün bedelini ödeyecek olan da oydu.

Alex, Kat'e bir şey söylemek istedi, onun sıkıntılı düşüncelerini rahatlatacak bir şey. Ama onun kederi de, neredeyse kendisininki kadar derindi. Söylemeyi düşündüğü hiçbir şey, zihninde ona uygunmuş gibi gelmiyordu.

"Seni suçlamıyorum," dedi Alex sonunda usulca.

"Biliyorum," diye cevap verdi Kat. Dün geceden beri ilk kez ona bakmıştı. "Ama ben kendimi suçluyorum."

"Suçlama," dedi Alex, otoriter bir sesle. "Olanların bir tek sorumlusu var ve o da bana bunun hesabını verecek."

"Tehlikeli bir tavır," dedi Kat alçak sesle.

Alex zoraki bir gülümsemeyle "Hayır, değil," dedi. "Onun yerini almak ya da güçlerini çalmak istemiyorum. Sadece ondan, yaptıklarının hesabını soracağım, bunu yapmak zorundayım."

"Peki ya o daha güçlüyse?" diye sordu Kat. "Ruhçağıranların çok büyük sihir gücü olduğu söylenir."

"O zaman o yoluna devam eder," dedi Alex iç çekerek. "Eğer çağırmak zorunda kalırsam, ejderha dostum onun işini bitirebilir sanırım."

"Sen yolunu belirlemişsin, o halde," dedi Kat düz bir sesle. "Ruhçağıranın seni ele geçirmesine izin vermeden, ejderhayı çağıracak ve kendini ona yok ettireceksin."

"Ateşte ölmek, sonsuza dek, ruhçağıranın verdiği yarım hayatla yaşamaktan iyidir," dedi Alex. Bu sözler kendisine ait değildi. Ağzından çıkan kelimeler onu biraz sarstı.

Kat, kafası karışmış gibi birkaç saniye ona baktıktan sonra başını çevirdi.

Gün ilerledikçe, bir cüce şehrine dair işaret ya da yolda herhangi bir cüce topluluğu aramaya başladılar. Fakat yol boştu ve anladıkları kadarıyla yakınlarda hiç şehir yoktu.

Akşama doğru Thrang, "Bir şey sezebiliyor musun, Kat?" diye sordu. "Herhangi bir şey?"

"Üzüntü," diye cevap verdi Kat yavaşça. "Yakınlarda büyük bir hüzün var ama sebebini anlayamıyorum."

"Belki hellerashlardan dolayıdır," diye tahmin etti Arconn, önlerindeki araziye gözlerini dikmişti. "Eminim bu bölgedeki tüm cüceler o yaratıklardan çok çekmiştir."

Thrang, Kat'e bakıp, "Evet, mantıklı," dedi. Yüz ifadesinden, daha fazla bilgi beklediği anlaşılıyordu.

Kat yüzünde acı dolu bir ifadeyle "Yolun doğusunda," dedi. "Bizim güneydoğumuzda, dağın dibinde bir şehir var."

"Emin misin?" diye sordu Nellus. Bir Kat'e, bir de güneydoğuya baktı. "Orada bir şehir olduğuna dair hiçbir işaret göremiyorum."

"Göremezsin," dedi Thrang. "Kayıp Dağlar'ın cüceleri kendilerini gizleme konusunda dikkatlidir. Bir şehrin tam yanından geçsek bile, orada yaşayan cüceler istemediği sürece onları göremeyiz."

"Bundan kuşkuluyum," dedi Alex.

"Yani, belki tam yanından geçersek değil," diye kabul etti Thrang.

"Vargland'da nereyi aradığınızı bilseniz bile, küçük şehirlerin çoğunu bulmak zordur," dedi Thrain.

"Aynısı burada da geçerli," diye katıldı Thrang. "Ama bizim lehimize olan bazı şeyler mevcut: Bize yol gösterecek bir kâhinimiz, diğerlerinin sezemediği şeyleri sezebilen bir büyücümüz var ve ben de Thraxon'da cücelerin şehirlerini gizleme yöntemlerini biliyorum."

"Öyleyse bu şehri çabucak bulabiliriz," dedi Barnabus. "Ve umarım satılık atları vardır, yoksa..."

Barnabus birden sustu. Bir an herkes sessiz kaldı ve sonra Barnabus boğazını temizledi.

"Affedersin, Alex. Düşünemedim."

"Sorun değil," dedi Alex, zoraki bir gülümsemeyle. "Gerçekten, ben de tüm Thraxon'u yürüyerek geçmek istemiyorum."

Karanlık çökerken, yol, dağlara doğru kıvrılmaya başladı. O gece şehre ulaşamayacakları belli olduğunda, Thrang gönülsüzce onlara kamp kurma emri verdi. Hellerash saldırısının hatırası hâlâ hepsinin zihninde çok canlıydı ve korkacak bir şey kalmadığından emin olan, sadece Alex'ti.

Barnabus yemeklerini hazırlarken Alex rahat bir yer bulup oturdu. Whalen'e mektup yazması gerektiğini biliyordu, dostunun tavsiyesine ihtiyacı vardı. Ama olan bitenle ilgili hiçbir şey yazmak gelmiyordu içinden. O sırada Barnabus onları yemeğe çağırdı. Alex, en azından kısa bir süreliğine, zor bir mektubu yazma işini ertelemekten memnundu.

Arconn, yemekte "Yarın dağlara varırız," dedi.

"Peki ya sonra?" diye sordu Nellus.

Thrang hepsine bakarak, "Ne demek istiyorsun?" dedi. "Maceraya devam edeceğiz tabii ki."

Nellus çabucak Alex'e bir bakış atıp, "Evet, elbette," dedi.

Alex yemeğine bakarak, "Grubu bırakıp ruhçağıranın peşine düşeceğimi düşünüyorsun," diye konuştu. "Eğer ruhçağıran kaçarsa, önce macerayı tamamlayacağımı daha önce söylemiştim."

"Peki ya kaçmazsa?" diye sordu Arconn.

"O zaman onunla ne kadar erken karşılaşırsam o kadar iyi," dedi Alex.

"Bence," diye başladı Thrang, Alex'e bakmadan, "bence hepimiz, neler olabileceğinden biraz endişe ediyoruz..."

"...şayet kötülük daha güçlü çıkarsa," diye onun yerine tamamladı Alex.

"Bu mümkün," dedi Thrang yavaşça.

"Evet, mümkün," diye kabul etti Alex. "Kat ve Arconn'a söyledim, şimdi size de söylüyorum; ruhçağıranın oyuncağı olmayacağım. Eğer beni alt edecek kadar güçlü çıkarsa, şu anki halimden eser kalmayacak. İşler o noktaya gelirse, iredemin ve gücümün kalanını kullanarak, beni yok etmesi için ejderhayı çağıracağım. Kötülüğün kölesi olmayacağım."

Thrang, ümitli olmaya çalışan bir ifadeyle, "Umalım ki durum o noktaya gelmesin," dedi.

Alex, dostlarının, maceranın geri kalanından çok, kendisi ve bu kötülükle yüzleşme kabiliyeti konusunda endişe ettiklerini biliyordu. Ona önem verdikleri için minnettardı. Elbette hepsi, ejderha Slathbog'un karşısında gösterdiği başarıdan haberdardı. Ama ruhçağıranlar, ejderhalar gibi değildi. Alex onların güçlerinden korkulması gerektiğini arkadaşlarından daha iyi biliyordu.

Diğerleri battaniyelerine sarındıklarında, Alex, ateşin başında Arconn'la birlikte, samimi bir sessizlik içinde bekledi. Arconn derin düşüncelere dalmış gibiydi, bu yüzden Alex, yazı malzemelerini çıkardı.

Uzun bir süre sayfa boş kaldı çünkü olanları Whalen'e açıklayacak kelimeleri bulamıyordu. Olayları zihninde tekrar tekrar gözden geçirdi ve nihayet, kendini, bunları kâğıda dökmeye zorladı.

Sonunda yazdığı mektup uzundu ama Alex, kaygı ve korkularının yanı sıra hüznünü de ifade etmeyi başarmıştı. Üzüntüsünü kelimelere dökmek, zihnindeki ve yüreğindeki ağırlığın bir kısmını ortadan kaldırmış gibiydi. Kendini, hissettiği her şeyi yazmaya zorlamış olmaktan memnundu.

Mektubunu Whalen'e götürmesi için bir gib çağırdı ve yazı malzemelerini yerine koydu. Gecenin neredeyse tamamını böyle geçirdiğini şaşkınlıkla fark etti.

Arconn, gib ufak bir pat sesiyle ortadan kaybolduktan sonra, "Biraz dinlenmelisin," dedi.

"Uykuya ihtiyacım yok," dedi Alex. "Diğerlerinin benden daha çok ihtiyacı var. Bırakalım da olabildiğince dinlensinler."

Arconn başını salladı ve dikkatini tekrar kampın etrafındaki karanlığa çevirdi.

Doğu bulutları yaklaşan sabahın işaretlerini göstermeye başladığında, Arconn diğerlerini uyandırdı.

Thrang, kamp ateşine doğru yürürken "Nöbet için bizi sırayla uyandırmalıydınız," dedi. "Ama sanırım siz ne yaptığınızı biliyorsunuzdur."

Alex yarım bir tebessümle "Neden öyle sanıyorsun?" diye

sordu. Dünkünden çok daha iyi hissettiğini şaşkınlıkla fark etti.

Thrang, ona hırıltılı bir gülüşle karşılık verdi ve bir kütüğün üzerinde biriken kırağıyı eliyle süpürüp kahvaltısını etmek için kütüğe oturdu.

Tüm sabah yürüdüler ve öğlen olurken, Thrang birden heyecanla bağırıp yere düşmüş taşlardan oluşan bir yığına koştu. Diğerleri hızla onun peşinden gitti, Thrang'in neden bağırdığını anlamamışlardı.

"Bir sınır işareti," dedi Thrang, düşen taşların yanında diz çökmüştü. "Devrilmiş ve üstündeki yazıların bazıları silinmiş."

Nellus, etraftaki kırlara bakarak, "Peki kalan kısmı... Ne yazıyor?" diye sordu.

"Neplee kenti buradan ileride," dedi Thrang, düşen işareti okumak için başını yana çevirmişti. "Kente nereden gidileceği ve nasıl giriş isteneceğiyle ilgili talimatlar gitmiş. Ama sanırım çok uzun zaman olmamış."

Thrain "İşareti kim yok etmiş olabilir ki?" diye sordu, yüzünde endişeli bir bakış vardı.

"Tahmin etmesi zor," dedi Thrang ayağa kalkarken. "Cücelerin düşmanları belki de."

Kat, "Ya da bizzat cücelerin kendileri," diyerek tahminde bulundu.

Thrang, "Cüceler kendi işaretlerini neden yok etsin?" diye sordu, sesi kaygılıydı.

"Belki ziyaret edilmek istemiyorlardır," dedi Alex. "Bunun yabancılar için bir uyarı olması muhtemel."

"Böyle şeyler duymuştum," dedi Arconn. "Sıkıntıda olan ya da başka bir tür sorunu bulunan cüce kentleri bazen kendi sınır işaretlerini yok eder."

"Bence sıkıntıda olan herhangi bir cüce kenti yardım isterdi," dedi Thrang. "Thraxon'da çok fazla cüce var ve başka bir şehrin yardım göndermesi kolay olur."

"O zaman bu bir yardım çağrısı da olabilir," dedi Alex. "Fakat sanırım hepimiz Neplee'nin sıkıntısının ne olduğunu tahmin ediyoruz."

"Ruhçağıranın şehirde olduğunu düşünmüyorsun, değil mi?" diye sordu Thrang endişeyle.

"Hayır. Ruhçağıranlar, yaşayanların şehirlerinde uzun süre kalamaz," dedi Alex. "Ancak şehirdeki insanları, kendi emirlerini yerine getirmeye zorlayabilir."

Barnabus, "Belki de bu şehirden uzak durup yola devam etmeliyiz," önerisinde bulundu.

Kat ise acı bir sesle, "Muhtaç durumdalar ve yardım çağıramıyorlar," dedi.

Hepsi, onlardan biraz geride duran Kat'e baktı. Kat, başka kimsenin göremediği bir şeye bakıyormuş gibiydi ve yüzü solgunlaşmıştı.

"Üzerinde çok durma," dedi Alex. Kat, tüm cüce şehrinin acı ve sıkıntısını hissediyordu. "Zihnini önümüzdeki karanlıktan kurtar, yoksa seni yok eder."

"Bunu kesmek zor," dedi Kat, Alex'e bakmak için dönerken.

Alex bir an ne gördüğünü anlayamadı ama anladığında, hemen harekete geçti.

"Uzaklaş ondan!" diye bağırdı Alex, elini Kat'in gözlerinin önüne getirerek. "Bırak onu ve geri dönme."

"Neler oluyor?" diye sordu Thrang. Bir Alex'e, bir Kat'e bakıyordu.

Kat bir anlığına hareketsiz kaldı, konuşmaksızın Alex'e bakıyordu. Birdenbire, bir şey ona arkadan vurmuş gibi yere düştü. Diğerleri, ne olduğunu anlamak için öne atıldılar.

"İyileşecek," dedi Alex, Kat'in ayağa kalkmasına yardım eden Nellus ve Barnabus'a bakıyordu. "Karanlık, bir anlığına zihnini bulandırdı ve düşmanımız, bizi net olarak görme fırsatı yakaladı."

"Ruhçağıran onu kullandı mı?" diye sordu Thrang, sesi hafifçe titriyordu.

"Evet ama bunu bir daha yapamayacak," dedi Alex. "Karanlığın zihnine girmesini engelledim, bir daha geri gelemez."

"Peki ya diğerlerimiz?" diye sordu Arconn.

"Uzak mesafeden kullanabileceği tek kişi Kat," dedi Alex. "Geri kalanımız üzerinde bir gücü olabilmesi için, göz teması kurmak zorunda."

"Ben... ne oldu?" diye sordu Kat. Sesi zayıftı ve kafası karışmış gibiydi.

"Karanlık bir andı," dedi Alex. "Ama bir daha geri gelmeyecek."

"Hatırlamıyorum," dedi Kat.

Alex, "Zihnine ona karşı engel koydum. Hazır olduğunda ve tehlike geçtiğinde, engelleyicileri kaldıracağım," dedi.

Kısa bir sessizlikten sonra Arconn, "Yola devam etmeliyiz," dedi.

"Evet, evet, devam etmeliyiz," diye onayladı Thrang ve bir kez daha yürümeye başladılar.

Alex, hava kararmadan önce Neplee şehrini bulacaklarından emindi. Ama oraya vardıklarında nasıl karşılanacaklarını bilmiyordu. Bu sorunun yanıtı için uzun süre beklemesi gerekmedi. Birkaç saat sonra, havada aniden bir fısıltı ve yere saplanan okların hafif patırtısı duyulmuştu. Thrang olduğu yerde durdu.

Yumuşak bir sesle "Umduğum kadar dostça bir karşılama olmadı," dedi.

Bir ses, "Kimsiniz ve buraya neden geldiniz?" diye sordu.

"Thrang Silversmith ve grubu," diye cevap verdi Thrang, sesin kaynağını görmek için etrafa bakıyordu. "Maceracılarız ve buraya tesadüfen geldik."

"Geldiğiniz yöne geri dönün, Üstat Silversmith!" diye bağırdı ses. "Burada sizin için hüzün ve dertten başka hiçbir şey yok. Burası lanetli. Lanet, grubunuzun da üzerine çökmeden buradan gitmelisiniz."

"Ben laneti bitireceğim," diye seslendi Alex, ileri çıkıp Thrang'in yanında durdu. "Neplee'nin çilesini sona erdireceğim."

"Başkaları daha önce denediler ama başarısız oldular," dedi ses, deminki kadar buyurgan değildi artık.

"Siz bana, bu çabamda yardım etmeyi istemeseniz bile, ben denemek zorundayım," dedi Alex.

Onlara seslenen kişi, Alex'in sözleri üzerinde düşünüyormuş gibi, uzun bir sessizlik oldu.

"Ne yapıyorsun sen?" diye sordu Thrang, Alex'e fısıldayarak.

"Yapmam gerekeni," diye cevap verdi Alex. "Geri dönemeyiz ve devam etmek için yardıma ihtiyacımız var. Bu kötülükle eninde sonunda yüzleşmem gerek. Önümüzde başka hangi yol var?"

Thrang'in başka bir şey sormasına kalmadan "İleri çıkın ve kendinizi gösterin," diye emretti ses, Alex ve dostları ileri yürüdüler.

Küçük bir koruluğa yaklaştıklarında, sesin sahibi "Dur!" dedi.

Alex ve diğerleri durup beklediler. Birkaç dakika boyunca hiçbir şey olmadı. Sonra, yaşlı bir cüce, ağaçların arasından çıktı ve onlara doğru yürüdü.

"Demek sen, genç adam," dedi yaşlı cüce, Alex'e bakarak, "kötülüğü sona erdirip bu şehirden laneti kaldıracağını söylüyorsun."

"Yapabilirsem evet," diye cevap verdi Alex.

"Akıllıca bir cevap," diyen yaşlı cüce keyifsizce güldü ve Thrang'e döndü. "Sizi kabul ediyoruz Üstat Silversmith, grubunuzu da. Sizin için elimizden geleni yapacağız ve mümkün olduğunca yardım edeceğiz. Şehre girdiğinizde Lord Turlock sizinle görüşmek ve maceranıza dair daha fazla soru sormak isteyecektir."

Thrang eğilip onu selamlayarak "Lord Turlock'la tanışmaktan ve sorularına elimizden geldiğince cevap vermekten memnuniyet duyarız," dedi.

Yaşlı cüce, Thrang'in selamına karşılık vermedi. Sadece bir süre onlara baktı ve dönüp ağaçlara doğru yürümeye başlamadan önce, onu takip etmelerini işaret etti.

Neplee'nin inanılmaz derecede iyi gizlendiği anlaşılmıştı. Alex, Thrang'in şaşkınlık ve hayretle, dağın üzerine oyulmuş büyük, taştan kapılara baktığını gördü.

"Antik büyülerle yapıldı," dedi yaşlı cüce. "Karanlık, Neplee'ye gelmeden önceki bir zamanda."

"Böylesi bir sanat çok önceden yitirilmişti," dedi Thrang. "Eğer yeniden bulunduysa, Kral Thorgood'a haber verilmeli."

"Evet, verilmeli," diyerek kabul etti yaşlı cüce ama başka bir şey söylemedi.

Alex ve yol arkadaşları çok geniş bir salona girdiler. Tavanı, dev gri ağaçlara benzeyen düzinelerce taş sütunla desteklenmişti. Salon, en ucundaki büyük bir şöminenin yakınında duran tek bir sandalye haricinde boştu. Sandalyede dertli görünen bir cüce oturuyor, sönmeye yüz tutan ateşi seyrediyordu. Grup yaklaştığında başını kaldırdı ve onları selamlamak için hemen ayağa kalktı.

"Üstat Silversmith, ben Lord Turlock'um. Hiç tanışmamış olsak da sizi biliyorum," dedi cüce, eğilip Thrang'e selam vererek. "Pek de dostça olmayan bu karşılama için bizi bağışlamanızı diliyorum. Ama eminim siz de görüyorsunuz ki bu günler Neplee için pek de mutlu zamanlar değil."

"Sıkıntılarınızın bazılarını gördük," dedi Thrang, selama karşılık vererek. "Ama anlatın bize Lord Turlock, ne oldu burada? Neden Kazad-Syn'e ve hatta Benorg'a haber göndermediniz? Eminim ki Kral Thorgood, elinden gelen her türlü yardımı yapardı."

"Evet, eminim ki yapardı," dedi Turlock. "Ama onun yardımının bize faydası dokunmaz ve soyumuzdan daha fazla kişi, bizi burada tutan lanetin etkisi altına girerdi. Fakat nezaket kurallarını unutuyorum, Üstat Silversmith, bana grubunuzu tanıtın."

Thrang hemen grubu, Turlock'a tanıttı. Turlock eğilip sırayla hepsini selamladı ve her biri için sandalyeler getirilmesini istedi. Konukları yerlerine oturduğunda, Turlock da kendi sandalyesine döndü. Sanki yalnızmış ve derin düşüncelere dalmış gibi, gözlerini yeniden ateşe çevirdi.

"Buna siz de bulaştığınız için üzgünüm," dedi Turlock uzun bir sessizlikten sonra. "Bu belanın gelişini uzun zaman önce fark edemediğimiz ve fırsatımız varken sona erdiremediğimiz için üzgünüm."

"Ruhçağırandan bahsediyorsunuz," dedi Alex.

"Evet," dedi Turlock, gözlerini Alex'e dikerek. "Tahmin etmeliydik. Ama o zamanlar bilmemizin bir yolu yoktu. Şehir için öyle çok iyilik yapmıştı ki böylesine kötü biri olabileceğini hiç düşünmedik."

"Yani onu daha önceden tanıyordunuz?" diye sordu Alex.

Turlock zayıf bir sesle "Adı Nethrom iken tanırdım onu," diye cevap verdi. Gözlerini tekrar ateşe çevirdi. "Öğrenmede kabiliyetliydi ve bazı sihirli yetenekleri vardı. Kentimizin kapısını gizleyen antik büyüyü öğrenen oydu. Neplee'nin kütüphaneleri büyüktür ve içindeki bazı kitaplar çok eskidir."

"Bu Nethrom, büyüleri o kitaplardan mı öğrendi?" diye sordu Thrang şaşırmış bir ifadeyle. "Cüce kütüphanelerinde büyü kitapları olması sıra dışı bir durum. O kitapların içinde yazılanları pek az cüce okuyabilmiştir."

"Bazı şeyleri buradaki kütüphanede öğrendi," diye cevap

verdi Turlock yorgun gelen bir sesle. "Kentin ötesindeki yüksek dağlarda gizli bir mağaranın varlığını öğrenmesi de buna dahil. Mağaranın, hayaletler ya da büyü veya her ikisiyle birden korunduğu sanılıyordu. Nethrom, mağaranın hikâyesini saplantı haline getirdi ve yıllarını, orayı aramaya harcadı. Onun, gidip haftalarca dağlarda kaldığını görmeye alıştık. Her seferinde karanlık ve mutsuz bir ruh haliyle geri dönüyordu."

"Ama sonunda mağarayı buldu," dedi Alex. Yıllarca süren arayışında Nethrom'un neler yaşadığını anlamaya çalışıyordu.

"Evet, bulmuş olmalı," dedi Turlock. "Dağlara gittiğinde, her seferinde olduğu gibi, yine yaz mevsimiydi. Geri döndüğünde mutluluk içindeydi. Mağarayı bulduğunu biliyorduk ama içinde ne olduğunu asla tahmin edemedik. Nethrom da hiç söylemedi."

"Başlangıçta Nethrom güçlerini iyi şeyler için kullandı," dedi Kat birden. Turlock ona bakmak için başını kaldırdı. "İyileştirme ve eski cüce büyüleri hakkında çok şey öğrenmişti. Bu bilgisini halkına yardım etmek ve Neplee şehrini korumak için kullandı."

"Evet," diye fısıldadı Turlock.

"Sonra, birdenbire değişti," diye devam etti Kat. "Artık halkına yardım etmiyor, hizmetlerine karşılık ücret talep ediyordu. Eğer hastalar hizmetinin karşılığını ödeyemezse, yardım etmek için hiçbir şey yapmıyordu. Sanki Nethrom artık bir zamanlar olduğu, o eski cüce değildi."

"Söylediklerinizin hepsi doğru," dedi Turlock. Bir Kat'e, bir de Alex'e bakıp dururken yüzünde sorgulayan bir ifade vardı.

"Arkadaşım bir kâhindir," dedi Alex. "Nethrom'un varlığını hissetti. Ya da Nethrom'un dönüştüğü şeyin varlığını diyeyim."

"Bir büyücü, bir kâhin ve bir maceracılar grubu, ha? Belki de umutlanmalıyım; ama hayır," dedi Turlock başını sağa sola sallayıp. "Bir an önce burayı terk etmenizi öneririm. Size at temin ederiz ama hellerashlara karşı fazla dayanacaklarından şüpheliyim."

"Artık hellerashlar yok," dedi Thrang. "Alex sizi çoktan bu lanetten kurtardı."

"Onları kovdunuz mu?" diye sordu Turlock şaşkınlıkla.

"Onları yok ettim," diye cevap verdi Alex, o da bakışlarını ateşe çevirmişti.

Turlock, gözlerini Alex'e dikerek "Belki de hâlâ umut vardır. Ama yine de size gitmenizi tavsiye ediyorum," dedi.

"Havalar değişiyor, kışı burada geçirmek zorunda kalabiliriz," dedi Thrang kaygılı bir ifadeyle. "Dağlarda Albrek ve halkının izlerini araştırmamız gerekiyor."

"Albrek mi?" diye sordu Turlock bir şeyi hatırlamaya çalışır gibi.

"Vazifemiz hellerashları yok etmek ya da onları ölümden geri getiren ruhçağıranla savaşmak değil," diye açıkladı Thrang.

"Evet, tabii ki değildir," dedi Turlock yorgun bir gülümsemeyle. "Korkarım bu dağlarda Albrek veya onun halkı hakkında pek iz bulamayacaksınız. Efsaneye göre, Albrek gezerken burada durmuş ama Neplee o sırada zaten inşa edilmekteymiş. Çatışmaya sebep olmak istemeyen Albrek, yoluna devam etmiş."

Thrang, Alex'e bakış atarak, "O zaman vazifemiz daha da güneyde," dedi. "Eğer havalar izin verirse, en kısa zamanda yola çıkacağız."

"Size at temin edilmesi için emir vereceğim," dedi Turlock.

"Ne zamandır?" diye sordu Alex.

"Ne zamandır mı?" diye tekrarladı Turlock, gözlerini Alex'e çevirdi. "Ne ne zamandır?"

"Nethrom ne zamandır değişmiş durumda?"

"Yeni ayın doğmasıyla birlikte, üç yıl, üç ay olacak," diye cevap verdi Turlock.

Birden ayağa kalkıp elini havaya kaldırdı. Yakınlarda bekleyen birkaç cüce koşup geldi. Eğilerek Turlock'u selamladıktan sonra emrini beklediler.

"Konuklarımız için oda bulun," diye emretti Turlock. "Onları rahat ettirin ve kendilerine yiyecek içecek temin edin. Onlar yerleştikten sonra, şehri araştırıp bulabildiğiniz atları getirin."

"Evet, lordum," diye karşılık veren cüceler önünde eğildi.

"Belki yarın tekrar konuşabiliriz," dedi Turlock ve yeniden sandalyesine oturdu. "Ve eğer hava iyi giderse, yola çıkabilirsiniz."

"Teşekkürlerimizi sunarız," diyen Thrang, eğilip Turlock'u selamladı.

Alex ve arkadaşları da eğilip selam verdiler ve salondan çıkan cüceleri takip ettiler. Cüceler onları çabucak ve sessizce şehrin içinden geçirip, çoktan hazırlanmış olan odalara getirdi. Alex'in gördüğü diğer tüm cüce şehirlerinin aksine Neplee, karanlık ve sessizdi. Yürürken başka cüce görmediler. Geçitlerin çoğunda hiç ışık yoktu. Bunaltıcı bir görüntüydü. Alex, şehir halkından kaç kişinin Nethrom tarafından yok edildiğini merak etmeye başladı.

"Bu kentin nesi var böyle?" diye sordu Thrain. Rehberleri onları, birkaç sandalye ve şöminenin olduğu geniş bir odada, dinlensinler diye bırakıp gitmişti. "Büyükbabamın krallığında hiçbir cüce kenti böyle karanlık ve sessiz değildir. Konuklar her zaman ziyafetle ve heyecanla ağırlanır."

"Burası büyükbabanın krallığı değil," dedi Thrang bir sandalyeye kendini bırakarak.

"Bu şehir mezar gibi," dedi Nellus, Thrang'in yakınındaki bir sandalyeye geçerken.

Alex, gözlerini ateşe dikerek "Üç yıldan uzun bir süredir korku içinde yaşıyorlar," dedi. "Mutluluğun ne olduğunu unutmuşlar. Artık günü kurtarmak için yaşıyorlar, ölüm, kapılarının eşiğinde onları bekliyor."

"Hâlâ ruhçağıranın karşısına çıkmak istiyor musun?" diye sordu Thrang.

Alex, Thrang'e bakmadan "Grubumuzla beraber devam edeceğim," dedi.

Thrang "O zaman, havalar iyi giderse bizi buradan götürmekte haksız olduğumu düşünüyorsun," diye ısrar etti.

"Hayır, haksız olduğunu düşünmüyorum," diye cevap verdi Alex. "Görevimiz, Albrek'in mezarını ve Arayış Yüzüğü'nü bulmak. Burada kalmak tehlikeli. Maceramıza onurumuzla bağlıyız. Bu yüzden, en iyisi olduğunu düşündüğün şeyi yapacağım."

Thrang karşılık vermek üzereyken Arconn araya girdi.

"Ruhçağıranın seni arayıp bulacağını mı düşünüyorsun?"

Alex "Bilmiyorum," dedi. "Nethrom'un ya da artık her ne ise onun, buradaki varlığıma nasıl tepki vereceği hakkında hiçbir fikrim yok."

"Sana açık bir şekilde saldıracağını düşünmüyorsun, değil mi?" diye sordu Barnabus.

"Fikrim yok. Daha önce bir ruhçağıranla karşılaşmadım. Nethrom'un ne kadar güçlendiğini de bilmiyorum. Sanırım eğer kendini yeterince güçlü hissediyorsa, bana meydan okuyacaktır," dedi Alex. "Ben ise şimdilik gidip yatacağım."

Alex, bunu söyledikten sonra dönüp geniş odadan çıktı ve ona doğru açılan küçük odalardan birine girdi. Rastgele bir oda seçmiş ve kapıyı arkasından kapatmıştı. Ne düşüneceğini veya ne yapacağını bilmiyordu. Dostlarına ne cevap vereceğini de. Ruhçağıran onun varlığından çoktan haberdar olmuştu, bu kesindi. Artık Neplee'ye girmişlerdi ve Alex, ruhçağıranın ne yapacağını kestiremiyordu.

Karanlık düşüncelerin ortasında, Alex aniden bir pat sesi ve şiddetli bir çınlama duydu. Yatağının üstünde bir gib belirmişti. Alex, öylece gözlerini dikip bakmaktan başka bir şey yapamayacak kadar sersemlemişti. Gib'in olsa olsa Whalen'den gelmiş olabileceğini fark ettiğinde, hemen koşup mektubu aldı. Gib'e küçük bir elmas attı ve zarfı açıp okumaya başladı.

Whalen'in mektubu, Alex'in kendini daha iyi hissetmesini sağlamadı. Mektup çoğunlukla, hellerashları yok ettiği için kendini kötü hissetmemesinden, çünkü onların zaten ölü olduklarından bahsediyordu. Whalen'in ruhçağıranla savaşmak konusunda söyleyecek fazla bir şeyi yoktu. Sadece Alex'e, gücünü toplamak ve karanlıkla yüzleşmek üzere kendini hazırlamak üzerine bolca tavsiye vermişti.

Okuduklarından memnun olmayan Alex, mektubu bir kenara attı ve yatağına gitti. Gib ilk geldiğinde hissettiği umut da kaybolmuştu. Uykuya dalmadan önce uzun bir süre karanlıkta, uyanık halde yattı.

Alex nihayet uykuya daldığında, düşleri, uyanıkken var olan düşünceleri kadar karışık ve sıkıntılıydı. Sanki Alex ne olduğunu bilmediği bir şeyi arıyormuş gibi, rüyaları oradan oraya atlayıp duruyordu. İki kez sıçrayarak uyandı ve biri ya da bir şey odada onu bekliyormuş gibi, çılgınca etrafına bakındı. İkinci kez uyandığında, bent ışıkları oluşturdu ve onları odanın içinde uçurarak yalnız olduğundan emin oldu.

Tekrar yatağına yatan Alex, bent ışıklarını söndürdü ve rüyalarında aradığı şeye odaklanmaya çalıştı. Yavaş yavaş zihni rahatladı ve kendini yatağından kaldırılmış, uçuyormuş gibi hissetti.

Alex'in düşünceleri Neplee'den uzaklaştı ve kuzeye döndü. Kendini kuş gibi hissediyor, dostlarıyla birlikte yol aldığı patikadan geri uçuyordu. Üzerinden geçip giderken, Kazad-Syn, gözüne küçük ve davetkâr göründü. Bir an orada durmak istemişti ama ileriye devam etmek için acil bir ihtiyaç hissediyordu. Zihni Doğu Denizi'nin kıyılarına ulaştığında, Alex düşüncelerinin onu nereye götürdüğünü anlamıştı. Rüzgârın dalgalandırdığı denizi aşıp ejderhayı gizleyen karanlığın içine geldi.

"Düşüncelerin sıkıntılı, delikanlı," diyen Salinor'un derin, kararlı sesi Alex'in zihninde yankılandı.

"Evet, endişe ettiğim çok şey var," dedi Alex.

"Ruhçağıran," diye ifade etti Salinor.

"Onu tanıyor musun?"

"Evet ama senin onunla yüzleşeceğini bilmiyordum," diye cevap verdi Salinor.

"Yüzleşeceğimden emin değilim. Thrang bir an önce yola devam etmek istiyor. Bu yüzden, bir süreliğine onun karşısına çıkamayabilirim," diye açıkladı Alex.

"Ne kadar erken olursa o kadar iyi," dedi Salinor.

Alex, "Ben... ben ruhçağıranın karşısına çıkabilir miyim, emin değilim," diyerek korkusunu dile getirdi.

"Şüphe, ölümcül olabilir. Bu meydan okumadan kaçar mıydın?"

"Onunla yüzleşip Neplee halkını kurtarmayı tercih ederim. Ama bunu nasıl yapacağımı bilmiyorum ve bu kötülüğü yenebileceğimden emin değilim."

"Tedbir, senin insani özelliklerinden biri," dedi Salinor hafifçe gülerek. "Ama işe yarayabilir, ben bilemem."

"Senden bir şey rica etmek istiyorum," dedi Alex kendini durdurmasına kalmadan.

"Bir şey mi rica edeceksin? Benden?"

"Eğer ruhçağıranı yenemezsem ve o beni kontrolü altına alırsa, gelip beni yok etmeni istiyorum. O kötülük tarafından kullanılmama müsaade etme," dedi Alex yalvarırcasına.

Salinor yavaşça "Evet, geleceğim," diye kabul etti. "Fakat bana göre, henüz genç olmana rağmen, senin alt edemeyeceğin pek az şey var."

"Teşekkür ederim," dedi Alex, düşüncelerinde eğilip ejderhayı selamladı.

"Artık geri dönmelisin," dedi Salinor. Devasa ağzı tuhaf bir gülümsemeyle kıvrıldı. "Karanlık olanın gözetlemesine karşı düşüncelerini koru ve dostun Vankin'in, mektubunda yazdıklarına daha yakından bak. Eğer karanlığın seni alt ettiğini hissedersem, gelip istediğin şeyi yapacağım."

Alex bir kez daha eğildi ve cüce diyarı üzerinden uçup Neplee'ye geri döndüğünü düşleyemeden, sıçrayarak uyandı. Yataktan fırlayıp Whalen'in mektubunu aldı ve her satırını bir kez daha dikkatlice okudu. Daha önce gördüğünü hatırlamadığı bir satırda duraksadı.

"Yerde en az otuz santim kar var ve biz kahvaltımızı edene kadar, bir o kadar daha olacak," diyen Thrang, ortak odaya giren Alex'e döndü. "Eğer seni tanımıyor olsam, bu fırtınayı sen mi çağırdın diye sorardım," dedi.

Alex, Thrang'e gülümseyerek "Ben yapmadım," dedi. "Ama Nethrom da yapmadı," diye ekledi hemen.

"Eh, yakın zamanda bir yere gidemeyeceğiz," diye homurdandı Thrang. "Bu yüzden, ne olacağını görmek için beklememiz gerekecek sanırım."

"Ne olacağını biliyorsun," dedi Alex. "Dağlara çıkıp ruhçağıranla yüzleşeceğim."

"Delilik bu," dedi Thrang, ateşin yanındaki bir sandalyeye çökerek. "Büyücüleri asla anlayamayacağım, bin yaşıma kadar yaşasam bile."

"Delilik değil," dedi Alex. "Yapılması gereken şey sadece."

Thrang tekrar ayağa kalkarken "Pekâlâ. Başka soru sormuyorum," dedi. "Hem zaten vakit de yok. Turlock kahvaltıda kendisine katılmamızı istedi, yola çıksak iyi olur," diye ekledi. O sırada bir rehber, onları Turlock'a geri götürmek için yanlarında belirdi.

Şehir yine karanlık ve sessizdi fakat o sabah etrafta yürüyen birkaç cüce vardı. Alex ve diğerleri yaklaştığında, çoğu hemen uzaklaşıyordu. Fakat bazıları duruyor, sessizce geçmelerini izliyordu.

"Halkımız yabancılara alışkın değil," dedi rehber. "Şehre birileri gelmeyeli çok uzun zaman oldu."

Yürürlerken Thrang, "Bizden korkuyorlar mı?" diye sordu.

"Bir açıdan evet," diye cevap verdi rehber. "Dağlardaki kötülük daha önce aramıza hizmetkârlarını göndermişti. Artık birilerine güvenmekte zorlanıyoruz, hatta en çok değer verdiklerimize bile."

Thrang'in yüzündeki ifade, Alex'e bilmesi gereken her şeyi söylüyordu. Thrang kararını vermişti; hava yola çıkmaları için elverişli olsa bile, Alex'e, Neplee'yi ruhçağıranın lanetinden kurtarmaya çalışması için ısrar edecekti.

Küçük ziyafet salonuna girdiklerinde Turlock, grubu karşıladı. Büyük, yuvarlak bir masa hazırlanmıştı ve kahvaltı çoktan onları bekliyordu. Alex, Turlock'un günlerdir uyumamış gibi yorgun göründüğünü düşündü. Bu yüzden, sorusunu sormadan önce yemekleri bitene kadar bekledi.

"Metal işçisi mi?" diye sordu Turlock karşılık olarak. "Neplee'de birçok metal işçimiz var ama bugünlerde onların yapabileceği pek iş yok."

"Şehirdeki en iyi metal işçisi kim?" diye sordu Alex.

"Volo Silverforge olsa gerek."

"Volo Silverforge burada mı yaşıyor?" diye araya girdi Thrang. "Onun işleri Benorg'da bile iyi bilinir ve çok değerlidir."

"Üstat Silverforge'u nerede bulabilirim?" diye sordu Alex.

"Sizi ona götürmesi için birini görevlendirebilirim," diye cevapladı Turlock. "Ama size yardım etmek isteyeceğinden şüpheliyim. Bir yemin etti; Nethrom'u memnun edecek ya da ona yardımı olabilecek herhangi bir şey yapmayı reddediyor. Son üç yıldır hiçbir iş yapmadı."

Thrang hemen Alex'e baktı ve "İzin verirsen ben de seninle gelmek isterim," dedi.

"Önce ben yalnız gidersem daha iyi olur," dedi Alex, Thrang'e. "Fazla zorlayıcı görünmeyiz ve ben Volo'yu, yardım için ikna edebilirim."

Thrang gönülsüzce kabul etti ama Alex onun bu durumdan memnun olmadığını anlıyordu. Yemekleri biter bitmez Turlock, hizmetkârlarından birini Alex'i şehirden geçirip Volo'nun atölyesine götürmesi için görevlendirdi. Oraya vardıklarında Alex, cüceden gitmesini istedi ve birkaç dakika boyunca kapıya bakıp, Volo Silverforge'un ne tip bir cüce olabileceğini düşündü.

Asasıyla atölyenin kapısını sertçe çaldı ama yanıt gelmedi. Volo acaba atölyesinde değil mi, diye merak etti ama sonra, kapının arkasında bir hareket olduğunu duydu. Tekrar kapıya vurdu. Kapının ardında birinin ayaklarını yere sürüdüğünü net olarak duyabiliyordu ama kapı yine açılmadı. Kendi kendine gülümseyen Alex, asasını kaldırıp üçüncü kez kapıya vurdu.

"Volo Silverforge, eğer ben üç kez vurduktan sonra kapıya bakmazsanız, kapıyı menteşelerinden söküp uçurur, sizi de fındık faresine çeviririm," dedi yüksek sesle.

Kapı yavaş yavaş, gıcırdayarak açıldı ve çok yaşlı görünen bir cüce, atölyenin içinden kafasını çıkardı.

Volo, Alex'e bakarken "Sinirlenmeye gerek yok," diye homurdandı. "Çalışmıyorum, kapalıyım. Bu yüzden, tehditlerinizi ve kapı çalmanızı da alıp başka bir yere gidiniz."

Volo kapıyı kapatmak için hareketlenince "Şehri Nethrom'a bırakmayı tercih edersiniz öyleyse," dedi Alex,

Volo sertçe "Yalnız kalmayı tercih ederim," dedi ve kapıyı biraz daha açtı.

"Demek sizin huzurunuz, dostlarınız ve komşularınızınkinden daha önemli," diyen Alex asasına yaslandı.

"Hepimiz aynı gemideyiz," dedi Volo ve dükkânın kapısını tamamen açtı. "Ama lanetten kaçış yok ve sahte umutlara bel bağlamak anlamsız."

"Eğer böyle hissediyorsanız, yanlış yere gelmiş olmalıyım," dedi Alex. "Ben Volo Silverforge'un, benim Neplee'nin lanetini ortadan kaldırmama yardım edecek cüce olduğunu sanmıştım. Ama görünüşe göre yanılmışım. Siz en iyisi demirhaneniz gibi tozlanmaya devam edin; ben yardım edecek başka birini bulurum."

"Kabalığa gerek yok," dedi Volo, Alex'e daha yakından bakmak için dükkânından dışarı bir adım attı. "Daha önce bir büyücünün kapımı çaldığı olmamıştı hiç, bu yüzden elimden gelen sadece çay ikram etmek."

"Öyleyse, yapmam gereken işle ilgili görüşmek istiyor musunuz?"

"Onu bilmiyorum," diye cevap verdi Volo, dükkânına geri girdi. "İçeri gelin ve çay için. Hele bir anlatacaklarınızı dinleyeyim, deli olup olmadığınıza sonra karar veririm."

Alex gülümseyip Volo'nun peşinden dükkâna girdi ve kapıyı arkasından kapadı. Volo ayaklarını sürüyerek odadan geçti ve demir ocağının üstüne büyük, bakır bir çaydanlığı yerleştirip ateşi birkaç kez körükledi. Alex, Volo'nun gösterdiği sandalyeye geçti ve o çay yaparken sessizce oturdu.

ON SEKİZİNCİ BÖLÜM

RUHÇAĞIRAN

"Haftalardır Volo'yla birlikte çalışıyorsun. Aklından ne geçtiğini bize anlatacak mısın, yoksa bizi böyle karanlıkta oturur halde mi bırakacaksın?"

Thrang'in keyfi yerinde değildi. Alex bir an, ne planladığını ona anlatmayı düşündü. Neyse ki onun cevap vermesine gerek kalmadan Nellus konuştu.

"Karanlıkta oturduğumuz doğru. Yüzümde biraz rüzgâr hissetmezsem, yakında öleceğim sanırım."

"Şehir kapılarının etrafında bir buçuk metre kar var. Muhafızlar her akşam ve her sabah, sırf kapıları açıp kapatabilmek için kar küremek zorunda kalıyor," dedi Barnabus.

"Dağlardan uzaklaştıktan sonra fazla kar yok," dedi Arconn.

Thrang canı sıkılmış halde, "Kar üstünde rahatça hareket edebilen bir elf için çocuk oyuncağı tabii," dedi. "Geri kalanımız için o kadar kolay olmaz. Hem sen kapının o kadar uzağında ne yapıyordun ki?"

"Bakıyordum," diye cevap verdi Arconn. "Orada ne olduğunu hissetmeye çalışıyordum."

"Elfler işte..." dedi Thrang ve başını iki yana sallayıp ateşi besledi. "Neredeyse Alex kadar fenasın. Ne yaptığını söylemek istemiyorsan, tamam. Ama sakın bize, açık havada durmanın ne kadar güzel olduğundan bahsedeyim deme."

"Sen sordun," dedi Arconn gülümseyerek.

Alex, "Dağlara doğru ilerlediğinde kar kalınlığı ne kadar oluyor?" diye sordu.

"Çoğu yerde iki metreye yakın. Biriktiği yerlerde daha da derin," diye cevapladı Arconn biraz düşündükten sonra.

Thrain aniden Alex'e dönerek, "Dün gece geldiğinde elinde bir paket vardı," dedi.

"Evet," dedi Alex.

"Öyleyse yakında onun karşısına çıkacaksın," dedi Arconn, odadaki herkesin düşündüğü şeyi dile getirmişti.

"Eğer hava kötüyse bugün gitmeyi düşünüyordum..." dedi Alex, umutlu görünmeye çalışıyordu.

Thrang sordu: "Hava kötüyse ne olmuş?"

Alex, "Kötü hava, Nethrom'un benim geldiğimi görmesini zorlaştıracaktır. Edinebildiğim her türlü avantaja ihtiyacım var," diyerek açıkladı.

"Peki kar kalınlığının iki metreyi bulduğu ve havanın çok kötü olduğu dağlara nasıl çıkacağız?" diye sordu Kat.

"Çıkmayacaksınız," dedi Alex.

"Eğer yalnız başına gitmeyi düşünüyorsan, bir sorunun daha var," dedi Thrang itiraz ederek. "Tek başına gitmekten seni men ediyorum."

"Bu, senin söz hakkın olmayan bir konu," dedi Alex. "Ama düşündüğün için sağ ol."

Arconn atıldı, "Ben de geliyorum. Kar benim için sorun değil, bu kötülüğü yenmende sana yardım edebilirim."

"Hayır," dedi Alex, sesi neredeyse emreder gibiydi. "Benim tek başıma yapmam gereken bir şey bu. Sizden istemesem bile, hepiniz benimle gelirsiniz, bunu biliyorum. Ama benim çabucak ve yalnız gitmem lazım. Ruhçağıranı yenmek için tek umudum bu."

Arconn, Alex'in kararını kabul etmek istemedi. Gruptakilerin hiçbiri, geride bırakılmaktan memnun değildi. Yerde bu kadar çok kar varken, dağlara gidemeyeceklerini hepsi biliyordu. Fakat Arconn onunla gelme kararında ısrarcıydı.

"En azından, eğer başarısız olursan diğerlerine haber vermiş olurum," diye atıldı.

Alex, "Eğer başarısız olursam zaten ejderhayı göreceksiniz," dedi ve Turlock'un ona verdiği uzun pelerini aldı. "Dağlarda alevler olacak. Lanet bozulursa da anlarsınız zaten."

Alex hızla kapıya doğru yürüdü, planını uygulamaya koymak istiyordu. Diğerleri ortak salondan çıkarken onu takip ettiler, verdiği karara karşı itirazlarını sürdürüyorlardı.

"Eğer hepimiz gidersek Nethrom, ilk önce kime saldıracağını bilemez," dedi Nellus, ama ikna edici değildi.

"Ve birimiz ona saldırma fırsatı bulabilir. Ya da ruhçağıranın gücünü kırabilmene yetecek kadar uzun bir süre onun dikkatini dağıtırız," diye ekledi Barnabus.

"Hayır," diye tekrarladı Alex. "Tek başıma gitmeliyim ve şimdi gitmeliyim."

"Karda nasıl dayanacaksın?" diye sordu Thrain.

"Kar gibi olacağım," dedi Alex. "Rüzgâr gibi hareket edeceğim ve görünmeden ruhçağıranın mağarasına ulaşacağım."

Thrang, "Bu çok tehlikeli," diyerek karşı çıktı. "Ejderha dostundan bu meselenin icabına bakmasını isteyemez misin ya da en azından seninle beraber gelmesini?"

"Dostum iyi bir ejderha bile olsa, onlar diğer ırkların sorunlarını çok umursamaz," dedi Alex. "Benim ruhçağıran tarafından kullanılmama müsaade etmeyeceğine söz verdi. Ondan, en fazla bu konuda söz vermesini isteyebilirim."

Şehirden geçerken diğerleri sessiz kaldı. Ama Alex hepsinin, onun fikrini değiştirmek için bir yol bulmaya çalıştığını biliyordu. Şehrin kapılarına vardıklarında, Turlock'un onu beklediğini görerek şaşırdı.

"Volo büyük ihtimalle bugün gideceğinizi söylemişti," dedi Turlock, Alex'in önünde eğilerek. "Size şans dilesem iyi olur diye düşündüm, zira elimde size sunacak başka bir şey yok."

Alex eğilip "Gelmiş olmanız yeterlidir, Lord Turlock," dedi.

"Gitmeden önce, sizin için yapabileceğim bir şey var mı?" diye soran Turlock'un gözleri hüzün doluydu.

"Ben yokken dostlarıma iyi bakın," diye cevap verdi Alex. "Öyle ya da böyle, ben geri dönmeden Neplee'nin laneti ortadan kalkacak."

"O zaman size şimdiden teşekkür edeyim, döndüğünüzde tekrar teşekkür edeceğim."

Alex gülümsedi ve kapıya doğru yürüdü. Muhafızlar taştan dev kapıları açmadan önce eğilip onu selamladılar ve geçmesi için geri çekildiler. Kar tanelerini girdap gibi döndüren, buz gibi bir rüzgâr şehrin içine doldu.

Soğuk, temiz havayı içine çeken Alex, dönüp dostlarına baktı. "Elimden geldiğince çabuk döneceğim. Bahar gelmeden geri dönmezsem, beni aramayın."

"Böyle şeyler söyleme," dedi Thrang sertçe.

Alex başka bir şey söylemeden dönüp kara adımını attı ve bir anda gözden kayboldu. Kar yağmaya başladığından beri üzerinde çalıştığı bir büyüydü bu. Gizlice ruhçağıranın mağarasına ulaşmasının en iyi yolu buydu. Whalen onu, ruhçağırana ulaşmaya çalışırken gücünü boşa harcamaması konusunda uyarmıştı. Ruhçağıranın onun üstüne salabileceği yaratıklarla savaşmadan dağda ilerlemek, Alex'e iyi bir fikir gibi gelmişti.

Bir rüzgâr esintisine dönüşmek zor değildi fakat tehlikeliydi. Alex büyüyü ilk kez denediğinde, eski haline dönmekte zorlanmıştı. Rüzgâr olmak ona o kadar özgür hissettirmişti ki tüm kaygıları uçup gitmişti. Alex ancak Volo ona bağırarak, demirhanesini patlatmak üzere olduğunu söylediği zaman, kendi biçimine dönüşmüştü.

Rüzgâr halindeyken kendini kaybetmek istemeyen Alex, dikkatini etrafındaki araziye verdi ve dağlara doğru ilerlemeye başladı. Nethrom'un mağarasının nerede olduğuyla ilgili sadece genel bir fikri vardı ve onu bulmasının uzun sürmesinden endişe ediyordu. Uzun süre rüzgâr esintisi olarak kalmak istemiyordu. Fakat dağlarda kendi biçiminde olup tehlikelere açık kalmak da işine gelmezdi. Ve mecbur kalıncaya dek savaşı başlatmayacaktı.

Sabahın ilerleyen saatlerinde dağlarda epey ilerlemişti. Zihniyle etrafındaki araziyi taradı ve ruhçağıranı bulmasını sağlayabilecek herhangi bir vahşi yaratık aradı. Arazi boştu.

Alex bunun sebebinin kış şartları mı, yoksa ruhçağıranın vahşi hayvanları kaçırması mı olduğunu merak etti. Daha yukarılara çıkıp dağların içlerine doğru ilerlerken, aramasına devam etti.

Alex, altındaki karlarda bir şeyin hareket ettiğini gördüğünde artık akşamüstü oluyordu. Daha iyi görebilmek için yakınına doğru süzüldü. Bunun, Nethrom'un yaşayan ölü yaratıklarından biri olduğunu fark ettiğinde, hayvanın zihnine dokunmasına kalmadan kendini durdurdu. Kocaman bir ayının kış vakti dağlarda ilerliyor olması garipti. Alex rüzgâr biçimini alıp gizli kalmış olduğuna sevindi. Dağın içlerine doğru ayının izini takip etti.

Günün son gri ışıkları da solduğunda, Alex geniş bir korulukta durdu. Yakınlarda Nethrom'un yaratıklarından hiçbirinin bulunmadığından emin olmak için çevreyi kontrol etti. Sonra da eski haline dönüştü. Hızlıca yemeğini yedikten sonra ağaçları inceledi. Yavaş yavaş zihnini, ağaçların düşüncelerine odakladı ve basit bir büyü sözüyle, bir kez daha biçim değiştirdi. Bu kez, koruluğun ortasında koca bir çınar ağacı olmuştu.

Alex ağaç şekline girdiğinde ruhçağıranın mağarasını nerede arayacağını keşfedebildi. Ağacın düşünceleri onunkilerden yavaştı, hatta yaşayan herhangi bir hayvanınkinden de yavaştı. Fakat ağaçlar da fazlasıyla canlıydı ve Nethrom'un mağarasının etrafındaki yaşayan ölü topraklar hakkında bir şeyler biliyorlardı.

Güneş yeniden dağlara vurduğunda, Alex rüzgâr şekline geri döndü. Yeni gün güneşliydi ve haftalardır dağları örten bulutlar gece dağılmıştı. Alex'in nereye gittiğini görebilmesi kolaylaşmıştı ve ağaçlardan elde ettiği bilgi sayesinde mağaranın girişini çabucak buldu.

Bir an Alex, mağaraya da rüzgâr biçiminde girmeyi düşündü. Ancak sonra, Nethrom'un esintiyi fark edip doğal biçimine geri dönmesine fırsat kalmadan onu yakalayabileceği aklına geldi. O nedenle mağaranın ağzından biraz uzakta durdu ve rüzgârlı patikanın üzerinde kendi şekline geri döndü. Etrafındaki ezilmiş ve öbek öbek olmuş karlara bakarak, Nethrom'un yakın zamanda pek çok yaratığı mağaradan dışarı gönderdiğinden şüphelendi.

Mağaranın girişine doğru ilerleyen Alex duraksadı. Önündeki patikanın ortasında, ağaca benzeyen büyük bir yaratık âdeta kök salmıştı. İlk başta Alex onun ne olduğunu anlayamadı. O tuhaf yaratığı, sırf üzerinde hiç kar ya da buz olmaması nedeniyle diğerlerinden ayırt edebilmişti. Yaklaştığında yaratıktan, onu izleyen iki devasa yılan kafası sallanmaya başladı. Kırmızı gözleri, sabahın soğuk havasında parıldıyordu. Alex, yaratığın saldırmasını beklemeden ona doğru bir ateş topu attı. Ama ateş topu üzerinden sekti. Yaratık yüksek sesle tıslarken, ateş topu yakınlardaki bir kar yığınına gömüldü. Alex, yaratığı dondurmayı düşündü fakat kış rüzgârından etkilenmiyor göründüğüne göre, dondurucu bir büyünün herhangi bir etkisi olmayacaktı. Dikkatle ilerlerken kılıcını çekti. Eğer sihir bu yaratığı etkilemiyorsa, belki kılıcının keskin kenarı zarar verirdi.

Alex yaklaşırken, yılan başlarından bir tanesi üzerine saldırdı. Saldırı menzili, Alex'in beklediğinden çok daha uzundu. Alex dönerek ilk kafanın saldırısından sıyrıldı ve ikincisine yöneldi. İkinci kafa, ilkinin sadece birkaç saniye arkasından geldi ama Alex onun saldırısına hazırlıklıydı. Yana çekilip saldırıdan kurtulan Alex, kılıcını doğruca yaratığın boynuna indirdi. Kafa, karların üzerinde zıplayarak yuvarlandı ve patikanın yanında alevlere boğuldu.

Diğer kafanın ona ulaşamaması için gerileyen Alex, sağa sola sallanan gövdeden iki yeni kafanın daha çıktığını görünce şaşkına döndü. Artık iki yerine üç kafayla karşı karşıyaydı ve saldırmaya devam ederse bu sayı daha da artacaktı.

"Hidra," diye fısıldadı Alex. Antik Yunan savaşçısı Herkül'ün hikâyesini hatırladı. Herkül, hidranın kafalarını ve yanan boyunlarını keserek onu mağlup etmiş ama kestiklerinin yerinden yeni kafalar çıkmıştı. Maalesef Alex, diğer kafalardan birinin ona saldırmasına kalmadan boyunlarını yakmaya nasıl zaman bulacağını bilmiyordu. Bunu yapmak imkânsız görünüyordu, Herkül'ün nasıl başardığını merak etti.

Alex, hidradan uzaklaştı ve ne yapması gerektiğini düşündü. Nethrom ya da onun diğer yaratıklarından birinin, Alex'in varlığını fark etmesi an meselesiydi. Artık mağaraya bu kadar yakın olduğundan, hızlı hareket etmesi gerekiyordu fakat hidra onun hiç beklemediği bir şeydi. Alex asasına dayandı ve karlı patikaya bakındı, hidrayı nasıl yeneceğine dair bir ipucu bulmayı umuyordu. Buz saçakları, patikanın bir yanındaki kayaların altından sarkıyordu. Alex onlarda kendi yansımasını görünce yerinden sıçradı. Bunun yalnızca kendi yansıması olduğundan, başka bir yaratığın arkadan yaklaşmadığından emin olmak için etrafa baktı. Sonra aklına bir fikir geldi ve çözümün basitliğinden dolayı gülümsedi.

Bir kez daha ilerleyen Alex, hidranın erişebileceği alana girmeden önce durdu. Sağ elinde kılıcını sıkıca tutuyordu ve asasının ucunu mavi beyaz bir alevle yakmıştı. Büyüsünü yaparken gözlerini yumdu ve yapması gereken şeye odaklandı. Tekrar gözlerini açtığında, kendisinin altı tane kopyasının ona baktığını görünce güldü.

Hidra artık Alex'in yedi farklı versiyonunu görebiliyordu. Kafası bir ileri bir geri gitmeye, aynı anda tüm görüntüleri takip etmeye çalışmaya başladı. Hidra hangi görüntüye saldıracağını bilemiyor ve görüntüler ona yaklaştıkça kafasını daha hızlı hareket ettiriyordu.

Hidra, Alex'in solundaki görüntülerden birine saldırdı ama yılan başı, kar ve buzdan başka bir şeyi ısıramadı. Alex görüntülerin yerini değiştirdi; onları yavaş yavaş hidranın etrafında dolaştırıyor, bazen de ona yaklaştırıyordu. Hidra ikinci kere, patikanın en ucuna doğru saldırdı. Alex saldırıya geçmek için beklemesi gerektiğini biliyordu.

Hidra beş kez Alex'in sahte görüntülerine saldırdı ve beşinde de hiçbir sonuca ulaşamadı. Altıncı saldırısında Alex, kendi darbesini indirdi; kılıcıyla kafalardan birini kesti ve yaratığın kanayan boynundan iki yeni kafa çıkıp onun yerini alamadan, yanan asasını boynuna uzattı. Hidra, geri çekilip Alex'in asasından kaçınmaya çalıştı ama büyücü işini çoktan halletmişti. Artık Alex'in dikkat etmesi gereken iki kafa kalmıştı; yaratığın ise Alex'in yedi görüntüsüne dikkat etmesi gerekiyordu ve sadece iki kafası vardı.

Alex, görüntülerini hidranın etrafında hareket ettiriyordu. Diğer kafaya saldırmaya hazırlanırken, öbür kafa az kalsın onu ısırıyordu ama Alex, ondan sıyrılmayı başardı. Hidra bu kez ısırabileceği gerçek bir şey bulduğunun farkına varmış gibiydi, hemen ikinci başını savurup saldırdı. Alex, üç görüntüsünü birden ileri sürerek ilk kafanın dikkatini dağıttı. İkinci kafayı boynundan kesti ve yanan asasını bir kez daha yaranın üstüne bastırdı.

Son kafa deli gibi dönüyor, gövdesinin etrafını saran yedi saldırgandan korunmaya çalışıyordu. Alex neredeyse hidra için üzülecekti ama işini tamamlaması gerektiğini biliyordu. Görüntülerinin beşini birden hidranın bir yanına göndererek, son kafayı, dönüp onlara bakmaya zorladı. Kafa döndüğünde Alex ileri atılıp var gücüyle kılıcını savurdu ve hidranın kafasını mümkün olduğunca yere yakın bir yerden kesti. Hidranın uzun boynu ve kafası yere inerken alevlere boğuldu ve Alex yanan asasını yerde kalan gövdeye vurdu.

Mağaranın girişi artık açıktı ama içerideki karanlık tehditkâr görünüyordu.

Soluklanmak için bir an bekleyen Alex, elini sallayınca altı kopyası sis gibi dağıldı. Yalnız olmamayı dilerdi ama tehlikenin, dostlarından hiçbirinin yüzleşmesini istemeyeceği kadar büyük olduğunu biliyordu. Sabahın soğuk havasını tekrar içine çeken Alex, karanlık mağaraya adımını atıp duraksadı. Gözlerinin, içine girdiği loş ortama alışmasını bekledi.

Mağara tamamen karanlık değildi. Alex aydınlık girişten uzaklaştığında mağaranın aslında ne kadar aydınlık olduğunu görüp biraz şaşırdı. Dağın içine giden tek bir yol vardı ve Alex, dikkatli adımlarla ilerledi. Eğer Nethrom, Alex'in geldiğinin farkındaysa ve kendini korumak için çok sayıda yaşayan ölü yaratığı toplamışsa, ruhçağırana ulaşması imkânsız olabilirdi.

Alex yavaş yavaş ilerledi, mağarada duyabileceği herhangi bir sese kulak kabartmıştı. Tek duyabildiği, ileride bir yerlerde damlayan suyun sesiydi. Devam etti, gerginliği gittikçe artıyordu. Mağara boş görünüyordu ve sessizdi. Alex daha da endişelendi.

Yol, dağın derinliklerine inerken eğimi iyice arttı ve sonra mağara, geniş bir odaya açıldı. Alex odanın girişinde durdu. Orada olması gerektiğini bildiği düşmanı bulmak için karanlıkta gözleriyle etrafı taradı. Fakat görülecek hiçbir şey yoktu, sadece taşlar ve daha fazla karanlık vardı.

Geniş mağaradan içeri adımını atan Alex, tiz, delici bir ciyaklama duydu ve kılıcını tam zamanında kaldırıp, ona saldırmak için tavandan inen dev bir yarasayı engelledi. Yarasa, kılıcın kenarına öyle sert çarptı ki kendini ikiye böldü, iki yarısı da yere düştü. Alex tavana baktığında, baş üstü sarkan yüzlerce yarasanın gözlerini ona dikmiş olduğunu dehşetle fark etti.

Mağaranın girişinden geri çekilip yarasaların onu takip etmemesini umdu ve daha da korkunç bir şeyi fark etti. Kılıcıyla ikiye bölünen yarasa yavaş yavaş iki tam yarasaya dönüşüyordu ve bu yaratıklar yerde kanat çırpmaya başladılar. Alex düşünmeden, kısmen büyümüş iki yarasaya alev fışkırttı fakat görünüşe göre, sıcaklık onların daha hızlı büyümelerini sağlıyordu.

Alevin ışığı, diğer yarasaları harekete geçirmiş gibiydi. Yaratıkların, önündeki odada uçuşmaya başlayarak yolunu kapattığını duyuyordu. Bir an, yine sahte görüntülerini yapıp mağaraya göndermeyi düşündü. Fakat yarasaların sayısını düşününce, bunun faydasız olacağını anladı.

Bir yarasa daha tünele dalıp üzerine atıldı. Alex ona asasıyla vururken dondurucu bir büyü fısıldadı. Şaşkınlık içinde, yarasanın bir düzine parlak mücevhere dönüşüp dağıldığını gördü. Alex yere eğilip birkaç mücevheri eline aldı ve bunların gerçek yakutlar, elmaslar, zümrütler olduğunu gördü. Yarasanın neden mücevhere dönüştüğünü düşünecek vakti olmadı, çünkü bir yarasa daha mağaradan ona doğru uçuyordu. Alex bir kez daha asasıyla düşmanını paramparça etti ve yarasanın kırık parçaları yine mücevherlere dönüştü.

Hızla düşünen Alex, rüzgâr biçimine geri dönerek odaya ilerledi. Yarasalar onun varlığını fark ediyor gibiydi ama sonarları, meltemin içinde gizlenmiş haldeyken onu algılayamıyordu. Mağarada delice uçuyorlar, çemberler halinde ve Alex'in dağın içlerine girmesini sağlayacak geçidi kapatacak şekilde kümeleniyorlardı.

Odanın ortasına gelen Alex, dağlardaki aydınlık ve soğuk sabah havasını düşündü. Dondurucu büyüyü yavaşça, duyulmaktan korkarak fısıldadı. Yarasalar onun etrafında yavaşlarken Alex gök gürültüsüne benzer büyülü sözü söyledi. Sesi mağarada yankılandı ve yarasaları değiştirip Alex'in üzerine mücevher yağdırdı.

Alex, gök gürlemesi büyüsünün, Nethrom'u mutlaka alarma geçireceğini biliyordu. Fakat yarasaların hepsini bir seferde yok etmek, düşünebildiği tek yol olmuştu. Alex, artık mücevherlerle kaplı, geniş mağarayı incelemek için zaman harcamadı. Aceleyle ilerledi, ruhçağıranla ya da onun hazır beklettiği başka bir yaratıkla karşılaşmaya hazır olduğunu umuyordu.

Mağara bitmek bilmiyor, Alex endişelenmeye başlıyordu. Nethrom'a ulaşmasının ne kadar süreceğine dair hiçbir fikri yoktu ve mağaranın içlerine girdikçe gerginliği artıyordu. Birdenbire durup kaldı; kaya parçaları ayaklarının altından fırlayıp bomboş karanlığa doğru düşerken, Alex kendini mağaranın duvarına doğru çekti.

Odaya benzeyen bir yerin eşiğinde durmuştu fakat bu odanın zemini yok gibiydi. Çok aşağıdan yukarı doğru loş bir ışık vuruyordu. Ancak bu fazladan ışığa rağmen Alex, odanın karşı ucunu göremedi. Kılıcını kınına koydu ve asasına dayandı. Dağların içine doğru ilerlediği bu yolculuk, onu nefes nefese bırakmıştı. Rahatlamak ve sakince nefes alıp düşünmek için kendini zorlaması gerekti.

Atan kalbinin sesi yavaşlamaya başlayınca, Alex yeni bir ses duydu. Çok aşağılardan gelen bir kazma sesi. Mağaranın kenarına doğru dikkatle ilerledi ve loş ışıkta aşağı baktı. Epey aşağıda, yüzlerce karınca toprağı kazıyormuş gibi bir hareketlilik görüyordu. Ne olduklarını anlayıncaya kadar, şekillerin hareketlerini izledi. Bunlar, sanki yaptıkları, yapacakları tek şey buymuşçasına dağın köklerini kazan, çoktan ölmüş yüzlerce cüceydi. Nethrom, ölü soydaşlarını kendi çıkarı uğruna madende çalıştırıyordu. Alex'in beklediği her şeyden daha kötüydü bu. İçinde bir öfke büyümeye başladı.

Alex, madencilerin yanına inecek bir yol bulmak için etrafa bakındı. Yanlarına ulaşırsa ne yapacağını da bilmiyordu ya da onların kendisine ne yapacaklarını. Fakat onlara, çoktan hak etmiş oldukları huzur içinde yatma hakkını vermeyi her şeyden çok istiyordu. Takip ettiği yol, mağaranın ağzından sonra keskin bir biçimde sağa dönüyor, uçuruma doğru iniyordu. Patika dardı ama ustaca yapılmıştı, Alex hızla buradan inmeye başladı.

Uçurum duvarından aşağı inerken sakinleşmeye çalıştı fakat içindeki öfke, sönmeyecek bir ateş gibi yanıyordu. Alex, Nethrom'un ne kadar kötüleştiğini ve bir zamanlar Neplee halkına yardım eden bir cüceyken, nasıl bu kadar değişebildiğini merak etti. Aynı cücenin, kendi halkının ölülerini köleleştirecek hale gelmesi, Alex'in algısının ötesindeydi.

Uçurumun dibine vardığında Alex dönüp madencilere baktı. Onlarla konuşmak ve onları istirahate geri göndereceğini söylemek istiyordu. Şaşkınlıkla, madencilerin hepsinin çalışmayı bırakıp, ateşe toplanan güveler gibi üzerine gelmeye başladığını fark etti. Asasını sıkıca kavradı; yaşayan ölü cücelerin, onun Nethrom'a ulaşmasına engel olmaya çalışıp çalışmayacağını ve acılarına son vermek için onları yok etmesi gerekip gerekmeyeceğini merak etti.

"Selam, yüce kişi," diye seslendi cücelerden biri Alex'e. "Ölümün gürleyişini duyduk ve buradaki vaktimizin azaldığını biliyoruz."

"Biliyor musunuz?" diye sordu Alex.

"Buraya geleceğinizin haberi çok önceden verilmişti."

"Kim haber vermişti?" diye sordu Alex.

"Söylemesi bize düşmez," diye cevapladı cüce. "Sizin geldiğinizi ve bizim kurtuluşumuzun yakın olduğunu bilmek bize yeter."

"Çabuk olalım o zaman," dedi Alex. Nethrom'a, hazırlık yapması için gereğinden fazla vakit vermek istemiyordu. "Ruhçağıranı nerede bulurum? Hangi yol ona gidiyor?"

"Korkma, geldiğinden haberi yok," dedi cüce, gülümsemeye benzer bir ifadeyle. "Biz onun için kazı yapmaya mecburuz ama daha fazlasını yapmaya mecbur değiliz."

"Burada olduğumu nasıl bilmez? Gök gürlemesini duydunuz..." diye söze başladı Alex kuşku içinde.

"Sesin geçmesine mani olduk," diye cevapladı cüce. "Sen kendini ona gösterene kadar, kötülük senin geldiğini bilmeyecek."

"Yardımınıza minnettarım," dedi Alex. "Sizi istirahatinize geri döndüreceğim ama acele etmeliyim."

"Karanlık kişiyi bulmadan önce yüzleşmeniz gereken bir koruyucu daha var," dedi cüce. "Taştan yapılmış bir golem. Karanlık kişinin hapishanesinin girişini korumak zorunda."

"Hapishanesinin mi?" diye sordu Alex.

"Kötü olan Nethrom değil," diye yanıt verdi cüce. "O sadece, çok geç olana dek ne keşfettiğinin farkına varamayan aptal bir cüce. Daha büyük bir karanlık onu kontrol ediyor. Geçmişte neredeyse kaçıp kurtulmuştu ama kötülüğün bu dünyada gücünün olması için, Nethrom'un biçimine ihtiyacı var. Kötülük, Nethrom kaçabilirse olacaklardan korkuyor."

"Anlıyorum," dedi Alex, cücenin sözlerini düşünüp. "Sizin için yapabileceğim bir şey var mı, yani bu kötülüğü yok etmekten başka?"

"Size zahmet olmazsa," dedi cüce yavaşça. "Hayattayken benim adım Set'ti, cüce diyarı Thraxon'un efendisi ve koruyucusuydum. Artık Thraxon'u, mirasçım Thorgood yönetiyor ama bunu, tacım olmadan yapıyor. Ben burada, kötülüğü bu mağaralara hapsederken öldüğümde, tacım kırıldı fakat parçaları hâlâ elimde. Kırık tacımı mirasçıma götürür müsün? Tacı ona ver ki herkes onun gerçek kral olduğunu bilsin."

"Tacı bana mı emanet edeceksiniz?" diye sordu Alex.

"Sizin gelişiniz haber verilmişti," diye cevapladı Set. "Tacımı Thorgood'a götürün ama bunu ona göstermeden önce, tacın geri getirilmesi karşılığında vadettiği şeyi istemelisiniz."

"İstediğiniz gibi yapacağım," dedi Alex, eğilip selam vererek.

"Beni onurlandırdınız," dedi Set, aynı şekilde eğilerek. "Giderken ilk odada tacın sizi beklediğini göreceksiniz. Thorgood'dan vaadini istemeyi unutmayın. Elveda, talih daima yüzünüze gülsün."

Diğer cüceler, ikiye ayrılıp Alex'in geçmesi için ona yol açtılar. O geçerken mırıldanarak teşekkür sözleri söylüyorlardı. Alex yürürken onların yüzlerine baktı ve kederleriyle umutlarını kendisi de hissetmek istedi.

Geniş mağaranın en ucuna geldiğinde Alex, yeni bir mağara girişi buldu. Fakat bu kez mağarada meşaleler vardı ve onların parlaklığı Alex'in gözlerini aldı. İlerlerken gözlerini ovuşturdu, mümkün olduğunca sessiz kalmaya çalışıyordu. Büyük mağaradaki cüceler, onun büyüsünün sesinin Nethrom'a ulaşmasını engellemiş olabilirlerdi. Ama Alex yine de, Nethrom'un onu arıyor olabileceğinden korkuyordu.

Mağara duvarları bir odaya daha açıldığında, Alex geniş mağaranın ortasında, mağaranın ağzına doğru bakarak ayakta duran taş golemi gördü. Alex odaya adımını atar atmaz golem hareket etmeye başladı. Golem yavaş hareket edebilen bir yaratıktı ve kocaman, taştan bacaklarını kımıldatmak için büyük bir gayret sarf etmesi gerekiyor gibi görünüyordu.

Alex, golemi kolaylıkla atlatıp Nethrom'un yanına giden yolu bulabileceğini düşünmüştü. Ama golem tüm yavaşlığına rağmen amansızdı. Alex yolu bulmak için odanın en ucuna gidiyor, golem de onu takip ediyordu. Alex odanın başka bir kısmına gittiğinde golem yine onunla geliyordu. Görünüşe göre taştan yaratığın tek görevi, odaya giren herkese saldırmaktı.

Bir an golem onu yakalayacak gibi oldu. Fakat Alex onun kendisini tutmasına fırsat vermeden, açtığı kolların altından sıvışmayı başardı. Golem giderek baş belasına dönüşüyor, Alex'in Nethrom'a giden ve odanın bir yerlerinde gizli olması gereken yolu bulmasına engel oluyordu. Golem, nereye giderse sürekli onu takip ederken, Alex duvarlara dikkatlice bakıp gizli bir geçit aramaya fırsat bulamıyordu.

"Peki," dedi Alex, golemi yok etmek ya da en azından etkisiz hale getirmek için bir yol düşündü.

Alex peşinden gelen taş yaratığa ilk kez yakından bakıyordu. Yüzü –ya da yüzü olması gereken hatları– kabaca yontulmuştu. Golem'in vücudu kocamandı ve tek parça halinde, sert bir taştan yapılmış gibi görünüyordu. Taş bedende hiçbir çatlak ya da iz yoktu ve golem kollarını, bacaklarını hareket ettirdikçe kaya bükülür gibi oluyordu.

Alex hemen büyüsünü yaptı ve yaratığı buzun içine hapsetti. Yaratığı olduğu yerde dondurmanın basit bir çözüm olacağını düşünmüştü, böylece onun yanından geçip ruhçağıranın yanına gidebilecekti. Bir an, planının işe yaradığını sandı ama golem, onun sandığından çok daha güçlüydü. Golem ona doğru yürümeyi sürdürdükçe, koca buz kütlesi çatlamaya başladı ve bir dakikadan kısa süre içinde kırılmasıyla, golem serbest kaldı.

Kırılan buz, Alex'e yeni bir fikir verdi. Asasından bir buz oku fırlatıp golemin bedenine gönderdi. Yaratık yavaşladı, hareketleri öncekinden de ağırlaştı ama yine durmadı. Taş bedenin şu anda tüm buzlardan daha soğuk olduğunu bilen Alex, ileri atılıp goleme asasıyla vurdu. Yarasaları kırdığı şekilde taşı da parçalamayı umuyordu. Asanın vurduğu yerden birkaç taş parçası kırılıp döküldü ve golemin titrediği görüldü ama hepsi buydu.

Soğuk bir işe yaramıyordu ve yer altındaki bu kapalı savaş alanında ateş kullanmak söz konusu olamazdı. Alex başka bir şey, varlığını ruhçağırana haber vermeyecek bir şey düşünmeye çalıştı. Golemi başka bir şeye dönüştürmeyi düşündü ama bu çok tehlikeli olurdu. Yaratık, taş ve büyüden yapılmıştı. O büyünün nasıl işlediğini bilmiyordu ve Alex'in deneyeceği herhangi bir girişim, golemi şimdikinden daha ölümcül hale getirebilirdi.

Bir anda cevap zihninde belirdi ve Alex bu fikre neredeyse gülümseyecekti. Uzun zaman önce, grup, Thraxon'a adım attığında, Alex ağaçların dağların dik yamaçlarına tutunduğunu, köklerinin sert kayaların içini kazdığını görmüştü. Büyüsüyle aradı ve ihtiyacı olan şeyi bulması uzun sürmedi. Ruhçağıranın mağarasındaki arazi, çorak topraklardı ama hâlâ yer altında gizli olan canlı şeylerin kökleri vardı. Mağaranın uzaktaki duvarının çatlamaya başlayıp çamur gibi dökülmesi sadece birkaç saniye sürdü ve oluşan ses ile hareket, golemin dikkatini dağıttı.

Golem bir an olduğu yerde durdu, sanki donup kalmıştı. Canlı kökler taş duvardan solucan gibi kıvrılarak çıktı, yerde süründü ve golemin ayaklarına dolandı. Canavar kurtulmaya çalıştı ama sarmaşığa benzeyen kökler çok hızlıydı. Daha geniş ve güçlü kökler çoktan golemin gövdesini sarmaya başlamıştı. Alex'in gözleri önünde, büyü ve taştan yapılmış yaratık, çöken duvara doğru sürüklendi ve yavaş yavaş duvarın ötesindeki karanlığın içine çekildi.

Artık ruhçağıranla yüzleşme vaktiydi. Alex odanın karşı ucuna yürüdü ve artık bakmak için vakti olduğundan, taş duvarda gizlenmiş kapıyı rahatça buldu. Kapı dışarıdan sürgülenmişti. Alex bunun, Set'in haklı olduğu anlamına geldiğini biliyordu. Nethrom hâlâ karanlığa karşı savaşıyor, bilmeden serbest bıraktığı kötülükle mücadeleye devam ediyordu.

Demir sürgüyü kapıdan çıkaran Alex, elini kapının kulpuna koydu ve durdu. Hareketsiz bekledi, Whalen'in ona verdiği tavsiyeyi hatırladı: *Kendini savun ve ruhçağıranın güçlerini ona karşı çevirmeye çalış. Sadece mecbur kaldığında saldır.* Neyle yüzleşmek üzere olduğunu düşündü, ancak bir an tereddüt ettikten sonra başını iki yana salladı. Buraya kadar gelmişti ve artık tereddüt etmesi hem aptalca hem de ölümcül olurdu. Daha fazla düşünüp olabilecekler hakkında endişelenmek yerine, beklemeden, ruhçağıranın gizlendiği yerin kapısını itip açtı.

"Ah, sonunda gelebildin," dedi çok yaşlı görünen, masada oturan bir cüce.

"Sus!" diye çığlık attı ikinci bir ses.

Nethrom'un bedeni katılaştı, tüm kasları aniden büzüldü. Yaşlı cüce sanki nefes almayı kesmiş gibi görünüyordu, yüzü solmuştu. Alex odaya bakınıp ikinci sesin kaynağını aradı ama görebildiği kadarıyla hiç kimse yoktu. Nethrom, yavaş yavaş tekrar nefes almaya başladı ancak aldığı her nefesi içine çekip dışarı vermek için mücadele ettiği apaçık belli oluyordu.

"Benim bakmayı hiç düşünmediğim tek yerde olacağını anlamalıydım," dedi ikinci ses, Nethrom'un ağzından.

"Beklenmedik yerde bulunmanın en iyisi olduğunu düşünürüm," dedi Alex sakince.

"Lanet kristal! Bana işe yarar bir şey göstermeyeceğini bilmeliydim," dedi Nethrom. Masayı itip sandalyesini uzaklaştırdı ve yavaşça ayağa kalktı. Sanki nasıl nefes alınacağını, vücudunu nasıl hareket ettireceğini hatırlamaya çalışıyordu. "Yine de bazı faydalı güçleri var."

Alex masada duran kristale baktı ve onun, Beyaz Kule'nin Kâhini için bulup geri getirdiği kristalin aynısı olduğunu fark etti.

"Kristal kendi isteğiyle kötülük için çalışmaz."

"Çoğu şey öyle ama ben yine de hallediyorum."

"Kötü olduğunu kabul ediyorsun, öyleyse," dedi Alex, bu basit itirafa şaşırmıştı.

"Neden etmeyeyim? Uzun süre kendimi kandırarak yaşadım zaten, diğerlerinin ne düşündüğü umurumda değil," dedi Nethrom.

Alex odada biraz daha ilerleyip, "O zaman buraya niye geldiğimi biliyorsun," dedi.

"Bana karşı gücünü test etmek için tabii ki," diye cevapladı Nethrom ve kurnazca güldü. "Yaptıklarımın hesabını sormak için."

"Ve gücünle köleleştirdiklerini serbest bırakmak için," diye ekledi Alex.

"Asil bir görev ama ahmakça," dedi Nethrom. "Ve gerçekten, hepsi boşuna. Küçük insanların ülkesinde iki büyük gücün savaşmasına ne gerek var? Eminim tüm anlaşmazlıkları şiddete başvurmadan çözebiliriz."

"Kötülüğünden vazgeçmeyi kabul ediyor musun?"

"Canından vazgeçmeyi kabul ediyor musun?"

"Öldüğümüzde vazgeçeriz, hatta o zaman bile çoğunlukla mücadele devam eder," diye cevap verdi Alex.

"Set ve onun madencilerinden bahsediyorsun. Onlar küçük bir mesele. Onlarsız da kolaylıkla idare ederim," dedi Nethrom umarsızca. "Benim güçlerim hizmetkârlarıma bağlı değildir ve sırf büyücüler öyle istedi diye boyun eğmezler."

"Akıldan bu kadar uzaklaştın mı, Nethrom?" diye sordu Alex.

"Benim adım o değil!" diye bağırdı cüce, yüzünden acılı bir ifade geçti. "Nethrom bir hiçti, öğrenmeye kendini kaptırmış bir ahmaktı. Ben Mog'um, kadim olan ve ruhların yok edicisi."

"Anladım," dedi Alex. "Ama henüz Nethrom'u yok etmeyi başaramadın. Hâlâ sana karşı savaşıyor. Yoksa kendini bu zindana neden kilitleyesin?"

"Onun çabaları faydasız," diye cevap verdi Mog öfkeyle. Siyah taştan yapılma, kısa bir asayı eline aldı. "Onun bedenini ve gücünü ele geçirdim. Artık tek yapabildiği sinek rolü oynamak, daireler çizerek vızıldıyor ama iğnesi yok."

Alex bir adım daha ilerlerken "Yine de ondan korkuyorsun," dedi.

"Korku, zayıflar içindir," diye tersledi onu Mog. "Bu dünyadaki hiçbir şeyden korkmuyorum, özellikle de yarım akıllı bir cüceden."

"O zaman seni yok etmeliyim," dedi Alex asasını kaldırıp.

"Deneyebilirsin ama tıpkı diğerleri gibi, sen de başarısız olacaksın."

Alex, hareket etmesine kalmadan, ruhçağıranla yüzleştiği karanlık odadan sürüklenip götürüldüğünü hissetti. Etrafında süzülüyormuş gibi görünen kara sisin içinde net görebilmek için gözlerini kırpıştırdı ve başını kaldırıp Mog'un heybetli suretine baktı.

"Gerçek biçimimi gör, çocuk!" diye bağırdı Mog yüksek sesle.

Alex bir an nefes alamadı. Nethrom'un bedeni bir deve dönüştü ve başı bir böceğinkine benzedi. Gözleri şeytani, yeşil bir renkle parlıyor, sıvı damlayan uzun dişleri, ağzından dışarı uzanıyordu. Alex'in tahmin ettiğinden daha korkunçtu fakat Alex'in içinde bir şey, ona karşı korkudan çok acıma duygusu hissetmesine sebep oluyordu.

"Şimdi sana, karşı karşıya olduğun gücü göstereyim," diye hırladı Mog. "Ne olduğum ve neler yapabildiğimden bir örnek vereyim."

Alevler Alex'in görebildiği her yere sıçradı. Tüm dünya koca bir ateş topu tarafından yutulmuş gibi görünüyordu. Alex bir an bu ateşte yanmaktan korktu fakat tuhaftır, alevlerin onun üstünde hiçbir etkisi olmadı. Etrafındaki alevleri hissediyordu ama alevler ılıktı ve bir yaz meltemi gibi hissettiriyordu.

"Acını iyi saklıyorsun, çocuk!" diye bağırdı Mog, Alex'e tepeden bakarak. "Alevlerin acısını bilirim. Dilini tutmana gerek yok."

Alex yaratığa cevap vermedi ve ruhçağıranın alevlerin içinden geçmeye başlamasını seyretti. Alevlerin ve ruhçağıranın etrafındaki tüm dünyanın, Mog tarafından yaratılmış bir yanılsamadan başka bir şey olmadığını fark etti.

"Belki başka bir şey sana daha çok acı çektirir," dedi Mog, Alex'i küçümseyerek.

O konuşurken alevler yok oldu ve yerini, çarptığı kayalık zemini parçalayan binlerce yıldırım aldı. Alex bu yıldırımlardan bazılarının kendisini çarptığını hissetti ancak bunların hiçbir kuvveti yoktu. O zaman anladı ki Mog'un yapmacık dünyasında yaptığı hiçbir şey ona zarar veremezdi.

"İlginç bir yanılsama yarattın," dedi Alex, yıldırımlardan birini eliyle yakaladı. "Bir anlığına neredeyse gerçek sanıyordum."

Mog, Alex'le alay etmeye devam ederek, "Yeterince gerçek," dedi. "Burada yarattığım her şeyi, dünyada da yaratabilirim. Burada hissedeceğin acı, seninle işim bittiğinde hissedeceğin sonsuz ıstırabın yanında bir hiç olacak."

"Öyleyse neden bana bu saçmalıkları gösteriyorsun?" diye sordu Alex, yıldırımı umarsızca bir kenara fırlattı. "Eğer o kadar güçlüysen, neden yanılsamalarla vaktimi harcıyorsun?"

"Sana bir şans vermek için, çocuk," diye cevapladı Mog, sesi öfkeyle titriyordu. "Ben zalim değilim ve bir sebep olmadan yok etmem. Bana katıl ve gücümü paylaş. Birlikte çok daha fazlasını yapabiliriz."

"Sen sadece kötülük yapabilirsin," dedi Alex asasını sallayıp. Mog'un hayali dünyası ortadan kayboldu. "Yeni bir şey yaratamazsın; sadece önceden var olmuşu geri çağırabilirsin."

"Sen bir ahmaksın," dedi Mog, Nethrom'un bedeninden. "Cesursun ama yine de ahmaksın."

"Gitmen için sana tek fırsat vereceğim. Nethrom'un bedenini terk et ve geldiğin karanlığa geri dön," dedi Alex asasını kaldırarak.

Mog kükreyerek karşılık verdi, geniş bir yay çizip kendi asasını kaldırdı ve Alex'in etrafındaki zemine ateşler saldı. Alex ateşin sıcaklığını hissediyordu ve bu sefer alevlerin gerçek olduğunu anladı. Yine de hareket etmedi ve büyüye karşılık vermedi.

"Ejderha ateşinin sıcaklığını hisset, çocuk," diye güldü Mog. "Sana çektireceğim acıyı hissetmeye başla."

Alex uzanıp ateşi tuttu. Ellerindeki ateş neredeyse canlı gibiydi. Mog bir ejderha ateşi büyüsü yapmıştı ancak Alex'in hem bir ejderha efendisi hem de kısmen ejderha soyundan olduğunu bilmiyordu. Ateş, Mog'a değil, *ona* itaat ederdi. Alex alevleri elinde topladı ve bir kırbaç gibi Mog'a geri savurdu.

Alevler onu yaktığında Mog şaşkınlık ve acıyla çığlık atarak odanın sonundaki duvara doğru savruldu.

Alex ikinci bir saldırı için alevleri eline doladı ama bir darbe daha indiremeden, Mog dönerek ondan kaçtı.

"Ateşin ustası olduğunu görüyorum," dedi Mog. "Her büyücü için etkileyici bir meziyettir bu, inkâr edemem. Ama benim başka silahlarım, seni ortadan kaldırmak için daha ölümcül yöntemlerim var."

Mog asasını hızla çevirdi ve buz gibi soğuk bir esinti kopup Alex'i duvara doğru itti. Soğuk, Alex'i hırpalamış ve hava üzerine hızla eserken çıplak ellerini ve yüzünü yakmıştı. Kendisini tuhaf bir şekilde yorgun hissetti. Bir an düşünebildiği tek şey uyumak oldu. Başını iki yana sallayıp düşüncelerini dağıttı ve asasını kaldırıp Mog'un büyüsünü üzerinden attı. Odanın bir duvarı, ona vuran buz büyüsünden dolayı beyazlaşmıştı. Mog bir kez daha asasını kaldırdı.

Bu kez Alex daha çevik davrandı ve kendi sihrini yaptı; bağlayıcı bir büyüyle Mog'un hareket etmesine engel olacaktı. Düşünmek, soğuktan uyuşmuş ellerini ısıtmak ve zihnini berraklaştırmak için zamana ihtiyacı vardı. Mog'un büyülerine direnmek yavaş yavaş gücünü emiyordu ve daha ne kadar dayanabileceğini bilmiyordu.

Mog, Alex'in büyüsüne karşı mücadele etti ama büyüyü kıramadı. Birkaç saniye sonra hareketsiz kaldı ve Alex, Mog'un bağlayıcı büyüyü kırmak için gücünü toplamaya çalıştığını anladı. Düşüncelerini büyüye odaklayarak, bağlayıcı büyüyü korumaya çalıştı ve kısa bir an başaracağını sandı. Ancak sonra, şiddetli bir şakırtıyla Mog serbest kaldı. Yaratık hafifçe sendeledi ve masaya dayanıp soluklandı.

Alex de asasına yaslandı, bağlayıcı büyüyü yerinde tutma çabası onu nefes nefese bırakmıştı. Aklının bir köşesinde, son birkaç aydır anlamaya çalıştığı o vahşi ve saldırgan hisler kıpırdanmaya başlamıştı.

Mog birden hareket etti ve Alex'in üzerine kan kırmızı bir ışık patlaması fırlattı.

Işık, Alex'in göğsüne vurup onu geniş mağaranın duvarına savurdu ve nefesini kesti. Alex başını kaldırıp yaratığın yüzündeki çabayı, sihri devam ettirmenin ona verdiği acıyı gördü. Fakat Alex hiçbir acı hissetmiyordu. Gömleğinin altına giydiği som gümüş zırh, büyüyü savuşturup Mog'a geri göndermişti.

"Lanet olsun sana!" diye bağırdı Mog büyüyü bozup. "Bu büyü senden daha güçlü büyücüleri öldürmüştü."

"Ama ben yaşıyorum," dedi Alex, duvardan kendini iterek ayağa kalktı.

"Fazla sürmeyecek."

Yeşil bir ışık huzmesi Alex'e çekiç gibi vurup onu dizlerinin üstüne çöktürdü. Bu ışık hiç acı vermiyordu ama duygularla doluydu. Zihni çalıştıkça, çoktan unuttuğunu zannettiği hatıraları aklına geldi. Mog onun geçmişinden hatıraları kazıp çıkarmaya devam ettikçe, Alex'in tüm karanlık düşünceleri, korkuları, kederleri, etrafında bir sis bulutu gibi toplanıyordu.

Alex yavaş yavaş zayıf düştüğünü hissediyor, Mog'un büyüsüne direnemiyordu.

Mog üstünlüğünü artırmak için bastırdı, Alex'in daha uzak geçmişteki düşüncelerini zorladı ve başına gelen en kötü şeyleri dışarı çıkardı.

Alex yere düştü, bedeni birdenbire ayakta tutamayacağı kadar ağırlaşmış gibiydi. Mog'un zorla içinden çıkardığı anı ve duygularla birlikte, Alex'in aklı karanlıkla doldu. Alex savaşı kaybettiğini anlıyordu. Mog'un büyüsünü bozamazdı; yok olacaktı. Devam etmenin bir anlamı yoktu, karanlığa direnmek faydasızdı.

Savaş! diye bağırdı Alex'in beyninin gerisinden bir ses. *Elini uzat ve alman için seni bekleyen gücü elde et.*

Alex'in daha önce de duyduğu bir sesti bu, başka kötülüklerle savaşırken bilmesi gerekenleri ona söylemişti. Alex'in altıncı hissiydi, O'Gash'ıydı. Alex başını kaldırıp düşmanına odaklanmaya çalıştı. Fakat devasa bir yumruğu andıran bir şey Alex'e vurup onu tekrar yere yıktı.

Alex'in en derin kederi zihnine üşüştü. Loş bir odada tek başınaydı, daha yeni kapatılmış bir tabutun önünde duruyordu. Mog'un büyüsü, tabutun içinde yatan şeyi göstermek için kapağı kaldırmaya başladı. Ama Alex ne göreceğini zaten biliyordu: Alex henüz yedi yaşındayken ölen annesinin solgun yüzü...

Aklı korku, keder ve daha önce hiç hissetmediği bir istekle doluydu. Tabutun kapağının açılmasını *istediğini,* kara büyü kullanarak annesini, yaşayanların dünyasına geri getirmek *istediğini* anladığında, Alex'in bedeni şaşkınlıkla sarsıldı. Alex içine dert olan soruların cevaplarını annesinden öğrenmeyi her şeyden çok istiyordu. Annesi neden ona babasının kim veya ne olduğunu hiç anlatmamıştı? Neden Alex'i içinde büyünün pek az yer aldığı bir dünyaya götürmüştü? Olması gereken ailesiyle ilgili neden Alex'e asla bir şey söylememişti?

Annesinin tabutuna yukarıdan baktı ve kederinin yerini öfke aldı.

Yararı olmayacak, dedi O'Gash sakince. *Onun kendince sebepleri vardı ve her ne yaptıysa, seni sevdiği için yaptı. Ölüyü geri getirmek, senin aradığın cevap değil.*

"Büyüyü kullan!" diyen Mog'un sesi bilinmezlikten ona seslendi. "Seni aldatanlardan gerçeği söküp al."

Tabut titremeye başladı ve kapağı yavaşça açıldı. Alex gözlerini kapadı, neler olduğunu görmek istemiyordu. Ama yine de tabutun kapağının gıcırtısını duyuyordu. Alex, kalan tüm gücüyle sağ elini kaldırdı ve tüm hayatı boyunca onu bekleyen bir şeye elini uzattı.

"Yap hadi!" diye bağırdı Mog heyecanla. "Karanlığı ele geçir ve sonsuza dek yaşa!"

"Hayır!" diye gürledi Alex, etrafındaki dağı sarsan bir sesle.

Umutsuzluğuna karşı mücadele ederken, ejderhanın pervasız ve vahşi kuvveti Alex'in içinde kabardı. Gücün alevleri yükseldi ve Alex'in tüm bedenini sardı. Alex yeniden ayağa kalktı ve Mog'un büyüsü kâğıt gibi yanıp gitti. Alex'in asasından altın rengi bir ışık patlaması çıktı ve Mog'u odanın karşısına, kitaplarla dolu bir rafa savurdu. İkinci darbe onu göğsünden vururken, Mog sarsılmış ve korkmuş halde başını kaldırdı. Taş asası milyonlarca parçaya bölündü.

Mog elleriyle dizlerinin üstüne çöktü, kalkmak için çabalıyordu.

Alex ileri yürüdü, ilerledikçe içindeki vahşi duygu onu değiştiriyordu. Nethrom'un mağlup bedeninin üstünde durduğunda altın rengi alevlerden yapılmış bir adama benziyordu.

Mog yere yığılmadan hemen önce, korku ve hayranlık dolu bir fısıltıyla "Ejderha," dedi.

Kulak tırmalayıcı bir çığlık, Alex'in bulunduğu eski odayı doldurdu ve Mog'un karanlık gölgesi ağır ağır Nethrom'un bedeninden çıktı. Gölge, şekil almaya çalışıyormuş gibi bir an havada asılı kaldı. Ancak Alex elini savurup onu def edince, başka bir ses çıkarmadan yok olup gitti.

İçindeki vahşi kudretin hisleri yavaş yavaş ortadan kalkıyordu. Alex kendini Nethrom'un bedeninin yanında diz çökerken buldu. Üşümüş ve tükenmiş hissediyordu kendini, hasta olmuş gibiydi. Geniş mağaranın serin, nemli havasında yutkunup yüzündeki teri giysisinin koluna sildi.

Uzun sürmüş gibi gelen bir zaman sonra Nethrom kıpırdadı ve gözlerini hafifçe aralayıp Alex'e baktı.

"Geldin," dedi zayıf bir sesle. "Beni aptalca hatamdan kurtardın."

"Yapmam gereken neyse onu yaptım," dedi Alex yavaşça.

"Teşekkür ederim," diye fısıldadı Nethrom. "Beni ve halkımı özgür kıldığın için teşekkür ederim."

"Bu yeri nasıl bulabildin? Burada olduğunu nasıl anladın?" diye sordu Alex.

"Kardeşlik," diye zorlukla fısıldadı Nethrom. "Malgor Kardeşliği."

Alex'in başka bir şey sormasına kalmadan Nethrom'un bakışları donuklaştı ve cüce, son nefesini verdi.

ON DOKUZUNCU BÖLÜM

KARANLIKTAN DÖNÜŞ

İyi iş başardın, diye konuştu Salinor, Alex'in zihninin içinde. *Artık dostlarının yanına dönmelisin. Dağın karanlığında çok fazla kaldın.*

"Çok yorgunum," dedi Alex, ejderhayı bulmaya çalışarak etrafa bakıyordu.

Gitmen gerek, diye tekrarladı Salinor. *Daha sonra dinlenirsin.*

Alex, ayağa kalkmaya çalışarak "Nasıl istersen," diye karşılık verdi.

Gözlerini açtığında, uyanık mı yoksa rüyada mı olduğunu anlayamadı. Her yer karanlıktı ve yalnızca altındaki soğuk, taş zemin ona nerede olduğunu anımsatıyordu. Yavaş yavaş ayağa kalktı, ayakta durabilmek için asasından yardım alıyordu. Başı döndü ve yana doğru tökezleyip sert bir şeye çarptı.

Tek yapabildiği, solgun bir bent ışığı yaratmak olmuştu. Onun loş parıltısı, Nethrom'un masasındaki kristalden geri yansıyordu. Alex düşünmeden uzanıp kristali aldı. Ancak onu büyülü çantasına koyamayacak kadar bitkindi. Bunun yerine, boşta olan eliyle kristali kendine yakın tuttu. Diğer eliyle de kendini masadan iterek uzaklaştı.

Alex'in odadan nasıl çıkacağını bulması zordu. Başı dönüyordu ve yaratabildiği cılız ışık, yolu çok az aydınlatıyordu. Nethrom'un hücresinin kapısını arkasından kapatmayı başardı. Golemle karşılaştığı oda boyunca sendeleyerek yürüdü. Dağın tüm ağırlığı sanki onun üzerine bastırıyor gibiydi.

Cüce kralı Set ile karşılaştığı büyük mağara artık boştu. Alex bunun, nihayet kral ve onun çoktan ölmüş halkının huzur içinde uyuyabildikleri anlamına geldiğini umdu. Geniş alanda ağır ağır ilerlerken, karanlık onu ezmeye devam ediyordu. Fakat Alex devam etmesi ve dostlarının yanına dönmesi gerektiğini biliyordu.

Uçurumun dibinde dinlenmek için duran Alex, yukarı baktı. Karanlıkta çok uzağı göremedi ama ani bir enerji dalgası hissetti. Acele etmesi gerekiyordu. Karanlık giderek ağırlaşıyordu, onu olduğu yerde tutmaya çalışan karanlığı her yanında hissediyordu. Uçurumun başına giden uzun tırmanış sırasında, birden fazla kez durup dinlenmek zorunda kaldı. Ancak ne zaman dursa, onu aceleyle ilerlemeye zorlayan dürtüyü yine duyuyordu. Yüzünde rüzgârı hissetmenin özlemini duyuyordu ama mağaranın havası ölümcül derecede durgundu.

Alex ilk girdiği odaya vardığında, artık neredeyse hareket edemez hale gelmişti. Taş zeminde ayaklarını sürüyor, her hareketi için tüm gücünü toplaması gerekiyordu. Sadece odadaki tuhaf bir ışık onu kendisine çekiyordu ve o ışığın içine adımını attığında, gözlerini odaklayabilmek için kırpıştırması gerekti.

Odanın ortasında bir meşale çemberi vardı. Eskiden yarasa olan mücevherler koca bir yığın halinde toplanmıştı ve bu yığının üzerinde Set'in kırık tacı duruyordu. Som gümüşten yapılmış, güzel bir taçtı bir zamanlar. Altın ve değerli taşlardan kakmaları ve üstünde yumurta büyüklüğünde, safirden bir yıldızı vardı. Tacın kendisiyle birlikte, safir de ortadan ikiye bölünmüştü. Alex böylesine güzel bir nesnenin parçalanmasından büyük üzüntü duydu.

Mücevherleri oldukları yerde bırakmayı düşündü, onları büyülü çantasına koyacak enerjisi yoktu. Fakat Set'e, tacı Thorgood'a götüreceğine söz vermişti. Derin bir nefes aldı ve sadece *hazine odası* diye düşündüğünde, Set'in tacının, tüm mücevher yığınıyla birlikte büyülü çantasına girip ortadan kaybolduğunu memnuniyetle gördü.

Ardından gözlerini kapadı ve devam etmek için gücünü toplamaya çalıştı. Yeniden gözlerini açtığında kısa bir an geçmiş gibiydi. Ama meşaleler neredeyse sönmüştü ve Alex çok uzun süredir hareketsiz durduğunu anladı. Kasları tutulmuştu, kımıldamakta zorlanıyordu ancak arkasındaki tünelde taşın taş üstüne düşmesinin ani ve şiddetli sesi, Alex'e acele etmesi gerektiğini söylüyordu.

Mağaranın ağzında parlayan gün ışığı Alex'e umut verdi. Oraya ulaşmak için elinden geldiğince hızlı hareket etti. Mağaradan çıkarken yüzüne soğuk bir esinti vurdu ve parlak ışığın yaşarttığı gözlerini sildi. Buzlu karların üzerine adım attığında, büyük bir yükün üzerinden kalktığını hissetti. Soğuk ve temiz hava onu, derin bir uykudan uyandırır gibi kendine getirdi. Karlı, sert zeminde yürüyerek ruhçağıranın mağarasından uzaklaştı. Patikadaki kıvrımı dönmeden önce, durup son bir kez arkasına baktı. Dağın sarsıldığını hissetti ve mağara, gözlerinin önünde çökerek ne olduğu anlaşılmayan bir taş yığını haline geldi.

Alex işte o zaman, dağı ayakta tutanın, bizzat kendisi olduğunu anladı. Altındaki karanlık mağaraları kapatmaya çalışan dağın ağırlığı, onun üzerine baskı yapmıştı. Alex'in bilinçaltı iradesi de dağı bir süre engellemişti. Bunu fark etmek Alex'i şaşkına çevirdi ancak üzerinde düşünüp endişelenemeyecek kadar yorgun ve güçsüzdü. Eğer farkında olmadan dağı engellemişse, bu iyi bir şeydi. En azından, üzerine çökmeden mağaradan çıkmayı başarabilmişti.

Alex yeniden patikada ilerlemeye başladı fakat çok yavaş gidiyordu. Kar kalındı ve o, hâlâ güçsüzdü. İki kilometreye yakın yürüdükten sonra, dinlenmek için karın üstüne oturdu. Büyülü çantasından biraz kurutulmuş et çıkarıp yedi, bolca su içti. Daha önce suyun tadının bu kadar güzel geldiğini hiç hatırlamıyordu ya da havanın bu kadar taze bir kokusu olduğunu. Kış soğuğu ısırmaya başladığında ayağa kalktı ve yeniden dağdan aşağı doğru yola koyuldu.

Bir kuşa ya da melteme dönüşmeyi düşündü ancak biçim değiştirme büyüsü çok zor geliyordu. Bunun yanında, Neplee'ye geri döndüğünde eski haline geri dönecek kadar gücünün olacağından da emin değildi.

Alex, Kayıp Dağlar'ın hiç basılmamış karlarının üstünde yürüyerek ağır ağır ilerledi. Yürürken kayıp düşmemeye dikkat ediyordu; şu anda istediği son şey, buzlu dağlarda yuvarlanıp karla kaplanmak olurdu.

Batıda güneş batmaya başladığında, Alex geceyi geçirecek bir yer aramaya başladı. Gökyüzünün açık olmasının, gecenin gündüzden çok daha soğuk geçeceği anlamına geldiğini biliyordu. Normalde bir ağaç biçimine dönüşerek soğuğa dayanabilirdi ya da kendini sıcak tutmak için bir ateş oluştururdu. Ama hâlâ biçim değiştiremeyecek kadar bitkindi ve bütün gece ateşi canlı tutabileceğinden emin değildi. Bunun yerine birkaç ağacın yakınında, yaşlı bir çam ağacının devrilmesiyle oluşan korunaklı bir bölge buldu. Birkaç dakika dinlendikten sonra, çok iyi bildiği inferno büyüsüyle küçük bir dal yığınını tutuşturabildi. Ateşin verdiği sıcaklığa minnettardı.

Gece uzun ve soğuktu ama Alex, çok yorgun olduğu halde uyumadı. Bunun yerine, dağın altındaki karanlıkta neler olduğunu düşünerek zaman geçirdi. İhtiyacı olduğunda, inanılmaz miktarda bir güç açığa çıkarmıştı. Alex böylesi bir gücün mümkün olduğunu dahi bilmiyordu. Güç, kendiliğinden gelmiş ve onu hem vahşi bir saldırganlık hem de kelimelere dökemeyeceği bir keyifle doldurmuştu.

Sonra, Mog'un, Nethrom'un bedeninden çıkmadan önce söylediği son sözler vardı.

"Ejderha," dedi Alex en sonunda, karanlıkta kendi kendine.

Mog'un ona hitap ettiği isimdi bu, Salinor'un günün birinde Alex'in alacağını tahmin ettiği isimdi. Gücünü ilk kez hissettiğinden beri Alex'in korktuğu isimdi. Artık o vahşi kuvvet, onu çaresizlikten kurtardığına ve bir anlamda onun bir parçası olduğuna göre, Alex neden bu kadar zayıf düştüğünü anlıyordu. Ejderha, gücünü serbest bırakıp dışarı çıkardığında, Alex'in gücünü emmişti. O gücün hâlâ var olduğunu da biliyordu; tekrar ona başvurması ya da dışarı çıkarmaya ihtiyacı olması için onu bekliyordu. Bu güç hakkında daha fazla şey öğrenmesi gerektiğinin farkındaydı. Ancak bunu yalnızca, ejderha biçimini alırsa yapabilirdi.

"Daha değil," dedi Alex esen rüzgâra. "Daha değil."

Nethrom'un son sözlerini, Alex'in sorusuna verdiği cevabı da düşündü: *Malgor Kardeşliği.* Alex'in düşünceleri, zihninden kış rüzgârı gibi geçti ve Alex onları aklında fazla tutamadı.

Şafaktan önceki en soğuk saatlerde, Alex ateşi daha da canlandırıp biraz yemek pişirdi. Pek aç değildi ama yemesi gerekiyordu. Dağlarda ne kadar uzun süre kaldığını bilmiyordu. Ruhçağıranın yanına ulaşmasının iki gün sürdüğünü hatırladı. Fakat dağın altındaki karanlık mağaralarda ne kadar uyuyup kaldığı hakkında hiçbir fikri yoktu. Uzun bir zaman gibi gelmişti ancak bunun sebebi, karanlıkta uyanması da olabilirdi.

Güneş yükseldiğinde, Alex yeniden harekete geçmeye hazırdı. Bir an, kendi biçiminden başka bir şekle dönüşmeyi ve böylece Neplee'ye daha çabuk dönebilmeyi düşündü. Kendini daha güçlü hissediyordu ama yine de tereddüt etti. Bir yanı, en azından kısmen onun parçası olan ejderha biçimine dönüşmesini istiyordu. Fakat şu anda ejderha şekline girmenin aptalca olacağının farkındaydı çünkü kendisinde ne gibi değişikliklere sebep olacağını bilmiyordu. Üstelik o şekle şimdi bürünürse, bir daha dostlarının yanına dönebileceğinden emin değildi. Onun yerine, yaya olarak karda yürümeye çabaladı, ilerlerken birkaç kez kayıp düştü. Takip edebileceği bir yol yoktu ama dağlardan ayrılmak için aşağı inmesi gerektiğini biliyordu. Başlarda iyi idare etmişti ama günün ilerleyen saatlerinde, giderek daha çok tökezlemeye başladı. Ağaçların arasında bulduğu patikalar, genellikle Alex'in boyundan büyük kar yığınlarıyla son buluyor, soğuk dağ havası vücut sıcaklığını düşürüyordu.

Nihayet güneş yeniden dağların arkasına düşerken, Alex kocaman bir kar yığınına vardı. Sanki dağın bir yanındaki karların hepsi bu vadiye toplanmış gibiydi ve yolunu tamamen kapatıyordu. Kar yığınının yanından yürüyüp dağdan aşağı indi fakat bu kez yolunun buzlarla dolu, hızla akan bir nehirle kesildiğini gördü. İlerlemesinin de geceleyin sığınmak için herhangi bir yer bulmasının da hiçbir yolu yoktu.

"Pekâlâ," dedi Alex etrafında toplanan gölgelere. "Dönüşeceğim ama ejderha biçimine değil. Ona henüz hazır değilim. Daha değil."

Düşüncelerini toplamak için bir an bekleyen Alex, kartal şekline dönüştü. Artık kanat olan kollarını kaldırıp, fazla çaba göstermesine gerek kalmadan, donmuş topraktan yükseldi. Soğuk rüzgâr etrafını kamçılıyor ancak yeni tüyleri onu sıcak tutuyordu. Nehrin üzerinde bir kez daire çizdikten sonra süzülerek gökyüzüne yükselip, yeni şekline alıştı.

Uçmak Alex'e çok iyi gelmişti, rüzgâr olmaktan bile iyiydi. Rüzgârla birlikte süzülüp giderken dağlar altından akıp gidiyor, Alex batan güneşin son ışınlarını yakalıyordu. Kartal gözleri, aşağıdaki arazinin her detayını, karla kaplı çayırlarda koşan küçük beyaz tavşanları bile görebiliyordu.

İlk yıldızlar gökte belirdiğinde Alex alçaldı, dağların zirveleri arasında esen rüzgârdan uzak durmaya çalıştı. Gündüzün ılık havasının dağ yamaçlarında yükseldiğini hissediyor, mümkün olduğunca ona yakın durmaya çalışıyordu. Hızlanarak uçmaya çalıştı ki kartal bedeni içinde bunu yapmak kolaydı.

Neplee çok uzakta değildi ve Alex oraya ulaşmak için yoğun bir istek duydu. Korku ya da kaygıdan gelen bir istek değildi, dostlarını görme arzusundan kaynaklanıyordu.

Ay göğe yükselirken, Alex uzaktaki cüce şehrini fark etti. Kısmen açık bırakılan şehir kapılarının yanında parlak meşaleler yanıyordu. Daha yakından görmek için dalışa geçen Alex, kalın giysilere sarınmış birkaç cücenin, meşalelerin ışığını canlı tuttuğunu gördü ve meşaleleri onun dağlardan dönerken yolunu bulabilmesi için yaktıklarını anladı.

Alex bir an, kapıda kendi şekline geri dönmeyi ve cüceler tarafından karşılanmayı düşündü. Artık lanet kaldırılıp ruhçağıran da ortadan kalktığına göre, Turlock'un bundan ne kadar mutlu olacağını biliyordu. Dostlarının mutlu yüzlerini ve neler yaptığıyla, Mog'u nasıl yenebildiğiyle ilgili sorularını hayal edebiliyordu.

Alex'in kararını vermesine sebep olan şey, bu düşünce oldu. Yorgundu ve herhangi bir soru cevaplamadan önce dinlenmek istiyordu. Geceyi geçirmek için kartal biçiminde kalmaya, sabaha kadar yakındaki ağaçların birinde dinlenmeye karar verdi. Sabah olduğunda dinlenmiş halde kendi biçimine dönüşür, dostlarını ve onu bekleyen cüceleri selamlardı.

Alex geceyi geçirmek için şehrin kapılarından uzak olmayan, kocaman bir çam ağacı buldu. Kanatlarını kapayıp kendine çekti ancak zaten pek üşümüyordu. Ardından gözlerini yumdu ve uykuya dalmaksızın dinlendi.

Dinlenirken zihni kartal olarak yeniden uçuşa geçti ve bu biçiminin ona verdiği özgürlük hissiyle mutlu oldu. Rüyadaki halini dağların üzerinden, geniş ovalardan uçurdu, ısıtan güneş ışığının altında süzüldü. Keyifli ve huzur verici bir rüyaydı. Rüyadaki hali şafaktan önce geri döndüğünde, Alex kendini uzun zamandır olduğundan daha iyi hissediyordu.

Kartal gözlerini açan Alex, şehir kapılarında meşalelerin hâlâ yandığını gördü. Birkaç cüce, gece kapıların önüne savrulan karları temizlemek için şimdiden çalışmaya başlamıştı.

Alex, gün ağarırken, Arconn'un hafif adımlarıyla kara ayak bastığını ve dağlara doğru yürümeye başladığını gördü. Arconn, Alex'in üzerinde durduğu ağacın yanından geçti ve Alex, kartal iken konuşamayacağını unutarak ona seslendi. Arconn durup etrafa bakındı ve sonra hızla ilerlemeye devam etti. Alex, Arconn'un yüzündeki kararlı ifadeyi görmüş ve arkadaşının, onu aramak için dağlara çıktığını anlamıştı. Bir daha seslenip uçuşa geçti. Ona yetişip eski haline dönüşmeden önce Arconn'un fazla uzaklaşmasını istemiyordu.

Arconn donmuş kar üzerinde ondan hızlı gidiyordu ve Alex onu takip etmeye çalışmadan önce kendi biçimine dönmemiş olduğuna sevindi. Ona yardım edecek bir sabah rüzgârı olmadığından, arkadaşına yetişmek için kanatlarını hızla çırpması gerekti. Arconn'un yanına ulaştığında Alex, ona bir kez daha seslenip daire çizerek elfin önünde yere indi.

"Bu da ne?" dedi Arconn şaşkınlıkla.

Alex kendi biçimine geri döndü. "Aramakta olduğun ve bu kadar erken yola düşmesen karşına çıkacak olan kişi."

"Alex!" diye bağırdı Arconn şaşkınlık ve mutlulukla. Koşup arkadaşına sarıldı. "Senin için çok endişelendik. Turlock bir haftadır şehrin kapılarını açık tutuyor. Işıkların, sen geri dönerken yolu bulmana yardım edeceğini umuyordu."

"Bir haftadır mı?" diye sordu Alex. "Ben gideli ne kadar oldu? Bana Neplee'den ayrılalı, olsa olsa beş ya da altı gün geçmiş gibi geliyor."

"On dört gündür yoksun, Alex," dedi Arconn. "Kat bize, ikinci günün akşamında kötülüğü mağlup etmeyi başardığını haber verdi. O zamandan beri seni bekliyoruz. Ruhçağıranı bu kadar çabuk bulup yendikten sonra, geri dönmenin böylesine uzun süreceğini hiç düşünmemiştik."

"Uzun süre uyudum," dedi Alex. "Dağın altında on gün uyumuşum, sonra beni Salinor uyandırdı."

"Salinor mu?" diye sordu Arconn.

"Affedersin, düşünmeden konuştum," diye karşılık verdi Alex. Ejderhanın adını yüksek sesle söylemiş olmak onu şoke etmişti. "Adını söylememeliydim. Lütfen söylediğim şeyi unut."

"Ama buna gerek yok," dedi Arconn. "Benim çok uzun zaman öncesinden bildiğim bir isim bu. Bir kez sana, bir ejderhayı tanıdığımı söylemiştim. Kötü olmayan bir ejderha, hatırladın mı?"

"Evet, hatırladım," diye cevapladı Alex geçmişi düşünerek. "Bu ejderhalara gerçekten inanmamdan önceydi, henüz onlar hakkında hiçbir şey bilmiyordum."

"Evet," dedi Arconn. "Şimdi de, benim bir zamanlar tanıştığım ejderha ile senin de tanıştığını öğreniyorum. Sen de onu, benim tanıdığım ismiyle biliyorsun. Hiçbir canlıya söylemediğim o isimle."

"Ben de söylememeliydim," dedi Alex üzgün halde. "Adını sır olarak saklamam gerektiğini unutuverdim. Bunu senin duymuş olman, şanslı bir tesadüf."

"Şans olduğunu sanmıyorum," dedi Arconn ciddi bir tavırla. "Kemik Adası'ndan ayrıldığımızdan beri, sana Salinor'dan bahsetmek istiyordum. Bir şeyin, onun adını sana söylemem için beni dürttüğünü hissediyor, seninle paylaşmak için anlayamadığım bir istek duyuyordum."

"Yani bizim bilmemizi istediğini mi düşünüyorsun? Salinor kendisi hakkında konuşmamızı ya da en azından, ikimizin de aynı ejderhayla karşılaştığını bilmemizi mi istedi?"

"Bundan eminim ancak sebebini tahmin edemiyorum," dedi Arconn. "Ejderhaların huylarını anlamak zordur ve Salinor'u anlamak belki de en zoru, çünkü hepsinin içinde en yaşlıları o."

"Öyleyse onun güdülerinin nedenlerini anlamaya çalışmamalıyız, en azından şimdi ve burada değil," diye ekledi Alex gülerek. "Şehre geri dönelim de grubun geri kalanı artık endişelenmesin."

"Evet, en iyisi bu," diye kabul etti Arconn. "Tekrar biçim değiştirecek misin, yoksa karda yürümeyi mi tercih edersin?"

"Değişirsem daha hızlı gideriz ama yürüyeceğimiz mesafe uzun değil. Hem diğerlerine katılmadan önce seninle biraz konuşmak istiyorum," dedi Alex.

Dönüp cüce şehrine doğru yürümeye başladılar. Arconn karların üstünde rahatça ilerliyor, Alex de karları katır kutur ezerek onun yanında yürüyordu. Giderken Salinor'dan ve ejderhaların alışkanlıklarından bahsettiler. Ancak Alex ona, Salinor'un kendisine gerçek tabiatı ve ailesiyle ilgili söylediklerinden hiç bahsetmedi. En azından şimdilik, bu bilgiyi sır olarak saklamanın en iyisi olacağını düşünüyordu.

Alex, Arconn'a, Salinor'un gerçek adını bildiğine göre, onun da bir ejderha efendisi olup olmadığını sordu.

Arconn güldü ve sadece büyücülerin ejderha efendisi olabileceğini söyledi. "Bana adını söyledi, çünkü onun üzerinde bir gücüm olamayacağını biliyordu," dedi Arconn ve bir kar yığınından geçtikleri sırada Alex'e yardım etti. "İsmin gücü var, bu doğru. Ancak sadece bir büyücü, bunu ejderhayı kontrol etmek için kullanabilir."

Şehir kapılarına yaklaştıklarında, Alex şiddetli bir haykırış duydu. Cüce muhafızları onların geldiğini görmüştü ve Lord Turlock'a, Alex'in geri döndüğünü bildirmek için şehre doğru bağırıyorlardı.

Arconn karlar üstünde yürürken acele eden Alex'e yardım etmeye çalışıyordu; ancak kar kalınlığı, Alex'in hızlı yürüyemeyeceği kadar fazlaydı.

Alex şehir kapılarına vardığında, muhafızların hepsi tek dizleri üzerine çöktüler ve minnettarlıkla saygı belirten bir şekilde başlarını eğdiler. Alex gülümsedi ama onlara ne söyleyeceğini bilemedi. Zaferi karşısında böyle bir tepki beklememiş, Neplee'nin cücelerinin onu nasıl karşılayacağını düşünmemişti.

Alex ve Arconn kapıdan geçerken Turlock da kapılara varmıştı. Alex'in bir şey demesine kalmadan, Turlock da tek dizi üstüne çöktü. "Selam yüce büyücü, ölülerin üstadı."

"Hayır," dedi Alex sertçe. "Ben ölülerin üstadı değilim ve asla olmayacağım. Lütfen, Lord Turlock, ayağa kalkın ve beni bir dost olarak karşılayın."

Turlock ayağa kalktı, belli ki söylediği şeye pişman olmuştu.

Alex ona gülümsedi ve dostça onun elini tutup sıkarken Turlock'u kendine doğru çekti. Kulağına fısıldayabilmek için öne doğru eğildi. "Sert sözümü bağışlayın ama bana kimse ölülerin üstadı demeyecek."

"Düşünmeden konuştum," dedi Turlock, Alex'e kardeşiymiş gibi sarılarak. "Bir daha olmayacak, dostum."

Alex ve Turlock ayrıldığında, Thrang ve diğerleri gelmişti. Dostları onu kucaklamaya koştuklarında, Alex'i az kalsın yere deviriyorlardı.

Thrang, Alex'i bıraktıktan sonra Arconn'a, "Anlaşılan pek uzaklarda araman gerekmemiş," dedi.

"Doğrusu, ön kapıdan fazla ileri gidemedim," dedi Arconn gülerek. "Ama Alex dün gece buraya vardığında şehre girseymiş, biraz yürümekten kurtulabilirmiş."

"Dün gece mi?" diye sordu Turlock.

"İçeri girmeden önce, sizin sabaha kadar uyumanıza müsaade etsem daha iyi olur diye düşündüm," dedi Alex.

"Sanki uyuyabildik de," dedi Nellus ve Alex'in omzuna dostça vurdu.

"Şahsen ben uyudum," diyen Barnabus güldü. "Tabii Thrang, endişesinden ortalıkta kıyameti koparırken biraz zor oldu."

"Kıyameti koparmıyordum," diye kendini savundu Thrang. "Ama endişelenmiştim, onu inkâr etmem."

"Artık endişelerinin bir kısmı geçti," diyen Alex, kolunu Thrang'in omzuna attı. "Ama galiba sen o endişelerin yerine yenilerini bulacaksın."

Alex'in yorumuna herkes güldü, hatta Thrang bile. Gülmeleri kesildiğinde sorular başladı. Çünkü herkes, özellikle de Lord Turlock dağlarda neler olduğunu bilmek istiyordu.

"Ben hiç dinlenemeyecek miyim?" diye sordu Alex gülümseyerek. "Hikâyemi anlatmadan önce, en azından şehre girelim de sıcak bir oda bulalım."

"Harika bir fikir," dedi Turlock. "Eğer sizin için uygunsa, kahvaltının getirilmesi işini de halledeceğim. Beraber otururken bize hikâyenizi de anlatabilirsiniz."

"Çok naziksiniz," dedi Alex, Turlock'u selamlayıp.

"Bir de, sizin için çok sorun olmazsa," diye devam etti Turlock kaşlarını kaldırıp, "Neplee'nin lordlarından bazılarının da orada olmasını istiyorum. Hikâyeyi onlar da dinlesin ve bizim için ne kadar büyük bir iş başardığınızı bilsinler."

"Nasıl isterseniz," diyen Alex, onları şehre götüren Turlock'un peşine takıldı.

Turlock, Alex ve dostlarını taht odasının yakınındaki büyük bir salona getirdi. İçeri girdiklerinde Turlock hemen cücelerin bazılarına, masalara sıcak yemek getirmelerini, diğerlerine de Neplee'nin lordlarını çağırmalarını emretti. Alex'in geri döndüğü haberinin yayıldığı belliydi. Alex, bu kadar uzun süre dağlarda kalarak çok fazla sıkıntıya sebep vermemiş olmayı umdu. Cücelerin hepsi toplandığında ve Alex dostlarıyla birlikte oturduğunda, Turlock ayağa kalkıp konuşmaya başladı.

"Dostlarım. Neplee'nin lordları ve üstatları, uzun süredir şehrimizin üzerinde olan lanet artık geçti. Yine özgürüz. Yine şehrimizle ve eserlerimizle gurur duyabileceğiz. Bunun için Üstat Taylor'a şükranlarımızı sunmamız gerek."

Toplanan cüceler, büyük bir şamata kopararak ona katıldıklarını belli ettiler ve Alex'in adına tezahürat yapmaya başladılar. Turlock, Alex'e gülümsedi ve sessizliği sağlamak için elini kaldırdı.

"Üstat Taylor bize yaptıklarının hikâyesini anlatacak," diye devam etti. "Ama belki önce kahvaltısını bitirmeyi tercih eder."

"Pek değil," dedi Alex. "Yemek cezbedici olsa da, önce size hikâyemi anlatayım. Yemek için sonra da vakit olur."

Oda sessizleşti ve tüm gözler Alex'e döndü. Odaya toplananların derin ve sabit nefes alıp verişlerini duyabiliyordu; öyküsünü anlatmaya başlarken onlardan güç aldı.

Alex dağlarda olan her şeyi, yani neredeyse her şeyi onlara anlattı. Salinor'un onu uyandırmak için seslenişinden ve Set'in, şu anda büyülü çantasında taşıdığı tacından bahsetmemeye dikkat etti. Odada bulunan Volo'ya, ruhçağıranla karşılaşmasına hazırlanırken ona ettiği yardımdan dolayı teşekkür etmek için hikâyesine ara verdi.

"Demek işe yaradı," dedi Volo mutlulukla. "Kuşkularım vardı ama sen çok emin görünüyordun."

"Evet, dostum, işe yaradı," diye cevap verdi Alex. "Çoğu kişinin uzun zamandır unutmuş olduğu bir sır ve ben şimdi bunu hepinizle paylaşacağım."

Alex bunu söylerken gömleğinin düğmelerini açtı ve gömleği geriye çekip, Volo'nun yapmasına yardım ettiği som gümüşten, zincir zırh gömleğini ortaya çıkardı. Işık gümüşten yansırken, cüceler şaşkınlıkla nefeslerini tuttular ve gözleri hayretle kocaman açıldı.

"Som gümüş," dedi Alex. "Sadece güzel ve sağlam değil, aynı zamanda sihirli de. Som gümüş her zaman kara büyüye karşı dayanıklıdır ve eğer ondan böyle bir zırh yapılırsa, lanetleri, yapan kişiye geri yansıtır."

"Nethrom'un gücünü ona karşı mı kullandın?" diye sordu Thrain.

"Bir bakıma," diye cevap verdi Alex, gömleğinin düğmelerini iliklerken. "Anlayacağınız, gerçekte kötü olan Nethrom değildi ancak ruhçağıran onun yüzünden ortaya çıkmıştı. Nethrom öldüğünde, kendisini uzun süredir esir tutan kötülükten kurtulmuş oldu."

"O zaman size teşekkür etmek için bir sebebimiz daha var," dedi Turlock. "Nethrom'un adındaki lekeyi de temizlediniz. Artık onu dönüştüğü kötülükle değil, eskiden olduğu gibi iyi ve saygın bir cüce olarak hatırlayabiliriz."

Alex, şehir kapılarına gelişini de anlatarak hikâyesini bitirdi. Sustuğunda cücelerin hepsi alkışlayıp bağırarak Alex'i sanki kralmış gibi selamladılar. Alex gülümsedi ve doğrulmalarını istedi. Kabalık etmek istemezdi ama Neplee cücelerinin, gerçekte yaptığından daha fazlasını gerçekleştirdiğini sanmasından endişe ediyordu.

"Nazik ve cömertsiniz, Üstat Taylor," dedi Turlock, diğer cücelerle birlikte doğrulurken. "İyi bir insan olduğunuzu ve size vereceğimiz onurların hepsini kendi isteğinizle kabul etmeyeceğinizi biliyoruz. Bu yüzden size şu yemini sunacak ve buradaki herkesten aynısını yapmasını isteyeceğim: Eğer herhangi bir ihtiyacınız olursa; hazine, işçi, savaşçı ya da sadece kalacak bir yer, Neplee şehri her zaman emrinize amadedir. Ben Neplee'nin lordu olarak buna yemin ediyorum. Neplee'nin diğer lordları, siz ne dersiniz?"

Diğer cüceler hep bir ağızdan, "Biz de buna yemin ediyoruz," diye karşılık verdi. "Kendimizi, ailelerimizi ve sahip olduğumuz her şeyi bu yeminle bağlıyoruz. Bu hayatta ve sonrakinde, Üstat Taylor'ın çağrısına cevap vereceğiz."

"Teşekkür ederim, dostlarım," dedi Alex, başıyla selam vererek. "Umarım yemininizi yerine getirmenize hiçbir zaman ihtiyacım olmaz; ancak andınız için size teşekkür ediyorum."

Cücelerin hepsi Alex'le tokalaşmak istedi. Alex gülümsedi ve eğilip onları selamladı ama artık kendini yorgun hissetmeye başlamıştı. Uzun süredir doğru düzgün uyumuyordu ve şu an uykuya her şeyden fazla ihtiyacı olduğunu hissediyordu.

"Zor görev sizi yorgun düşürdü," dedi Turlock, Alex'in yüzündeki bakışı fark ederek. "Grubunuzla birlikte gidin, onlar sizi dinleneceğiniz yere götürür. Bu akşam Neplee'nin daha önce hiç görmediği bir ziyafet verilecek ve onur konuğu siz olacaksınız."

"Çok naziksiniz, Lord Turlock," dedi Alex. "Biraz dinlenmek bana yeter. Böyle bir ziyafeti, bir dağ kadar saf altın için bile kaçırmak istemem."

Turlock bir kez daha eğilirken, Thrang ve Arconn ileri çıkıp Alex'in iki yanına geldiler. Cüce kalabalığı, grubun geçmesi için ikiye ayrıldı ancak salonun dışındaki sokak bile yüzlerce cüceyle doluydu. Alex gülümsedi. Neplee'deki tüm cüceler oradaymış gibi görünüyordu. Onu görmek istemişlerdi ama çoğu Alex'le göz göze gelmeye çekiniyor gibiydi.

Odalarına vardıklarında Alex, doğruca yatmaya gitmeyi düşünmüştü ama Thrang onu ateşin yanına çekti ve bir sandalyeye oturmasını işaret etti.

"Seni, hikâyenin bir kısmını atladığını fark edecek kadar uzun zamandır tanıyorum," diyerek Alex'in yanındaki sandalyeye geçti. "Mağaralarda seninle konuşan cüce, ismini sana söyledi mi?"

"Söyledi," diye cevap verdi Alex. "Sana bir soru soracağım, senin soruna da cevap verecek bir soru. Set adındaki cüce kralının hikâyesini bana anlatır mısın?"

"Set mi?" diye tekrarladı Thrang gözleri büyüyerek. "Set, cüce diyarının erken dönem krallarından biriydi. Büyük bir kraldı, halkının koruyucusuydu. Ona dair hikâyeler çoktur ve pek uzundur; ama aslında hepsi, onun egemenliği döneminde Thraxon'da ortaya çıkan bir kötülükten ve Set'in onunla savaşmak için sefere çıktığından bahseder. Set bu savaştan geri dönmemiş ama kötülük de ortadan kalkmış. Hikâyelerin öne sürdüğüne göre, Set kötülüğü yenmiş ama zaferinin bedelini kendi canıyla ödemiş."

"Anlıyorum," dedi Alex.

"Mağaralarda karşılaştığın cüce Set miydi?" diye sordu Thrang.

"Evet," diye cevap verdi Alex. "Geleceğimden haberi varmış gibiydi ama bunu nereden bildiğini anlayamadım." Alex tereddüt ederek daha ne kadar fazlasını söyleyebileceğini düşündü. "Mirasçısına bir şey götürmemi istedi."

"Yeter," dedi Thrang, gözlerini Alex'ten çevirip ateşe bakarak. "Senden ne götürmeni istediğini tahmin edecek kadar bilgim var ve şu anda sana detayları sormayacağım. Benorg'a geri dönene kadar bunun hakkında bir daha konuşmayacağız. Bunun için, Thorgood senin söyleyeceğin şeyleri dinlemek ve ona soracağın sorulara cevap vermek için karşımızda olmalı."

"Nasıl istersen," dedi Alex. "Mağaradan başka şeyler de aldım, aramızda bölüşülmesi gereken mücevherler var."

"Mağarada bulduğun her şey, yalnızca sana aittir," dedi Thrang hemen. "Onlarla ne istersen yapabilirsin. Ama ne yaparsan yap, Set'e verdiğin sözü tut."

"Dediğin gibi yapacağım, dostum," dedi Alex ayağa kalkıp. "Sanırım şimdi uyuyacağım. Eğer kendim uyanmazsam, ziyafet zamanı gelince beni uyandırın."

Alex, Thrang'i ateşe bakar halde orada bıraktı ve odasına doğru yürüdü. Yürürken Kat'le göz göze geldi. Odanın arka kısmındaki bir masada tek başına oturuyordu. Alex gülümseyerek onun yanına oturdu.

"Bana bir şey sormak istiyorsun," dedi Kat'e. Bir soru değildi bu.

"Benim düşüncelerimi benden daha iyi görüyorsun," dedi Kat.

"Hayır ama artık tahmin edebiliyorum."

"Ruhçağıranla savaşın, tahmin ettiğine yakın bir şey miydi?"

"Bir süreliğine çok yakındı," diye cevap verdi Alex. "Ama senin asıl bilmek istediğin şey bu değil."

"Evet, değil."

"Sana yaptığım büyüyü kaldırmamı mı istiyorsun?"

"Gerçekleri görmeyi kaldıramayacağımı mı düşünüyorsun?" diye sordu Kat, onun gözlerine bakarak.

Alex, “Hayır. Eğer hazırsan, gerçeği görmelisin ve bence hazırsın,” diye cevap verdi.

“Öyleyse göster bana,” diye rica etti Kat.

Başını sallayan Alex, ayağa kalktı, kalkarken de eliyle Kat’in alnına dokundu. Ona yaptığı büyünün kalkmaya başladığını hissediyordu ancak Kat birdenbire sarsılmasın diye, büyüyü yavaş yavaş kaldırdı.

Kat bir an ona baktıktan sonra başını çevirdi, gözleri yaşlarla dolmuştu.

“Kendine eziyet etme,” dedi Alex alçak sesle. Sadece Kat duyabilsin diye ona doğru eğilmişti. “Kötülük seni kullanmaya çalıştı diye, sahip olduğun yetenekten nefret etme. Sadece olanlardan ders çıkarmaya çalış ki bir daha böyle şeylerin olmasını engelleyebilesin.”

Kat ona karşılık vermedi ancak yüzüne bakmadan Alex’in elini tuttu. Dudaklarına götürüp nazikçe öptükten sonra, eli geri bıraktı.

Alex, Kat’in bu hareketini başka kimsenin görmediğinden emin olmak için etrafına bakındı. Kat’in, elini öpmesine şaşırmış, bununla ne ifade etmeye çalıştığını anlayamamıştı. Kat’in omzuna hafifçe vurup, yorgunluktan tükenmiş halde yatağının yolunu tuttu.

YİRMİNCİ
BÖLÜM

ALTIN KAYALARA DOĞRU

Kış yavaş yavaş bahara dönerken, Alex ve dostları Neplee şehrinde kalmaya devam ettiler. Şehir giderek, Alex'in geçmişte ziyaret ettiği diğer cüce şehirlerine daha çok benzemeye başlamıştı. Alex gittiği her yerde eğilerek selamlanıyor ve güler yüzle karşılanıyordu. Turlock onu resmen Neplee lordlarından biri ilan etmişti ve bu unvan tüm cüceler tarafından ciddiye alınırdı. Thrang bile, en azından halk arasında iken ona "lord" diye hitap ediyordu.

Neredeyse her gece şölenler, partiler veriliyordu ve Alex çok geçmeden, açık yollardaki sakin ve basit hayatı özlemeye başladı. Onu ve Neplee için yaptıklarını onurlandırmak adına bunca özenin gösterildiği gerçeği, her ne kadar gitmek istemese de, Alex'in bir tek ziyafeti bile kaçıramayacağı anlamına geliyordu. Cücelerin iyi niyetli olduğunu biliyordu ve nezaketlerinden dolayı onları seviyordu. Ancak yalnız kalıp başına gelenler üzerine düşünmeye de ihtiyacı vardı.

Bazen tüm bunlar Alex'e çok fazla geldiğinde ve bir partiye daha tahammül edemeyeceğini düşündüğünde, en azından günün belli saatlerinde şehri terk ediyordu. Kartal ve bazen de rüzgâr biçimini alıp Neplee'nin etrafındaki topraklarda özgürce geziyordu.

Whalen'e bir mektup gönderip, ruhçağıranın mağarasında neler olduğunu ve Mog'u nasıl mağlup ettiğini tam olarak anlattı. Fakat Salinor'un neler söylediğini Whalen'e anlatmadı. Bir şey, Alex'in ejderhanın sözlerini paylaşmasına mani oldu, söz konusu Whalen olsa bile...

Whalen, ruhçağıranın adını öğrenince çok şaşırmış, Mog adlı kötü ruhla ilgili duyduğu hikâyeleri ve efsaneleri çok detaylıca anlatmıştı.

Whalen mektubunda Alex'e, "Artık bazı hikâyelerin ve efsanelerin gerçek olduğundan kuşkum kalmadı ve yeteneklerinden bir kez daha etkilendim," diye yazmıştı.

Sonunda karlar erimeye başladı ve bahar kokuları havayı sardı. Alex'in yol arkadaşları, tekrar yola çıkmak için neredeyse onun kadar istekliydiler ve maceraya devam edecek olmak onları heyecanlandırıyordu. Neplee'nin cüceleri ise, Alex'in şehirdeki vaktinin daraldığını bildiklerinden, maceracılar şehri terk etmeden önce mümkün olduğunca çok ziyafet vermek için büyük gayret gösteriyorlardı.

Kış boyunca Alex düşünerek epey vakit geçirmiş ve sonunda, Set'in tacının yeniden yapılmasına karar vermişti. Bir gece, yine bir ziyafetten döndükten sonra odasına gitmiş ve büyülü çantasının içine girmişti. Hazine odasından kırık tacı aldı ve çabucak babasının çantasına gitti. Demirci cin dostlarının ona yardımcı olmasını umuyordu.

"Bobkin, Belkin," diye seslendi Alex, atölyeye girdiğinde. "Saat geç oldu, biliyorum ama yardımınıza ihtiyacım var."

"Geliyoruz, Üstat Alex," diye cevap verdi Bobkin'in sesi.

Alex gizli kapının açıldığını duydu. Tam loş atölyenin bazı lambalarını yakacaktı ki, olduğu yerde kalakaldı.

"Sizin için ne yapabiliriz?" diye sordu Bobkin. Belkin ve Dobkin hemen ardından gelerek, Alex'e doğru aceleyle yürüyorlardı.

"Şey, ne?" dedi Alex, gözü Dobkin'e takılıp kalmıştı. "Sizden yapmanızı istediğim... Dobkin neden parlıyor?"

"Ha, şey, evet," dedi Belkin. "Bazen yapıyor böyle şeyler. Ama kendisini pek rahatsız etmiyor gibi."

"Bu normal değil herhalde?" diye sordu Alex.

"Hayır, hiç normal değil," dedi Bobkin. "Bizim yardımımıza ihtiyaç duyduğunuz bazı işler mi var?"

"Dobkin ne sıklıkla parlıyor?" diye sordu Alex. Elini sallayıp atölyenin lambalarını yaktı.

"Her yeni ay doğduğunda," dedi Belkin.

"Bunun anlamı... Tabii ya!" dedi Alex, Set'in tacının kırık parçalarını tezgâha koydu. "Ona ne olduğunu biliyorum."

"Kafasına çok vurdular," dedi Bobkin.

"Hayır, uğursuzluk büyüsü yapılmış," dedi Alex. "Biri onu kontrol etmeye çalışmış ama pek iyi iş çıkaramamış. Her yeni ay doğduğunda büyü yenileniyor, o da bu yüzden parlıyor."

"Emin misiniz?" diye sordu Belkin. "Yani, bir demirci cine kim uğursuzluk büyüsü yapsın ki?"

"Bilmiyorum," dedi Alex. "Büyüyü kaldırabileceğimden emin değilim ama kaldırdığımda Dobkin yeniden kendine gelecek."

"Eğer Dobkin'e yardım edebilirseniz, size daha da borçlu olacağız," dedi Bobkin.

"Dobkin," dedi Alex. "Bana bak."

Parlayan demirci cin sendeleyerek yanına geldi; başı sarhoşmuş gibi sallanıyor, gözleri boş bakıyordu.

"Dobkin," diyen Alex, demirci cinin dikkatini çekmek için parmağını şıklattı.

Dobkin, sesin üzerine başını kaldırıp baktı ve yavaş yavaş gülümseyip "Dobkin!" diye bağırdı.

"Fazla uzun sürmeyecek," dedi Alex. Sağ elini kaldırıp işaret parmağını ileri uzattı.

Dobkin'in gözleri Alex'in parmağını takip etti ve Alex parmağını yukarı aşağı, o yandan bu yana hareket ettirirken, o da başını döndürdü. Sonunda Alex elini uzatıp demirci cinin başına hafifçe vurdu. Dobkin'in parlaması bir anda kesildi.

"İşte bu kadar," dedi Alex. "Tabii şimdi uyuması gerekiyor. Ama sabah uyandığında artık eski Dobkin olacaktır."

"Ah, *işte* bu iyi haber," dedi Belkin mutlulukla. "Ona uğursuzluk büyüsü yapıldığından emin misiniz?"

"Eminim."

"Peki, bu çözüldüyse, ne için yardımımıza ihtiyacınız olduğunu anlatın bize," dedi Bobkin, gözleri Alex'in arkasındaki kırık taca takılmıştı.

"Bu tacı tamir etmek için yardımınıza ihtiyacım var," dedi Alex masaya dönerek.

Bobkin hemen masanın üstüne tırmandı. "Ah, bu bir zamanlar güzel bir parçaymış. Ustaca yapılmış, cüce tasarımı ve..."

"Ve?" diye sordu Alex.

"Bir zamanlar içinde sihir de varmış," dedi Belkin, Bobkin'in yanında dururken. "O sihrin ne için olduğunu anlayamıyorum ama kesinlikle varmış."

"Onun ne sihri olduğunu öğrenmemizin bir yolu var mı?" diye sordu Alex.

"Belki," dedi Bobkin. "Biraz üzerinde çalışmamız gerekecek. Ne zamana tamir edilmiş olması gerekiyor?"

"Ah, acelesi yok," dedi Alex. "Sanıyorum ki buna birkaç aydan önce ihtiyacım olmayacak. O sırada siz de ne sihri olduğunu keşfedebilirseniz, faydalı olur."

"Şey, Dobkin sabah kendine gelmiş olursa, bu iş pek zor olmayacaktır," dedi Belkin. "Dobkin'in sihri tespit etme ve nasıl çalıştığını anlama becerisi vardır. Sihri etkinleştirmek için size ihtiyacımız olabilir, Üstat Alex. Ama en azından ne sihri olduğunu ve niye yapıldığını bulup size söyleyebiliriz."

"Harika," dedi Alex. "O zaman tacı size bırakıyorum. Tamir etmek için ne gerekiyorsa, dilediğiniz kadar kullanın."

"Fazla bir şey gerekecekmiş gibi görünmüyor," dedi Belkin düşünceli bir tavırla.

"Safir sorun olabilir," dedi Bobkin.

"Mücevherler genelde tamir ettiğimiz şeyler değil," dedi Belkin.

"Yeni bir taş bulmanız için bu çantadaki ve diğer çantamdaki hazine odasını aramanıza izin veriyorum," dedi Alex.

"Çok iyi, Üstat Alex," dedi Bobkin eğilip onu selamlayarak.

"Birkaç gün içinde Dobkin'i kontrol etmeye gelirim," dedi

Alex. "Taç üzerinde çok hızlı çalışmanıza gerek yok. Dediğim gibi, birkaç aydan önce ona ihtiyaç olmayacak."

Bobkin ve Belkin bir ağızdan "Nasıl isterseniz," dedi.

Alex, demirci cinlerin tacı yeni gibi, hatta belki de daha iyi yapacağını bilerek yatağına yattı. Tacı tamir ettirme kararından memnundu; Dobkin'e yapılan uğursuzluk büyüsünü fark edip kaldırdığı için de kendini iyi hissediyordu. Bir demirci cine kimin uğursuzluk büyüsü yapmış olabileceğini bir kez daha merak etti. Ama çok geçmeden uykuya daldı ve bu düşünce kaybolup gitti.

Karlar tamamen erimeden önce Turlock, şehirde pek az hayvan kaldığından, birkaç cüceyi Alex ve yol arkadaşlarına at bulmakla görevlendirdi. Thrang, yola çıkmak için gereken hazırlıkları yapmaya başlamıştı. Yolda ihtiyaç duyabilecekleri şeyleri alıyor ve herkesin çantasına yiyecek depoluyordu.

Thrang, bir gece paketleri düzenlerken, "Turlock, Gal Tock'un ne kadar uzakta olduğunu bilmiyor ve ben, başka hiçbir cücenin bildiğini de sanmıyorum. Uzun bir yolculuğa hazır olmalıyız," dedi.

"Ben kütüphanelerde biraz vakit geçirdim," diyerek konuya katıldı Arconn. "Tüm haritalar Kayıp Dağlar'ın tam güneyinde bitiyor, bu yüzden bizi neyin beklediğini bilmemiz mümkün değil."

"Güneyde başka cüce şehri yok mu?" diye sordu Thrain.

"Ah, evet, birkaç tane var," dedi Thrang. "Hatta batıda da birkaç tane var. Thraxon'un cüceleri her yere yayılmışlar; bir cüce köyü ya da kentinin nerede karşınıza çıkacağını tahmin edemezsiniz."

"Kral Thorgood'un tüm cüce şehirlerini bilmiyor olmasının özel bir sebebi var mı?" diye sordu Alex.

"Thorgood'un başkenti kuzeyde," diye cevap verdi Thrang düşünceli bir halde. "Kuzeydeki krallardan herhangi biri, bu kadar güneye haberci göndermeyeli uzun zaman olmuştur."

"Neden peki?" diye sordu Barnabus. Bir yandan da Thrang'in ona verdiği kolileri yerleştiriyordu.

Thrang, "Nedeni yok, en azından bilebileceğimiz bir nedeni yok," dedi, rahatsızca kıpırdanarak.

"Değinmek istemediğin sorun nedir?" diye sordu Alex, ileride kendilerini bir belanın beklediğinden endişe etmeye başlamıştı.

"Ben efsanelerin söylediğinden fazlasını bilmiyorum," diye cevapladı Thrang. "Cüce diyarının kralı neredeyse üç bin yıldır Benorg'da yaşıyor. Bu yüzden eğer çok güneyde kalan şehirlerin bazıları onu unutmuş ya da yeni krallar bulmuşsa, eh... bu çok normaldir herhalde."

"Yani güneydeki cücelerin, Thorgood'u kral olarak tanımaması mümkün," dedi Alex düşünceli düşünceli. "Doğrusu, Thorgood adına bir görevde olduğumuzu öğrendiklerinde, bize karşı pek dostça davranmayabilirler."

"Bu mümkün," dedi Thrang, eşya dizmeye devam ediyordu. "Ama amacımızın ne olduğu ya da Thorgood'un adı ve unvanı hakkında konuşmazsak, endişelenecek bir şey olmaz."

Alex, sadece Thrang'in duyabileceği kadar alçak bir sesle "Thorgood'un, eski kralların tacı olmadan elinde tutmakta zorlandığı bir unvan," dedi.

Thrang karşılık vermedi ama Alex'in yorumuna katıldığını

belirtecek şekilde başını salladı. Alex kendi paketlerini çantasına koyarken Thrang'in sözlerini düşünüyor, Set'in ondan istediği şeyin ne kadar önemli olduğunu anlıyordu. Set, Thorgood'un kendisinin mirasçısı olduğunu biliyordu ancak bu gerçeği, Thraxon'un güneyinde hüküm süren diğer kralların bazılarına kanıtlamanın neredeyse hiçbir yolu yoktu. Alex aniden başka bir şeyi hatırladı: Bu maceraya katılmadan önce Bay Clutter'ın ona söylediği bir şeyi. Alex bu düşünceyi aklının bir köşesine itti; daha sonra üzerinde daha fazla düşünmeye kararlıydı.

O akşam Turlock büyük bir ziyafet düzenledi ve Neplee'deki cüce ailelerinin hepsi, Alex'e birer hediye verdi. Alex bu hediyeleri, teşekkür ederek ve eğilip onları selamlayarak kabul etse de bu ailelerin çoğunun, verdikleri hediyelerin bedelini zor karşılayacağını düşünüyordu. Fakat onur kaybetmeden, hediyelerden herhangi birini geri çevirmesinin mümkün olmadığını da biliyordu. Yine de bu konuda endişe ediyordu ve ziyafet sona erince, Turlock'la özel olarak konuşmak istedi.

İkisi Turlock'un özel odasına girdiklerinde, "Şehriniz bana karşı çok cömertlik gösterdi," dedi Alex,

"Hak etmediğiniz bir şey vermediler, dostum," dedi Turlock. "Bize çok büyük bir iyilik yaptınız ve yeniden gelişip kalkınmamızı mümkün kıldınız."

"Evet," diye kabul etti Alex. "Ama korkarım ki halkınızdan bazıları, vermeleri uygun olandan daha fazlasını verdiler."

"Anlıyorum," dedi Turlock, Alex'e bir adım yaklaşarak. "Ve siz de, verdikleri hediyelerden dolayı yokluk çekeceklerinden korkuyorsunuz."

"Dediğim gibi, şehriniz çok cömert davrandı."

"Ve anlıyorum ki cüceleri, verilen hediyeleri iade edemeyeceğinizi bilecek kadar tanıyorsunuz," dedi Turlock düşünceli düşünceli.

"Halkınıza hakaret etmem, Turlock. Aklımda başka bir çözüm var."

"Nedir, Lord Taylor? Dileğinizi söyleyin, kabalık olarak algılamam."

Alex büyülü çantasını çıkardı ve onun üstüne yavaşça fısıldadı. Ruhçağıranın mağarasından topladığı koskoca mücevher yığını zeminde belirirken, odada hafif bir esinti oldu.

"Bu hazineyi halkınıza yardım etmek için kullanmanızı istiyorum," dedi Alex. "Dağlarda buldum, bu yüzden de şehrinizin hakkıdır."

"Ben..." diye başlayıp sustu Turlock, önündeki yığına bakarak. "Bize fazla iyi davranıyorsunuz. Bunların hepsini kabul edemem, halkım için bile olsa."

"Ama biliyorsunuz ki çoğunun sizin yardımlarınıza ihtiyacı olacak," diye ısrar etti Alex.

"Evet, olacak ama bu kadar yardıma da ihtiyaçları olacağını sanmıyorum," diye cevap verdi Turlock cılız bir gülümsemeyle. "Bu servetin üçte birini bırakın. O miktar, şehrin muhtaçlarına yardım etmek için yeter de artar bile."

"Bilge ve naziksiniz ve belki fazla cömertsiniz," dedi Alex. "Yarısını bırakacağım ama bana iki şey için söz vermelisiniz."

"Benden her ne isterseniz yapacağım," diye karşılık verdi Turlock ciddiyetle.

"İlk olarak, bu serveti benim bıraktığımı kimse bilmeyecek, en azından herkesin bildiği bir şey olmayacak. Neplee'nin lordlarına durumu açıklamanız gerekecektir ama eminim ki isteklerime onlar da anlayış gösterir."

"Belirttiğiniz gibi olacak. Peki ya ikinci söz?"

"Bu hazineyi, sadece gerçekten ihtiyacı olanlara yardım etmek için kullanacaksınız," dedi Alex, Turlock'un gözlerinin içine bakarak. "Çalışmayan veya kendilerini geçindirmek için çaba göstermeyen kimselere, bu mücevherlerin hiçbirini vermeyeceksiniz. Ne demek istediğimi anlamışsınızdır."

"Evet," diye cevap verdi Turlock eğilerek. "İstediğiniz gibi yapacağım."

"Öyleyse bu gecelik yanınızdan ayrılıyorum, dostum," dedi Alex. "Yarın sabah vedalaşacağız."

Alex kapıya yöneldiğinde, "Bir şeyi unutuyorsunuz," dedi Turlock. "Bunun yarısını yanınızda götürecektiniz, unuttunuz mu?"

"Evet, doğru ya," diye karşılık verdi Alex kendine gülerek. "Biliyor musunuz, bir zamanlar böylesi bir hazine bana dünyanın serveti gibi görünürdü. Şimdi ise unutulması kolay, önemsiz bir şey gibi geliyor."

"Sizin servetiniz mücevherlerden ve altınlardan öte," dedi Turlock. "Dostlarınızın sevgisine ve size besledikleri umuda sahipsiniz."

Alex gülümseyip başını salladı ve büyülü çantasına tekrar fısıldadı. Havada hafif bir esinti oldu ve Alex ile Turlock'un arasındaki yığın küçüldü. Alex odadan çıkmadan önce, Turlock'u bir kez daha başıyla selamladı. Yavaş yavaş dostlarının yanına gitti ve sonra da Neplee'deki son gecesini geçirmek üzere odasına yöneldi.

Ertesi sabah Neplee'den ayrılışları hem sevinçli hem hüzünlü oldu. Şehirdeki cücelerin tamamı, ana kapılara giden yola dizilmiş, yol çevresinde yer bulamayanlar, şehir kapılarının etrafında ve dışında toplanmışlardı. Turlock onlarla vedalaşmak için kapıda bekliyordu. Eğer günün birinde ihtiyacı olursa, Neplee şehrinin onun yardımına koşacağını Alex'e bir kez daha hatırlattı.

Thrang onları şehirden çıkarırken Alex cücelere, "Elveda dostlarım," diye seslendi. "Şehriniz barış içinde gelişsin."

Cüceler karşılık olarak, şiddetle bağırıp tezahürat yaptılar ve sonra, eski bir yolculuk şarkısı söylemeye başladılar.

"Bize şans getirmesi için söylüyorlar," diye açıkladı Thrang. "Eski bir şarkıdır ve bazı kişiler içinde sihir olduğunu söyler."

"Sihir mi?" diye sordu Kat.

"Doğru mudur bilmiyorum ama sözleri iyidir," dedi Thrang mutlulukla.

Açık arazide at sürmeye başladılar. Atların toynakları. yerde kalan son birkaç santimlik karı katır kutur eziyordu. Hava güzel ve serindi. İçinde ilkbahara dair vaatlerin kokusunu barındırıyordu.

Nellus, Alex'in arkasından "Açık hava harika," dedi. "Cüce şehri kışı geçirmek için iyi bir yerdi ama yeniden dışarıda olmaktan mutluyum."

"Ben de," diye katıldı Barnabus. "Neplee'de çok uzun süre boş oturduk. Cücelerin nezaketi yüzünden artık uysallaşmış olmamızdan korkuyorum."

"O zaman bir an önce toparlanmanız gerekecek," dedi Thrang. "Maalesef Albrek'in mezarını bulma görevimizin bitmesine daha çok var."

"Kayıp Dağlar'ın cüceleri Albrek'in nereye gittiğini bilmiyorlar," dedi Kat usulca. "Biliyor olsalar da uzun zaman önce unutmuşlar."

"Ve arayacak yerler de artık tükeniyor," diye ekledi Alex.

"Bu doğru değil," dedi Thrang hırıltılı gülüşüyle. "Bakabileceğimiz bir sürü yer var; sadece, bakmamız gerektiğini bildiğimiz yerler tükeniyor."

"Şimdiden maceradan yoruldunuz mu?" diye takıldı Arconn, Alex'e bakarak.

Alex gülüp başını "Hayır" anlamında sağa sola salladı. Bu macerada çoktan başarmış oldukları şeylere kısmen hayret ediyor, kısmen de yolculuk boyunca öğrendiklerinden huzursuzluk duyuyordu. Fakat en büyük endişesi, ejderhaya dönüşmekti. Salinor onu, bir kez değiştiğinde artık insan biçimine geri dönmesinin zor olacağı konusunda uyarmıştı ya da en azından bunu ima etmişti. Alex bu riske girip onu yeni gücünü kullanmak zorunda bırakacak bir şeyle karşılaşmak istemiyordu. Ejderha güçlerinin bir kısmını kullanmış olsa da ejderha biçimi almadan ruhçağıranla savaşıp onu yenmiş olmak içini rahatlatıyordu. Dönüşümü gerçekleştirmeden önce kendini hazırlayacak zamanı olmasını umuyordu ve bunun için kendince sebepleri vardı.

Güneye doğru at sürmeye devam ederlerken, Alex kaygılarını zihninin gerisine itti. Güneşli bir gündü ve araziye bakmak hoşuna gidiyordu.

O gece küçük bir derenin yakınında kamp kurdular ve bir sorunla karşılaşmaları olası görünmese de Thrang nöbet tutmaları konusunda ısrar etti.

Sert bir ifadeyle "Önümüzde neler olduğunu bilmiyoruz, bu yüzden de kendimizi en kötüsüne hazırlasak iyi olur," dedi.

"Umarım arkamızda kalanlar kadar kötü bir şey olmaz," dedi Thrain.

Alex, "İlk maceran şimdiye dek epey heyecanlı geçti," dedi.

"Beklediğimden çok daha heyecanlı," diye kabul etti Thrain. "İlk maceralarla ilgili hikâyeler duyuyordum ve çoğu pek sıkıcı geliyordu. Senin ilk maceran heyecan doluydu ama daha o zamanlar bile sen, eğitim alan bir büyücüydün."

"Evet, bu doğru," diye onayladı Alex. "Ama ilk maceramın bunun kadar tehlikeli olduğunu düşünmüyorum."

"Artık böyle söylemek kolay," diyen Arconn, Alex'e gülümsedi. "Çünkü geçmişteki o macera çoktan bitti ve güvenle evine döndün."

"O da doğru," diye kabul etti Alex. "Ama bu macerada, daha tehlikeli şeylerle karşılaştık."

"Öyle mi?" diye sordu Arconn. "O zaman üç bacaklı bir devle, bir kâhinle, haydutlarla, hayaletlerle, karanlık gölgeyle ve bir ejderhayla yüzleşmiştik. Bu kez de bir nagas, hellerashlar ve bir ruhçağıran vardı."

"Kâhini tehlikeli ama Kemik Adası'ndaki ejderhayı tehlikesiz mi sayıyorsun?" diye sordu Alex. "Hem Bane'den bahsetmeyi unuttun."

Arconn gülümseyerek "Kâhinler başka pek çok şeyden

daha tehlikelidir," dedi. "Ve Kemik Adası'ndaki ejderhanın da dost olduğu, yani en azından tehlikeli olmadığı ortaya çıktı. Bane'den ise pek emin değilim."

"Peki," dedi Alex, Arconn'un iddiasını savuşturup. "Thrain şimdiye dek heyecanlı bir ilk macera geçirdi ama umarım heyecanın çoğu artık bitmiştir."

"Bence de," diye katıldı Thrang, ateşin başına oturdu. "Şimdiye dek şanslıydık ve umarım bu macerayı bitirmek için daha fazla şansa ihtiyacımız olmaz."

Arconn, "Ben buna şans demezdim," dedi ve başıyla Alex'in olduğu tarafı işaret etti.

"Evet, sanırım haklısın," diye onayladı Thrang.

Uzun bir gün boyunca at sürmekten dolayı yorgun olduklarından, sessizce yemeklerini yediler. Diğerleri yatmaya giderken, Alex ateşin başında tek başına kalıp, artık gelenek haline gelen ilk nöbetini tuttu. Gözlerini ateşte parlayan kömürlere dikmiş, Nethrom'un masasından aldığı kristali düşünüyordu. O kristal, Kâhin Iownan için geri aldığı kristalin tıpatıp aynısıydı. Kristal ve Doğu Denizi yakınındaki boş kule üzerine uzun uzun düşündü.

Nöbeti bittiğinde Alex, Thrain'i uyandırdı ama uyumak için çadırına gitmedi. Ateşin yanına dönerek kristal, kule ve geleceği söylenen kâhin hakkında düşünmeye devam etti. Bunlardan bir anlam çıkarmak istiyordu ama boş kule ve ona dair efsaneler hakkında çok fazla şey bilmiyordu. Uzun süre ateşi seyretti. Zihninin yavaş yavaş sürüklenerek, gizli Kemik Adası'na geri döndüğünü hissetti.

"Demek yine geldin, genç dostum," dedi Salinor usulca.

"Dağın altındayken beni uyandırdığın için sana teşekkür etmek istedim," dedi Alex.

Salinor gülümseyerek, "Ve bana yeni sorular sormak istedin," dedi.

"Evet."

Salinor sakin bir şekilde, "Mağaradan aldığın kristal, kâhinler için bir araçtır," dedi. "Evet, onu kullanabilirsin ama buna ihtiyacın yok."

"Kristali Kat'e vermeli miyim? Kat, Boş Kule'nin Kâhini mi olacak?"

"Bilmiyorum," dedi Salinor yavaşça, Alex'in sorusunu düşünüyor gibiydi. "Eğer bunu yapmayı tercih ederse, kristali kullanabileceğini biliyorum. Ayrıca, kâhinin yakında kuleye ulaşması gerektiğini, yoksa kulenin kaybedileceğini de biliyorum. Bunun yanında, gerçek kâhini kuleye sadece bir ejderha götürebilir; efsanenin bu kısmı gerçek."

"Eğer Kat, kulenin kâhini olacaksa benim ejderhaya dönüşmem mi gerekiyor?" diye sordu Alex, kalbi çarparak.

"Belki," diye cevap verdi Salinor. "Ejderhaya dönüşmekten hâlâ korkuyor musun?"

"Kendimi kaybetmekten korkuyorum."

"Ama o senin gerçek biçimin ya da en azından gerçek biçimlerinden bir tanesi," dedi Salinor nazikçe ve devam etti: "Bir ejderhadan çok farklısın fakat bir yandan da ejderhaya çok benziyorsun. Ne yapacağını sana ben söyleyemem ama şunu söyleyebilirim: Gerçek biçimlerinin ikisini de kabullenmediğin sürece, gerçek gücünü bulamayacak ve olabileceğin kişi olamayacaksın."

Alex, “Biliyorum. Bilmediğim şey, bunu yapacak kadar güçlü olup olmadığım. Ejderha biçimindeyken ya kendimi kaybedersem? Ya o güç, benim kontrol edemeyeceğim kadar fazlaysa?” diye sordu.

“O zaman çöker, mahvolursun,” diye cevapladı Salinor. “Beyaz Kule’nin Kâhini’nin sana söylediği gibi.”

“O biliyor muydu?” diye sordu Alex, Iownan’ın ona anlattıklarını anımsamıştı. “Benim ne olduğumu, neye dönüşeceğimi biliyor muydu?”

“Tahmin etmiş olabilir ama bildiğini sanmıyorum,” diye cevapladı Salinor. “Kâhin, çok şeyi bilir ama onun güçlerinin bile sınırı vardır. İnanıyorum ki sana o zamanlar bilmen gerektiği kadarını anlatmıştır.”

“Evet,” diye kabul etti Alex. “Sanırım sen bile her şeyi bilmiyorsun.”

“Ben pek çok şeyi bilirim,” dedi Salinor. “Ama her şey, bilmek için çok fazla. Ben her şeyi bilecek kadar uzun yaşamadım.”

Bir an sonra Alex, kendisi ejderha biçimine hiç dönüşmese bile, Kat’in kristali alması gerektiğine karar verdi.

“Sana teşekkürlerimi sunuyorum, kadim kişi,” dedi Alex. “Bana, üzerinde düşünmem gereken pek çok şey verdin. Önümdeki yol, daha şimdiden daha az karanlık görünüyor.”

“Eğer yolda bir ışık varsa, senden geliyordur,” dedi Salinor usulca.

Alex’in zihni, karanlığın içinden geçerek kendi bedenine dönmeye başlamıştı. Thrang’in ona seslendiğini duydu ve gözlerini açıp “Uzun süredir mi yoktum?” diye sordu.

"Bütün gece burada kalmışsın," dedi Thrang, şaşkın görünüyordu.

"Sadece bedenim buradaydı," dedi Alex, kalkıp bacaklarını gerdi. "Aklım çok uzaklara yolculuk etti ama bedenim çok aç."

Barnabus, "O zaman gel de biraz kahvaltı et," dedi ve Alex'e bir tabak uzattı. "Biz çoktan yedik. Arconn, gitmeye hazır olana kadar seni rahatsız etmememiz gerektiğini söyledi."

"Özür dilerim," dedi Alex, Barnabus'tan tabağı alıp. "Keşke kahvaltı hazır olur olmaz bana da seslenseydiniz."

"Sorun değil," dedi Thrang, Alex'in yanına oturarak. "Bu sabah hepimizin kasları tutulmuş. Eyerlerimize tekrar tırmanmadan önce biraz esneyip gerinmekten zarar gelmez."

"Sendeki o cüce ilacından biraz daha içersek hepimiz daha iyi oluruz," dedi Nellus.

Thrang, dar boyunlu gümüş şişeyi Alex'e uzatırken, "Herkese birer yudum," dedi ve uyardı: "Daha fazla içersen tekrar uykuya dalarsın."

"Şahsen ben biraz daha uyumayı sorun etmem," diyerek güldü Barnabus.

"Yola çıkmadan önce yapmam gereken bir şey var," dedi Alex. Şişeyi Thrang'e geri verdi ve tabağını kenara koydu. "Ve hepinizin buna tanık olmanızı istiyorum."

Thrang, "Ah, neymiş bu?" diye sordu.

Alex, Kat'e döndü. "Kat, alman için ısrar etmeyeceğim ama yine de bunu sana sunacağım."

"Neyi almam için?" diye sordu Kat.

Alex büyülü çantasına fısıldadı ve Nethrom'un masasından

aldığı kristal eline geldi. Havaya kaldırdığında kristal, sabah güneşini çekti ve bir alev topu gibi elinde parladı.

"Bir kâhin kristali," dedi Kat, bir adım geriledi ve gözleri hayretle büyüdü. "Bunu nasıl... Sen neden... Ben bunu..."

Alex ayağa kalkarak, "Sen bir kâhinsin," dedi. "Daha da ötesi olabilirsin. Eğer istersen bu kristali kullanabilirsin, bu kadarını biliyorum. Bunu şimdi sana sunuyorum, özgürce ve karşılık beklemeden."

"Ama ben..." diye kekeledi Kat.

"Sen neysen osun," dedi Alex. "Gelecekte ne olacağını kim bilebilir?"

"Kule," dedi Kat, Alex'le göz göze gelerek.

"Belki de."

"Pekâlâ, verdiğin bu hediyeyi kabul edeceğim. Bunu akıllıca ve iyilik için kullanmaya çalışacağım," diyen Kat, kristali aldı.

Alex gruba dönerek yüksek sesle "Katrina Dayyed'in kristali kabul ettiğine hepiniz şahitlik ediyor musunuz?" diye sordu.

"Ediyoruz," dedi diğerleri, hep bir ağızdan.

"Öyleyse artık yola çıkma zamanımız geldi," dedi Alex. "Altın kayaların buradan ne kadar uzakta olduğunu bilmiyoruz."

"Evet," diye onay verdi Thrang, yüzündeki sersemlemiş ifadeyi sildi. "Haydi harekete geçelim."

Güneye doğru at sürdüler; düzenli olarak öğle yemekleri için duruyor ve birlikte zaman geçiriyorlardı. Kat, yol boyunca sessiz kaldı ve Alex, onun hislerinin en azından bir kısmını anlayabildiğini düşündü. Kat, geleceğinin ona neler getirebileceğiyle ilgili düşüncelerle boğuşuyordu. Bunun Alex'in durumundan tek farkı, herkesin, Kat'in ne düşündüğünü bilmesiydi. Alex'in korkularını ise sadece kendisi biliyordu.

İki gün sonra Kat, Alex'le özel olarak konuşmak istedi. Kampı çoktan kurmuşlardı ve Alex, Kat'e, birlikte ateş için fazladan odun toplamalarını teklif etti.

"Burada fazlaca var zaten," diye başladı Thrang ama Alex'in yüzündeki ifadeyi görünce sesi kesildi. "Evet, iyi fikir. Bahar çok yavaş geliyor, fazladan odun işe yarar."

Alex ve Kat yürüyüp kamp alanından uzaklaşırken Alex, diğerlerinin onları izlediğini hissediyordu. İkisinin ne konuştuğunu merak ettiklerini ama sormayacaklarını biliyordu. Aslında diğerleri, Kat'i şimdiden tam bir kâhin olarak kabul etmeye hevesli görünüyor, anlaşılan bu da Kat'in canını fazlasıyla sıkıyordu.

"Bana büyük bir onur yaşattın," dedi Kat, uzun bir sessizliğin ardından. "Kaderimi de etrafıma bir kafes gibi ördün."

"Ben... özür dilerim. Öyle olmasını istemedim," dedi Alex, Kat'in sözlerine şaşırmıştı. "Eğer kristali istemiyorsan, kullanma o zaman. İsteğin buysa, başkasına vermek üzere sakla."

"Senin kabahatin yok," dedi Kat, sesi biraz titriyordu. "Aslında, böyle bir şeyi zaten bekliyor olmalıydım."

"Neden?" diye sordu Alex, kafası tamamen karışmıştı.

"Ben küçükken, köyümüze gerçek bir kâhin gelmişti," dedi Kat alçak sesle. "Kâhin'in bana söylediğine göre, bir maceracı olacakmışım ama..."

"Ama bundan daha fazlası da olabilirmişsin," diyerek onun yerine tamamladı Alex.

"Bana kâhin olmaktan, diğerlerinin göremediği şeyleri görmekten bahsetti. Ayrıca bana denizden sakınmamı söyledi. Denizin sesinin kalbimi çalacağını anlattı; onu bir kez duyduğumda, artık bir daha asla eskisi gibi olmayacakmışım."

"Thraxon'da Doğu Denizi'nin sesini duydun ve yüreğin orada kaldı."

Kat, başını iki yana sallayıp, "Boş kule rüyalarıma giriyor," dedi. "Beni kapıda durdurduğun günden beri."

"Sence, geleceği kehanet edilen kâhin sen misin?"

"Bilmiyorum. Nasıl olabilirim, anlamıyorum. Ben de bir kâhinim, iyi bir kâhin hem de. Ama kulenin kâhini olmak bundan öte bir şey."

"Ben de, hiçbir zaman düşünmesem de bir büyücü oldum," dedi Alex. "Biliyor musun, ilk macerama çıktığımda büyüye inanmıyordum bile. Cüceler, elfler ve kâhinler hakkında hiçbir şey bilmiyordum. Hepsi bir rüya, hatta büyük bir yanlışlık gibiydi."

"Bilmiyor muydun?" diye sordu Kat şaşkınlıkla. "Nasıl olur da bilmezsin? Sen büyük bir büyücüsün. Ne olduğunu nasıl bilmezsin?"

"Ne olduğunu ya da ne olacağını kim gerçekten bilebilir ki? Bir şeyler yaptıkça kendimizi tanımaya başlarız. Hayatı yaşarken ne olduğumuzu keşfederiz. Eğer gördüğümüz şeyi beğenmezsek, değişmeye çalışırız. Bu şekilde büyürüz ve bu şekilde, olabileceğimiz her şey oluruz."

"Peki ya yeterince güçlü değilsem? Ya gerekeni yapamazsam?"

Alex kendi zihnindeki soruların, kuşkuların ve korkuların yankısını Kat'in sesinden duyuyordu.

"Bir zamanlar Kâhin Iownan'a aynı soruları sormuştum," dedi Alex. "Ya bir büyücü olacak kadar güçlü değilsem, diye sormuştum. Bana ne söylemişti, biliyor musun?"

"Ne demişti?"

"Eğer yeterince güçlü değilsem çökeceğimi söyledi."

"Bir kâhin için fazla dolaysız bir cevap olmuş," dedi Kat, dudakları hafif bir gülümsemeyle kıvrıldı.

"Iownan bana nazik davrandı ve elinden geldiğince açık cevaplar verdi."

"Demek ki, gereken neyse onu yapmaya çalışmalıyım; eğer yeterince güçlü değilsem çökecek ve mahvolacağım," dedi Kat usulca.

Dönüp kampa yürümeye başlarlarken Alex, "Sana şunu söyleyeyim: Mahvolacağını düşünmüyorum," dedi.

"O zaman, en azından umutlu olayım," dedi Kat.

Alex ve Kat, ateşe odun toplamadan kampa geri döndüklerinde, diğerleri, büyücü dostlarının yeni kâhin olan dostlarıyla konuştuğunu ve ne dediklerinin kendilerini ilgilendirmediğini öylece kabul ettiler.

Ertesi gün de ondan sonraki gün de yolculuklarına devam ettiler; sürekli güneye doğru gidiyorlar ama altın kayalar olabilecek hiçbir şey görmüyorlardı. Bir hafta daha at sürdükten sonra, arkalarındaki Kayıp Dağlar neredeyse gözden kaybolmuştu. Sanki dünya, önlerinde çimenlerle kaplı geniş bir ovaya doğru açılıyordu. İkinci haftadan sonra, uzakta tek bir dağ gördüler ancak Arconn bile dağın ne kadar uzakta olduğunu tahmin edemedi.

Thrang, kararlı bir ses tonuyla "O dağa doğru yol alacağız," dedi. "Eğer herhangi bir dağ, bir cücenin yüreğini çağırdıysa, o, bu dağdır."

Ertesi gün yağmur yağmaya başladı ve dağlar gözden kayboldu.

Güneye doğru at sürerlerken Arconn, "Bahar yağmurları. Kuzeye doğru gidiyor," diye yorum yaptı. "Birkaç gün süreceğini tahmin ediyorum."

"Belki haftalarca," dedi Thrang. Sesi biraz keyifsizdi. "Thraxon'un bahar yağmurları bazen bir ay, hatta daha fazla sürer."

"Desene tekrar güneş çıkana kadar hepimiz iyice sulanacağız," dedi Barnabus.

"Belki hepimiz boğuluruz," diye ekledi Nellus, kukuletasını biraz daha önüne çekip.

"Güneş parlamıyorsa, altın kayaları nasıl göreceğiz ki?" diye sordu Thrain.

Kimse cevap vermedi ama hepsi bunu düşünüyordu. Elbette, altın kayaların büyük ihtimalle efsaneden ibaret olduğunu biliyorlardı. Ancak eğer böyle kayalar gerçekten varsa, biraz güneş ışığı onları bulmalarına yardım edebilirdi.

Bir hafta sonra, yağmurun altında güneye gitmeye devam ederlerken, Kat aniden atını durdurdu. Alex de durdu; güçlü bir şeyin onların tepesinde, bulutların içinde hareket ettiğini hissetti. Diğerleri bir şey fark etmemiş gibiydi ama onlar da durup, bir Kat'e bir Alex'e baktılar.

"Büyük bir şey," dedi Kat, yüzünü yağmur bulutlarına çevirerek. "Güçlü bir şey."

"Ben de hissettim," dedi Alex. "Ama kötüymüş gibi gelmedi, eğer uygun kelime buysa."

"Evet, kötü değil," diye kabul etti Kat. "Ama güçlü ve muhtemelen tehlikeli. Daha hızlı gitmeye çalışmalıyız. Yağmur dinmeden önce, dağda korunaklı bir yere ulaşmamız gerekecek."

"Peki ya biz dağlara varmadan önce yağmur dinerse ne olacak?" diye sordu Thrang.

"O zaman tepemizde hareket eden şeyi göreceğiz," diye cevap verdi Kat, gözlerini gökyüzüne dikmişti.

"Kısmen elf olsa gerek," diye homurdandı Thrang ve atını hızlandırmak için dürttü.

Bir hafta daha, ellerinden geldiğince hızlı ilerlediler. Kamp kurduklarında sadece küçük ateşler yaktılar ve Barnabus yemek pişirmeyi bitirir bitirmez, ateşi, yağmurun söndürmesi için bıraktılar.

Alex tetikteydi, üstlerinden geçen şeyin ne olduğunu hissetmeye çalışıyordu ama hiçbir şey yoktu. Sonunda, sekizinci günün ilerleyen saatlerinde dağa vardılar.

Kat parmağını doğrultarak "Doğu tarafımızda bir giriş var," dedi.

"Emin misin?" diye sordu Thrang. "Dağda neler olduğunu görebildin mi?"

"Evet," diye cevap verdi Kat. "Ya da şöyle demeliyim; dağda olanların *bir kısmını* gördüm. Hedefimize ulaştık ama maalesef burada keder bulacağız."

Thrang başka soru sormadı ve ilerlemesi için atını dürttü.

Giderek çöken karanlıkta, diğer hepsi onu takip etti ve birden kendilerini, ustaca inşa edilmiş bir yolda buldular.

Thrang yola bakarken, "Bu, cüce işi," dedi. "Bu yolu Albrek'in halkı yapmış olmalı."

"Öyleyse bu yol bizi şehirlerine götürecektir," dedi Arconn, umutlu bir sesle.

Hepsi atlarını sürdüler, cüce şehrine ulaşmaya can atıyorlardı. Şehir kapılarına vardıklarında, hava neredeyse tamamen kararmıştı. Kapılardan geriye, parçalanmış taş yığınından başka bir şey kalmadığını gördüklerinde şaşkına döndüler.

"Bunu yapan ne olabilir?" diye sordu Thrang. "Kapılar neredeyse bir metre kalınlığında, sağlam taştan yapılmış olmalı ama çürük tahtalar gibi kırılmış halde duruyorlar."

"Bunu yapan her neyse, çok güçlüymüş," dedi Alex. Başını kaldırıp gökyüzüne baktı. "Kapıların ardında daha güvende oluruz sanırım; bulutlar dağılmaya başlıyor."

"Daha önceki hissin geri mi geldi?" diye sordu Arconn.

"Şu anda hissetmiyorum ama dağın içinde, buradaki açıklıkta olduğumdan daha iyi hissedeceğim," diye cevap verdi Alex.

"Evet, haydi içeri girelim," dedi Thrang ve atından indi. "Atları da alacağız ve kamp kurmak için bir yer bulacağız."

Diğerleri de atlarından indiler ve karanlığın içine girdiler. Alex, yolu göstermek için bent ışıklarını oluşturmuştu ama bu ışıklar da, cücelerin büyük mağarasını eskisinden daha davetkâr göstermiyordu.

Atlarının eyerlerini çıkarırlarken Nellus, "Görünüşe göre burada hiç cüce kalmamış," dedi.

"Ve epey bir süredir de yoklar," diye katıldı Arconn. "Yerde çok fazla toz var."

"Böylesi bir şehir boş olmamalı," dedi Nellus. "Burada mutlaka korkunç bir şey olmuştur."

"Belki de," dedi Alex. "Cücelerin uzun süre burada yaşamış olduğunu tahmin ediyorum. Çünkü cüceler bile, böyle büyük kapıları hemen yapmış olamazlar."

Thrang, "Gece gündüz üzerinde çalışmış olsalar bile aylarca sürer," diyerek ona katıldı. "Bu bir gizem ama bu macerada karşımıza çıkan ilk gizem değil." Kat'e döndü. "Bu şehirde ne görüyorsun?"

"Altın Dağ'ın cüceleri ya kaçmışlar ya da ölmüşler," dedi Kat, transa geçmiş gibiydi. "Sadece hatıraları kalmış. Yarın sizi Albrek'in mezarına götüreceğim ama şimdi dinlenmem gerek."

"Pekâlâ," dedi Thrang eğilerek. "Hepimiz dinlenmeliyiz. Nöbet tutan kişi, tuhaf bir şey duyar ya da hissederse grubu uyandırsın."

Hepsi bu öneriyi kabul etti ve mağaranın biraz daha içlerine doğru ilerlediler. Boş şehirde üzücü bir yalnızlık hissi vardı ve herkesin üzerine bir keder çökmüş gibiydi.

Alex bir süre ayakta durup dışarıdaki karanlığa baktı. Gözlerini harap olmuş kapılara dikip bunları tamamen yerle bir eden şeyin ne olabileceğini merak etti. Çok fazla soru vardı ve bir kez daha, ihtiyaç duyduğu cevaplara sahip değildi.

YİRMİ BİRİNCİ BÖLÜM

ALBREK'İN MEZARI

Sabah olduğunda, yükselen güneş onların uyuduğu mağaranın içine vurdu ve hepsini aynı anda uyandırdı. Konuşmadan tekrar harap kapılara yürüdüler. Açık ovalara doğru baktıklarında, nerede oldukları gerçeğini anlamak kolay oldu.

"Kayaların hepsi altın gibi parlıyor," dedi Thrang usulca. "Gölgede kalanlar bile parlıyor gibi."

"Yağmur ve gün ışığının bir araya gelmesi, böyle görünmelerine sebep oluyor," dedi Arconn. "Çok mutsuz bir şehirden mükemmel bir manzara."

Kat, Thrang'in yanına yürüdü, yüzünde huzursuz bir ifade vardı. "Sizi şimdi Albrek'in mezarına götüreceğim. Arayış Yüzüğü orada, alınmayı bekliyor."

Thrang eğilip selam verdi, yüzünde şaşkınlık ve heves vardı.

Kat, grubu şehrin içlerine doğru götürdü. Alex bent ışıkları oluşturup ileri göndererek, yolun iyice aydınlanmış olmasını sağlamıştı ama ortalıkta görülecek pek az ilginç şey vardı.

Alex, bir şeyin Kat'i rahatsız ettiğini biliyordu ama kâhin, şehrin içinde yürürken sessizdi.

Kat onları sanki şehri çok iyi biliyormuş gibi, tereddütsüz biçimde yönlendiriyordu. Uzun koridorlarda, kocaman, açık odalarda yürüdüler ve geniş, boş salonları geçtiler. Cücelerden veya başka canlı bir şeyden eser yoktu. Alex kendini tedirgin hissetmeye başlamıştı ama nedenini bilemiyordu, bu yüzden de endişelerini kendine sakladı.

Nihayet, aşağı inen geniş bir merdivene vardılar, basamaklar kalın bir toz tabakasıyla kaplıydı. Kat basamaklardan sessizce indi, merdivenlerin dibinde bir diğer koridoru takip etmek üzere döndü ve başka basamaklara geldiler. Bir kez daha Kat, merdivenlerin sonunda bir koridora yöneldi ve karşılarına yine basamaklar çıktı. Burada, cüce şehrinin derinliklerinde daha fazla toz vardı ve attıkları adımlar, onlar yürüdükçe boğuk sesler çıkarıyordu.

Altı koridor ve altı merdivenden sonra, taştan koskoca bir kapıya ulaştılar. Üzerine cücelerin harfleri oyulmuş olan kapının ortasında, gümüş bir halka asılıydı. Thrang hızla ilerledi ve harflerin üzerindeki tozu eliyle sildi.

"Burada güneyin lordu, Albrek yatıyor," dedi, harfleri okuyarak.

"Albrek'in Mezarı," dedi Kat üzgün bir sesle. "Burada başarıya ulaşmak için çok çalışmış ama olmamış."

Thrang, gümüş halkayı çekmeye başlayarak "Bana yardım edin," dedi.

Nellus ve Barnabus ileri çıkıp Thrang'e yardım ettiler ve taş kapı, yavaş yavaş kımıldamaya başladı. Alex, Kat'in yanında duruyor, kapının açılmasını izliyordu. Merak etti, acaba Kat'in ne dediğini Thrang duymuş muydu? Taş kapı, içeri girmelerine yetecek kadar açıldığında, Alex bent ışıklarını dostlarının önüne doğru yolladı. Thrang, ışıkların ardından hızla ilerledi; hepsinin aradığı şeyi bulmaya hevesliydi.

Oda geniş ve daire biçimindeydi. Duvarları, kitaplıklar ve silahlar kaplıyordu. Odanın ortasında ise, kocaman, taştan ve üzeri cüce harfleriyle kaplı bir lahit duruyordu.

Thrang ileri yürüdü ve harflerin üzerindeki tozu yine elleriyle süpürdü. Birkaç dakika boyunca sessiz kaldı, sonra biraz titreyen bir sesle konuştu.

"Albrek'in Mezarı," dedi. "Halkı, karşı koyamadıkları bir düşman tarafından yok edilmeden önce ölmüş. Ama anıt mezarının üstünde bu düşmanın kim ya da ne olduğu yazmıyor."

"Belki bu kitaplar bize bir şey söyler," dedi Arconn, duvardaki kitaplıklara doğru yürüyerek.

"Peki ya yüzük?" diye sordu Nellus.

"Orada," dedi Kat, odanın bir yanını işaret ederek. "Silahlarının yanında."

"Onu sen almalısın, Thrang," dedi Alex, kitaplara doğru giden Arconn'un peşinden yürüyordu. "Yüzüğü güvende olması için çantana koy. Sonra da bir cevap bulmak için kitapları araştırmamıza yardım et."

"Evet, evet, tabii ki," dedi Thrang, aceleyle silahların istiflendiği yere giderken. "Ah, evet, işte burada. Arayış Yüzüğü, tıpkı Thorgood'un tarif ettiği gibi."

"Şimdilik ortadan kaldır onu," dedi Alex usulca. "Albrek'in halkını hangi düşmanın yok ettiğini öğrenmemiz gerek. Ne olduğunu öğrenirsek, bu şehirden kaçmayı başarabiliriz. Eğer ne olduğunu bilmezsek, hepimiz büyük bir tehlikedeyiz demektir."

Thrang, yüzüğü büyülü çantasına koydu ve kitaplığın yanındaki Alex ile Arconn'a katıldı. Kitaplar tarihe göre sıralanmıştı, bu yüzden Thrang ilk önce, en alt raftan bir kitap çekti.

Kitabı açarken, "Rica etsem, ışıklarını biraz parlaklaştırır mısın," dedi Alex'e.

Alex, bent ışıklarını sarıdan beyaza çevirdi ve Thrang'in omzunun üstünden kitaba baktı. Sayfalar çok iyi durumdaydı ama Alex bu yazıları, Thrang'in sayfaları karıştırdığı kadar hızlı okuyamıyordu.

"Ah, işte burada," dedi Thrang sonunda, kitaba daha da eğilmişti. "Cücelerin şehrin dışında saldırıya uğradıklarını söylüyor."

"Şehrin dışında mı?" diye sordu Barnabus.

"Müsaade et, okuyayım," diyen Thrang, diğerleri de soru sormasın diye elini salladı.

Thrang kitaba öyle çok eğilmişti ki, Alex sayfaları doğru düzgün göremiyordu. Thrang'in yanında kitabı okumaya çalışmak yerine, geri çekilip raftaki diğer kitaplara baktı. Thrang, uzun süre hiçbir şey demedi. Sonunda kitabı çarparak kapattığında, herkes yerinden sıçradı.

"Bir gökgürültüsü kuşu," dedi Thrang sakince. "Kitapta dediğine göre, bir gökgürültüsü kuşu, Albrek'in halkını ortadan kaldırmış ve şehri yerle bir etmiş."

"Hiç böyle bir kuş duymamıştım," dedi Nellus.

"Ben de," diye katıldı Barnabus.

"Gökgürültüsü kuşları bir masaldan ibarettir," dedi Thrain

endişeyle. "Annelerin çocuklarını uslu dursunlar diye, korkutmak için anlattığı bir şeydir."

"Bazıları onların masaldan ibaret olduğunu düşünüyor," dedi Arconn. "Diğerleri ise bu kuşların bir zamanlar var olduğunu söylüyor."

"Kat de ben de yolda gelirken üzerimizde büyük ve güçlü bir şeyin uçtuğunu hissetmiştik," diye belirtti Alex.

"Biri bana gökgürültüsü kuşunun ne olduğunu açıklayacak mı?" diye sordu Nellus yalvarır gibi.

"Gökgürültüsü kuşları büyülü ve antik bir dev kuş soyudur," diye açıkladı Arconn.

"Yani dev bir kuşun ne zararı var ki?" diye sordu Barnabus.

"Gökgürültüsü kuşları, avcı kuşlardır," diye cevapladı Thrang. "Neyi isterlerse avlar ve öldürürler. Bazı hikâyelere göre, bir gökgürültüsü kuşu, tek pençesiyle bir atı ve binicisini, diğer pençesiyle de besili bir ineği aynı anda taşıyabilirmiş."

"Oo," diyebildi Barnabus sadece.

"Ama gökgürültüsü kuşları asla uzun süre aynı yerde kalmazlar. Çünkü o zaman, çok geçmeden oradaki her şeyi yemiş olurlar," dedi Arconn.

"Eğer orada büyük bir yiyecek stoğu varsa, tek bir yerde uzun süre kalabilirler," dedi Thrang. "Kitapta, bu şehrin cüceleri dağdan dışarı çıktığında, gökgürültüsü kuşunun, cüceleri kapıp götürdüğü yazıyor. Cüceler kuşa karşı savaşmaya çalışmışlar ama kuş buna öfkelenip şehre saldırmış. İşte o sırada, Albrek'in mirasçısı ölmüş. Fakat kitapta özellikle kuş tarafından öldürüldüğü yazmıyor."

"Kitapta başka ne diyor?" diye sordu Alex. Aynı zamanda gökgürültüsü kuşu hakkında okumuş olabileceği bir şey olup olmadığını hatırlamaya çalışıyordu.

"Sadece geriye kalan cücelerin kaçmayı planladığını," dedi Thrang. "Bulutlu bir günü bekleyip ova boyunca yol alacaklarmış."

"Hiçbiri başaramadı," dedi Kat üzülerek. "Bir tek cüce bile ovayı aşamadı."

"Ama bunlar yıllar önce olmuş," dedi Nellus. "Gökgürültüsü kuşunun hâlâ burada olmaması gerekir, değil mi?"

"Ben de öyle düşünüyorum," dedi Arconn. "Daha fazla yiyecek kalmadığında, kuşun buradan gitmesi gerekir."

"Tabii eğer *gidebiliyorsa?*" dedi Alex.

"Gidebiliyorsa mı? Nasıl yani?" diye sordu Thrang.

"Yumurtlamış olabilir," dedi Alex. "Ve bir gökgürültüsü kuşu yavrusunun yumurtadan çıkması çok uzun zaman alır."

"Kitaptaki son yazının tarihi ne?" diye sordu Arconn.

"Yüz yıldan biraz fazla," diye cevapladı Thrang. "Herhalde şimdiye dek yavrusu yumurtadan çıkmış olurdu."

"Doğru," dedi Alex. "Ama yumurtadan çıksa bile, yavru gökgürültüsü kuşunun uçmayı ne kadar zamanda öğreneceğine dair hiçbir fikrim yok."

"Ama sen büyülerinle ona karşı koyabilirsin," dedi Thrain. "Ya da gökgürültüsü kuşu göremesin diye bize büyü yapabilirsin."

"Gökgürültüsü kuşlarının da kendi güçlü büyüleri vardır," dedi Alex. "Onunla büyüyle savaşabileceğimden ya da oluşturacağım bir yanılsamanın onu kandırabileceğinden emin değilim."

"Öyleyse burada tıkılıp kaldık mı?" diye sordu Thrang. "Ya bu ölü şehirde kalacağız ya da gökgürültüsü kuşuna av olacağız, öyle mi?"

"Yağmur yağarken şehre ulaşmayı başarmıştık," dedi Nellus. "Belki de yağmur geri gelene kadar beklememiz yeterli olacaktır."

"Bu çok uzun sürer," dedi Kat umutsuzca.

"Fazla uzun," diye katıldı Thrang.

"O zaman ne yapacağız?" diye sordu Barnabus.

"Önce kapılara geri dönelim," dedi Thrang. "Ondan sonra ne yapacağımıza karar veririz."

Hepsi odadan çıktılar ve taş kapıyı yerine itmelerine yetecek kadar durup, boş şehrin içinde Kat'i takip ettiler. Yürürken Alex zihnini yokluyor, kendilerini gökgürültüsü kuşundan koruyacak bir yol bulmaya çalışıyordu. Büyü kitaplarında onlardan zaman zaman bahsediliyordu ama bilgiler tam değildi.

"Onlara neden gökgürültüsü kuşu deniyor?" diye sordu Alex.

"Kanatlarıyla gökgürültüsü oluşturabiliyorlar," diye cevap verdi Thrain. "Güçlü rüzgârlar da oluşturabilirler, ağaçları yıkacak kadar güçlü rüzgârlar."

"Söylenenlere göre, gözlerinden yıldırım fırlatabiliyorlarmış," diye ekledi Arconn. "Ya da muhtemelen gagalarından. Hangi hikâyeye inandığına göre değişir."

"Hepsine pekâlâ; ama bir gökgürültüsü kuşunun hâlâ bu bölgede olduğunun gerçek bir kanıtı yok," dedi Thrang.

"Yakınımızda," dedi Kat usulca, sesi hafifçe çatallanarak. "Umudumuzu yitirebiliriz."

"Öyle söyleme," dedi Thrang. "Eğer yağmurları beklemek zorundaysak, bekleriz. Ama belki ona gerek kalmadan, şehirden ayrılmanın başka bir yolunu buluruz."

Şehir kapılarına geldiklerinde neredeyse öğlen olmuştu. Alex ve diğerleri, şehrin hemen girişindeki gölgede durdular. Geniş ovalara doğru bakarlarken, birkaç dakika boyunca kimse konuşmadı.

"Ee?" diye sordu Thrang. "Fikri olan?"

"İzninizle bir şey deneyeceğim," dedi Alex, asasını elinde hareket ettirerek. "At sırtında giden bir grup adam görüntüsü oluşturacağım. Eğer gökgürültüsü kuşu yakındaysa, onlara saldırır."

"Mağaralara doğru kaçmaya hazır olmalıyız," diye önerdi Arconn. "Gökgürültüsü kuşu, kandırıldığını anladığı zaman, hilenin kaynağını aramak için buraya gelebilir."

"Akıllıca bir fikir," diye kabul etti Thrang.

Alex başını salladı ve düşüncelerini, oluşturmak istediği yanılsamaya odakladı. Yanılsaması gözlerinin önünde şekillenip yedi atlı güneş ışığına çıktığında, Alex, diğerlerinin hayretle nefesini tuttuğunu duydu.

"Çok gerçekçi görünüyorlar," dedi Barnabus. "Giderken çıkardıkları sesleri duyabiliyorum."

"Gökgürültüsü kuşunun dikkatini çekebilmek için, gerçekçi olmak zorunda," dedi Alex.

Alex'in yoktan oluşturduğu şekillerin, kendilerinden uzaklaşmasını izlediler.

Uzun bir süre geçince, Thrang boğazını temizledi ama tam konuşmak üzere ağzını açtığı anda, ovaların üstünde kocaman bir gölge belirdi.

Alex başını kaldırdığında, altın rengi bir kuşun gökyüzünden dalışa geçtiğini gördü.

"İnanılmaz," diye yorum yaptı Arconn. "Çok güzel."

"Ve çok ölümcül," diye ekledi Thrang.

Fakat kuş, yanılsamaya ulaşmasına daha çok varken, saldırmaktan vazgeçti ve inanılmaz bir hızla, yeniden göğe doğru fırladı.

"Yanılsama olduğunu anladı," dedi Alex. "Şunu deneyelim."

Hemen, harap şehir kapılarından büyük bir kaya parçasını, canlı, nefes alan bir geyiğe dönüştürdü. Geyik bir süre onlara baktı ve sonra, zıplayarak ovaya doğru uzaklaştı.

"Bunu yapabildiğini bilmiyordum," dedi Arconn.

"Önceki maceramda öğrendiğim bir şey," dedi Alex. "Ama daha önce hiçbir şeyi geyiğe çevirmemiştim."

"Bu da fazla uzun yaşamayacak," dedi Nellus.

Gökgürültüsü kuşu tekrar saldırdı. Dalışa geçen dev kuş, bu kez saldırısını yarıda bırakmadı ve koca pençelerinden biriyle geyiği çabucak yerden kaptı. Kuşun göğe yükselişini izleyen Alex, kendisine ve dostlarına, ovayı güvenle geçmelerine yetecek kadar zaman sağlamak için kaç tane geyiğe ihtiyaç olacağını hesap etti.

"Yazık," dedi Arconn. "Güzel bir geyikti."

"Ama önemli bir ders çıkardık," diye ekledi Thrang. "At sırtında bu kuştan kaçamayız ve sanırım Alex de, biz ovayı geçerken kuşu uzun süre meşgul edecek sayıda geyik yapamaz."

"Deneyebilirim ama sürekli geyiklere saldıracağından da emin değilim," dedi Alex.

"Büyülerini ona karşı kullanmayı denemedin," diye belirtti Thrain.

"Evet, denemedim," dedi Alex. "Büyünün onun üzerinde nasıl bir etkisi olur, bilemiyorum."

"Denemelisin," diye ısrar etti Thrang. "Senin büyülerin kuşu savuşturabiliyor mu, görmemiz gerek. Eğer olmuyorsa, açıklığa çıkma riskini göze almak isteyeceğimden pek emin değilim; istersen kuşu meşgul etmek için yüzlerce geyik yarat."

"Pekâlâ," diyerek kabul etti Alex. "Kuş bu kez çok daha yakınımızda olacak, bu yüzden biraz geri çekilseniz iyi olur."

Diğerleri geri adım atarken, Alex büyük bir kayayı, şişman bir ineğe çevirdi. İnek şaşkın şaşkın Alex'e baktı ve çimenlik ovaya doğru yavaş yavaş yürümeye başladı. Gökgürültüsü kuşu yeniden belirdi; ancak bu kez yıkık kapıların hemen dışında, havada asılı durdu. Kuş, ineği altın pençesiyle yakaladığında, Alex bağlayıcı bir büyü yaptı ve kuşu dondurup yere sabitlemeye çalıştı. Bir süreliğine büyü işe yaramış göründü. Gökgürültüsü kuşu, inekle birlikte yükselmeye çalışıp yapamayınca, öfkeden korkunç bir çığlık attı. Alex hayretler içinde bakıyordu ki ne olacağını anlayarak mağaraya doğru döndü.

"Kaçın!" diye bağırdı diğerlerine.

Arkadaşları, onun ne demek istediğini ilk başta anlamadılar ama çok geçmeden, Alex'in gördüğünü onlar da gördüler.

Alex'in büyüsüne sinirlenen gökgürültüsü kuşu, doğrudan onların durduğu mağaraya bakacak şekilde dönmüştü.

Mağaranın duvarlarına yıldırım çarptığında, daha üç metre kadar ilerleyebilmişlerdi. Duvarlardan yağmur gibi kaya yağdı ve Alex ile dostları, kendilerini yere atıp başlarını korumaya çalıştı. İkinci yıldırım, karşı duvara çarptı ve ikinci bir kırık taş yağmuru, üzerlerine yağdı.

Alex hemen ayağa kalktı ve büyüsüyle üçüncü yıldırımı durdurmaya çalıştı. Büyü sadece yıldırımın yönünü saptırmaya yaradı ve yıldırım, şehrin üstündeki dağa düştü. Büyülerinin, gökgürültüsü kuşuna işlemediğini anlayan Alex, yaptığı bağlayıcı büyüyü kaldırdı. Dev kanatların gökgürültüsüne benzer bir sesle çırpılması, Alex'i az kalsın yere savuruyordu ve bunun ardından, kuş gitmişti.

"Görünüşe göre, benim büyülerimin bize pek yararı olmayacak," dedi Alex asasına dayanıp.

Thrang ayağa kalkarak, "O zaman buraya hapsolduk," dedi. "En azından yağmur gelene kadar."

"Artık çok geç," dedi Kat, gözyaşlarına boğulacakmış gibi geliyordu sesi.

"Acaba kuş nereye gidiyor?" diyen Thrain, yıkık kapılara doğru yaklaştı.

Alex onu, "Geride dur," diye uyardı ama çok geç kalmıştı.

Koca bir altın pençe uzandı ve Thrain'i tünelden dışarı çekti. Alex, diğerlerinin Thrain'in peşinden koşmasına engel olmak için çabucak arkasına döndü. Arkadaşını kurtarmak için ne yapabileceğini düşünüyordu.

"Bir şeyler yapmamız gerek," dedi Thrang öfkeyle. "Kuşun onu yemesine seyirci kalacak değiliz."

"O kuşa karşı şansı olduğunu düşündüğüm, yalnızca bir yaratık var," dedi Alex ve yapmak zorunda olduğu şeye zihnini odakladı. "Ben Thrain'in peşinden gidiyorum. Siz burada kalın, kapıdan uzak durun."

"Hangi yaratık?" diye sordu Arconn.

"İzleyin ve görün," diye cevap veren Alex, dönüp güneşe doğru koştu.

İlk ışıklar üstüne değdiğinde, Alex dönüştü. Vahşi ve saldırgan bir keyifle doluydu ancak aklı hâlâ yapması gereken göreve odaklanmış durumdaydı. Neredeyse hiç çaba harcaması gerekmeden havaya zıpladı ve ejderha gözleri gökgürültüsü kuşunu ararken, dev kanatları onu yukarı kaldırdı. Kuşu bir saniyede gördü; arkasındaki dağa inmek üzere daireler çizerek uçuyordu. Alex, kuşun dikkatini çekmek için kulakları sağır eden bir sesle gürledi ve savaşa hazır halde, hızla onun üzerine doğru uçtu.

Gökgürültüsü kuşu da ona doğru bağırdı, düello davetini kabul ediyordu. Dağlardan uzaklaştı, çırpınan Thrain'i hâlâ altın pençesinde tutuyordu. Kuşun gözlerinden yıldırım çaktı ve Alex'in neredeyse on metre uzunluğundaki kanatlarından birine vurdu ama hiçbir etkisi olmadı. Alex bu zayıf saldırıya gülecek oldu. Fakat gülmek yerine, dev kuşa doğru ateş püskürttü ve onu, havada aniden dönüş yapmaya zorladı. Alex bir daha kükredi; hedefini ıskalamış olmak onu kızdırmış, alevlerin Thrain'i öldürebileceğini unutmuştu.

Gökgürültüsü kuşu havada biraz daha yükseldi ve

kanatlarını çılgınca çırparak güçlü bir rüzgâr oluşturdu. Alex, kuşun, rüzgârı kullanarak onu yere itmeye çalıştığını anladı; ancak rüzgâr, bir ejderhaya karşı hiçbir şeydi, ona hafif bir meltem gibi gelmişti. Alex, düşmanın peşinden daha da yükseldi.

Gökgürültüsü kuşu bir kez daha kaçtı ve tüm hızıyla kuzeye uçtu. Alex rahatlıkla onu takip ediyor, kendisi ve düşmanı arasındaki mesafeyi giderek kapatıyordu. Yeterince yaklaştığını düşündüğünde, bir kez daha düşmanına ateş püskürdü ve bu kez onu kuyruğundan vurmayı başardı. Gökgürültüsü kuşu acıyla bağırdı ve Thrain'i pençesinden düşürdü.

Alex bir an tereddüt etti, savaşa devam etmek istiyordu. Thrain'in düşerken korkuyla çığlık attığını duydu ve arkadaşının hissettiği korku, onu harekete geçmeye zorladı. Göz kamaştıran bir süratle, düşen cücenin peşinden dalışa geçti. Som gümüşten, kocaman pençeleriyle Thrain'i nazikçe yakaladı. Thrain'in çılgınca kıvrandığını, dehşete kapıldığını ama pekâlâ hayatta olduğunu hissedebiliyordu. Thrain'i yanında taşımasının çok tehlikeli olacağını anladı. Harap olmuş şehir kapılarına doğru ok gibi daldı, Thrain kaçabilsin diye pençesini açtı ve bakışlarını tekrar gökyüzüne çevirdi; yine gökgürültüsü kuşunu arıyordu.

Gökgürültüsü kuşu güneye uçuyor, sanki saklanıyormuş gibi yere yakın gidiyordu.

Alex onun peşine düşmek için hızla döndü, düşmanını yok etme arzusu artıyordu. Dağı ardında bıraktığında, karanın sona erdiğini ve kuşun gittikçe yükselerek açık denizin üzerinde süzüldüğünü gördü. Güneş, altın kuşun üzerinde parladığında

Alex, düşmanının ne kadar da güzel olduğunu fark etti. Gökgürültüsü kuşunun güzelliğini düşünmeye daldıktan sonra, takibini birazcık da olsa yavaşlattı.

Uzaktan, gökgürültüsü kuşunun dalgaları sıyırarak, kıyıdan birkaç kilometre ötedeki küçük bir adaya doğru uçmasını izledi. Gökgürültüsü kuşu çember çizdiğinde Alex, onun yeni bir saldırı için döndüğünü sandı. Ancak bunun yerine kuş öylece, onu bekliyormuşçasına adaya iniş yaptı. Alex'in kafası karışsa da endişelenmemişti. Eğer gökgürültüsü kuşu onunla adada savaşmak istiyorsa, sorun değildi, öyle ya da böyle, onu kolaylıkla yok edebilirdi.

Adanın etrafında daire çizen Alex, gökgürültüsü kuşunun, yuvasının üstünde oturduğunu gördü. Alex haklı çıkmıştı. Kuş, yumurtlamıştı ve onu korumak için son kez, çaresiz bir umutla yumurtasının yanına gelmişti. Alex, kuşu ve yumurtasını kolayca yok edebileceğini biliyordu ama bir sebepten dolayı, onlara saldırmadı. Adanın etrafında bir kere daha döndü ve kendi devasa ve zırhlı bedenini, gökgürültüsü kuşunun yuvasından pek uzak olmayan bir yere indirdi.

"Eski haline dön," diye seslendi gökgürültüsü kuşu, tuhaf bir sesle. "Doğal biçimini al."

Bu, onu dönüştürmek amacıyla yapılan bir sihirdi. Alex bir kez daha gülecek oldu; gökgürültüsü kuşu, onu, olmadığı bir şeye dönüştürmeye çalışıyordu. O bir ejderhaydı; aşılmaz som gümüş zırhı, en sağlam kayayı yumuşak çamur gibi ezebilecek pençeleri ve karşılaştığı her düşmanın en iyi savunmasını kırabileceği, kamçı gibi kuyruğu olan bir ejderha. Bu onun ihtiyacı olan ve istediği yegâne biçimdi.

"Vaktini boşa harcıyorsun," dedi Alex, gökgürültüsü kuşuna. "Benim doğal biçimim bu."

"Sen iki kişisin," dedi kuş şaşkınlıkla. "Hem insan hem de ejderhasın."

"Ejderha demen yeterli," diye cevap verdi Alex.

"Hayır, sen ya ikisisin ya da hiçbiri," diye karşılık verdi kuş. "Gerçek biçimlerinin ikisini de kabullenmezsen, bir bütün olamazsın."

Kuşun sözleri Alex'e, Salinor'un sözlerini anımsatmıştı. Ejderhanın sesi aniden zihnini doldurdu ve kuşun doğru söylediğini anladı. Alex'in kafası karışmıştı ve tereddüt içindeydi. Anlamaya çalışıyor, ejderha olmadan önce ne olduğunu hatırlamaya çabalıyordu. Güneş ışıkları, etrafındaki dalgaların üzerinde parıldıyordu ve Alex bir anda, her şeyi anımsadı.

"Evet, ya ikisi olmalıyım ya da hiçbiri," dedi.

"Şimdi beni yok edecek misin, ejderha?" diye sordu gökgürültüsü kuşu.

"Bunu istemiyorum," diye cevapladı Alex. "Ama arkadaşlarıma saldırmana izin veremem."

"Bana sen saldırdın. Beni toprağa bağlamaya çalıştın," dedi kuş, kızgın bir ses tonuyla.

"Sen de bir zamanlar o dağda yaşayan cücelerin şehrini yok ettin," diye karşılık verdi Alex.

"Sadece yemek için," dedi gökgürültüsü kuşu. "Sırf yaşayabilmek için öldürdüm, oyun olsun diye değil."

"Yiyebileceğin başka hiçbir şey yok muydu? Cücelerden başka bir şey?"

"Başlangıçta deniz, canlılarla doluydu ve pek çok vahşi hayvan sürüsü de ovayı kaplıyordu. Ama çok geçmeden, denizdeki canlılar kayboldu ve sürüler ovadan kaçtı."

"Ve senin de yavrunu beslemen gerekiyordu," dedi Alex. Annesinin kanadının altına sokulmuş yavru gökgürültüsü kuşunu yeni fark ediyordu.

"Yumurta çatladığında, cüceler neredeyse bitmişti. Avlanmak için giderek daha uzaklara gitmek zorunda kaldım ve yavrum hep acıkıyordu."

"Belki ben sana yardım edebilirim," dedi Alex. "Denizi yeniden canlılarla doldurabilirim ama bunun bir bedeli olur."

"Ne bedeli?" diye sordu gökgürültüsü kuşu. "Bana neden yardım edesin ki? Beni az kalsın yok ediyordun."

"Sen kötü değilsin, sadece yapmak zorunda olduğun şeyi yaptın," dedi Alex. "Kayaları büyük balıklara, foklara ve balinalara dönüştüreceğim. Fakat buranın kuzeyine bir daha asla gelmeyeceğine söz vermelisin. Sen ya da senin ırkından biri asla kuzeye uçmamalı."

"Denizi benim için doldurur musun?"

"Söz veriyor musun?"

"Evet, senin istediğin gibi olacağına dair kutsal bir sözü veriyorum," diye cevap verdi gökgürültüsü kuşu.

"Pekâlâ, kabul ediyorum," dedi Alex.

Gökgürültüsü kuşu, altın kafasını eğip onu selamladı ve Alex dönüp denize doğru baktı. Tuzlu havayı içine çekip yapacağı şeyi düşündü. Adanın kıyısına gitti, yolda da ihtiyacı olan şeyi arıyordu. Kıyı kayalıktı ve kıyının hemen ilerisinde bir sürü büyük ve kırılmış kaya vardı. Gereken şey üzerine düşündü ve sonra, sihirle denizin içine baktı, her şeyin zaten orada olduğunu gördü: Gökgürültüsü kuşu büyük balıkları, balinaları ve deniz memelilerini yemişti ama daha küçük hayvanlara dokunmamıştı.

Düşüncelerini odaklayan Alex, büyüyü yaptı. Kıyının ilerisindeki düzinelerce kayayı, dev balinalara dönüştürdü. Bunların çoğunun, gökgürültüsü kuşunu ve onun yavrusunu beslemek uğruna öleceğini biliyordu. Ama bazıları, burada daima balinaların olmasını sağlayacak kadar hayatta kalacaktı. Eserinden memnun olarak, kıyı boyundaki kayaları geniş bir denizaslanı sürüsüne çevirdi. Denize yayılırlarken hava onların gürültüsüyle doldu. Son olarak Alex, başka bir grup kayayı da dev deniz kaplumbağalarına dönüştürdü. Bunlar, daha önce gördüğü tüm deniz kaplumbağalarından daha büyüktü. Son kaya kümesini ise büyük balıklara çevirdi. Büyülerini yapmayı bitirdiğinde, gökgürültüsü kuşunun yanına döndü.

"Sen benim hayal ettiğimin de ötesindesin ve nezaketinden ötürü, neslimiz her zaman sana borçlu olacak," dedi gökgürültüsü kuşu, tekrar başını eğerek onu selamladı. "Verdiğim söz, sözdür, yüce kişi."

"İyi yaşayın," dedi Alex. "İhtiyacınız olanı alın, başka bir şeyi değil. Sözünü unutma ve neslini, buranın kuzeyine gitmemeleri konusunda uyar. Yoksa geri gelip onları yok ederim."

"Dediğin gibi olacak," diye karşılık verdi gökgürültüsü kuşu.

Alex adadan uçtu ve denizin yüzeyini sıyırıp geçti, suların üzerinde kendi yansımasına baktı. Mavi-yeşil gözleri ile som gümüşten ve devasa bir ejderhanın kendisine baktığını görmek, hem garip hem de harikaydı. Ejderha biçimi tam olarak ona aitti artık. Önceden böylesine müthiş bir biçimi almaktan ne kadar korktuğunu düşününce güldü.

Teşekkür ederim, Salinor, diye düşündü Alex, uçarak dağa doğru dönerken. *Benim ne olduğumu açıkladığın için teşekkür ederim.*

Bunu ben yapmadım, diyerek kafasının içinden cevap verdi Salinor'un sesi. *Ben sadece sana, neye dönüşebileceğini gösterdim.*

Alex, Salinor'un sözlerine güldü, Salinor'un da güldüğünü duyabiliyordu. Onun nasıl hissettiğini, Salinor'un çok iyi anladığını biliyordu. Öylece uçtu ve bir ejderha uçmaktan nasıl keyif alırsa, o da öyle keyif aldı.

YİRMİ İKİNCİ BÖLÜM

EJDERHA GERİ DÖNÜYOR

Alex, cüce kentinin yıkık kapılarına geri döndüğünde, dostları ortalıkta görünmüyordu. Alex yere indi ve insan biçimine geri döndü. Kendini mükemmel hissediyordu, hiç bu kadar iyi hissettiğini hatırlamıyor ve ejderha gücünün her zaman onunla kalacağını biliyordu.

Alex, ejderha biçimini almaktan neden o kadar korktuğunu merak etti ama sonra, dostlarının karanlıkta konuştuklarını duydu. Belli ki geri döndüğünü duymamışlardı, Alex durup onları dinledi.

"Kendisine ve bize karşı büyük bir tehlike o," dedi Barnabus.

Arconn mantıklı bir şekilde "Thrain'le birlikte geri döndüğünde bize saldırmadı," dedi. "Thrain'i sarsılmış ama yara almamış olarak geri getirdi."

"Ama bizim seslenmelerimize cevap vermedi," diye karşı çıktı Nellus. "Bizi hiç duyamıyormuş gibi davrandı."

"Ve sonra gökgürültüsü kuşunun ardından uçup gitti," diye ekledi Thrang. "Savaşa devam etmek için yanıp tutuşuyordu."

"O şeyin Alex olduğundan emin misiniz?" diye sordu Thrain titrek bir sesle.

"Alex'ti," dedi Kat sakince.

"*Bir zamanlar* Alex'ti," dedi Barnabus yüksek sesle. "Ne kadar uzun süre ejderha olarak kalırsa, dostumuzdan geriye o kadar az şey kalır. Arconn, sen bu konularda hepimizden fazla şey biliyorsun. Alex kendini kaybetmeden, o şekilde kaç gün durabilir?"

"Ne kadar güçlü olduğuna bağlı," diye cevap verdi Arconn. "Büyücülerin günler ve hatta haftalar boyunca farklı biçimlerde kaldığını biliyorum. Ama itiraf etmeliyim ki eski hallerine dönmeleri çoğu zaman zor olur. Ve ejderha biçimi de, bir büyücü için var olan en tehlikeli biçimdir."

"Alex gideli neredeyse bir saat oldu," dedi Barnabus. "Bize geri döneceğinden şüphe etmeye başlıyorum."

"Geri dönecek," dedi Kat kendinden emin bir sesle.

"Çok emin görünüyorsun," dedi Thrang, Kat'e. Kendi sesi biraz titriyordu. "Bu değişimi öngörmüş müydün? Neden ejderhaya dönüşmeyi seçtiğini biliyor musun?"

"Ben tam bir kâhin değilim," dedi Kat. "Ve artık, hiçbir zaman olamayabilirim."

"Ama bir şeyler biliyorsun," dedi Arconn.

"Pek çok şeyi tahmin ediyorum ama bilmiyorum," dedi Kat usulca. "Alex'in güvende olduğuna ve kendisi olarak bize geri döneceğine inanıyorum."

"Daha çok, ejderha olarak. Bu mağaradan dışarı adımımızı attığımız anda, bizi yok etmeye hazır bir ejderha," dedi Barnabus.

"Hayır, ben buna inanmıyorum," dedi Arconn.

"Belki birlikte seyahat ettiğimiz kişi, gerçekte Alex değildi," dedi Thrain yumuşak bir sesle. "Belki Alex hâlâ Kemik Adası'nda ve oradaki ejderha Alex'in yerini aldı."

"Böyle şeyler söyleme," diye tersledi onu Thrang öfkeyle. "Sabaha kadar bekleyeceğiz. Eğer Alex o zamana dek geri dönmezse..."

Alex, dostlarına doğru yürüyüp, "Neden sabaha kadar bekliyorsunuz?" diye sordu.

Dostlarının hem rahatladığını hem de korktuğunu gördü. Korkularını anlıyordu çünkü bu, kendisinin de hissetmiş olduğu bir şeydi.

"Korkmanıza gerek yok," dedi Alex. "Ben dostunuzum, Kemik Adası'ndaki ejderha değilim."

"Öyle demek isteme..." diye söze başladı Thrain.

"Sorun değil," diye araya girdi Alex. "Tekrar söylüyorum, ben kendimim. Ve istediğimiz zaman buradan gitmekte özgürüz."

"Yani gökgürültüsü kuşunu yok mu ettin?" diye sordu Arconn.

"Hayır, etmedim," dedi Alex. "Onunla bir anlaşma yaptım. Artık hiçbir gökgürültüsü kuşu bu ülkeyi rahatsız etmeyecek."

"Uzun bir süre ejderha biçiminde kaldın," dedi Thrang yavaşça. "İyi olduğuna emin misin? Belki bir süre dinlensen iyi olur."

"Ben iyiyim," dedi Alex. Arconn'a döndü. "Kendi biçimini değiştirmenin tehlikeli olduğunu söylerken haklıydın. Ama ejderha biçimi benim için tehlike arz etmiyor."

"O zaman," diye başladı Barnabus ve duraksadı, "o zaman, sen aslında bir ejderha mısın? İnsan taklidi mi yapıyorsun?"

"Hayır," diyen Alex güldü. "Ben *hem* insan *hem de* ejderhayım. İkisi birdenim ve kendimi kaybetme korkusu olmadan iki biçimi de alabilirim."

"Bu mümkün değil," dedi Nellus.

"Neyin mümkün olup, neyin olmadığını nereden biliyorsun sen?" diye sordu Alex. "Gerçeği bilecek kadar uzak geçmişi göremezsin. Arconn bile o kadar uzak bir geçmişi göremez."

"Evet, göremem," diye kabul etti Arconn. "Ama bazı efsaneler, insanlar ile ejderhaların bir zamanlar aynı ırktan olduğunu anlatan, eski dönemlere dair hikâyeler duymuştum. Biz elfler bunlara asla inanmadık."

"Evet, bazı insanlar bir zamanlar ejderha idi," dedi Alex. "Ama bu uzun zaman önceydi ve artık neredeyse hiç kimse bunu hatırlamıyor."

"Sanıyorum ki Kemik Adası'ndaki ejderha hatırlıyor," dedi Arconn, anlayışla başını salladı.

"Evet, hatırlıyor," dedi Alex. "O, bilinen diyarlarda yaşayan en yaşlı varlık. Geçmişin koruyucusu o ve hatırlıyor."

Thrang, "Yani sen şimdi hem insan hem ejderha mısın?" diye tekrarladı, duyduklarını anlamaya çalışarak başını iki yana salladı.

"Evet," dedi Alex. "Ama sizden, bu bilgiyi kimseyle paylaşmamanızı istemek zorundayım. Kimsenin böylesi bir hikâyeye inanacağını sanmıyorum ama gerçeği ne kadar az kişi bilirse o kadar iyi olur."

"Evet, tabii ki," dedi Thrang. "Şahsen ben, bu olaydan asla bahsetmeyeceğim."

Alex grubunun tüm üyelerine teker teker baktı. Onlar da sırayla, Alex'in sırrını saklayacaklarına söz verdiler. Alex son olarak Kat'e döndü. Kat, bildiklerini anlatmayacağına söz verirken, Alex onun içinde büyük bir keder hissetti. Kat'in, artık çok geç olduğuna dair bir şey söylediğini hatırlıyordu ama ne için çok geçti?

"Kat," dedi Alex usulca. "Asla gerçek bir kâhin olamayacağını söylerken ne demek istedin?"

"Tahmin edemedin mi?" diye sordu Kat, gözleri yaşlarla dolarak. "Denizin yanındaki boş kule."

"Bir kere girmeye çalıştığın ama benim seni durdurduğum kule," dedi Alex.

Kat üzgün bir şekilde, "Üç gün içinde kule, akşam sisinin içinde kaybolup gidecek," dedi. "Artık benim girebilmem için çok geç. Boş Kule'nin Kâhini olabilecek miydim, bunu anlamak için artık çok geç."

"Ancak ölünce çok geç olur, daha önce değil," dedi Alex, Kat'i üç günden kısa sürede kuleye götürecek bir yol bulmak için zihnini kurcalıyordu. Ansızın, öyle birdenbire aklına geldi ki gülmeye başladı.

"Ne?" diye sordu Thrang. "Komik olan nedir?"

"Kehanet," diye cevap verdi Alex. "Kâhini bir ejderha getirecek, işte bu kadar basit."

"Elbette," dedi Arconn. "Ejderha biçiminde iken kuleye bir günden kısa sürede ulaşabilirsin. Sonra da Kat, kulenin yok olmasına kalmadan oranın kâhini olabilir."

"Benim için bunu yapar mısın?" diye sordu Kat, yüzünde inanmaz bir ifade vardı.

"Aradığımız şeyi bulduktan sonra, sana elimden gelen her şekilde yardım edeceğimi söylemiştim," dedi Alex. "Arayış Yüzüğü elimizde, bu yüzden artık çok geç olmadan, seni kuleye geri götürmeliyiz."

"Peki ya geri kalanımız?" diye sordu Thrang. "Hepimizi ve atlarımızı taşıyamazsın."

"Atları ovaya salın, burada güvende olurlar. Siz benim sırtıma binebilirsiniz," diye cevap verdi Alex.

"Çok hızlı yol alman gerekecek," dedi Arconn. "Üstünde tutunamayabiliriz."

"Kendinizi bana iple bağlayın," dedi Alex. "O zaman hiçbiriniz düşmez ve olabildiğince hızlı gidebiliriz."

"Atla geri dönemez miyiz?" diye sordu Thrain titrek bir sesle. "Geri kalanımız kuzeye at sürerken, sen Kat'i kuleye götüremez misin? Yani ben, geri döndüğümüzde Fivra'yla beraber bir kâhine gitmeyi deneyeceğime söz vermiştim."

"Olacakları kaçırmak mı istiyorsun?" diye sordu Alex. "Her gün yeni bir kâhin kuleye çıkmaz. Oraya varmak için bir ejderhanın sırtına binmek gerekse bile, görmeye değer bir şey olacak bu."

"Hem bu macerayla bağın sona erene kadar, Fivra'yla kâhine falan kaçamazsınız," dedi Thrang, Thrain'e sertçe. "Aptalca bir söz vermişsin, tutman pek mümkün değil."

"Peki ya Kazad-Syn'de bıraktığımız hazine ne olacak?" diye sordu Nellus.

Alex elini öylece sallayıp, "Yolda onu da alabiliriz," dedi. "Şehrin yakınına gelip, ejderhadan bir kuşa dönüşürüm ve Thorson'un yanına uçup hazinemizi alırım. Thrang, eğer istersen seni de bir kuşa dönüştürürüm, benimle gelirsin."

Thrain, "Ama..." diyecek oldu, yüzünde korkulu bir bakış vardı.

"Aması yok," dedi Thrang katı bir tavırla. "Alex'in planı iyi bir plan. Ejderha sırtında kuleye gideceğiz."

"Nasıl istersen," dedi Thrain mahzun bir ses tonuyla.

"Korkmaya gerek yok," dedi Alex, elini Thrain'in omzuna koydu. "Gökgürültüsü kuşu seni bıraktığında, düşmene izin vermedim, şimdi de vermem."

"Biliyorum," dedi Thrain sesi titreyerek. "Sadece..."

Alex, Thrain devamını getirmeden önce, "Biliyorum," dedi. "Korkuyu ben de hissettim. Ama artık korkacak bir şey yok. Emniyette olacaksın, güven bana."

Thrain başını salladı ve yavaşça kafasını kaldırıp Alex'in yüzüne baktı. Alex, ona cesaret verecek bir şekilde gülümsedi. Thrain de ona cılız bir gülümsemeyle karşılık verdi ve çabucak, malzemelerini tünelin zemininden toplamaya koştu.

Gitmeye hazır olduklarında, vakit çoktan öğleni geçmişti. Serbest bıraktıkları atlar, çimenli ovalarda geziniyordu. Alex'in dostlarının hepsi, dönüştüğü zaman Alex'e kendilerini bağlayacakları sağlam ipleri hazırlamışlardı.

"İzninle," dedi Alex, eğilip Thrang'e selam vererek.

Thrang selama karşılık vererek "Evet, elbette," dedi.

Bu sefer Alex'in üzerinde düşünme fırsatı bulduğu değişim, inanılmazdı. Büyük bir sihirsel çaba gerektirmedi, sadece kendisinin ne olduğunu kabullenmesi gerekmişti. Zihnini öteye eriştirdi ve içinin sihirle dolduğunu, neredeyse etrafındaki boşluğa sel gibi aktığını ve Thraxon ülkesini oluşturan her şeyi ona bağladığını hissetti. Yeniden ejderha olduğunda, yüreği yalın bir keyifle çarptı.

Yere doğru eğildi ve som gümüşten devasa bacağını uzatıp, dostlarının sırtına çıkabilmesi için basamak yaptı. Sonra, Thrang'in hazır olduklarını belirten seslenişini bekledi. Thrang seslenince havaya zıpladı ve dağın etrafında daire çizerek, öğle vakti gökyüzüne doğru yükseldi. Dağın zirvesine kadar yükseldiğinde, kuzeye döndü ve ulaşmaları haftalar süren ovadan ok gibi geçti.

Batıda güneş battı ve ilk yıldızlar çıktı ama Alex hâlâ kuzeye uçuyordu. Ejderha gözleri, aşağıdaki her şeyi net olarak görebiliyordu. Neplee'ye yaklaştıklarında, rotasını hafifçe değiştirdi. Cücelere görünmek istemiyordu çünkü ejderha görmenin onları günler boyunca dehşete düşüreceğini biliyordu.

Gece boyunca uçtular ama hâlâ Kazad-Syn'den kilometrelerce uzaktaydılar. Alex karanlıkta şehri net olarak görebiliyordu. Bir kez daha yönünü hafifçe değiştirdi ve alçaktan uçtu. Böylece dağlar onu, gökyüzünü seyreden cücelerin gözünden gizleyecekti. Şehre olabildiğince yakın uçtu ve inebileceği bir yer aradı. Dağların üzerinde gizli bir vadi buldu ve sessizce oraya doğru süzüldü. Yerde hâlâ kar vardı ama hava ılıktı ve aşağıda kalan şehirden iyice gizlenmiş durumdaydılar.

Dostları sırtından aşağı indiklerinde, Alex eski biçimine geri döndü. Kendini harika hissediyordu, dinlenmiş ve her şeye hazırdı. Fakat dostları yorgun ve tükenmiş halde, uyumaya hazır gibi görünüyordu. Arconn bile yorulmuş gibiydi ki bu, bir elf için tuhaf bir durumdu. Alex ateş için odun toplarken, onların dinlenmesine müsaade etti. Büyük bir odun yığını oluşturup ateşi yaktıktan sonra, Thrang'e döndü.

"Benimle gelmek istiyor musun?" diye sordu ona.

"Sanırım gelsem iyi olur," dedi Thrang. "Sen tek başına öylece ortaya çıkıp hazineyi istersen, Thorson almana izin vermeyebilir. Ama eğer sen hazineyi almayı kafana koyduysan, onun seni durduramayacağını da biliyorum."

"O zaman şunu sorayım, Kazad-Syn'de en çok hangi kuş sevilir?"

"Çoğu kuş sevilir ama en çok saygı duyulanlar, kuzgunlardır."

"Pekâlâ, kuzguna dönüşerek gideceğiz. Bir kuş biçimi almanın çok heyecan verici olduğu konusunda seni uyarmalıyım. Aklın yerinde olacak ama uçmanın verdiği özgürlük, seni ayartacak. Görevimize odaklanmaya çalış. Benden çok uzağa uçmana izin vermeyeceğim ve Thorson'un yanına vardığımızda seni kendi haline çevireceğim."

"Pekâlâ," diyerek kabul etti Thrang. "Geri kalanlar, siz dinlenip yemek yiyin. Geri dönmemiz uzun sürmez."

Diğerleri başlarıyla onayladı ve Alex asasıyla bir kez Thrang'in omzuna dokundu. Thrang bir anda kuzguna dönüştü. Yüksek sesle gakladı ve uçtu. Thrang'in bulduğu ani enerjiye gülümseyen Alex, kendini de dönüştürdü ve hemen arkadaşının ardından uçuşa geçti. Thrang'in uçup gideceğinden endişe etmiyordu, çünkü Thrang'i dönüştürürken, onu büyüyle kendine bağlamıştı.

Dağın yanından Kazad-Syn'e doğru yol alırken, gece havası dinçleştirici geliyordu. Alex uçarken şehrin kokusunu alabiliyor ama pek az şey görebiliyordu. Kuzgun gözleri, ejderha gözleri kadar keskin değildi ve Thorson'un evine giderken yolunu bulabilmek için konsantre olması gerekti.

Fakat Thrang nereye gittiğini çok iyi biliyormuş gibiydi ve Alex, Thorson'un bahçesine daldığını görünce onu takip etti.

"Bu da ne?" diye sordu Thorson, masasına bir kuzgun konarken, şaşkın şaşkın bakıyordu. "Hiçbir kuzgun, bir yabancıya bu kadar dostça yaklaşmaz."

"Yabancı değil," dedi Alex, masanın yanına konarken kendi biçimini aldı.

"Kadimler adına, Alex! Sen buraya nasıl geldin?" Thorson yerinden sıçrayıp sandalyesini devirdi. Bir Alex'e, bir masadaki kuzguna bakarken, gözleri hayretle kocaman açıldı.

"Geri dönüş," diye emretti Alex ve Thrang'i eski haline getirdi.

Çarpmanın etkisiyle masa devrildi ve Thrang sendeleyerek ayakta durabildi.

"Ben masadan inene kadar bekleyebilirdin," diye homurdandı Thrang.

"Başka bir yere inebilirdin," dedi Alex.

"Thrang?" diye sordu Thorson inanamaz halde. "Biçim değiştirmeyi mi öğrendin?"

"Saçmalama," dedi Thrang. "Gelip seninle konuşabilmem için, Alex benim biçimimi değiştirdi."

"Başınız belada mı? Dostlarınız bir yerde kapana mı kısıldı? Aileyi silah altına alayım mı?"

"Hayır, hayır, hayır," dedi Thrang, Thorson'u omuzlarından tutup. "Her şey yolunda ama acelemiz var. Sadece sana bıraktığımız hazineyi almak için şehre uğradık. Her şeyi açıklayacak vaktim yok ve zamanım olsa da nereden başlayacağımı bilmiyorum."

"Evet, tabii ki," dedi Thorson, Thrang'in elini sıkarak. "Haberleri duydunuz mu?"

"Ne haberi?" diye sordu Thrang.

"Kayıp Dağlar'dan bazı söylentiler geldi," diye cevap verdi Thorson, peşinden gelmeleri için işaret ederek. "Detaylar tam değil ama dediklerine göre, orada büyük bir kötülük yok edilmiş."

"Doğru," dedi Thrang. "Alex, Kayıp Dağlar'ın cücelerine büyük bir iyilik yaptı ve şehrin lordlarından biri ilan edildi."

Thorson şaşırarak "Bir insan, bir cüce şehrinde lord mu oldu?" dedi. "Bu, duyulmamış bir şey."

"Alex gelmiş geçmiş en büyük büyücülerden biri," dedi Thrang, sanki bu söz her şeyi açıklıyormuş gibi. Alt kattaki odalara giden merdivenlerden inmeye başladılar.

Alex, iki cücenin peşinden yürürken "Çok naziksin," dedi.

"Hiç de değil," diye cevap verdi Thrang. "Büyücüler hakkında çok şey bilmiyorum. Ama bence sen, kısa büyücülük geçmişinde pek çok büyücünün ömür boyu yaptığından daha fazla iş başardın."

"Belki de," diyerek kabul etti Alex, Thrang'in konuyu değiştirmesini umuyordu.

Alt kattaki odanın kapısına vardıklarında, Thorson, "İşte geldik," dedi. "Tasnif edildi, tam istediğiniz gibi."

"Bize büyük faydan dokundu, kardeşim," dedi Thrang.

"Sana ödeme yapmayı teklif ederdim ama kabul etmeyeceğini biliyorum."

"Doğru biliyorsun," diyerek güldü Thorson. "Sana hizmet etmiş olmak bir şeref ve doğrusunu söylemek gerekirse, bu hazineyi senin için düzenlemek büyük bir zevkti."

Thorson kapının kilidini açtı ve kapıyı itti. Fakat karşılarındaki oda karanlıktı. Kendi unutkanlığına gülen Thorson, bir lamba almak için geriye döndü.

"Gerek yok," dedi Alex, tanıdık bent ışıklarını oluşturarak.

"Ah, harika bir büyü," dedi Thorson, bent ışıklarının odaya dalışına bakıyordu. "Keşke ben de bunu yapmayı öğrenebilsem."

"Senin büyü gücün benimkinden beter," dedi Thrang gülerek.

"Ve şu anda size büyü öğretecek kadar vaktimiz yok," dedi Alex, Thrang'le göz göze gelip.

"Evet, gerçekten acele etmemiz gerekiyor," dedi Thrang. "Diğerleri bizi bekliyor ve daha gidecek uzun bir yolumuz var."

"En azından geceyi burada geçirin," diye itiraz etti Thorson.

"Hayır, gitmek zorundayız," dedi Thrang. "Alex, sen eşyaları hızlıca dizmekte benden daha ustasın. Bunların hepsini çantana koyup Darvish'te düzgünce bölüşme imkânımız olana kadar tutar mısın?"

"Darvish mi?" diye sordu Thorson. "Darvish'e neden gidiyorsunuz? Oraya zaten bir kez gittiniz."

"Sanırım bunu anlatmamam gerekiyor," dedi Thrang yavaşça ve yardım ister gibi Alex'e baktı.

"Nedenini söyle ama nasılını söyleme," dedi Alex, dikkatini hazine dolu odaya çevirmişti.

"Boş kule iki gün içerisinde yok olacak," dedi Thrang. "Sonsuza dek silinip gitmeden önce, yeni kâhini kuleye götürmeye çalışıyoruz."

"Ama bu, dörtnala at sürerek bile en az bir hafta sürer," dedi Thorson. "Kuzguna bile dönüşseniz, yok olmadan önce kuleye güç bela varabilirsiniz."

"Yok olmadan önce orada olacağız," dedi Thrang. "Cevap veremeyeceğim sorular sorma, kardeşim."

"Nasıl istersen," dedi Thorson eğilip.

Alex hazineleri çantasına yerleştirdi ve bir kez daha Thrang'in yanında durdu.

"Thorson, eğer vaktin olursa, Benorg'a yolculuk etmek hoşuna gidebilir," dedi gülümseyerek. "Darvish'ten ayrıldıktan sonra oraya gideceğiz."

"Demek buldunuz, öyle mi?" dedi Thorson mutlulukla. "Aradığınız şeyi buldunuz mu?"

"Daha fazlasını bulduk," diye cevapladı Thrang.

"Darvish'te en az bir hafta kalacağız," dedi Alex. "Ondan sonra da Benorg'a döneceğiz."

Thrang, "Bir hafta mı?" diye sordu.

"Kuleye yeni bir kâhin geldiğinde düzenlenen kutlamanın süresi bu kadar sanırım," diye açıkladı Alex.

"Bu kâhin sizinle birlikte mi yolculuk ediyor?" diye sordu Thorson.

"Evet," dedi Thrang gülerek. "Başından beri bizimleymiş ama anlamamışız."

"Kâhin, Kat mi?" dedi Thorson şaşırarak. "Ben... ne diyeceğimi bilemiyorum."

"O zaman, bir şey deme," diye önerdi Alex. "Kâhinleri yargılamak ve kimin kâhin olacağına karar vermek bize düşmez. En iyisi, onları ve söyledikleri şeyleri, olduğu gibi kabullenmektir."

"Evet, elbette," dedi Thorson, onu tekrar selamlayarak.

"Gel hadi, Thrang. Gitmeliyiz," dedi Alex, merdivenlerden çıkmaya başladı.

Bahçeye geri dönerlerken, Thorson sessizce yanlarından yürüdü. Sandalye ve masa hâlâ yere devrilmiş duruyordu. Alex ve Thrang, Thorson'un bunları kaldırmasına yardım ettiler. Thrang, vedalaşmak için Thorson'a sarıldı ve Alex yeniden asasıyla Thrang'e dokundu. Kuzgun olan Thrang, uçup evin etrafından dolaştı ve Alex'in ona katılmasını bekledi.

"Gelebilirsen Benorg'a gel," dedi Alex. "Oradaki şenlik unutulmaz olacak."

"Tamam, geleceğim," dedi Thorson mutlulukla.

Alex başka bir şey demeden, kendini de kuzguna dönüştürdü ve evin üstündeki Thrang'e katılmak için yükseldi. Gözden kaybolmadan önce, Thorson'un, yüzünde bir hayret ifadesiyle onları izlediğini görebildi.

Alex ve Thrang birbirlerine yakın uçtular ve yavaş yavaş grubun geri kalanının onları beklediği dağlara doğru yükseldiler. Zor bir uçuş değildi ancak kamp ateşini gördüklerinde Alex, Thrang'in yorulduğunu fark etti.

Alex, elfin önünde kendi haline döndüğünde, Arconn, "Alex!" diye bağırdı, "keşke bunu yapmayı bıraksan. Ya da en azından önceden uyarsan."

"Affedersin," dedi Alex gülerek. "Böyle şeyleri kolayca unutabiliyorum. Şimdi, acaba Thrang nerede kaldı?"

Thrang, kurulmuş olan çadırların yanında, karların üstüne zıplarken yüksek sesle gakladı. Alex dönüp ona baktı ve aynı anda, Thrang'i kuşa çeviren büyüyü kaldırdı.

"Seyahat etmek için epey keyifli bir yöntem," dedi Thrang kasılmış bir halde. "At sırtında gitmekten daha yorucu ama yine de keyifli."

Alex, "Senden çok iyi bir kuzgun oldu," dedi. "Artık sanırım sen de diğerleriyle beraber dinlenmelisin. Hâlâ gitmemiz gereken uzun bir yol var ama yola çok erken çıkacağımızı düşünmüyorum."

"Erken olması, geç olmasından iyidir," dedi Thrang esnerken. "Görülme ihtimalimiz az ve Darvish'e de bir an önce varmalıyız."

"Zamanımız var," dedi Alex. "Görüleceğimizi de sanmıyorum. Görülsek bile zaten efsaneye uygun düşüyor, bu yüzden endişe etmeye gerek yok."

"Evet, tabii ki," dedi Thrang, yavaşça çadırına yürüdü. "Beni kahvaltıda uyandırın o zaman."

Thrang yürüyüp giderken, Alex gülümsedi ve ateşin, Arconn'un yanına döndü. Arconn ona yüzlerce soru sormak istiyor ama nereden başlayacağını bilmiyormuş gibi görünüyordu. Alex büyülü çantasından bir sandalye çıkardı ve ateşin yanında oturdu.

"Bilmek istediğin şey ne?" diye sordu elfe.

"Hiçbir şey ve her şey," dedi Arconn, gülümsüyordu.

"Bu hem kolay hem zor," dedi Alex ve gülmeye başladı.

"Ne zamandır biliyordun? Yani, kendini kaybetmeden ejderha biçimine dönüşebileceğini ne zamandır biliyordun?"

"Bugüne dek bilmiyordum," dedi Alex. "Gökgürültüsü kuşunun peşine düştüğümde, neredeyse kendimi kaybediyordum. Ama sonra, kuş benimle konuştu."

"Ne dedi?"

"Beni sihirle gerçek biçimime çevirmeye çalıştı. Benim hem insan hem ejderha olduğumu bilmiyordu ve beni zorla insan biçimine geri döndürebileceğini sanıyordu."

"Ama büyü işe yaramadı," dedi Arconn.

"Evet ama düşünmemi sağladı. O ana dek, kendimi sadece bir ejderha sanıyor ve öncesinde ne olduğumu hatırlamıyordum," dedi Alex. "Ancak bunun üzerinde düşündüğümde, ne olduğumu hatırladım. O hatıra, gerçek kimliğimi hem insan hem de ejderha olarak görebilmem için yeterli oldu."

"Kendini kaybetmemiş olmana sevindim," dedi Arconn.

"Ben de," diyerek ona katıldı Alex. "Ama itiraf etmeliyim ki, başka herhangi bir canlı olarak kendimi kaybetmektense, ejderha olarak kaybetmeyi tercih ederim."

"İnsan olarak bile mi?"

"Evet, insan olarak bile."

Arconn sessizleşti, Alex de ateşin önünde dinlenmeye çekildi. Hiç yorgun değildi ama zihnini rahatlatması gerekiyordu. Thraxon'da birkaç şey aynı anda oluyor, Alex de sanki hepsinin ortasında yer alıyordu. Başından beri bulmayı amaçladıkları Arayış Yüzüğü'nü geri almakla kalmamışlardı, aynı zamanda Kat'i de girip kâhini olacağını umdukları boş kuleye götürmek üzereydiler. Sonra, Alex'in, Kral Thorgood'a geri götürmesi gereken Set'in Tacı vardı. Thrang büyük ihtimalle Thorgood'un taca karşılık ne vadedeceğini biliyordu ama

Alex, Thorgood karşılarında olmadan onun bu konu hakkında konuşmak istemediğinin farkındaydı.

Hepsinin yanı sıra, Salinor ve diğer ejderhalar arasındaki bağlantı da vardı. Hemen ardından Nethrom'un mağarasında mağlup ettiği kötü ruh Mog'u düşündü. Bane'in bahsettiği gizli komplo da mevcuttu. Bunların hepsi önemliydi ama Alex nedenlerini tam olarak bilmiyordu. Tüm olaylar dev bir yapboz gibiydi ve tüm parçaları bir araya getirdiğinde ortaya nasıl bir resim çıkacağını bilmiyordu.

Thrang kahvaltının ardından, "Dün uçtuğun hızla, öğlen olmadan Darvish'e ulaşırız," dedi. "Bu da bize, kule silinip gitmeden önce bir buçuk gün bırakıyor."

"Kuleye bugün varmayacağız," dedi Alex usulca.

Arconn "Neden?" diye sordu. "Gecikmemiz için bir sebep olmadığına eminim."

"Gerçek bir sebep yok," dedi Alex gülümseyerek. "Ancak kâhin olmak, kısmen insanların ne düşündüğüyle ilgilidir."

"Yani bugün gelirsem, Darvish halkının beni kâhin olarak kabul etmeyeceğini mi düşünüyorsun?" diye sordu Kat.

"Bence seni kabul ederler ama bu yeterli değil," diye cevap verdi Alex. "Bir efsane olması gerek, kuşaktan kuşağa aktarılacak etkileyici bir şey olmalı. Boş Kule'nin Kâhini olarak, çok uzun bir süre yaşayacağının farkındasın."

"Evet, ben de bunun üzerine düşünüyordum," dedi Kat. "Galiba en çok korktuğum kısmı da bu."

"Korktuğun mu?" diye sordu Thrang.

"Belki *korku* doğru kelime değildir ama uygun düşen tek kelime bu," dedi Kat başını iki yana sallayarak. "Sanırım Arconn ne demek istediğimi anlıyordur. Sonuçta o uzun bir süredir yaşıyor."

"Dostlarının yaşlanıp öldüğünü görmek istemiyorsun," dedi Arconn nazik bir sesle. "Değer verdiğin kişilerin solup gittiklerini, yerlerine hiç tanımadığın başka kişilerin geldiğini görmek istemiyorsun."

Kat, gözlerini ateşe dikmiş bir halde, "Evet," dedi. "İnsanlar kısa süre yaşıyor, cüceler biraz daha uzun. Sadece elfler ve kâhinler yüzyıllarca yaşıyor gibi."

"Ve büyücüler ile ejderhalar," dedi Nellus, Alex'e kaçamak bir bakış atıp.

"*Bazı* büyücüler ve *bazı* ejderhalar," diye düzeltti Alex. "Yine de, Kat'in korkularını anlayabiliyorum çünkü ben de bunları hissettim."

"Hüzünlü yanları var, doğru," dedi Arconn düşünceli bir halde. "Yakın olduğumuz kişileri kaybediyoruz ve onlar gittiğinde üzülüyoruz. Yine de yaşamın mutluluğu var ve biz onları hatırladığımız müddetçe, sevdiklerimizin asla gerçekten gitmediğini biliyoruz."

"Bilgece sözler bunlar ama içimi pek rahatlatmıyor," dedi Kat.

"Eğer Darvish'e gitmek istemiyorsan, gitmeyiz," dedi Alex usulca.

"Hayır, gitmem gerekiyor," dedi Kat kararlı bir sesle. "Sadece, buna değmesini umuyorum."

Diğerleri, sırf ne diyeceklerini bilemediklerinden, konuşmadılar. Geleceğin neler getireceğini onlardan biri nasıl bilebilirdi ki? Kat'in Boş Kule'nin Kâhini olmasının, bu gayrete ve fedakârlığa değip değmeyeceğini nereden bilebilirlerdi?

Alex ilk defa, kendi hayatının Kat'inkine ne kadar benzediğini fark etti. Muhtemelen o da, bir büyücü olarak uzun süre yaşayacaktı; Whalen böyle söylemişti. Dostları, ona çok şey öğreten ve maceralarında yanında olan kişiler yaşlanıp öldüklerinde ne hissedecekti? Bunları düşünmek sıkıntılıydı ama gerçekleşeceğini de biliyordu.

Birkaç dakika süren sessizlikten sonra Alex, "Gitmemiz gerek," dedi.

"Darvish'e bugün gitmeyeceğiz dediğini sanmıştım," dedi Thrang.

"Biz değil ama ejderha gidecek," diye cevap verdi Alex. "Darvish halkına ejderhayı bugün göstereceğiz ki yarın kalabalık toplansın."

"O zaman, hepimizi şehre götürecek misin?" diye sordu Thrain.

"Hayır, sadece Kat'i götüreceğim," diye cevap verdi Alex. "Kamp kurmamız için şehre yakın bir yer bulacağım. Yarın ise, şafaktan önce siz yürüyerek şehre geleceksiniz. Ben daha sonra kalabalıkta sizi bulurum. Sonuçta kalabalığın önünde insan biçimime dönüşmek istemem."

"Ve ben de kuleye girmeye çalışırken tek başıma kalacağım," dedi Kat üzülerek.

Alex kendinden emin bir tavırla, "Sen kuleye girecek ve oranın kâhini olacaksın," dedi. "Seni kuleye bıraktıktan sonra, beni hizmetkârınmışım gibi göndereceksin. Bu, senin efsaneni ve şöhretini güçlendirmeni sağlayacak. Ben uçup gideceğim ve şehrin gözünden kaybolacağım; bir kuş olarak geri dönüp, bekleyen kalabalığın arasında diğerlerine katılacağım."

"Pekâlâ," dedi Kat. "Planının zekice olduğunu görüyorum. Tek umudum, boş kuleye delirmeden girebilmek."

"Kâhin sen *olacaksın,*" dedi Alex yine.

"Nasıl bu kadar emin olabiliyorsun?" diye sordu Kat.

"Yoksa neden bir ejderhayla yolculuk edesin?" diyerek güldü Alex.

YİRMİ ÜÇÜNCÜ BÖLÜM

KÂHİN'İN DÖNÜŞÜ

Alex onlar için Darvish kenti yakınlarında gizlenecek bir yer bulduğunda, vakit neredeyse öğlen olmuştu. Görülmeden, yolun yakınındaki ağaçların arasına süzülmeyi başarmış ve dostlarını kamp kurmaları için orada bırakmıştı. Alex bir kez daha uçuşa geçti ve kasıtlı olarak şehrin üzerinden, alçaktan uçtu. Boş kulenin etrafında daireler çizerek uçarken, müthiş bir sesle kükredi ve Darvish halkının, evlerine kaçışını izledi. Şehir muhafızları toplanmaya ve kenti korumak için bölüklere ayrılmaya başladığında Alex geri dönüp dağlara doğru uçtu ve bulutların ardında kaybolup kartal biçimini aldı.

Alex, kamp ateşinin başında kendi biçimine dönüştüğünde, "Etkileyici bir gösteri," dedi Arconn, "şehirdekiler dehşete düşmüş olmalı."

"Belki," diyen Alex muzip bir şekilde gülümsedi. "Onlara korkularının geçmesi ve kuleyle ilgili efsaneleri hatırlamaları için birkaç saat verelim."

Barnabus, Alex'e bir tabak yemek verirken, "Bütün efsanelerin bu şekilde gerçekleştiğini mi düşünüyorsun?" diye sordu. "Çılgın büyücülerin, insanlar inansın diye yaptıkları şeylerle..."

"Bilmiyorum," diye cevapladı Alex. "Sanırım çoğu efsane, insanlar onlara inandığı ve gerçekleşmelerini istedikleri için gerçek oluyor. Büyücülerin yardımı olsun ya da olmasın."

"Bana göre çoğu, gerçekleşmeleri gerektiği için gerçekleşiyor," dedi Arconn. "Ben uzun süre bu diyarda yaşadım ve birçok efsane gördüm, duydum. Gerçekleşen efsanelerin hepsi, her şeyden çok, tesadüf eseri gerçek oldu."

"Belki de," dedi Thrang. "Fakat ben şansa ya da tesadüfe inanmıyorum. Bence bunun daha başka bir sebebi var; henüz adını bulamadığımız bir şey."

Kat cılız bir gülümsemeyle "Sebep ne olursa olsun, burada hepinizin benimle olmasından çok memnunum," dedi. "Bunu tek başıma yapabileceğimi sanmıyorum."

Günün ilerleyen saatlerinde Alex, tekrar Darvish şehri üzerinde uçtu. Fakat bu kez insanlar, geçen seferki gibi kaçıp saklanmadılar. Alex bir kez daha kulenin etrafında uçtu ve yine gürledi ama bu sefer muhafızlar onunla savaşmak üzere toplanmadılar. Halk onu izliyor, dağlara doğru uçarken parmaklarıyla onu gösterip fısıldaşıyordu.

Alex şehre üçüncü kez gittiğinde, güneş batmaktaydı. Boş kulenin yanındaki geniş meydanda bazı insanların toplandığını gördüğünde şaşırmadı. Kulenin etrafından döndüğü sırada başlarını kaldırıp ona baktılar. Yere inmesini istediklerini anlayabiliyordu. Hepsi, dünyadaki her şeyden çok, ejderhanın kâhini kuleye getirmesini istiyordu.

Alex, kampa geri döndüğünde Kat'e, "Şehir senin gelmeni

dört gözle bekliyor," dedi. "İnsanlar çoktan kulenin yakınında toplanmaya başladı."

"Evet, planın mükemmel işliyor," dedi Kat. "Umarım, yarın ben kuleye girmeye çalıştığımda başarısızlıkla sonuçlanmaz."

"Öyle bir şey olmayacak," dedi Alex, güven verircesine. "Kuleye girebileceğinden eminim ve bence bunu başaracağını sen de biliyorsun."

"Belki," dedi Kat, hafifçe gülümseyerek.

O gece hiçbirinin uykusu yoktu ama yine de uyumayı denediler. Günün çoğunu ejderha biçiminde geçirmiş olan Alex, uykuya ihtiyaç duymuyordu. Ateşin yanında Arconn'la birlikte oturdu ve yıldızların gökyüzündeki hareketini izledi. Thrang kalkıp diğerlerini uyandırdığında, güneşin doğmasına daha çok vardı. Hepsi, şehre gitmek üzere hazırlandılar.

"Kulede görüşürüz," diyen Thrang, eğilip Kat'i selamladı. "Umarım bugün talih yüzüne güler."

Kat de eğilerek, "Çok naziksin, dostum. Size çok şey borçluyum," diye karşılık verdi.

Diğerleri gittikten sonra Alex, Kat'e döndü. Kat biraz heyecanlı duruyordu, biraz da solgundu. Kıyafetleri uzun yolculuktan dolayı yıpranmış görünüyordu.

"Kulene bu halde girmemelisin bence," dedi Alex, Kat'e kaşlarını çatmak istediyse de yapamadı.

"Evet, sanırım haklısın," dedi Kat cılız bir gülümsemeyle. "Ama bir kâhinin giyeceği türde kıyafetim yok."

"Müsaadenle," diyen Alex, onun önünde eğilip asasını kaldırdı. Kat'in başının üstüne asasıyla hafifçe dokununca, beyaz bir ışık topu bir anlığına Kat'i sardı. Işık solduğunda Kat, başını indirip Alex'in onun için yaptığı gümüş rengi elbisesine baktı.

"Bu... çok güzel," dedi Kat, gözleri yaşlarla doldu. "Hiç böylesine güzel bir elbisem olmamıştı."

"Bu önemli güne uygun oldu," dedi Alex. "Dostların seni hep Kat olarak hatırlayabilir ama bugünden itibaren sen, Boş Kule'nin Kâhini Katrina olacaksın."

"Evet ve bunların hepsini sana borçluyum, dostum," dedi Kat.

"Bana dostluğundan başka bir şey borçlu değilsin," dedi Alex. "Artık gerçek bir kâhinsin ya da gün bitmeden olacaksın. Kimseye borcun yok. Herkese karşı tek borcun, onlara doğruları söylemek."

"Sözlerini unutmayacağım," dedi Kat. "Gerçekleri kelimelerle gizlemeyi de öğrenmem gerekecek."

"İnanıyorum ki zamanla olacaktır," dedi Alex.

Alex ve Kat, sessizce oturup güneşin doğmasını ve dostlarının kente varmasını beklediler. Sonunda Alex ayağa kalktı ve yürüyüp ateşten uzaklaşarak ejderha biçimi almaya hazırlandı. Kat geride durup onu izledi, yüzünde sert ve kararlı bir ifade vardı.

Ejderha biçimindeki Alex yere eğilip bacağını uzatarak, Kat'in kolayca sırtına çıkmasını sağladı. Kat'in, güneyden gelirken yaptıkları hızlı yolculuklarında olduğu gibi kendisine bağlı olmadığını bildiğinden, yavaşça havalandı.

Alex kentin üzerinde uçarken, boş kulenin yanındaki meydan insanlarla dolmuştu ve tüm yüzler ona bakıyordu. Kalabalığın içinde, kule kapısına yakın bir yerde duran dostlarını kolayca seçebildi. Kulenin etrafında bir tur attı ve sonra, insanların onun iniş yapması için boş bıraktığı geniş alana doğru yavaşça süzüldü.

Alex, Kat'in inmesini kolaylaştıracak şekilde eğildi ve bacağını öne uzattı. Yeni elbisesi içindeki Kat, ejderhanın üstünden inip başını kuleye doğru kaldırırken, meydan sanki arılarla doluymuş gibi uğultuluydu. Alex, dostlarının yüzlerindeki şaşkın bakışları görünce sevindi. Belli ki, Kat'in ne giyeceği üzerine kafa yormamışlardı.

"Git hadi, dostum," dedi Kat, Alex'e dönerek. "Tekrar ihtiyacım olduğunda, seni çağıracağım."

Alex ejderha başını Kat'in önünde eğdi ve tekrar havaya sıçradı. Kat'in durduğu yerde, onun uçup gidişini izlediğini gördü. Meydandaki insanların da hepsi onu izliyordu. Alex kulenin etrafında uçtu ve bu sırada gürledi. Haykırışının şehirde yankılanması sona ermeden, dağlara doğru hızla uzaklaşmıştı.

Alex'in dağlara ulaşması sadece birkaç dakika sürdü ve dağları aşar aşmaz, bir şahine dönüştü. Dağlara geri dönüp, şehre doğru ok gibi atıldı. Ejderhanın uçuşundan daha yavaştı ama yine de yeterince hızlıydı. Meydana vardığında, Kat'in, oraya ilk gelişlerinde Alex ve Arconn'a kuleden bahseden yaşlı adam Kathnar'la konuştuğunu gördü.

Alex, sanki yeri orasıymış gibi, gelip Arconn'un omzuna kondu. Arconn biraz şaşırmış görünse de bir şey söyleyip dikkati Alex'in üzerine çekmedi. Alex, bir şahin olarak gelişinin fark edilmediğinden emin olduktan sonra, biraz daha sihir yaptı. Arconn'un yanındaki boş yeri bir gölge gibi doldurdu ve gölgeyi fark eden kişiler birdenbire gözlerini ovuşturma ihtiyacı hissetti. Göz açıp kapayıncaya dek, Alex, kendi biçimine dönüştü ve sanki hep oradaymış gibi, Arconn'un yanında durdu.

"Kathnar onu kabul etmek istemiyor gibi," dedi Arconn alçak sesle. "Kat'in kuleye girmesini engellemeyi kafaya koymuş görünüyor."

"Tuhaf," dedi Alex. "Daha önce biz buradayken, kâhinin gelmesi için çok istekli gibiydi."

"Evet," diye onayladı Arconn. "Şimdi ise gücünü kaybetmek üzere olan bir adam gibi davranıyor."

"Belki de gerçekten öyledir," dedi Alex düşünceli bir tavırla. "Tüm hayatı boyunca kulenin koruyuculuğunu yaptı. Artık kâhin geldiğine göre, bu sorumluluğu bırakması gerekiyor."

"Kat'in onu kuleden kovacağını düşünmüyorsun, değil mi?" diye sordu Arconn.

"Hayır ama Kathnar'ın bunu bilmesi mümkün değil," diye cevap verdi Alex. "Tek bildiği, dünyasının değişmek üzere olduğu ve bu durumdan memnun değil."

"Bir şey yapmalı mıyız?" diye sordu Arconn.

"Henüz değil," diye yanıt verdi Alex, geriye doğru bir adım atıp. "Sanırım ben, inatçı Kathnar'ı nasıl ikna edeceğimi biliyorum."

Alex, yakındaki bir grup insana büyü yaparken elini hafifçe kıpırdattı. Bir an, onların konuşmalarını dinledi ve dediklerinin çabucak kalabalıktaki diğer kişilerce tekrar edildiğini duydu. Yüzünde bir gülümsemeyle Arconn'a döndü.

"Ne yaptın?" diye sordu Arconn.

"Kalabalığı dinle," diye cevap verdi Alex.

Arkasındaki bir kadın yüksek sesle "Bu ihtiyar budala ne yaptığını zannediyor?" dedi.

"Onu kuleden uzak tutmaya hakkı yok," dedi yanlarındaki adam, öfkeyle.

"Onu ejderha getirdi; efsanedeki kâhin o olmalı," dedi önlerindeki birileri yüksek sesle.

Bu sözlerin meydanda yayılması sadece birkaç dakika sürdü. Bir dakikadan az bir süre geçtiğinde, daha çok kişi, Kathnar'ın yoldan çekilmesi için bağırmaya başladı. Hep birlikte, "Bırak geçsin, bırak geçsin," diye slogan atmaya başladıklarında, Alex kalabalığın artan öfkesini fark ederek şaşırdı.

"Bu sorun olabilir," dedi Arconn kaygıyla.

Alex'in cevap verecek zamanı olmadı: Kat kalabalığa yüzünü dönüp sessizliği sağlamak için elini kaldırdı. Sanki büyü yapılmış gibi, sloganlar kesildi, insanlar sakinleşti ve Kat'in ne söyleyeceğini duymak için beklemeye başladı.

"Darvish'in iyi insanları, sakin olunuz," diye başladı Kat. "Kathnar, Boş Kule'nin bekçisidir ve uzun süre, iyi bir şekilde hizmet etmiştir. Yapması gerekeni yaptığı için ona kızmayın. Benim kuleye girmeme mani olmaya çalışmayacağına eminim. O sadece, size ve kulenin gerçek kâhinine karşı görevini yerine getirmek istiyor. Ben gerçek kâhinim ve Kathnar'ın müsaadesiyle, bunu kanıtlayacağım."

Kat konuşmayı bitirdiğinde, halk çılgınca alkışlayıp tezahürat yapmaya başladı. Kathnar serseme dönmüş ve kendini tamamen kaybetmiş görünüyordu. Kat ilerledi ve sakince Kathnar'la konuştu. Sonra da onun yanından geçip boş kulenin kapısına yürüdü. Hiç duraksamadı ve yavaşlamadı; çok geçmeden, gözden kaybolmuştu.

Kule kapısına bakmak için dönen Kathnar, tek dizi üstüne çöküp Kat'in geri dönüşünü bekledi.

"İşte başardı," dedi Thrang arkasını dönerek. "Ah, Alex, sen ne zamandır buradasın?"

"Epey zamandır," dedi Alex gülerek.

Kat az sonra kule kapısına geri döndü ve etrafındaki kalabalık delicesine tezahüratlar yaparken, onlara gülümsedi. Alex, Kathnar'ın, Kat'i gerçek kâhin olarak kabul ettiğini ve ondan şüphe ettiği için af dilediğini gördü. Kat başını sallayıp Kathnar'ın koluna girdi ve onu, artık yeni evi olan kuleye doğru götürdü.

"Yani işte bu kadar," dedi Thrang mutlulukla. "Sanırım artık geceyi geçirecek bir yer bulmaya çalışmalıyız."

"Birçok geceyi demeliyiz sanırım," dedi Nellus. "Alex, kutlamaların bir hafta süreceğini söylemişti."

"Ondan sonra da birkaç at bulmamız gerekecek," diye hatırlattı Barnabus. "Buradan Benorg'a yürümek uzun sürer."

"Bir süreliğine, hanını işleten ya da at satan birilerini bulabileceğimizi pek sanmıyorum," dedi Alex gülerek. "Bütün şehir buradaymış gibi görünüyor. Bu yüzden biz de zamanımızı güzel geçirip keyfini çıkarmaya bakabiliriz."

Alex ve dostları, kulenin altında, Arconn ile Alex'in aylar önce oturdukları gölgelik yere yöneldiler. Rahatladılar, kulenin etrafında kaynaşan, konuşan ve yapılacak kutlamaları planlayan insanları izlediler. Fazla zaman geçmemişti ki Kathnar aceleyle onlara doğru geldi.

"Lordlarım," diye başladı Kathnar eğilerek. "Kulenin hanımı ona katılmanızı istiyor. Kutlama günlerinde onun şeref konukları olmanızı diliyor."

"Hanımefendi bizi onurlandırıyor. İstediği gibi yapacağız," dedi Thrang gülümseyerek.

Kathnar bir kez daha önlerinde eğildi ve onları kulenin kapısına götürdü. Yürürlerken Thrang, gruba "Kat artık bizimle birlikte yolculuk eden maceracı değil," diye fısıldadı. "Artık o, Boş Kule'nin Kâhini, bu yüzden ona doğru bir şekilde hitap edin ve gereken saygıyı gösterin."

Hepsi bunu kabul etti ve Kathnar, onları kulenin dışındaki avludan geçirip az ötedeki büyük bir eve getirdi.

Özür diler gibi bir sesle "Bu ev uzun yıllardır kullanılmadı," dedi. "Henüz hazırlıkları yapıyoruz. Umarım bu durum sizi çok rahatsız etmez."

"Çok naziksiniz," dedi Thrang eğilerek. "Eminim ki iyi idare ederiz."

"Eğer bir şeye ihtiyacınız olursa, kulenin hizmetkârlarının herhangi birinden isteyin," diye devam etti Kathnar. "Hanımefendi, akşam yemeğinde ona katılmanızı istiyor. Saati geldiğinde biri sizi almaya gelecek."

"Hanımefendi nasıl isterse," dedi Thrang ve grubun tamamı eğilip selam verdi.

Kathnar selama aynı şekilde karşılık verip çıktı. Alex ile dostları eve girdiler ve birkaç kişinin koşar adımlarla evi onlar için hazırlamaya çalıştığını gördüler. Büyük ve güzel döşenmiş bir evdi ama Alex, binanın uzun zamandır kullanılmadığını görebiliyordu. Evi eski haline getirmek için temizlikten daha fazlası gerekiyordu.

"İyi ki hazinemizi Thorson'dan almışız," dedi Alex. "Kat'in işleri yoluna koymak için o hazineye ihtiyacı olacak."

"Kulenin Hanımı demek istiyorsun," dedi Thrang gülümseyerek. "Ve evet, görünüşe göre bu odalar uzun bir süre bakımsız kalmış."

Arconn, "Daha kâhin olarak ilk günü," diye hatırlattı. "Eminim kısa sürede işler yoluna girer."

Eve yerleşip keyiflerine baktılar ve onlar için hazırlanan yatak odalarını buldular. Hepsi, bir kâhini ziyaret ederken gelenek olduğu üzere, silahlarını ve büyülü çantalarını bırakıp geniş oturma odalarından birinde toplandılar.

Nellus eskimiş çizmelerine bakıp, "Bir kâhinle akşam yemeği yemek için pek uygun kılıkta değiliz," dedi.

"Hazır konusu açılmışken, Kat o giydiği güzel elbiseyi nereden buldu?" diye sordu Thrang, gözlerini Alex'e dikmişti.

"Onun yıpranmış seyahat giysileri içinde kuleye gitmesine izin veremezdim," dedi Alex, gülümseyerek devam etti: "İyi görünmezdi."

Thrang sakalını sıvazlarken, "Bizim için de buna benzer bir şey yapamazsın herhalde?" diye sordu.

"Sanırım bir şeyler yapmam gerekiyor," diye cevap verdi Alex gülerek. "Hepinizin giysileri hırpani görünüyor. Böyle görünürken bir kâhini ziyaret etmek doğru olmaz."

"Sen kendine bak," diyen Arconn güldü. "Senin giysilerin de hepimizinkiler kadar yıpranmış."

Alex, kendi kıyafetlerine baktı ve "Evet, galiba öyle," diyerek durumu kabul etti, "Sanırım kıyafetleri düşünmeden önce, yıkansak daha iyi olur. Acaba bu evde sıcak su dolu küvet var mıdır?"

Thrang, hizmetkârlardan birine nerede banyo yapabileceklerini sorunca, hizmetkâr, onları başka bir odaya götürdü. Bekledikleri küvet, küçük bir yüzme havuzu büyüklüğünde çıktı. Hizmetkâr, suyun gerektiği kadar sıcak olmadığını belirtip özür diledi.

"Eğer isterseniz şimdi su ısıtmaya başlayabilirim ama içinde yıkanmanız için hazır oluncaya dek saatler geçebilir," dedi genç adam.

"Buna gerek yok," dedi Alex. "Büyücü olmak demek, asla soğuk suyla yıkanmak zorunda kalmamak demektir."

Alex asasını havuzun üstünde salladı ve bir anda suyun buharı tütmeye başladı. Genç hizmetkâr, Alex'e hayretler içinde baktı; hiçbir şey diyemeyecek kadar şaşırmıştı.

Alex, genç adamın gözlerini dikmiş, ona baktığını fark edince, "Kâhinin pek çok dostu var," dedi. "Eminim başka işleriniz vardır."

Genç adam eğilip, "Evet, efendim," dedi.

"Onu korkudan öldürecektin," dedi Arconn, hizmetkâr çıktıktan sonra. "Belli ki daha önce hiç büyücü görmemiş."

"Büyücü demişken," diye araya girdi Thrang. "Neden hâlâ asanı yanında taşıyorsun? Silahlarını yatağında bırakma geleneğini biliyorsun."

"Geleneği biliyorum," dedi Alex. "Ama bir büyücünün asası, düşman olmadığın müddetçe silah değildir. Şu anda bunu, kim olduğumun bir simgesi ve kâhine bir saygı göstergesi olarak taşıyorum."

"Büyücülere özel ayrıcalıklar," dedi Barnabus ve yavaşça, buharı tüten havuza indi. "Ama iyi bir şey, su harika."

Hepsi yıkandıktan ve su tekrar soğumaya başladıktan sonra Alex, bir yığın kuru ve yumuşak tüylü havlu oluşturdu. Hepsi eski kıyafetlerini tekrar üzerlerine geçirdikten sonra, Alex onları ayakta sıraya dizdi. Yavaşça arkadaşlarının önünde ilerleyip her birine asasının ucuyla dokundu.

Thrang, aynada kendine bakarken "Bu kıyafetler fazla iyi," dedi. "Hepimizi, uzak diyarlardan gelen yüce lordlara benzetmişsin."

"Zaten gerçekte de öylesin," dedi Alex.

"Peki ya sen?" diye sordu Arconn. "Kendi kıyafetinde nasıl bir değişiklik yapacaksın?"

"Bunun üzerine biraz düşünmüştüm," dedi Alex. "Belki şöyle bir şey..."

Alex'in etrafında bir ışık parladı ve dostları şaşkına dönmüş gibi baktılar. Alex birdenbire siyah pantolon, kan kırmızı bir gömlek ve uzun, lacivert bir pelerine bürünmüştü. Bir an konuşmaksızın aynada kendisine baktı, görüntüsüne karar verememişti.

"Biraz fazla oldu galiba," dedi sonunda.

"Bizim için harika kıyafetler yaptın ama kendin için bunu mu seçiyorsun?" diye sordu Thrang.

"Sana pek gitmedi gibi," dedi Arconn.

"Evet, haklısınız," diyerek kabul etti Alex. "O zaman şunu deneyelim."

Bir kez daha ışık parladı ve Alex'in giysileri değişti; elflerin tercih ettiği yumuşak, beyaz bir pantolonla, hakiki gümüşten bir tokayla bağlı, belini saran bir deri kemeri oldu. Beyaz gömleğini gümüş renginde bir cübbe örtüyordu. Elinde de asasıyla, Alex tam bir büyücü gibi görünüyordu. Arconn, "İşte şimdi oldu," dercesine başını salladı.

"Artık beş lord ve bir büyücü gibi görünüyoruz," dedi Nellus.

"Zaten beş lord ve bir büyücüyüz," dedi Alex.

Kathnar onları akşam yemeğine götürmek için geldiğinde, gözleri, gördüklerine inanamıyormuş gibi büyüdü. Kaliteli ve yeni giysileri çok güzeldi ve belli ki Kathnar daha önce hiç böyle bir şey görmemişti.

"Lordlarım," dedi, sesi hafifçe titreyerek. "Kulenin Hanımı, gelmenizi istiyor."

"Kendisinin hizmetindeyiz," dedi Thrang.

Kathnar onları kuleye götürdü. Yürürken gözlerini dikip onlara bakmamak için kendini zor tutuyordu. Birkaç kat merdiven çıktılar ve biraz sonra geniş, iyice aydınlatılmış bir yemek odasına girdiler. Kat, masanın başındaki büyük, gümüş masada oturuyor, biraz solgun, biraz da endişeli görünüyordu. Onlar yerlerini alırken gülümsedi ve Kathnar gidince konuştu:

"Görüyorum ki Alex sanatını geliştirmiş."

"Masanıza serserilerin gelmesini istemedim," dedi Alex gülerek.

"Nasıl gelirseniz gelin, içtenlikle karşılanırdınız," diye cevap verdi Kat. "Ama şu anda, bu sabahkinden daha iyi görünüyorsunuz."

"Ve artık Boş Kule'nin Kâhini oldun," dedi Thrang. "İlk konukların olmaktan şeref duyduk."

"Evet," dedi Kat ama gülümsemesi kayboldu. "Umarım bu, birlikte yediğimiz son akşam yemeği olmaz."

"Eminim ki hepimizin dileği bu," dedi Arconn.

Kat gülümseyip ellerini çırptı. Hizmetkârlar tepsilerle gelip yemekleri masalara bıraktıktan sonra, sessizce odadan çıktılar. Kat onların gidişini izlerken, gülümsemesi yine silindi.

"Bütün gün çalıştılar," dedi Kat usulca. "Sayıları çok az, bu yüzden çok çaba göstermeleri gerekiyor."

"Krallara layık bir yemek," dedi Thrang.

"Evet," diye kabul etti Kat. "Ama Kule, böyle yemeklerin masrafını daha ne kadar karşılayabilir, bilmiyorum."

Thrang, yüzünde şaşkın bir ifadeyle "Kazad-Syn'den teslim aldığımız hazineyi unutmadın herhalde," dedi. "Ne zaman istersen bölüşürüz. Kulenin masraflarını uzun yıllar boyunca karşılamaya fazlasıyla yetecektir."

"Evet, tabii ya, haklısın," dedi Kat, gülümsemesi geri gelmişti.

"Ayrıca, yüzüğün geri getirilmesine karşılık Thorgood'un vadettiği ödül var," diye ekledi Alex.

"Hem kulenin iyi müşterileri de hediyeler getirecektir," diye devam etti Arconn. "Lordların ve kralların cömert hediyeler vermesi, sıra dışı bir durum değil."

"Tüm dedikleriniz doğru," dedi Kat. "Ama yine de endişeliyim."

"Endişelerini bir kenara bırak," dedi Alex usulca. "Şu anda düşünülmesi gereken daha önemli şeyler var."

Kat başını sallayıp, "Kutlama günleri," dedi. "Evet, hazırlıklar bütün gün sürdü. Neredeyse hepsini iptal etmek isteyeceğim."

"Biz de seninle olacağız," dedi Thrang.

"Bu yeterli," dedi Kat. "Beni bağışlayın. Mutlu bir şenlik olması gerekiyor bunun, endişelenmenin zamanı değil. Şimdilik bunların hepsini unutalım. Alex'in dediği gibi, düşünülmesi gereken daha önemli şeyler var."

Yemeklerini yerken Kat mutlu görünmek için çok çaba harcadı; hatta Arconn'dan, Alex'in ilk macerasının hikâyesini tekrar anlatmasını istedi. Arconn, Thrang'in de katkılarıyla hikâyeyi anlatıp bitirdiğinde, Kat gülümseyerek, diğerleriyle birlikte alkışladı. Alex, para ve kutlamalardan daha başka bir şeylerin Kat'i rahatsız ettiğini görebiliyor ama diğerlerinin önünde bir şey söylememesi gerektiğini düşünüyordu.

Kat iyi geceler diledikten sonra, Kathnar onları kuleden çıkarmak için kapıya geldi. Diğerleri yataklarına giderken, Alex oturma odasında kaldı. Birkaç dakikalık sessizlikten sonra avluya çıktı ve asasına dayanıp başını kaldırarak kuleye baktı.

Yumuşak bir ses, arkasından "Lord Taylor?" diye seslendi.

Alex arkasını dönünce, gölgede duran genç bir kadın gördü. Çok tedirgin görünüyordu ve korkmuş gibi ellerini sıkıca birleştirmişti.

"Alexander Taylor benim."

"Kulenin Hanımı sizi burada bulabileceğimi söyledi," dedi genç kadın usulca. "Benden, ona katılmanızı rica etmemi istedi."

"Hanımefendi, kendisiyle nerede buluşmamı istiyor?" diye sordu Alex.

Genç kadın, "Kulenin tepesinde," diye cevap verdi. "Size yolu göstermem gerek ama... ama ben de bilmiyorum. Hanımefendi, sizin yolu bulabileceğinizi söyledi ama nasıl bulacaksınız, bilmiyorum."

"Hanımefendi beni tanıyor," dedi Alex. "Endişe etmeyin; istediği gibi, hanımefendinin yanına gideceğim."

"Lordum," diyebildi genç kadın. Eğilip Alex'i selamladı ve hızla uzaklaştı.

Alex onun ardından baktı ve kadın gözden kaybolduğunda, kartala dönüştü. Kanatları, fazla çaba harcamadan onu kaldırıyordu ve çok geçmeden, kulenin etrafında döne döne yükselip tepeye varmıştı.

Kat oradaydı, denize doğru bakıyordu. Alex süzülerek alçaldı ve kulenin üstüne, onun yanına indiğinde kendi biçimine dönüştü.

"Bunu her yapışında hayret ediyorum," dedi Kat gülümseyerek.

"Ama bana bunu şimdi de yaptırmadan duramadın."

"Karanlık zamanların ortasında, küçük bir keyif bu," diye karşılık verdi Kat usulca.

"Tahmin ettiğin karanlık nedir? Artık Boş Kule'nin Kâhini oldun. Başka ne istiyorsun?"

"Huzur."

"Seni rahatsız edenin, paradan fazlası olduğunu biliyordum," dedi Alex.

"Thraxon'un lordları ve kralları, yakında burada bir kâhin olduğunu öğrenecekler," dedi Kat yumuşak bir sesle. "Gelecekler ya da haberci gönderecekler. Bazıları benden, bilmediğim cevapları öğrenmek isteyecek. Diğerleri kulenin kontrolünü ele geçirip kâhini hizmetkârları yapmayı deneyecek. İyi bir kral olan Thorgood'u bile cezbedecektir bu."

"Henüz tüm gücünü bilmiyorsun," dedi Alex. "Bu kulenin duvarları içinde, büyük bir kötülük hariç, kimse senin gücüne meydan okuyamaz. Burada senin sözün kanundur. Ben bile burada sana karşı koyamam."

Kat, kederli bir sesle "Çünkü sen iyi ve naziksin," dedi. "Diğerleri böyle onurlu ruhlara sahip olmayabilir."

Alex omuz silkti. "Darvish şehrinde büyük bir gücün olacak, krallardan ve lordlardan bile fazla. Hatta belki büyük bir büyücününki kadar."

"Bundan çok emin görünüyorsun."

"Dediklerimden kuşkum yok," dedi Alex ciddiyetle.

"Peki ya insanlar Darvish'i ve kuleyi kontrol etmek amacıyla savaş başlatırlarsa?" diye sordu Kat.

"Söz verdiğim gibi, senin için elimden geleni yaparım. Ama çıkabilecek savaşları engellemek senin görevin," diye cevap verdi Alex.

"Daha şimdiden kâhin olmanın ağırlığını üzerimde fazlasıyla hissediyorum."

"Zamanla hafifleyecektir. Ben de sana, ihtiyacın olursa çağırabileceğin iki güçlü müttefik verebilirim."

"İki mi?" diye sordu Kat.

"Thorgood'un ve cüce diyarının her zaman senin yanında yer aldığından emin olacağım," diye cevap verdi Alex. "Thorgood, benim elimde bulunan, çok uzun zaman önce kaybolmuş bir şeyin geri getirilmesi için büyük bir ödül vadetmişti. Şayet Boş Kule'nin Kâhini'yle her zaman ittifak içinde olacağına söz verirse, bunu ona geri vereceğim. Ayrıca bu nesneye bir büyü yapacağım; böylece eğer cüce kralları günün birinde kuleye düşman olursa, bu nesne yeniden kaybolacak."

"Gerçekten güçlü bir vaat," dedi Kat cılız bir gülümsemeyle.

"Daha fazlasını vereceğim sana," diye devam etti Alex. "Eğer ihtiyacın olursa, beni çağır. Gelebiliyorsam, hemen gelirim. Gelemiyorsam, yardım gönderirim. Eğer beni ya da gönderdiğim yardımı bekleyemeyecek durumdaysan, yakınında çağrına cevap verebilecek biri olacak."

"Kemik Adası'ndaki ejderha mı?" diye sordu Kat. "Onu nasıl bana bağlayabilirsin? Ejderha efendisi sensin; onun, bana hizmet etmek için hiçbir sebebi yok."

"Ben ondan bunu istediğim için, senin çağrına cevap verecektir," dedi Alex kararlı bir sesle. "Sana, söyleyeceğin kelimeleri öğreteceğim ama uyarayım, bunu ancak çok ihtiyaç duyduğun anda söylemelisin."

Alex, Kat'e doğru eğildi ve kulağına fısıldadı. Uzaklaştığında, onun gözlerine baktı ve söylediği her şeyi anladığından emin oldu. Kat anladığını göstererek başını salladı ama bir şey demedi. İkisi, uzun bir süre kulenin tepesinde sessizce durdular ve birbirlerinin düşüncelerine derinlemesine baktılar. Tam güneşin doğuşundan önce Kat arkasını döndü. Gösterdiği gayretten dolayı solgundu ve titriyordu.

"İmkânın varken dinlen," dedi Alex usulca. "Kutlama günleri başlamak üzere ama bu geceden sonra o, artık önemsiz bir konu."

"Sana çok şey borçluyum," dedi Kat, tıpkı daha önce dediği gibi.

"Çok şey ve hiçbir şey," diye cevap verdi Alex. "Şimdi dinlen, dostum. Kutlama günleri sona erdiğinde, birbirimize veda ederiz."

Alex, Kat'in bir karşılık vermesini beklemedi. Kulenin kenarına yürüdü ve kartal biçimine dönüştü. Sabah rüzgârını alıp karanlık gökyüzüne yükseldi ve şehrin üzerinde bir gölge gibi süzüldü. Kat'in onu anladığını ve günler geçtikçe daha da iyi anlayacağını biliyordu. Ayrıca onun, kendisinin zannettiğinden çok daha güçlü olduğunu da biliyordu. Kat, savaşın Thraxon'a sıçramasını önlemenin bir yolunu mutlaka bulacaktı.

YİRMİ DÖRDÜNCÜ BÖLÜM

SET'İN TACI

Kâhin'in gelişi için yapılan kutlamalar bittikten iki gün sonra, Alex ve dostları Darvish'ten ayrılmak üzere hazırlanmışlardı. Barnabus ve Nellus, altı tane at bulmuş ve Thrang, Kat'in kâhin olarak Darvish'te kalabilmesi için maceracılık sözleşmesinden onu çıkarmıştı. Alex, şafaktan önceki saatleri kulede Kat'le birlikte geçirip, onun yeni güçlerini anlamasına yardım etti. Güneş, kulenin tepesine değdiğinde, Kat ve Alex, grubun geri kalanının onları beklediği avluya indiler.

"İşte veda vakti geldi," dedi Kat gülümseyerek. "Ama ayrılırken size verebileceğim hiçbir hediye yok."

"Bize zaten büyük bir hediye verdin, hanımefendi," dedi Thrang. "Kutlama günleri boyunca, konuğun olarak bizi şereflendirdin. Pek az kişi böylesine onurlandırılmıştır. Hepimiz sana borçluyuz."

"O zaman atlarınızı ödülünüze doğru sürün, dostlarım," dedi Kat. "Ve ne zaman gelmek isterseniz, burada hep çok iyi karşılanacağınızı bilin."

Thrang eğilirken, "Umarım buranın yolunu sıklıkla ve mutlulukla buluruz," diye karşılık verdi.

Alex ve diğerleri de Kat'in önünde eğildikten sonra eyerlerine tırmandılar. Son bir kez eğildikten sonra, at sırtında avludan çıktılar ve Darvish kentine girdiler. Alex, Kat'in onlarla birlikte gitmeyi ne kadar çok istediğini biliyordu. Ama onun, verdiği karardan memnun olduğunu da biliyordu.

"Demek artık kulenin bir kâhini var, ha," dedi Thrang. Bu sırada onları şehirden geçiriyordu. "Ömrüm boyunca hiç görmeyeceğimi sandığım bir şeydi."

Nellus, Alex'in yanında atını sürüyordu. "Bir kulenin kâhini için, 'arkadaşım' diyeceğimi hiç ummazdım," dedi. "Ama bir büyücüye 'arkadaşım' diyeceğimi de ummamıştım."

Şehir kapılarından çıkıp dağlara doğru at sürerken, maceraları hakkında konuşmaya başladılar. Benorg'a varmaları en az iki hafta, hatta belki daha fazla sürecekti. Ancak hava güzeldi ve ilkbahar, Thraxon'un kuzeyi boyunca hızla yayılıyordu.

Yolculukları rahat geçiyordu, Benorg'a giden yolda iyi vakit geçirdiler. Zaman zaman, doğuya doğru ilerleyen cüce topluluklarına rastlıyorlardı. Hepsi onlara Boş Kule'nin yeni kâhiniyle ilgili sorular soruyordu. Thrang onların sorularına dikkatlice cevap veriyor, Kat'in eskiden onların grubunun bir üyesi olduğunu bilmelerini istemiyordu. Thrain, Thrang'e kâhini tanıdıklarını neden kimseye söylemediğini sordu. Thrang cevap verirken gülüyordu.

"Kulenin kâhininin arkadaşın olduğunu açıkça öne sürmek, biraz kendini beğenmişlik gibi görünür," dedi. "Sonuçta çok az kişi, bir kâhini, bizim onu tanıdığımız kadar yakından tanıyor."

"Ama o bizim dostumuz, grubumuzun da bir parçasıydı," diye ısrar etti Thrain.

Sert bir ses tonuyla "Ve bu kimseyi ilgilendirmez," diye cevap verdi Thrang. "Neyin açıkça söylenip neyin söylenmeyeceği konusunda hâlâ öğrenmen gereken şeyler var. Alex ve Arconn'un etrafında olunca, onlardan bir şeyler öğrenirsin sanmıştım."

"Ama zaten ikisi de bir sürü şey anlatıyor," diye yakındı Thrain.

"Onlar sadece, senin duymanı istedikleri şeyleri söylüyor," diye düzeltti Thrang. "Sana çok şeymiş gibi geliyor ama gerçekte anlatabileceklerinin yanında, bu pek az bir şey."

Thrain'in kafası karışmış göründü ama Alex de Arconn da ona gülümseyerek baktılar. Nellus ve Barnabus da bu diyaloğu komik bulmuştu ama Thrain'e sataşmak istemediler.

Alex ve dostları Benorg'a vardığında, bahar iyiden iyiye etkisini hissettiriyordu. Şehir, devasa bir bahçeyi andırıyordu. Şehre yaklaştıkça Thrang, daha çok konuşmaya başladı; fakat Alex bazen onun sıkıntılı olduğunu fark ediyordu. Thrang'in, Set'in Tacı'nın geri verilmesiyle ilgili endişeleri olduğunu biliyordu. Thorgood, tacın geri getirilmesi karşılığında büyük bir ödül vadetmişti fakat Thrang, bu vaadi Thorgood karşılarında değilken konuşmak istemiyordu.

Öğleden sonra, atlarıyla kente girdiler ve yine sıcak bir

şekilde karşılandılar. Sokaklar, işlerine koşturan cücelerle doluydu. Çok geçmeden, Thorgood'un ulağı gelip onları kral adına karşıladı ve saraya gitmek üzere kendisini takip etmelerini söyledi. Fakat ulak, genelde yaptığı gibi grubun önünden gitmedi. Bunun yerine, şehirde ilerlerken geride kalıp Thrang'in yanında atını sürdü.

"Kardeşiniz Thorson iki gün önce geldi," dedi ulak. "Kısa sürede sizin de burada olacağınızı, yolunuzu gözlememizi söyledi."

"Thorson nerede kalıyor?" diye sordu Thrang. "Onunla görüşmek istiyorum."

"Kral, Thorson ile grubunun sarayda kalmalarını istedi. Eminim sarayda onunla görüşmek için vaktiniz olur," diye cevap verdi ulak. "Başka haberler de var. Thorson sizin bununla ilgili bir şey bilebileceğinizi ima etti."

"Ne haberiymiş o?" diye sordu Thrang.

"Darvish'te bir ejderhanın görüldüğüne dair söylentiler var," dedi ulak. "Dedikodulara göre ejderha, boş kuleye bir kâhin getirmiş ve kule artık boş değilmiş."

"Bu doğru," dedi Thrang sesini alçaltmıştı. "Fakat böyle şeyleri Thorgood'un önünde konuşmamız gerek, çünkü kendisi tüm hikâyeyi bilmek isteyecektir."

"Evet, tabii ki," dedi ulak hemen. "Kabalık etmek istemedim."

Belli ki fazla konuştuğunu düşünen adam, Thrang'i selamlayıp grubun önüne geçti. Biraz sonra, Alex, Thrang'le konuşabilmek için ileri geçti.

"Thorgood'a hangi hikâyeyi anlatmayı planlıyorsun?" diye sordu ona.

Thrang şaşırarak, "Gerçek hikâyeyi, tabii ki," diye cevap verdi. "Krala ne söylememi bekliyordun?"

"Yani gerçeğin ne kadarını ona anlatmak niyetindesin?" diye üsteledi Alex. "Unutma, bazı şeyler hakkında sessiz kalacağına yemin ettin."

"Unutmadım," dedi Thrang. "Bunu neden sır olarak tutmak istediğini bilmiyorum ama sözümden dönmeyeceğim. Bu durum, hikâyeyi anlatmayı daha zor hale getirecek. Hem bence Thorgood, benim atladığım kısımları tahmin edebilir."

"Edebilir," diye kabul etti Alex. "Ama tahminlerinin öyle kalması en iyisi. Günün birinde ona tüm gerçeği anlatmaya karar verebilirim ancak o kararı ben vereceğim."

"Nasıl istersen," dedi Thrang. "Büyücülerin davranışları sorgulanmaz."

"Ve bir cücenin dili, gerçeği daima muhafaza eder," dedi Alex gülümseyerek.

Arconn, Thrang'in öbür yanından, "Cüceler hakkında pek çok şey öğrendin," diyerek katıldı. "Ama büyük cüce şairlerini okuduğunu bilmiyordum."

"Sadece bazılarını," dedi Alex, hâlâ gülümsüyordu. "Cüceleri, tüm şiirlerini sevecek kadar tanıyamadım, en azından şimdilik."

Thrang ve Arconn güldüler. Alex yerine dönmek için atını biraz yavaşlattı. Tam Thorgood'un sarayının avlusuna girdiklerinde, sırasına geçebilmişti. Kral, onları bizzat avluda bekliyordu.

"Thrang," diye seslendi Thorgood. "Thorson bize geleceğinizi haber verdi. Anladığım kadarıyla, maceranızda başarıya ulaşmışsınız."

"Ulaştık, lordum," diye karşılık verdi Thrang, atından inip kralın önünde eğilirken.

"Mükemmel," dedi Thorgood. "Bu,tüm haberler içinde en iyisi ama... görünüşe göre, grubunuzdan biri kayıp. Thorson bize üzücü haberler getireceğinizi söylememişti."

"Zaten üzücü haber getirmedik," dedi Thrang. "Fakat belki de, hikâyemizi anlatmak için Thraxon'un lordları toplanana kadar beklemeliyiz."

"Evet, en iyisi bu olur," dedi Thorgood bir an sonra. "Şimdilik sana ve yanındaki grup üyelerine teşekkür edeceğim. Hepiniz için odalar hazırlattım. Bu gece ziyafet vereceğiz, sonra da sen maceranızın hikâyesini anlatabilirsin."

Thrang, "Çok naziksiniz, yüce kral," dedikten sonra grubun diğer üyeleriyle birlikte eğildi.

Alex, Thorgood'un maceranın hikâyesini duymak için sabırsızlandığını anlıyordu. Fakat iyi bir kral olduğundan, beklemesi gerektiğini biliyordu. Bu yüzden, önceki ziyaretlerinde olduğu gibi sorular sorup onlarla konuşmak yerine, hizmetkârlarına, onları odalarına götürmeleri ve rahatsız etmemeleri emrini verdi.

"Hikâyemizi duyunca, Kat'in yeni kâhin olduğunu tahmin edecektir," dedi Thrang, yalnız kaldıklarında.

"Peki buna nasıl tepki gösterir?" diye sordu Arconn. "Sonuçta yeni bir kâhin pek sık ortaya çıkmıyor. Kat'in ona borçlu olduğunu düşünebilir çünkü Kat'i boş kuleye, masrafını onun karşıladığı macera götürdü."

Thrang yavaşça, "Thorgood'u uzun yıllardır tanıyorum ama şu an ne yapacağını bilmiyorum," diye yanıtladı. "Kat'in

Kulenin Kâhini olması beklenmedik bir durumdu ve sorun yaratabilir."

"Thorgood için değil," dedi Alex. "Belki cüce diyarının lordları, durumu daha farklı görebilirler ama Thorgood'un sorun çıkaracağını sanmıyorum."

"Yeni kâhinler çoğunlukla sorunların merkezi olur," dedi Arconn, endişeli gelen bir sesle. "Birkaçının geldiğini ve pek azının gittiğini gördüm. Çoğu kez, karışıklık ve bir tür bela yaşanır."

"Evet, sanırım haklısın," diye kabul etti Alex biraz düşündükten sonra. "Kat, kâhin olduktan sonra sorunlarla karşılaşacağını öngörmüştü. Ben de ona, elimden gelen her şekilde yardım edeceğime söz verdim."

"Eh, gerçek bir sorun çıkmasını önlemek için bu yeterli," dedi Nellus gülümseyerek. "Sonuçta çoğu kral, bir büyücünün taleplerine karşı çıkmaz."

"Çoğu bilge kral çıkmaz," diye ekledi Barnabus. "Ama tüm krallar öyle değil."

"Kat'in tehlikede olduğunu düşünmüyorsun, değil mi?" diye sordu Thrain kaygılı bir sesle. "Eğer yardıma ihtiyacı varsa, Vargland'dan asker isteyebilirim. Eminim ki büyükbabam, kuleyi korumak için küçük bir ordu gönderir."

Thrang, başını iki yana sallayıp "Ve Thraxon cüce ülkesiyle savaş çıkarma riskine mi girer?" diye sordu. "Saçmalama Thrain, bu çok büyük bir risk olur. Büyükbaban, hükümdar olabilir ama Vargland buradan çok uzakta."

"Ben savaştan endişe etmiyorum," dedi Alex düşünceli bir tavırla. "Ve Thorgood'un bizi dinleyip mantıklı davranacağını düşünüyorum. Cüce diyarının lordlarına gelince, galiba onların da gerçekleri görmesini sağlayabilirim."

"Evet," dedi Thrang, gözleri Alex'in üzerindeydi. "Eminim ki lordlar senin istediğini yapacaktır. Ama unutma, cüce ülkesi, Thraxon'daki tek güç odağı değil."

"Evet, değil," diye kabul etti Alex. "Fakat en büyük güç odaklarından biri ve ona meydan okuyacak pek fazla güç yok. Eğer cüce ülkesi, kule ile ittifak içinde olursa, başka kimsenin sorun çıkarabileceğini sanmıyorum. Ayrıca, eğer ihtiyacı olursa diye, kulenin hanımına güçlü bir koruyucu da verdim."

Arconn hayretler içinde "Ejderha mı?" diye sordu.

"Sadece çok ihtiyacı olduğu anda onu çağırabilir," dedi Alex. "Umarım hiçbir zaman çağırmak zorunda kalmaz ama onu nasıl çağıracağını öğrettim."

"E, o zaman, bizim endişeleneceğimiz pek bir şey yok," dedi Thrang rahatlayarak. "Thorgood'a hikâyemizi anlatacağız ve yüzüğü teslim edeceğiz. Sözünü tutacak ve vadettiği ödemeyi yapacak. Bu bittikten sonra, grubumuzun Benorg'daki işi tamamlanmış olacak."

"Ama sen burada yaşıyorsun," dedi Nellus. "Kat'in kâhin olması seni etkilemeyecekmiş gibi davranamazsın."

"Pek çok söylentinin dolaşacağından eminim ama ne olursa olsun, benim Thraxon'daki itibarımı güçlendirir," dedi Thrang gülümseyerek. Alex'e kaçamak bir bakış attı. "Ve sanırım biz Telous'a geri dönmeden önce, halledilmesi gereken bir iş daha var."

"Evet," dedi Alex. "Thorgood ve lordlarıyla bir görüşme ayarlarsan, bundan onur duyarım, Thrang. Eğer sen ve ben onunla görüşürsek, soruna dönüşmeden önce pek çok meseleyi ortadan kaldırabiliriz."

"Nasıl istersen," dedi Thrang eğilerek. "Thorgood'la bu akşam, Arayış Yüzüğü'nü teslim ettikten sonra konuşacağım."

"Teşekkür ederim," dedi Alex. "Şimdi sanırım hepimiz, iyice temizlenmeliyiz. Bu akşam kralın onur konukları olacağız, en iyi şekilde görünmemiz gerek."

Alex arkasını döndüğünde, Thrang'in, sessizce Thrain'e bir şeyler dediğini duydu; "Gördün mü, birçok şey söyledi ama sen hâlâ onun neden bahsettiğini bile bilmiyorsun."

Alex gülümseyip odasına doğru yürüdü.

Alex ve dostları, yolculuğun kirinden arındıklarında, fazla beklemeden Kral Thorgood onları büyük ziyafet için çağırdı.

Thrang, uzun süredir olduğundan daha mutlu görünüyordu ve Alex, dostunun, maceralarının hikâyesini en son detayına kadar çoktan hazırlamış olduğunu anladı. Bundan memnun oldu; çünkü Thrang hikâyeyi anlatırken, bazı önemli kısımları atlamak ya da uydurmak zorunda kalacaktı.

Alex ve arkadaşları ziyafet için yerlerini aldıklarında, Alex toplanan cücelere baktı. Cüce lordlarının çoğu, Thorgood kadar mutlu görünüyordu ama bazıları sıkıntılıydı.

Herkes yerine geçtikten sonra Thorgood, "Dostlarım," diye seslendi.

"Çoğunuzun bildiği üzere, bir süre önce yakın dostum Thrang Silversmith'ten bir maceraya çıkmasını istedim. Bu maceranın detaylarını artık hepinizle paylaşabilirim; zira artık Thrang ve grubu, güzel şehrimize geri döndüler ve görevlerinde başarılı oldular."

Büyük salondaki cüceler fısıldaşırken, konuşmalardan kaynaklanan hafif bir uğultu oldu. Alex, kaç cücenin Thorgood'un, Thrang'den yerine getirmesini istediği görev hakkında doğru tahmin yürüttüğünü merak etti.

"Hepinizin bildiği gibi, son yıllarda madenlerimiz daha az verimli bir hale geldi; bu da krallığımızda bazı sıkıntılara neden oldu," diye açıkladı Thorgood. "Thrang'den sorunumuzu çözecek yegâne eşyayı, Efsanevi Arayış Yüzüğü'nü bulmasını istedim. Thrang, Albrek'in mezarını buldu ve çok uzun zamandır kayıp olan yüzüğü geri getirdi. Kendisi ve grubu, Thraxon cüce ülkesine büyük bir hizmette bulunmuş oldular; eminim ki hepiniz onları onurlandırmak istersiniz."

Thorgood, sözlerinin sindirilmesi için biraz durakladı. Alex, toplanmış olan cücelere baktı ve çoğunun hem mutlu hem de heyecanlı göründüğünü fark etti.

"Bu macerayı düzenleyen kişi olarak, maceranın başarılı olduğunu açıklama görevi ve ayrıcalığı bana ait," dedi Thorgood kocaman bir gülümsemeyle. "Thrang, senden rica etsem..."

Thorgood, Thrang'e öne çıkmasını işaret etti ve Thrang yavaşça kalkıp ayakta duran krala doğru yürüdü. Eğilip onu selamladıktan sonra Arayış Yüzüğü'nü büyülü çantasından çıkardı ve toplanan cüceler görebilsinler diye başının üstüne kaldırdı.

"Bu yüzüğü, macera için yaptığımız anlaşmanın yerine getirilmesi koşulu olarak kabul ediyor musunuz?" diye sordu Thrang, yüksek ve net bir sesle.

"Ediyorum," diye cevap verdi Thorgood. "Sana ve grubuna karşı, anlaşmamızın koşullarını yerine getireceğim. Bu macera başarıya ulaşmıştır, tüm cüceler, yaptıklarınızdan ötürü sizi onurlandırsın."

Thrang, kralın önünde dizleri üstüne çökerek Arayış Yüzüğü'nü takdim etti. Thorgood, yüzüğü Thrang'den aldı ve yanına gelmeleri için iki muhafızına işaret verdi. Muhafızlar, büyük ve altın bir sandığı aralarında taşıyordu. Thorgood sandığı açtı ve yüzüğü sandıktaki kadife astarın üzerine dikkatle yerleştirdi. Tören tamamlanmıştı, Thorgood da Thrang'i selamladı ve hizmetinden ötürü ona teşekkür etti.

"Ve artık ziyafetimize devam edelim, dostlarım!" dedi kral, yüksek sesle. "Bu, büyük maceracıların şerefine hazırlanan bir ziyafet. Yemeğimizi yedikten sonra Thrang, bize maceralarının hikâyesini ve Albrek'in mezarını nasıl bulduklarını anlatacak."

Thrang ayağa kalktı ve sandalyesine geri dönmeden önce, kralın önünde bir kez daha eğildi. Salonda yürürken cüceler yüksek sesle tezahürat yapmaya başladılar. Thrang durup odanın dört bir yanına ayrı ayrı selam verdi. Alkışlar ve bağırışlar devam ederken Thrang, grubun geri kalanının da kendisine katılmasını işaret etti. Alex ve diğerleri Thrang'e katıldığında, tezahürat o kadar arttı ki, gürültüden hava titriyormuş gibi geldi.

"Thraxon'un cüceleri hepinizi onurlandırıyor!" diye bağırdı Thorgood, tezahüratlardan sonra. "Bize büyük bir hizmette bulundunuz, sizi asla unutmayacağız."

Bağırışlar, ancak Thorgood halkını susturmak için elini kaldırdığında kesildi.

Ziyafet müthişti ve saatlerce sürmüş gibiydi. Hizmet eden

cüceler, Alex ve dostlarının hiçbir eksiğinin kalmadığından emin oldular; boşalmasına kalmadan kadehleri yeniden dolduruyor, bir tabakta yemek azaldığında hemen masaya yenilerini getiriyorlardı. Alex yemekten patlayacağını sandı fakat sunulanlar mükemmeldi.

Ziyafetin sonuna doğru Thorgood, Thrang'e bir kez daha öne çıkmasını işaret etti. Lambalar kısılmıştı, böylece Thrang, bir ışık çemberinin içinde ayakta duruyor gibiydi. Thrang, baştan ağır ağır ama giderek artan bir coşkuyla, maceralarının hikâyesini anlatmaya koyuldu.

Alex, Thrang'in konuşmasını dinliyor, gözleri bir Thrang'e, bir Thorgood'a kayıyordu. Thrang'in, Kemik Adası'na yaptıkları yolculuğu anlatırken hiçbir şeyi değiştirmemesine şaşırdı. Alex'le birbirlerine zıt düşmelerinden bahsederken, üzgün olduğu görülüyordu. Alex, Thorgood'un kendisini izlediğini ama o ne zaman doğrudan Thorgood'a baksa, bakışlarını kaçırdığını fark etti.

Thrang'in kelimelerle arası da iyiydi; çok fazla soruyu beraberinde getirebilecek bazı şeyleri atlayarak, hikâyeyi mümkün olduğunca anlattı. Nethrom'un mağarasındaki cücelerden pek bahsetmedi ve gökgürültüsü kuşunu kovalayan, Alex'in çağırdığı ejderhaymış gibi bir hava vermeye dikkat etti. Çağırdığı ejderhanın ta kendisinin, Alex ve dostlarını Darvish'e götürüp Boş Kule'nin kâhinini yeni yuvasına teslim ettiğini söyledi.

Alex, Thrang'in, Kat'ten, 'Kulenin Kâhini' unvanıyla bahsetmemesine biraz şaşırmıştı. Aslında, kulede misafir olduklarından hiç bahsetmedi. Kat'in yanlarında olmaması, Thorgood'un onun kâhin olduğunu tahmin etmesini kolaylaştırıyordu. Fakat salondaki cücelerin çoğu, soru sormayı düşünmediler bile.

"Harika bir hikâye," dedi Thorgood, Thrang sözünü bitirince. "Artık, düşündüğümden daha fazla onurlandırılmış olduğumuzu görüyorum. Bir kralın, ejderha efendisi bir konuğunun olması, pek sık görülen bir şey değildir."

Alex, Thorgood'un önünde hafifçe başını eğdi, kral da buna gülümsedi.

"Bence artık maceracılarımızın dinlenmeye ihtiyacı vardır; sonuçta buraya dönmek için pek çok badire atlattılar. Fakat onlardan son bir şey isteyeceğim: Benorg'da ellerinden geldiği kadar uzun süre kalmalarını. Tek gecelik ziyafetin, onları doğru düzgün onurlandırmak için yeterli olmadığını hissediyorum."

Alex ve dostları, bir kez daha kalkıp kralın önünde eğildiler. Ancak Thrang, ne kadar kalacaklarıyla ilgili bir söz vermedi.

Ziyafetin bitmesi ve maceralarının hikâyesinin anlatılmasıyla, Alex, o an hiçbir şeyin uykudan daha iyi gelemeyeceğini hissetti. O ve dostları, kralla birlikte salonu terk etmek üzere ayağa kalktıklarında, salondaki cüceler tekrar tezahürata başladılar. Fakat bu kez maceracılar sadece kalabalığa el salladı ve Thorgood'un peşinden salondan çıkıp küçük bir odaya girdiler.

"Tören için özür dilerim, dostlarım," dedi Thorgood gülümseyerek. "Thrang'in böyle şeylerden nasıl nefret ettiğini biliyorum. Geri kalanınızın da bu kadar övgüden rahatsız olduğunu anlayabiliyorum. Yine de ben ve krallık için çok büyük bir hizmette bulunduğunuzdan, diyarın lordları bir tören bekliyordu."

"Çok naziksiniz, lordum," dedi Thrang. "Bu maceranın başarıyla sonuçlandığını çoktan söylemiş olsanız da hâlâ hizmetinizdeyiz."

"Ah, o zaman belki bana, maceranızın hikâyesinin *tamamını* anlatırsın," dedi Thorgood. "Sen iyi bir hikâye anlatıcısısın, Thrang. Ama bu geceki hikâyende, eksik yerler olduğunu tespit ettim."

"Söylenmeyen şeyin, açıkça söylenmemesi gerekiyor," diye cevap verdi Thrang. "Bazı şeylerin sadece sizin kulağınıza gitmesi en iyisidir, diğerleri için aynısını söyleyemem."

"Kuşkusuz, kuşkusuz," dedi Thorgood, Alex'e bir bakış atıp.

"Kral Thorgood, Üstat Taylor sizinle ve cüce diyarının lordlarıyla bir görüşme talep ediyor," dedi Thrang. "Maceramızın, sizi yakından ilgilendirecek kısımları var, yüzüğü bulma görevimizle hiçbir ilgisi olmayan kısımlar bunlar."

"Ben de öyle görüyorum," dedi Thorgood, sakalını sıvazlayarak. "Bunun en azından bir kısmını tahmin edebiliyorum. Sizinle birlikte yolculuk eden kâhin geri dönmedi ama onu kaybettiğinizden hiç bahsetmediniz."

"Onu kaybetmedik," dedi Thrang. "O bizi yüzüğe götürdü ve onun yardımı olmasaydı, araştırmamız çok daha uzun sürerdi."

"Ama hak ettiği onuru kabul etmek için sizinle birlikte geri dönmedi," dedi Thorgood. "Onun nerede olduğunu göremeyecek kadar kör değilim. Boş kulenin yeni bir kâhini oldu. Grubunuzun bir ejderhanın yardımıyla yerine bıraktığı kâhin."

"Çok iyi anlıyorsunuz," dedi Thrang usulca.

"Ve o, eğer bu macera olmasaydı kuleye gitmeyeceğinden,

onun üzerinde hak iddia edebileceğimi düşündünüz," diye devam etti Thorgood. "İtiraf etmeliyim ki, bu düşünce aklımdan geçti."

"Böyle bir iddiada bulunmak bilgece olmaz," dedi Thrang hemen.

"İyi tavsiye veriyorsun, Thrang ve bu konuda haklı olduğuna da inanıyorum," dedi Thorgood bir an sonra. "Fakat halkımın tamamı, buna, benim ve senin gördüğün gibi bakmayacaktır."

"Belki ben onların mantıklı düşünmesine yardım edebilirim," dedi Alex öne çıkıp.

"Ah, bundan şüphem yok," dedi Thorgood gülerek. "Ama sen her zaman burada olmayacaksın ve senin hatıran, lordların hepsini hizada tutmaya yeterli olmayabilir."

"Başka yöntemler var," dedi Alex alçak sesle.

"Pekâlâ," dedi Thorgood. "Yarın sabah, istediğiniz görüşmeyi ayarlayacağım. Yeni kâhini ve istediğiniz her şeyi tartışacağız. Umarım Thraxon'un lordlarına doğruyu göstermeyi başarırsınız. Bir kâhinin düşmanım olmasını hiç istemem."

"Teşekkürlerimizi sunarız, lordum," dedi Thrang eğilerek.

"Ben de size sunarım, dostlarım," dedi Thorgood da eğilip onları selamlayarak.

Thrang, grubu sarayın ana bölümünden çıkarıp odalarına geri götürdü. Şöminenin etrafında oturana kadar hiçbiri konuşmadı, o zaman bile Thrang'in sessizliği bölmesi biraz zaman aldı.

"Korkarım ki cüce lordlarından bazıları, bunu kâhini kontrol etmek için bir fırsat olarak görecekler," dedi Thrang.

Arconn, "Herhalde kâhini kontrol edebileceklerini düşünmüyorlardır," dedi. "Onun ne söyleyeceğini ya da kiminle görüşmeyi kabul edeceğini belirleyemezler."

"Belki kâhinin yanına gidişleri kontrolleri altına almayı düşünüyorlardır. Onun bilgeliğinden yararlanmak isteyen herkesten yüksek bir ücret talep edebilirler," dedi Nellus.

"Bu da, ödemek zorunda kalan kişilerde büyük bir öfkeye sebep olabilir," diye ekledi Barnabus.

Thrain, gözlerini Thrang'e dikmişti, sorgulayan bir sesle "Bunu yapmazlar, değil mi?" dedi. "Kâhinler kimi isterse onu kabul eder. Vargland'da kimse Beyaz Kule'ye girişi kontrol altına almayı düşünemezdi bile."

"Belki evet ama Beyaz Kule hareket ediyor gibi, bu yüzden de sadece kâhinin görmek istediği kişiler orayı bulabiliyor," dedi Arconn düşünceli bir sesle. "Darvish'in boş kulesinin o kadar iyi gizlenebileceğini sanmıyorum."

"Evet, gizlenemez," dedi Alex. "Ama orada büyük bir güç var ve kuleye girişi kontrolü altına almak isteyen her kimse, ahmaklık etmiş olur."

"Bundan emin misin?" diye sordu Thrang.

"Oradaki gücü hissetmiştim," dedi Alex. "Kat'in o gücü nasıl kullanacağını ve gücün Darvish kentinden ne kadar öteye eriştiğini öğrenmesi biraz zaman alacak fakat mutlaka öğrenecek."

"O zaman, cüce lordlarını aptalca bir şey yapmayı denememeleri için ikna etmek zorundayız," dedi Thrang, endişeli bir sesle. "Ancak bunu nasıl yapabiliriz, bilmiyorum."

"Bilmiyor musun?" diye sordu Alex.

"Sen Thorgood'un ne ödül vadettiğini bilmiyorsun bile," dedi Thrang alçak sesle. "Thorgood karşımızda olmadığı sürece bunu konuşmayacağımıza söz vermiştik."

"Büyük bir ödül vadettiğini biliyorum ve Thorgood ne verecek olursa olsun, benim için pek bir anlamı olmayacağını tahmin ediyorum," dedi Alex. "Yarın senle ben, Thorgood ve lordlarıyla konuşacağız, nasıl bir anlaşmaya varacağımızı göreceğiz."

"O ne vadetmiş olursa olsun, lordların hepsi Thorgood'u desteklemiyor," diye uyardı Thrang.

"Cüce ülkesinin gerçek kralını destekleyecekler, yoksa itibarlarını yitirirler," dedi Alex. "Ve eğer Thraxon cüce ülkesinin gerçek kralı da ondan etmesini isteyeceğim yemini bozarsa, belki bir daha Thraxon cüce ülkesinin gerçek bir kralı olmaz."

"Tehlikeli sularda yüzüyorsun," diye uyardı onu Thrang.

"Belki," diye cevap verdi Alex. "Ama buna, bir ejderha efendisinden başka kimin karışması daha iyi olurdu?"

Thrang cevap vermedi, Alex de artık başka soru yanıtlamak istemiyordu. Ertesi sabah Thorgood ve lordlarıyla buluşmadan önce yapması gereken şeyler vardı. O gece çok az uyuyabileceğini biliyordu. Ayağa kalktı ve arkadaşlarına iyi geceler dileyip, onları istedikleri cevapları vermeksizin ateşin başında bıraktı.

Alex kahvaltı için dostlarına katıldığında, "Bütün geceyi ayakta geçirmiş gibi görünüyorsun?" dedi Arconn,

Alex yorgun bir gülümsemeyle "Ayaktaydım zaten," dedi.

“Eğer çok yorgunsan, kraldan buluşmayı ertelememizi isteyebilirim,” dedi Thrang.

“Hayır, bu işi bir an önce halletmemiz iyi olur,” dedi Alex, yerine geçip en yakındaki tabağa uzandı.

Alex çabucak kahvaltısını etti ve ateşin başında oturan Thrang’in yanına geçti.

“Bugün ne yapacağını biliyor musun?” diye sordu Thrang.

“Evet,” diye cevapladı Alex. “Böylece cüce ülkesinin daha iyi bir yer haline geleceğini düşünüyorum.”

“Umarım haklısındır,” dedi Thrang usulca. “Ne olursa olsun, senin yanında yer alacağım.”

“Teşekkür ederim,” diyen Alex, Thrang’in omzuna hafifçe vurdu. “Haydi artık gidelim de, Thorgood ve lordlarıyla konuşalım. Fazla uzayan ve artık bitirilmesi gereken şeyler var.”

Odaya dönerken Thrang, başını salladı ve kapıya doğru yöneldi. Alex de arkadaşının yanında sessizce yürüyerek, avludan, sarayın ana bölümüne geçti. Geldiklerinde Thorgood çoktan onları bekliyordu ve yüzünde kaygılı bir ifade vardı.

“Lordlar toplandılar ama homurdana homurdana,” dedi Thorgood. “Söyleyeceklerine dikkat et, dostum. Illius’un tersliği üstünde, senin sözlerini çarpıtıp kendi lehine çevirmeye çalışabilir.”

“Burnlaplı Illius mu?” diye sordu Alex.

“Evet, nereden bildin?” diye sordu Thorgood şaşkınlıkla.

“Dikkat edince pek çok şey öğreniliyor,” dedi Alex. “Endişelenmeyin, Illius’la başa çıkarım.”

"Lordlarımdan herhangi birine büyüyle zarar vermene müsaade edemem," diye ikaz etti Thorgood.

"Hiçbirine karşı büyü kullanmayacağım," dedi Alex eğilerek.

Thorgood başını salladı ve lordların beklediği odaya doğru, yolu gösterdi. Thrang endişeli görünüyordu. Fakat Alex ne yapacağını ve söyleyeceğini çok iyi biliyordu.

"Lordlarım," diye başladı Thorgood, odaya girdiklerinde. "Onur konuğum Üstat Taylor, hepimizle görüşmek istedi. Bu konseyle görüşülmesi gereken konular olduğunu düşünüyor. Bu yüzden, bu sabah hepinizin buraya gelmenizi rica ettim."

Zayıf ve hasta görünen bir cüce, kralın sağ tarafından, "*Emrettiniz* desek daha doğru olur," dedi. "Bağışlayın, Lord Thorgood ama bu, çok olağan dışı bir şey. Lordlar konseyi, bir yabancıyı nadiren bu odaya kabul eder."

Alex, cana yakın bir ifadeyle "Thrang'in dün gece size anlattığı gibi, bu macera sırasında ben, Neplee cüce kentinde lord ilan edildim," dedi.

"Evet, bu doğru," diye cevap verdi hasta cüce küçümseyerek. "Fakat güney şehirleri burada nadiren temsil edilir. Ve sizin Neplee'nin lordlarından biri ilan edildiğinize dair, sadece Thrang'in sözünü duyduk."

"Sözümden şüphen mi vardı, Illius?" diye sordu Thrang öfkeyle.

"Hiç de değil, Lord Silversmith," diye cevapladı Illius çarpık bir gülümsemeyle. "Uzak diyarlar hakkında anlattığınız hikâyeler bizi yıllardır cezbediyor. Eminim ki buradaki hiç kimse, sizin sözlerinizi sorgulamaz."

"Yeter," dedi Thorgood, kendisi de sinirlenerek. "Üstat Taylor, Neplee'nin lordlarından biri oldu. Dahası, o bir büyücü ve ejderha efendisi. Bence bunlar, bu salona gelip bizimle konuşmasına izin vermek için fazlasıyla yeterli sebeplerdir."

"Nasıl isterseniz, kralım," dedi Illius soğuk soğuk ve tekrar yerine oturdu.

Thorgood, yeniden duygularına hâkim olduğunda, "Pekâlâ," dedi. "Üstat Taylor, bizimle neden görüşmek istediğinizi anlatır mısınız?"

"Buluşmak istememin iki sebebi var," dedi Alex, Thorgood'u eğilerek selamlarken. "Ama şimdi buraya gelince, düşündüğümden daha fazla sebebin olduğunu anladım. Ancak ilk sebeple başlayacağım."

"Neymiş o?" diye sordu Illius yüksek sesle.

"Size, Kral Thorgood ve lordlarınıza, Boş Kule'nin yeni kâhinine gereken her şekilde yardım edeceğime dair yemin ettiğimi bildirmek isterim," dedi Alex. Göz ucuyla Illius'a baktı ve ekledi: "Eğer ihtiyacı olursa beni çağırmasını, ben ve dostlarımın yardımına koşacağımızı kâhine söyledim."

"Tehdit yani," dedi Illius öfkeyle. "Sözlerinde bir tehdit gizliyorsun, büyücü."

"Tehdit etmiyorum," dedi Alex sakince. "Sadece, eğer ihtiyacı olursa kâhine yardım edeceğimi bildiriyorum sizlere. Yalnızca kâhini veya kâhine erişimi kontrolü altına almak isteyecek kadar ahmak olanlar, sözlerimden korkmalı. Kral Thorgood'un böylesi planları olmadığına eminim. Bu yüzden de size söylediklerim tehdit barındırmıyor."

Alex'in sözlerinin genel bir kabul gördüğünü gösteren fısıltılar duyuldu. Illius etrafa öfkeyle baktı. Cüce lordlarının, Alex'in sözleriyle tehdit edilmiş gibi hissetmelerini istediği belliydi. Fakat hepsi, Alex'in dediklerini anlayıp kabul ediyor görünüyordu.

"Büyücüler kurnazlıklarıyla bilinirler," dedi Illius asık suratla. "Dostlarım sözlerinizin ardındaki manayı göremiyor olabilir ama ben görüyorum."

"Öyle mi?" diye sordu Alex. "Çok fazla şey gördüğünüzden şüpheliyim. Gözleriniz bir tek yere sabitlenmiş ve etrafınızı görmenize mani oluyor."

Illius ayağa fırlayıp, "Ne demek istiyorsunuz?" diye sordu.

"Adınızı duyduğum anda, bu görüşme için yeni bir sebebim oldu demek istiyorum," dedi Alex. "Adınızı daha bu ülkeye gelmeden, hatta Arayış Yüzüğü'nü bulmak üzere maceraya katılmadan önce duymuştum."

"Adımı mı duymuştunuz?" diye sordu Illius, yüzü kızararak. "Büyücü olarak transa geçtiğiniz sırada mı? Yoksa bir ejderha mı söyledi size?"

"Hayır," dedi Alex. "Bay Cornelius Clutter'ın macera dükkânında duydum."

"Ne?" diye bağırdı Illius.

"Bu maceraya katılmadan önce, Bay Clutter'ı ziyaret ederken," diye açıkladı Alex, "üyelere ihtiyaç duyulan maceraların bazılarından bana bahsetme nezaketini gösterdi. Bunlardan biri, Set'in Tacı'nı aramaktı ve bu maceranın ödülünü verecek kişi, Burnlaplı Illius adında biriydi."

"Yalan!" diye bağırdı Illius. "Yalan söylüyorsun."

"Benim yapmadığım bir şey bu," dedi Alex soğuk bir sesle. O da kızmaya başlamıştı. "Eğer Thorgood'un, bu odada büyü yapılmayacağına dair isteğine saygı duymasaydım, hemen şimdi bu gizli macerayla ilgili gerçekleri ortaya dökmeye başlamış olurdunuz."

"Gizli değildi," dedi Illius hemen, başını Alex'ten uzağa çevirip. "Ben... ben tacı bulmak ve krala bir hediye olarak sunmak istiyordum. Büyük bir hediye olacağını düşündüm, hepsi bu."

"Ve herhalde tacı kendi adınıza elinizde tutmak istemediniz, değil mi?" dedi Alex. "Tacı elinde tutan kişinin, cüce ülkesinin gerçek kralı olarak tanınacağını hiç düşünmediniz. Tacı elinize geçirdiğinizde, Set'in gerçek mirasçısı olduğunuzu iddia edebileceğiniz ihtimali hiç aklınıza gelmedi."

"Hayır, ben asla..." diyerek kekeledi Illius. Alex konuştukça onun beti benzi atıyordu. "Hediye olacaktı, onurum üzerine yemin ederim."

"Senin onurun falan yok," diye tersledi Alex. "Başkalarının laflarını çarpıtarak, kendi işine geldiği şekle sokuyorsun. Konsey toplantısına katılmanı istediğinde, kralına saygı göstermiyorsun. Darvish şehrini gizlice kontrol altına almayı ve böylece, kâhinle görüşmek isteyenleri bu ayrıcalık için sana para ödemeye zorlamayı planladın. Evet, gerçeği görüyorum ve askerlerinin nereye gittiğini biliyorum. Hiçbir büyücü, senin ne yapmaya çalıştığını göremeyecek kadar kör değildir, Illius."

"Doğru mu bunlar, Illius?" diye sordu Thorgood, gözleri öfkeyle yanıyordu. "Darvish'e asker mi gönderdin? Set'in Tacı'nı bulmak için macera düzenlemeye mi çalıştın?"

"Evet," diye cevabı yapıştırdı Illius. "Seni ihtiyar budala. Hayatımızın fırsatının elimizden kayıp gitmesine izin verecektin. Darvish'i kontrol altına alarak, madencilikten yüz yılda kazandığımızdan daha fazlasını, oradan bir yılda kazanabiliriz. Gerçek servet kapının önünde duruyorken, sen Arayış Yüzüğü'nü bulmak adına, ahmakça bir macera uğruna, boşa zaman ve para harcadın."

"Hepimizin onuruna leke sürüyorsun," diyen Thorgood, başını iki yana salladı. "Bir kâhini, ancak bir budala kontrol etmeye çalışır. Eğer tek suçun bu olsaydı, yine yeterince kötüydü ama sen daha fazlasını yapmışsın. Beni tahttan indirip krallığı eline geçirmeyi amaçlamışsın. İhanet, senin yüreğinde Illius ve halkımıza neye mal olursa olsun, bunu yapacaktın."

"Halkın bir önemi yok!" diye bağırdı Illius, suratı hiddetle çarpılmıştı. "Zengin ve güçlü olanların buyruklarını yerine getirecek halk her zaman vardır. Serveti halk için çarçur ediyorsun, bu yüzden de onlar seni seviyor ama sonunda sana ne faydası olacak?"

"Bu kadar kör müsün?" diye sordu Thorgood. "Kralı kral yapanın halk olduğunu anlamıyor musun? Halkı kral var etmez."

"Bana istediğini yap! " diye haykırdı Illius. "Bu aptal çocuk beni küçük düşürdü, planlarım anlaşıldı. Evet, kaybettim ama sen de kaybettin, Thorgood. Bu diyarın cücelerinin hiçbiri, seni asla kral olarak tanımayacaklar. Ta ki Set'in Tacı'nı alana kadar ve ona da asla sahip olamayacaksın. Efsaneden ibaret olan tacı bulma macerasına hiçbir maceracı katılmaz. Bu da tacın sonsuza dek kaybedildiği anlamına geliyor. Krallığın asla bir bütün olmayacak."

"Şimdi de bugün buraya gelmek için ikinci sebebimden bahsediyorsun," dedi Alex. "Thorgood, dün gece size hikâyemizi anlatırken Thrang'in bazı kısımları atladığını tahmin etti. Şimdi ben boşluğu dolduracağım, çünkü bu olay olduğunda, bir tek ben oradaydım."

"Ruhçağıranın mağarası ve tanıştığın cüceler," dedi Thorgood, gözleri anlayışla irileşmişti.

"Evet," dedi Alex. "Ruhçağıranın mağarasında cüce Set'le konuştum. Benden, tacını Benorg'daki gerçek mirasçısına götürmemi istedi."

"Hayır!" diye çığlık attı Illius, sanki azap çekiyormuş gibi. "Taç sonsuza dek kayboldu. Gerçek kral yok."

"Taç şu an benim yanımda," diye devam etti Alex, Illius'u umursamadan. "Onu size teslim etmeye hazırım, Kral Thorgood. Fakat önce sizden bir şey istemek zorundayım. Ne vadetmiştiniz? Set'in Tacı'nın geri getirilmesi karşılığında ne vadetmiştiniz?"

"Ah, şu vaat," dedi Thorgood başını sallayıp. "Cüce diyarının tüm kralları tarafından verilmiş bir vaatti bu. Ben de şimdi o vaadi yerine getirmeyecek değilim. Vaadi bütün lordlarım biliyor. Basitçe şu: Diyarın toplam servetinin yarısı, Set'in tacını geri getiren kişiye verilecek ya da eğer isterse, diyarın bir yarısını, kral adına kendisi yönetmek üzere alacak."

"Büyük bir vaat," dedi Alex düşünceli bir tavırla. "Herhangi bir tacın edebileceğinden daha fazla belki de."

"Vaadi yerine getirmeye hazırım," dedi Thorgood gururla. "Sadece, hangisini istediğini söylemen gerekiyor; krallığımın servetinin yarısı mı, yoksa yönetmen için krallığın yarısı mı?"

"Peki ya başka bir şey istersem?" diye sordu Alex.

"Başka ne isteyebilirsin ki? İstediğin ödülü bana söylemen yeterli," diye karşılık verdi Thorgood ciddiyetle.

"Hepsi yalan!" diye bağırdı Illius, öfkeden gözlerinden ve yüzünden yaşlar akmaya başladı. "Taç yok. Yıllardır kayıp."

"Kral Thorgood ve cüce ülkesi Thraxon'un lordları," diye konuştu Alex. Illius'un sesini bastırabilmek için yüksek sesle konuşuyordu. "Set'in tacının geri verilmesi karşılığında, sadece şunu istiyorum: Boş Kule'nin Kâhini ile her zaman dost olacağınıza yemin etmenizi. Eğer isterse ona yardım edecek, ihtiyacı olursa onu koruyacak ve kâhinle görüşmek isteyenlerin topraklarınızdan özgürce geçmesine her zaman izin vereceksiniz."

"Taç gibi çok büyük bir ödül karşılığında istediğiniz tüm bedel bu mu?" diye sordu Thorgood, inanamıyor gibiydi. "Kendin ya da grubun için bir şey istemiyor musun?"

"Tüm isteğim ve kabul edeceğim tek şey bu," diye cevap verdi Alex.

"Öyleyse, cüce ülkesinin kralı olarak yemin ediyorum ki her zaman Boş Kule'nin Kâhini'nin gerçek dostları olacağız. Çağırırsa ona yardıma gideceğimize ve ihtiyacı olursa onu koruyacağımıza yemin ediyorum. Tüm isteklerini ve daha fazlasını yapacağımıza yemin ederim," dedi Thorgood. Sesi mutluluktan titriyor, gözlerinde yaşlar parıldıyordu. "Ve senin adının, bu krallıkta her zaman en yüce onurla hatırlanacağına yemin ediyorum."

"Sözünüze güveniyorum, Set'in gerçek mirasçısı, yüce kral," dedi Alex, büyülü çantasına uzanırken. "Ben de size bir şey daha söyleyeceğim. Bugün verdiğiniz sözü bozmazsanız Set'in tacı sonsuza dek sizde ve halkınızda kalacak. Thraxon'un cüceleri kâhine karşı olurlarsa, taç bir kez daha kaybolacak."

"Dediğin gibi olsun. Ne diyorsunuz, Thraxon'un lordları?" diye sordu Thorgood.

"Hayır, hayır, hayır, hayır!" diye bağırıyordu Illius delicesine. "Olamaz."

Illius haricindeki tüm cüceler ciddiyetle "Verilen sözleri tutacağız," diye karşılık verdiler.

Alex, eğilip Thorgood'u selamladı ve büyülü çantasına fısıldayıp Set'in güzel tacını ortaya çıkardı. Bobkin, Belkin ve Dobkin, onu tamir etme konusunda mükemmel bir iş çıkarmışlardı. Dobkin, kırılmadan önce taçta ne büyüsü olduğunu anlamıştı. Alex, eski büyüyü yenilemiş ve biraz da kendinden sihir eklemişti. Onun büyüsü sayesinde taç, cüce diyarında kalacaktı ve eğer cüceler ona verdikleri sözü bozarsa tacı yok edecek şey de onun büyüsü olacaktı.

Som gümüşten yapılan taç parlıyor ve güneşin aydınlattığı odada ışıldıyordu. Alex, tüm cücelerin görmesi için tacı havaya kaldırdı. Tacın üstündeki yıldız biçimindeki safir taş, büyünün içten gelen ışığıyla hafifçe parlıyordu. Thorgood, Alex'in önünde tek dizi üstüne çöktü. Gözlerini taca dikmişti.

"Tacı başıma koyarak beni onurlandırır mısın?" diye sordu Thorgood. "Bir kral, gerçek bir büyücü ve ejderha efendisi tarafından taç giydirilmekten öte ne isteyebilir?"

"Nasıl isterseniz," dedi Alex eğilip. Tacı nazikçe Thorgood'un başına yerleştirdi. "Kalk, Thorgood, cüce ülkesi

Thraxon'un gerçek kralı olarak kalk. Ve bugün verdiğin sözleri asla unutma."

"Hayır!" diye feryat etti Illius acı içinde. "Böyle olmaması gerekiyordu. Kral ben olacaktım. Tacı benim almam gerekiyordu."

Thorgood tekrar ayağa kalktı, tacındaki yıldız safir canlanmış gibiydi; tacın üstünden alev gibi parlıyordu. Cüce lordları coşkuyla bağırmaya başladılar ama Illius sessiz kaldı, öfke ve korkuyla titriyordu.

"Muhafızları çağırın," diye emretti Thorgood. "Illius, komployu kuranlarla birlikte, bu ihanetinin bedelini ödemeli."

"Kral Thorgood, bir şey söylemeliyim," dedi Alex hemen. "Geceyi şehri araştırarak ve neler yapıldığına dair gerçekleri keşfederek geçirdim. Illius bu ihanetinde tek başınadır; Darvish'e gönderdiği askerler bile neden gönderildiklerini bilmiyordu. Illius onlara, sizin isteğinizle gönderildiklerini ve şehre vardıklarında talimatları alacaklarını söylemiş."

"Hayır, yalan söylüyor!" diye bağırdı Illius. "Kralları olmamı isteyen pek çok müttefiğim ve müridim var."

Thorgood, Illius'un atıp tutmasını umursamadı. "Askerlerin peşinden derhal en hızlı atlılarımı göndereceğim ki kâhine bir rahatsızlık vermesinler. Illius, suçlarından dolayı yargılanacak ama bu kötülüğü, Burnlap hanesine mal etmeyeceğim. Şimdi, dostum, eğer bittiyse, bizi yalnız bırakmanızı rica edeceğim. Lordlarıma ve bana, bugün tartışılacak pek çok konu sundunuz."

"Nasıl isterseniz, yüce kral," diye cevap verdi Alex eğilip.

Alex, Thrang'i konsey salonunda bırakıp, hâlâ laf kalabalığı yapan Illius'u sürükleyip götürmekte olan muhafızları takip etti. Illius, muhafızların kulak asmadığı emirler yağdırıyordu. Alex, cücenin aklını yitirmiş olabileceğini düşündü.

Illius, muhafızlar onu zindanlara doğru sürüklerken, "Senden intikamımı alacağım, büyücü. Henüz kazanmış değilsin. Bilinen diyarlar boyunca senin peşine düşüp bugünün hesabını soracağım!" diye bağırdı.

"Ne istediğine dikkat et, Illius," diye karşılık verdi Alex soğuk soğuk. "Peşime düşecek kadar uzun yaşarsan, bir büyücüden çok daha ölümcül bir şeyin seni beklediğini görürsün."

Alex en yeni düşmanına arkasını dönüp, dostlarının beklediği odalara geri gitti. Set'in tacını Thorgood'a geri verebildiği için memnundu ama tuhaf bir şekilde, Illius için de üzgün hissediyordu. Illius eskiden kötü bir cüce değildi –hiç kimse doğuştan kötü değildir– ama o, iktidar ve servet tutkusunun kendisini yok etmesine izin vermişti.

Thrang o akşam geç saatte grubun yanına döndü, günün tüm olayları onu yormuş görünüyordu. Ortak salona girdiğinde Alex'i selamlayıp, yaptığı her şey için sessizce teşekkür etti.

Ateşin başında oturduklarında, "Uzun yıllardır, biri tacı bulacak diye korkuyordum," dedi Thrang. "Eğer taç yanlış ellere geçseydi, cüce ülkesinde iç savaş çıkabilirdi."

"O zaman, tacı ben bulduğum için şanslıyız," dedi Alex.

"Şanslı mı?" diye sordu Thrang. "Seni tanıdıkça, şansa giderek daha az inanıyorum."

"Eh, artık her şey çözüldü," dedi Arconn. "Telous'a dönmeden önce Benorg'da ne kadar kalacağız?"

"Şehirden şimdiden bıktın mı?" diye sordu Thrang.

"Burada yüz yıl yaşayabilirim, şehirden ve halkından sıkılmam," diye cevap verdi Arconn. "Ancak maceramız tamamlandı, Thraxon'daki işimiz bitti."

"Evet, haklısın," dedi Thrang. "On gün burada kalacağız, daha azı kabalık olur. Sonra da Telous'a dönüp maceramızı noktalayacağız."

"On gün partiler ve hikâyelerle mi geçecek? Başarımız karşılığında çok ağır bir bedel ödüyoruz," dedi Alex gülerek.

Sonunda Alex ve dostları, Benorg şehrinde on iki gün kaldılar ve her gün, büyük bir ziyafet ve maceralarının tekrar tekrar anlatılmasıyla bitti. Alex, Thrang'in aynı hikâyeyi ilk akşamki gibi anlatmasından ama hiç kimsenin, kâhini boş kuleye götüren ejderha hakkındaki gerçeği tahmin edememiş görünmesinden hoşnuttu.

Sonunda şehirden ayrılırken, sokaklar sıra sıra cücelerle dolmuştu ve grup, ana kapıları çoktan arkalarında bıraktığında bile, gerideki tezahürat ve bağırışı duyabiliyordu. Şehirden epeyce uzaklaştıktan sonra, geleceğin neler getireceği hakkında konuşmaya başladılar. Alex elbette Telous'ta Whalen'le buluşmayı planlıyordu, oraya ne zaman varacağını bir mektupla dostuna çoktan haber vermişti. Arconn, Thrain'le birlikte Vargland'a gidip orada yaşayan elfleri ziyaret edecekti. Barnabus ve Nellus kendi evlerine dağılmayı planlıyorlardı. Thrang ise Telous'ta kalıp, Vargland'dan Thraxon'a yolculuk eden bir cüce grubunu bekleyecekti.

"Aslında belki de, Arconn ve Thrain'le birlikte Vargland'a doğru giderim," dedi Thrang. "Cüce grubuyla yolda buluşabilirim."

"Güzel olur," dedi Thrain. "Keşke Fivra da bizimle gelebilseydi."

"Merak etme, eminim genç Fivra çok yakında ziyaret edecek bir kâhin bulacaktır," dedi Arconn gülümseyerek.

Bir an Alex de Vargland'a gitmek ve oradaki dostlarını ziyaret etmek istedi ama bunun şimdilik mümkün olmadığını biliyordu. Whalen onun için Alusia'da yeni bir ev bulmuştu. Alex orayı görmek ve yerleşmeye başlamak istiyordu. Ayrıca Whalen'e anlatmak istediği, yazıya dökmeyi başaramadığı pek çok şey vardı.

Thraxon diyarındaki son gecelerinde Alex, Thrang'e, "Herhalde emekliliği tekrar düşünmeye başlarsın," dedi. "Bu son maceramızın ödülü, seni uzun yıllar rahat rahat yaşatmaya yeter."

"Yeter tabii ki," dedi Thrang hırıltıyla gülerek. "Ama yollara düşmeyi ve iyi arkadaşlarla birlikte olmayı özlerim."

"Hem eğer yerleşirse, akrabalarının onu bulması çok kolay olur," diye güldü Arconn.

Keyifli bir akşamdı ve Alex bitmesini istemiyordu. İlk iki macerasında da böyle olmuştu: Üzgündü, yakında arkadaşlarından ayrılacağını biliyordu. Ama bir yandan da mutluydu çünkü günün birinde onları tekrar görme ihtimali yüksekti. Çıkılacak yeni maceralar ve tanışılacak yeni dostlar her zaman olacaktı.

YİRMİ BEŞİNCİ BÖLÜM

YENİ BİR YUVA

Alex ile dostları Telous'a vardıklarında, neredeyse öğlen oluyordu ve her zamanki gibi, Altın Kuğu onlara bolca yiyecek ve içecek hazırlamıştı. O sabah Alex adına bir mektup gelmişti; Whalen ertesi gün Telous'a varacağını bildiriyordu. Bu yüzden, yemeklerini yedikten sonra yapacak pek bir şeyleri olmayan Alex ve Arconn, güneş batana kadar sokaklarda dolaştılar.

Akşamki ziyafet, Alex'in daha önce Altın Kuğu'da yediklerinin hepsi kadar iyiydi. Sonunda Thrang'in fazla uzun bir konuşma yapmamasına da sevindi. Kat'in yanlarında olmayışından dolayı biraz üzgünlerdi ama Thrang hemen, onun burada olmamasının, aslında iyi bir olayı müjdelediğini vurguladı. Geceyi, Boş Kule'nin yeni kâhini şerefine kadeh kaldırarak ve bir gün yine beraber yolculuğa çıkma dilekleriyle noktaladılar.

Alex o gece yatağa yorgun argın gitti ve rüya görmüşse de sabah uyandığında hatırlayamadı. Grup kahvaltı için buluştu sonra da Thrang onları sokağın karşısına, Dul ve Yetimler Fonu'na bağış yapacakları binaya götürdü. Hepsi aşırı cömert davranacak kadar zenginleşmişti. Bunun sebebi, sadece macera sırasında büyük hazineler bulmaları değil, aynı zamanda Thorgood'un, gelecekte ödeyeceği hazineden avans vermek konusunda ısrar etmiş olmasıydı.

Thrang gülümseyerek, "Thorgood sözünü tutacak ama biz Thraxon'dayken ödeme yapması daha kolay olurdu," dedi. "Cüce diyarının göndereceklerini burada teslim almayı hepinizin kabul ettiğini biliyorum fakat o kadar büyük bir hazinenin Telous'a nakliyesi masraflı olacak."

"Belki de Thorgood'a, hazinemizi Thraxon'a ne zaman yolumuz düşerse o zamanlarda teslim almak üzere saklamasını söylemeliydik," dedi Arconn gülümseyerek.

Nellus, "Thraxon'a geri dönmek güzel olur," diye katıldı. "Ben şahsen, sırf kâhini ziyaret etmek için bile olsa, sıkça oraya dönmek isterim."

"İyi fikir," dedi Barnabus. "Ailemden bazı kişiler bir kâhini ziyaret etmek istiyordu. Tanıdığım bir kâhin olması daha iyi."

"Kâhinle dostluğunu kötüye kullanma," diye uyardı Alex. "Bizim dostumuz olabilir ama bu bir şey ifade etmez. Kâhin olarak, götürdüğün kişilerle görüşmek istemeyebilir."

"Onun gerçekten 'hayır' diyeceğini düşünmüyorsun, değil mi?" diye sordu Thrain kaygıyla.

"Sanmıyorum ama onu sınamaya da gerek yok," diye cevap verdi Alex.

"Ve sana daha önce dediğim gibi, Thrain, bir kâhinle dost olduğunu açıkça söylemek akıllıca değildir," diye ekledi Thrang.

Thrain karşılık vermedi ama Alex, genç cücenin kafasının hâlâ neyi açıkça söyleyip neyi söylememesi gerektiği konusunda karışık olduğunu görebiliyordu. Kendi ilk macerasını ve ne kadar az şey anladığını, hatta ne kadar az şeye inandığını hatırladı. Artık dünyası, hatırladığı dünyadan tamamen farklıydı. Hayatı, tesadüfen Bay Clutter'ın dükkânına rastlamadan önce bildiği dünya ile sonrasında keşfettiği dünya arasında ikiye bölünmüştü.

Alex ve dostları, Thrang'in maceralarını resmen sona erdirmesi için bir kez daha, Altın Kuğu'da, öğle yemeğinde buluştular. Çok yakında ayrı yollara dağılacak olmalarına rağmen, mutlu bir zamandı bu. Macera süresince neler yaptıklarını anımsadılar ve Alex'in başardığı her şeyden bahsetmeyi ihmal etmediler. Alex itiraz ederdi ama Thrang'i iyi tanıyor ve bunun bir faydası olmayacağını biliyordu.

"İşte artık, dostlarım," dedi Thrang, kadehini kaldırmak için ayağa kalkıp. "Bu maceranın tamamlandığını söyleyebiliriz. Ve bir başka büyük maceracıdan alıntı yapmak gerekirse, 'Her yönden birinci sınıf bir macera oldu'."

Alex ile diğerleri, yüksek sesle ve neşeyle bağırıp Thrang'le birlikte kadeh kaldırmak için ayağa kalktılar. Böylece maceraları son bulmuştu fakat hiçbirinin, masadan kalkmak için acelesi yok gibiydi. Alex, Arconn ve Thrain'den, Vargland'daki dostlarına en iyi dileklerini iletmelerini istedi, onlar da memnuniyetle ileteceklerini söylediler. Sonra, Nellus ve Barnabus bir yolculuk şarkısı söylemeye başlayınca, Alex sıradaki macerasının ne zaman başlayacağını merak eder oldu.

Şarkı bittiğinde, kendilerine özel yemek odalarının kapısı açıldı ve Whalen Vankin odaya girdi.

"Sizin olduğunuzu tahmin etmiştim," dedi Whalen gülümseyerek. "Bölmüyorum umarım."

"Hayır, kesinlikle," dedi Thrang hemen. Ayağa kalkıp Whalen'e kendi sandalyesini verdi. "Maceramız sona erdi ve şu anda, birlikte takılıp eğlenen bir grup arkadaştan ibaretiz."

Whalen, Thrang'in verdiği sandalyeye geçerken "Ah, çok naziksiniz," dedi. "Siz Thrang Silversmith olmalısınız; daha önce sizinle tanışma zevkine nail olamamıştım."

"O zevk bana ait," diye cevap verdi Thrang eğilip selam vererek. "Bize katılmanızdan şeref duydum."

"Böylesi bir grubun içinde yer alarak asıl ben onurlandırılıyorum," dedi Whalen. "Şimdi, dostum Alex, sizleri bana tanıtır umarım. Gerçi adlarınızı zaten bildiğime eminim ama..."

"Evet, tabii ki," dedi Alex kekeleyerek.

Whalen, Alex'in dostları hakkında, mektuplarında Alex'in onunla paylaştığından çok daha fazlasını, detaylıca biliyor gibiydi. Whalen ona ailesi hakkında soru sorduğunda Thrain kıpkırmızı oldu. Nellus ve Barnabus da, Whalen onların kendi topraklarından tanıdığı bazı kişilerin adlarını söylediğinde, şaşkına döndüler. Arconn, bir keresinde Whalen'le tanışmıştı ama bu uzun yıllar önceydi.

"Hâlâ maceraya devam, ha," dedi Whalen, elfe bakarken.

"Tıpkı sizin gibi dostum," dedi Arconn.

"Bırakması kolay bir meslek değil," diyerek güldü Whalen. "Görünüşe göre, giderek bana daha fazla ihtiyaç duyuluyor. Fakat umuyorum ki Alex'in yardımıyla, evimde biraz vakit geçirme imkânım olabilir."

"Elimden gelen her şekilde yardım etmekten onur duyarım," dedi Alex. Whalen'in ona, katılması için şimdiden yeni bir macera bulup bulmadığını merak etti.

"Bundan eminim," dedi Whalen. "Lakin şimdilik, benimle birlikte Alusia'ya gelsen iyi olur. Senin için harika bir ev buldum, eğer hâlâ ilgileniyorsan tabii."

"İlgileniyorum," diye yanıt verdi Alex. "Fakat o kadar uzun süre yuvam dediğim yere artık geri dönmemek, bana tuhaf gelecek."

"Ah, istediğin zaman geri dönebilirsin," dedi Whalen gülerek. "Ama tabii eski evinden ne kadar uzun süre ayrı kalırsan, dönmek sana o kadar zor gelecektir. Ben büyüdüğüm yere neredeyse hiç gitmiyorum, zamanım olduğunda bile. Galiba orada çok fazla hatıranın yanı sıra, hatırlamamayı tercih ettiğim pek çok şey de var."

Thrang, konuyu değiştirip, "Akşam yemeğine kalırsanız bizi çok onurlandırırsınız," dedi.

"Kibar bir teklif ama geri çevirmek zorundayım," dedi Whalen. "Korkarım ki ilgilenmem gereken başka meseleler var ve bugün sırf, bulduğum yeni evi Alex'e göstermek için dışarı çıktım."

"Bugün gidiyor muyuz?" diye sordu Alex.

"Evet, sen hazır olur olmaz," diye cevap verdi Whalen. "Dostlarından hemen ayrılmak hoşuna gitmeyecek, biliyorum ama zaman konusunda çok sıkışığım."

"Benim yardım edebileceğim bir şey var mı?" diye sordu Alex, Whalen'in acelesine şaşırarak.

"Hayır, hayır, öyle bir şey değil," dedi Whalen. "Bazı yerlere sözüm var ve öyle ya da böyle, yani... seni Alusia'ya götürecek kadar vaktim var diyeyim. Ondan sonra gitmem gerekiyor."

"Nasıl istersen," dedi Alex.

"Vedalaşman için seni bırakayım, öyleyse. Beyler, sizinle tanışmak büyük bir şerefti. Sizlere iyi talih dilerim ve her birinizle, günün birinde beraber yolculuk etme keyfini yaşamayı umarım."

"Çok naziksiniz," dedi Thrang.

Odadaki herkes ayağa kalktı ve Whalen odadan çıkarken eğilip selam verdiler. Sonra da Alex'e veda etmek için ona döndüler. Alex onlarla ertesi sabah vedalaşmayı planlamıştı ama Whalen'in acelesi vardı ve Alex onu halen hocası olarak görüyor, onun dediğini yapmanın en iyisi olacağını düşünüyordu.

"Tekrar görüşene dek hoşça kal, dostum," dedi Arconn, Alex'i kendine çekip sarılarak.

"Umarım yakında olur bu," dedi Alex. "Ve Thrang sonunda gerçekten emekli olduğunda, Thraxon'a özel olarak onu ziyaret etmek için gitmem gerekecek."

"Bunu çok yüksek sesle dillendirme," diye güldü Thrang, Alex'i kucaklarken. "Thorgood senin, düzenli olarak onun krallığını ziyaret etmen için, benim emekli olmamda ısrarcı olabilir."

"Sen olmadan ben ne yapacağım?" diye sordu Thrain, gözleri yaşlarla parlıyordu. "Beni kaç kere kurtardın, yanımda senin olmana alışmıştım."

"Emin ellerde evine dönüyorsun," dedi Alex, başıyla Arconn'u işaret ederek. "Hem Vargland'da kurtarılmaya pek sık ihtiyacın olmayacağından eminim."

Nellus, Alex'in elini sıktı ve "Bir gün benim anavatanıma da gelmelisin," dedi.

"Benimkine de," diye katıldı Barnabus. "Ailem gerçekten bir büyücü tanıdığıma inanmayacak."

"İmkânım olursa gelmeye çalışırım," dedi Alex. "Belki günün birinde tekrar beraber yolculuk ederiz."

Vedalaşmalardan sonra Alex çıkmak üzere döndü, kapıda durup bir kez daha gülümsemek için dostlarına döndü. Maşrapalarını şerefine kaldırdılar, Alex de güldü ve onların yanından ayrıldı.

Whalen, Altın Kuğu'nun önünde Alex'i bekliyordu. Alex'in atının eyerlenmesi emrini çoktan vermişti. Meşhur büyücü, kasabanın halkından pek çok bakışı üzerine çekiyordu.

Alex ön kapılardan çıkınca Whalen özür diler gibi, "Seni arkadaşlarından bu kadar çabuk koparıp peşimden sürüklediğim için üzgünüm," dedi, "keşke geceyi burada geçirebilseydik ama biraz geç kalıyorum. Artık Alusia'ya doğru yola çıkmamız gerek. Sana bulduğum eve ulaşmamız en az iki gün sürecek. Bu da bizim, konuşmak için ihtiyacımız olan zamanı fazlasıyla sağlamış olur."

Alex gülümsedi ve atının eyerine tırmandı. Whalen'in, onun nasıl hissettiğini anlıyor olmasından memnundu. Atlarını sürüp Telous'tan çıktıklarında, Alex düşüncelerini toparlamaya çalıştı ve Whalen'e ilk önce neyi söylemesi gerektiğini belirledi. Sonunda, dostlarına anlatmamış olduğu tüm kısımlar dâhil, hikâyeyi en başından itibaren Whalen'e anlatmaya karar verdi.

Alex nihayet konuşmaya başladığında, Telous'tan birkaç kilometre uzaklaşmışlardı. Hikâyenin onun hatırladığından ve Thrang'in anlattığından daha uzun gibi geldiğini hissetti. Kendi kendine düşünürken, anlattıklarının yaşandığı gibi heyecan verici gelmediğini fark etti. Alex konuşurken Whalen sözünü kesmedi, soru sormadı. Sonunda Alex sözünü bitirdiğinde, Büyük Kemer'e varmışlardı.

Whalen atından inerken "İşte böyle," dedi Alex, "Thraxon'da neler olduğunun bütün hikâyesi bu ama ben hâlâ ne anlama geldiğini bilmiyorum."

Whalen başını salladı fakat bir şey demedi. Alex'in dediklerini düşünüyor gibiydi. Alex, Whalen'in bile bu hikâyeden ne çıkarılması gerektiğini bilmeyebileceğini düşündü. Bir büyücünün ejderha efendisi olduğu ne sıklıkla görülüyordu? Kaç büyücü bir ejderha biçimi almış ve sonrasında hayatta kalabilmişti? Kral Set, Alex'in gelişini beklediğini söylerken ne kastetmişti? Çok fazla soru, çok az cevap vardı.

Whalen kamp kurarken Alex de atların eyerlerini çözdü. Cevapsız sorular zihnini kurcalıyordu ama artık Whalen'e her şeyi anlatmışken, kendini daha iyi hissediyordu. Alex, atlarla ilgilenmeyi bitirdiğinde, kamp ateşinin başındaki Whalen'in yanına gitti. Whalen yemeği pişirirken gözlerini alevlere dikmişti.

"Birçok büyücünün, büyücü olmaları için ne kadar zaman geçmesi gerektiğini biliyor musun?" diye sordu Whalen birden.

"Hayır," dedi Alex şaşkın şaşkın. "Birkaç yıl sürdüğüne eminim ama bu konu üzerinde pek düşünmemiştim."

"Çoğu büyücü çırağının, asa almaya hazır hale gelmeden önce ne kadar eğitime ihtiyaç duyduğunu biliyor musun?" diye devam etti Whalen.

"Hayır, bilmiyorum," dedi Alex.

"Çoğu çırak, yıllarca eğitim alır," dedi Whalen. "Pek çoğu da asla bir asa alacak kadar iyi büyücülük öğrenmiş olmaz."

"Bilinen diyarlarda hiçbir zaman çok fazla büyücü olmadığını herkes biliyor ama," dedi Alex.

"Öyle ya da böyle bazı büyüleri yapabilen epeyce kişi var," dedi Whalen. "Sence neden, onların pek azı gerçekten büyücü oluyor?"

"Bilmiyorum. Belki kendilerini eğitecek bir büyücü bulamadıklarındandır."

"Evet, çoğu için bu doğru," diye kabul etti Whalen. "Belki diğerlerine de eğitim çok zor geliyordur ya da gereken her şeyi öğrenecek kadar sabırlı değillerdir. Ayrıca en başından itibaren, içlerinde büyücü olmak için yeterli sihir olmayabilir de." Whalen başını iki yana sallayıp iç çekti. "Eğitim almak isteyen ve öğrenmeye hevesi olan herkesi ama herkesi kabul ettim. Neredeyse yedi yüz yıldır yaşıyorum, Alex ve sayısız çırağım oldu. Ama sadece ikisi büyücü olabildiler."

"Bunun benimle ilgisi nedir?" diye sordu Alex.

"Ah, evet, peki ya sen?" diye karşılık verdi Whalen. "Sen ilk maceranda, henüz anlayamıyorken, daha çırak olmamışken sihir kullandın. Bir ejderhanın gözlerinin içine bakabildin ve onu kendi gücünle mağlup edebildin. Çoğu büyücünün asa aldıktan sonra bile yapmaya cesaret edemediği bir şeydir bu. Üç macerayla, çoğu çırağın on yıldan fazla çalışarak öğrendiklerinden daha fazla büyü öğrendin. Ayrıca bunları, yanında sana ustalık yapacak bir büyücü yokken başardın."

"Şanslıydım ve sen bana tercih etmem gereken yolu gösterdin."

"Biraz tarif ettim ama yolu sen buldun," dedi Whalen gülümseyerek. "Sen, benim için bile gizemli bir şeysin. Ve sanıyorum ki ejderha dostun haklıydı; sen, çoğu büyücünün olmayı hayal edebileceğinden bile daha ötedesin."

"Öyle söyleme," dedi Alex. "Ben sadece... şanslıydım."

"Evet," diyen Whalen güldü. "Şanslı, hızlı ve hem insan hem de ejderha olan bir büyücü. Ah, korkusuzca ejderha biçimi alabilen büyücülerle ilgili efsaneler, destanlar var. Ama bana göre bunların çoğu, fazla bilmeyen kişilerce uydurulmuş masallar sadece."

"Yani benim başka bir şey olduğumu mu düşünüyorsun?" diye sordu Alex. "Gerçek bir büyücü değil ama tamamen başka bir şey?"

"Sen gerçek bir büyücüsün Alex. Bu kadarından eminim," diye cevapladı Whalen nazik bir ses tonuyla. "Görünüşe göre, aynı zamanda bundan fazlasısın. Ama tam olarak ne olduğunu tahmin bile edemiyorum."

Alex pes etmiş gibi bir sesle "Eğer sen bilmiyorsan, Üstat Whalen, kim biliyor?" diye sordu.

"Bana üstat deme," dedi Whalen nazik ama ciddi bir sesle. "Senin üstadın yok, dostum. Bilinen diyarlardaki herhangi bir şeyin, senin efendin olabileceğinden de kuşkuluyum. Ne olduğun konusuna gelince, sanırım bu cevabı yalnızca sen bulabilirsin. Zamanla bulacağına da inanıyorum."

"Öyleyse, bilinen diyarlarda yolculuk ederken, sorularımın cevaplarını aramaya devam etmeliyim," dedi Alex.

Whalen, "Peki bu seni üzüyor mu?" diye sordu.

"Evet. Kim olduğumu ve ne yapmam gerektiğini senin bileceğini düşünmüştüm. Daha önce hep verecek bir cevabın vardı."

"Çoğu kişi, ben de dahil, kim olduğumuzu bilmeyiz," dedi Whalen. "Ben bir büyücü, bir maceracı ve bir insan olduğumu biliyorum ama gerçekte kimim? Bu benim hâlâ cevabını bulmaya çalıştığım bir soru ve neredeyse yedi yüz yıldır kendime bunu soruyorum."

"Ama..." diye başladı Alex ve sustu. "Anlamıyorum."

"Sen ne yaparsan osun," dedi Whalen. "İnsanlar senin hakkında ne düşünüyorsa osun. Ama daha önemlisi, *kendin* hakkında ne düşünüyorsan osun. Eğer büyük bir kahraman olduğunu düşünürsen, büyük bir kahraman gibi davranırsın. Eğer kendini küçük bir şey olarak, önemsiz görürsen, eh, o zaman önemin olmaz."

"Ama ben kendim hakkında düşünmüyorum ki," diye itiraz etti Alex. "Kendimi bir kahraman ya da büyücü veya onun gibi başka bir şey olarak görmüyorum."

"Sence iyi biri misin, yoksa kötü mü?" diye sordu Whalen.

"İyi, tabii ki."

"Dost canlısı mısın, yoksa değil misin?"

"Dost canlısıyım, sanırım."

"Fevri misin, yoksa mantıklı mı?"

"Mantıklı olmaya çalışıyorum ama bazen öfkeye kapılabiliyorum."

"Şimdiden, kendin hakkında pek çok şeyi görüyorsun," dedi Whalen, kâseleri yahniyle doldurmaya başlamıştı. "Ben de keşke kendimi büyük bir aşçı olarak gördüğümü söyleyebilseydim ama maalesef işin gerçeği, sıradan bir aşçıyım."

Alex kahkaha atıp kâseyi aldı. Aslında yahni çok güzel olmuştu. Alex yemeği yerken Whalen'in sözlerini düşündü. Whalen onun sorularını, umduğu kadar doğrudan cevaplamamış olabilirdi fakat yine de ona bazı cevaplar vermişti. Alex durumu, Whalen'in ortaya koyduğu gibi değerlendirmemişti hiç. Kendi benliği hakkında düşünmemişti bile. Şimdi bunu uzun bir süre düşündü ve Whalen'in her zamanki gibi bilge olduğunu anlamaya başladı.

Akşamın geri kalanını sessizlik içinde geçirdiler. Whalen yıldızları seyretti, Alex ise derin düşüncelere dalmıştı.

Ertesi sabah, at sırtında Büyük Kemer'den geçerek Alusia'ya vardılar.

Alex, çokça kullanılmış bu yolda at sürerlerken "Sence Set, beni beklediğini söylerken ne demek istedi?" diye sordu.

"Bir büyücünün icraatları genellikle önceden kehanetlerle bildirilir," dedi Whalen, düşünceli bir ifadesi vardı. "Ben hiçbir zaman, gerçekleştireyim diye efsanelerin, destanların peşine düşmedim. Ama gideceğimi hiç düşünmediğim yerlerde beni arayıp bekleyenler oldu."

"Yani bundan endişe etmeme gerek yok," dedi Alex.

"Ben olsam endişe etmem," dedi Whalen. "Tabii daha sonra, gerçekleştikleri zaman o kehanetleri araştırsan iyi olabilir. Böylece kim tarafından ve ne zaman ortaya atıldığını öğrenirsin. Benim keşfettiğim, maalesef efsane ve kehanetlerin detaylarının çoğunlukla unutulmuş ve yitirilmiş olduğu. Tek hatırlanan, gerçekleşmesi beklenen şeyler."

Alex, sonraki sorusuna geçmeden önce uzun süre düşündü. Whalen'in buna basit bir açıklaması olmasını umuyordu.

"Peki ya Kemik Adası'ndaki ejderhanın bana verdiği kitaplar?" diye sordu.

"Ah, ejderha," dedi Whalen gülümseyerek. "Muhakkak kadim ve bilge bir yaratık."

Alex, Whalen sessiz kalınca "Ya kitaplar," diye üsteledi. "Ne onlar? Nereden geldiler?"

"Evet, kitaplar," dedi Whalen yavaşça. "Onları sır olarak herkesten saklaman ve güvende tutman konusunda seni uyarmalıyım. Bunlardan herhangi bir tanesine sahip olduğunu asla, hiç kimseye söyleme. Eğer kendi başına bu kitaplardan bulabileceğini düşünseydim, daha önce sana açıklardım."

"Ama ne onlar?" diye sordu Alex. Whalen'in uyarıları onu şaşırtmıştı.

"Kadim bilgi kitapları," dedi Whalen. "Onları asla, başkalarının görebileceği bir yerde okuma. Sakın o kitapları ortalıkta bırakma."

"Tehlikeliler mi?" diye sordu Alex.

"Büyü gücü az olan ya da hiç olmayanlar için çok tehlikeliler. Büyücüler için bile tehlikeli. Fakat bu tehlike, gücü çok sevmekten ileri gelebilir," diye cevapladı Whalen. "Anlayacağın, bu kitaplar sana bazı şeyler öğretecek. Sayfaları okudukça, harfler zihninde şekillenmeye başlayacak. Sonunda bir rüya gibi gelecek ve kitapların ne anlattığını görüp, duymaya başlayacaksın. İçinde kokuları da alabildiğin bir kitap görmüştüm ama böylesinin ne kadar yaygın olduğunu bilmiyorum."

"Daha önce böyle kitaplar gördün mü?" diye sordu Alex.

"Evet, gördüm," dedi Whalen cılız bir gülümsemeyle. "Ve tahminin doğru, elimde hâlâ birkaç tane var. Bazıları basittir, sana bilinen diyarların tarihini gösterir. Ama bazıları güçle doludur. İçinde böyle güç olanlar, sana büyüyle ilgili pek çok şey öğretebilir. Hatta bazıları kendi güçlerini sana aktarabilir. Büyü gücü bulunmayanlar için neden tehlikeli olabileceğini şimdi anlıyorsundur."

"Evet, mantıklı," dedi Alex.

Whalen'in ona sihirli kitaplar hakkında söylediklerini düşünürken, bir süre birlikte at sürdüler. Salinor'un kitapları koruyup güvende tuttuğu belliydi. Ejderhanın onları neden Alex'e vermeyi tercih ettiği ise o kadar belirgin değildi ama Alex, ejderhanın kendince sebepleri olduğunu biliyordu.

"Ejderha benim ailemden de bahsetti," dedi Alex dikkatlice. "Onlar hakkında sen bir şey biliyor musun?"

Whalen gülümseyerek, "Biliyorum," dedi. "İhtiyar Clutter'a bu konuyu sormaya vaktin olmayacağını düşündüm, bu yüzden biraz konuyu kurcaladım."

"Sonuç?" diye sordu Alex heyecanla. "Ailemin nereden geldiğini biliyor musun? Teyzelerim, amcalarım, kuzenlerim var mı?"

"Evet, ailenin nereli olduğunu biliyorum yani en azından en son nereden geldiklerini." Whalen güldü. "Evet, teyzelerin, amcaların, kuzenlerin ve çok daha fazlası var. Annen ve baban, bilinen diyarlardaki neredeyse tüm kraliyet hanedanlarıyla akraba. Sadece insan hanedanları da değil, elf ve cüce hanedanları da dahil. Fakat bu bağlantıları bulmak için biraz daha araştırmak gerekecek."

Alex hayretler içinde, "Kraliyet hanedanları mı?" diye sordu.

"Yani bazı akrabalıklar biraz uzaktan ama yine de kan bağınız var. Hepsi olmasa da, kraliyet hanedanlarının çoğunun, senin soy ağacını çıkarmak isteyeceğini tahmin ediyorum. Sonuçta ailede bir büyücü olması onlar için iyidir." Whalen, Alex'e baktı. "Ama ailenle ilgili öğrendiğin her türlü bilgide dikkatli olmalısın. Ailen hakkındaki az bilgiye rağmen diyebilirim ki onların hepsi senin yardımını hak etmiyor olabilir. Sülalenden herhangi birine yardım etmeden önce onlar hakkında öğrenebildiğin her şeyi öğrenmeni tavsiye ederim."

Alex, anladığını belirtmek için başını salladı.

"Bütün krallar iyi ve asil değildir," diye hatırlattı Whalen. "Şimdiye kadarki maceralarında gerçekten kötü bir krala hiç rastlamamış olsan da ne demek istediğimi anlıyorsun sanırım."

"Evet ama bir kralın yerine geçmek isteyen insanlar ve cüceler gördüm," dedi Alex. "Böyle insanlardan bazılarıyla akrabalığım olabileceğini tahmin ediyorum. Çünkü onlar da bir şekilde kraliyet soyundan olduklarını iddia etmişlerdi."

"Ah, evet," dedi Whalen ciddi bir ses tonuyla. "Soy çoğu kişi için önemlidir, kraliyet aileleri içinse çok önemli."

"Kimlerle ve nereden akraba olduğumu anlatır mısın?" diye sordu Alex.

"Elbette," diyen Whalen güldü. "Bunları sırf kendi keyfim için öğrendiğimi düşünmüyorsun, değil mi?"

Alex, Whalen'in cevabına güldü ve günün devamında, Whalen'in onun farklı ülkelerdeki farklı kraliyet aileleriyle nereden akrabalığının olduğu konusundaki detaylı açıklamalarını can kulağıyla dinledi. Whalen, Alex'e tüm öğrendiklerini anlatmayı bitirdiğinde, gece olmuş, kamp ateşi sönmeye yüz tutmuştu. Whalen'in Alex'e anlatacakları bu kadardı. Alex, bu kadar çok akrabası olmasına ve Whalen'in onlar hakkında bu kadar çok şey bilmesine hayret etmişti.

"Merak etme," dedi Whalen gülümseyerek. "Senin için hepsini yazdım. Kendi ailenle ilgili de olsa, söylediğim her şeyi ezberinde tutmanı beklemiyorum."

"Sen bunların hepsini nasıl aklında tutabildin, bilmem," dedi Alex.

"Ben uzun bir süredir yaşıyorum. Konuları zihnimde düzenlemeyi öğrendim," diye cevap verdi Whalen. "Daha şimdiden, bazı yönlerden bunu yapmayı sen de öğrendin; büyüleri hatırlamakta hiç zorluk çekmiyor gibisin."

"Bu bana neredeyse kendiliğinden geliyor," dedi Alex.

"Bazen fazla kendiliğinden, değil mi? Fazla kolay?" dedi Whalen, Alex'i izleyerek.

Alex başını salladı.

Whalen en nazik sesiyle "Ah, senin en büyük korkun," dedi. "Sana bu kadar kolay geldiği için büyünün değerini anlayamayacağından ya da ihtiyaç anında hatırlayamayacağından korkuyorsun."

"Ve geldiği gibi kolayca aklımdan uçup gidebileceğinden," diye ekledi Alex.

"Evet, bu yaygın bir korkudur," dedi Whalen. "O korkuyu ben de yaşadım. Ama benim haberim olmadan elimden kayıp giden pek az şey oldu."

"Öyleyse, olduğum şeyi yitirmekten endişe etmemeliyim?" diye sordu Alex.

"Endişe etmenin sana ne yararı var?" diye sordu Whalen karşılık olarak. "Tüm büyülerin bu gece elinden gidecek olsa, bu konuda endişelenmenin faydası olacak mı?"

"Hayır, herhalde olmaz."

"O zaman, elinde olmayan şeyler için endişe etme," dedi Whalen. "Büyülerinin elinden gideceğini hiç sanmıyorum. Bu konuda endişe etmen, ne olumlu ne de olumsuz bir fark yaratacaktır."

"Bu şekilde söyleyince, kulağa aptalca bir endişe gibi geliyor."

"Evet, üstelik düşünmen gereken başka şeyler var. Yarın Resprin adlı küçük bir kasabadan geçeceğiz. Senin için bulduğum ev, kasabanın birkaç kilometre dışında."

"Resprin nasıl bir kasaba?" diye sordu Alex.

"Büyük bir yer değil. Kasaba halkı at yetiştiriciliği yapar ve atların çoğu krala aittir. Muhtemelen bu, atların bir kısmının sana da ait olduğu anlamına geliyor sanıyorum," dedi Whalen, sırtını eyere yaslayarak. "İyi insanlardır, alışverişlerinde dürüst ve adildirler. Kasabayı seveceğini sanıyorum, umarım sana bulduğum evi de seversin."

Alex, battaniyesini üstüne çekerken, "Sen Resprin'den ne kadar uzakta yaşıyorsun?" diye sordu.

"Güneye doğru iki günlük yol," dedi Whalen uykulu uykulu. "Albian isminde bir kasaba daha var; benim yeni evim de o kasabanın birkaç kilometre doğusunda."

"Bir gün senin evini de görmek isterim," dedi Alex ve gözlerini kapadı.

"Ben de seni ejderha biçiminde görmek isterim," dedi Whalen esnerken. "Belki yarın, eğer yakınlarda kimse olmazsa, diğer kimliğini bana gösterebilirsin?"

"Nasıl istersen," dedi Alex ve ardından uykuya daldı.

Ertesi sabah, kahvaltıdan sonra Alex, kamp ateşinden biraz uzağa doğru yürüdü. Whalen'e bakmak için arkasını döndü ve bir an düşündükten sonra kendine güldü.

"Ne oldu?" diye sordu Whalen.

"Atlar," diye cevap verdi Alex. "Onlara bir sakinleşme büyüsü yapsaydın. Yoksa Resprin'e giderken, yolun kalanını yayan gitmemiz gerekecek."

"Ah, evet," dedi Whalen de gülerek.

Whalen büyüyü yaptıktan sonra Alex zihnini rahatlattı ve kim olduğunu kabullendi. Etrafındaki hava sihirle doldu ama bu kez daha farklıydı; bir şekilde daha canlıydı. Büyüyü ve etrafındaki her şeyle olan bağını düşünmek için duraksadı; sonra da biçim değiştirdi.

Salinor'un sesi, zihninin içinden usulca *evet,* dedi. *Her ülkede daha farklı ama bir yandan da, aynı.*

Ülkeyle bağlantısı... diyen Alex'in sesi kesildi.

Özel bir şey. Sadece bizim gibi ejderhaların tecrübe edebileceği bir şey, dedi Salinor.

Bizim gibi ejderhaların mı? diye sordu Alex, Salinor'un tüm ejderhalardan değil, başka bir şeyden bahsettiğini anlamıştı.

Bizim gibi som gümüşten olanlar, dedi Salinor. *Biz...*

Biz ne?

Zamanı gelecek, diyen Salinor güldü. *Her şeyi bir anda öğrenmen gerekmiyor, evlat.*

Alex, Salinor'un ne demek istediğini merak ediyordu ama kadim ejderhanın konuşmasının bittiğini biliyordu. Bilmesi gerekeni zamanla öğrenecekti, şimdilik bu kadarı da yeterdi. Zihnini rahatlattı, düşüncelerini insan biçimine odakladı ve sihirli bağı kopardı.

"Som gümüş," dedi Whalen afallamış bir halde, Alex yeniden insan biçimine döner dönmez. "Som gümüşten bir ejderha olmuşsun."

"Biliyorum. Bu konuda hiç düşünmemiştim. Bunun bir anlamı var mı?" diye sordu Alex.

"Emin değilim," diye cevap verdi Whalen yavaşça. "Som gümüş bir ejderhadan bahseden efsaneler duymuştum. İfadeyi tam olarak hatırlamıyorum ama şu an araştıracak zamanım da yok."

"Ama araştıracak mısın?"

"Ah, evet, araştıracak ve bulduklarımı sana bildireceğim," dedi Whalen. "Gördüğün gibi, sen bazen öyle sansan da her şeyi aklımda tutamıyorum."

"Şey, hatırladığım kadarıyla senin acelen vardı," dedi Alex. "Yola çıksak iyi olur."

"Doğru; ama gitmeden önce benim bir yemin etmem gerek," dedi Whalen.

"Ne?"

"Ben, Whalen Vankin, asamın üzerine yemin ederim ki Alexander Taylor'ın bugün benimle paylaştığı sırrı kimseye açmayacağım," dedi Whalen çabucak.

"Whalen, asan üzerine yemin etmene gerek yoktu," dedi Alex şaşırarak. "Eminim ki konsey de bilmek isteyecektir ve..."

"Alex," diye sözünü kesti Whalen. "Büyücülerin, sadece kendilerinin bildiği bazı sırları olması gerekiyor. Ben, senin de bu yönünü elinden geldiğince gizli tutmanın en iyisi olacağını düşünüyorum. Soru sorma, sebeplerini sorma çünkü cevaplarını ve gerekçelerini bilmiyorum. Sadece bir his bu."

Alex, Whalen'in tavsiyesine uyarak "Nasıl istersen," dedi.

Whalen başını salladı ve atlara yaptığı büyüyü kaldırdı. Dünden beri takip ettikleri ana yoldan çıkıp, güneybatıya doğru at sürmeye başlamışlardı. Alusia'nın çayırlarını aşarken birkaç kalabalık at sürüsünün yanından geçtiler. Alex kaybettiği atı Shahree'yi hatırlayarak hüzünlendi.

"Konuşmamız gereken bir şey daha var," dedi Whalen, birkaç kilometre ilerledikten sonra.

"Bane'in bahsettiği komplo," dedi Alex. "Mektuplarında bundan hiç bahsetmemiştin."

"Maceranın ortasındayken seni bunlarla rahatsız etmek istemedim," diye karşılık verdi Whalen. "Fakat Bane'in haklı olduğuna inanıyorum. Bilinen diyarlarda çok ters giden bir şey var. Nethrom'un son sözleri, önemli bir bilgiydi ama düşündüğün kadar açıklayıcı değildi. Uzun yıllardır, Malgor Kardeşliği'nin kısmen işin içinde olduğundan şüpheleniyordum."

"Hükümdarları bu yol arkadaşlığına karşı uyarmalı mı
Belki onlar, kendilerine karşı çalışanların kim olduğunu bul
bilir ve sorunu çözebilirler?" dedi Alex.

Whalen birden, "Gezbeth efsanesini bilir misin?" diye sordu.

"Gezbeth mi? Hayır, hiç öyle bir şey duymadım. Bunun komployla ne ilgisi var?"

"Gezbeth, efsanevi bir canavardır," dedi Whalen. "Canavarın üç kafası ile altı kolu olduğu ve eline geçirdiği her şeyi yediği söylenir. Pek çok cesur savaşçı ve asker, bu yaratığı yenmeye çalışırken ölmüş, hiçbiri başarılı olamamıştır. Nihayet, ihtiyar bir adam ortaya çıkmış ve insanlara Gezbeth'in sırrını söylemiştir. Anlayacağın, canavarın üç tane kalbi varmış ve öldürülmesi için üçünün de aynı anda yok edilmesi gerekiyormuş."

"Whalen, neden bahsediyorsun sen?" diye sordu Alex.

"Sanırım savaştığımız şey, Gezbeth'e benziyor. Birden fazla merkezi ve birden fazla lideri olan bir komplo ama bir tek hedefe doğru ilerliyor."

"Ve eğer merkezlerinden sadece birini yok edersek, canavar zamanla yeni bir odak bulacak," dedi Alex. Ruhçağıran'ın mağarasının önündeki hidrayla savaşını hatırladı.

Whalen, "Şimdiden bu canavarın bazı kısımlarını yok ettiğimizi düşünüyorum," dedi. "Ruhçağıran'a karşı kazandığın zafer, onların planlarına vurulan bir darbeydi. Bana göre, son zamanlarda burada, Alusia'da ortaya çıkan mesele de planın başka bir parçası olabilir. Sorun şu ki, komplonun merkezlerinin nereler olduğunu bilmiyoruz ve onları yok edemediğimiz müddetçe..."

...lığın kişileri gözlemek istiyorsun," dedi Alex. ...zi, canavarın diğer kısımlarına ulaştırır."

...umuz bu," dedi Whalen. "Sadece sen ve ben ...nseyin tamamı ve daha pek çok kişiyle birlikte, bu ...ışın içindeyiz. Düşmanımızı gözlemliyor ve tanıyoruz. Ümit ediyorum ki günün birinde, yakın bir gelecekte, bilmemiz gereken şeyleri öğreneceğiz."

"Peki komplonun amacı ne?" diye sordu Alex. "Bu canavarın ne yapmaya çalıştığına dair bir fikrin var mı?"

Whalen, yenilmiş gibi bir sesle "Hayır, yok," dedi. "Parçaları birleştirmeye çalışıyoruz, ipuçları arıyoruz, fısıldanan söylentileri dinliyoruz. Fakat düşmanımızın ne yapmaya çalıştığını bulamıyoruz. Amaçlarının ne olduğunu bilmiyoruz."

"O zaman herhalde, bekleyip gözlemlemeye devam etmemiz gerekiyor," dedi Alex.

"Evet," dedi Whalen ve devam etti. "Artık canavar hakkında bir şeyler bildiğine göre, gözlemimizin önemli bir parçası da sen olacaksın. Yolculuk ettikçe neyi araman gerektiğini anlayacak ve öğrendiklerini bize rapor edebileceksin."

"Denerim," dedi Alex. "İpuçları ve yanıtlar bulmaya çalışacağım. Umarım güç merkezlerini bulup yok edebiliriz, onun..."

"...bizi yok etmesine kalmadan," diye tamamladı Whalen. "Evet, en büyük korkumuz bu: Fazla uzun süre beklemiş ve olaylara seyirci kalmış olmak. Sonunda ne yapmaya çalıştığını keşfettiğimizde, canavarı artık durduramayacak durumda olmak. Şimdilik gözünü, kulağını açık tut ve şüpheli görünen her şeyi bana bildir."

"Ya sana bir şey olursa?" diye sordu Alex.

"Gönderebileceğim bazı referans mektupları var," dedi Whalen. "Her hâlükârda, konseyin diğer üyeleriyle irtibat halinde bulunman iyi olacaktır. O zaman, bana bir şey olursa öğrendiğin bilgileri güvenle açıklayabileceğin başka insanlar olacak."

"İyi bir plan," dedi Alex.

"Gerektiği kadar iyidir umarım," dedi Whalen.

Büyük bir tepenin dibine inşa edilmiş, orta büyüklükteki eve vardıklarında, henüz öğlen olmamıştı. Evin bir ucuna bitişik olan uzun, taş kule, evin en uzun kısmından en az iki kat daha yüksekti. Evin arkasında bir ahır vardı ve yanından da küçük bir dere akıyordu. Evin ön sundurmasında ince, uzun bir adam oturuyordu. Whalen ile Alex yaklaştıklarında, adam ayağa kalktı ve onları karşılamak için avluya koştu.

"Üstat Vankin, Üstat Taylor," dedi adam eğilerek. "Ne zaman geleceğinizi tam olarak bilmiyordum."

"Bizi karşılaman çok nazik bir davranış, Jonathan," dedi Whalen gülümseyerek. "Alex, bu Jonathan Turner. Kendisi Resprin'in baş çobanı ve aynı zamanda, kralın kasabadaki temsilcisi."

"Sizinle tanışmak büyük bir zevk," dedi Alex, Jonathan'a doğru eğilerek.

"O zevk bana ait," dedi Jonathan. "Kral Trion, sizin için elimden ne gelirse yapmamı buyurdu. Dostum Silvan Bregnest'le birlikte çıktığınız maceralarınızın hikâyesini dinledim; Trion'un bu emrini yerine getirecek olmaktan çok memnunum."

"Bregnest'i tanıyor musunuz?" diye sordu Alex.

"Alusia'nın bu taraflarında Bregnest'i tanımayan yok gibidir," dedi Jonathan gülerek. "Kralın işleri için, en azından maceraya çıkmadığı zamanlarda, sık sık atıyla kasabaya gelir."

"Bregnest'i tekrar görmeyi çok isterdim," dedi Alex.

Whalen, Alex'e oraya neden geldiklerini hatırlatarak, "Önce eve bir bakalım," dedi.

Jonathan atlarını alıp sundurmanın yanındaki tırabzana bağladı. Alex ve Whalen'e etrafı göstermekten hoşnuttu. Alex de evde gördüklerinden memnun kalmıştı. Eşyalarını yerleştirmesi için birçok oda vardı fakat kendisini yalnız hissetmesine sebep olacak kadar da çok sayıda değildi. Evde musluk şebekesi bile bulunuyor; su, evin yanındaki tepenin zirvesine yakın bir pınardan borularla geliyordu. Alex bunu pek kullanışlı bulmuştu. Odalar geniş ve ferah, dayalı döşeliydi.

"Trion hoş geldin hediyesi olarak mobilyaları gönderdi," diye açıkladı Jonathan. "Uzun yıllar Alusia'da yaşamanızı umuyor."

"Nazik bir hediye," dedi Alex.

"Öyleyse, evi alıyor musunuz?" diye sordu Jonathan ürkekçe.

"Biraz düşüneyim."

"Pekâlâ, Üstat Taylor."

"Düşünürken yiyebileceğimiz ne var, Jonathan?" diye sordu Whalen.

"Ah, kiler dolu, Üstat Vankin," diye cevap verdi Jonathan. "Ne arzu ederseniz, her şeyi hazırlayabilirim, yani hemen hemen her şeyi."

"Biraz mübalağa oldu bu fakat iyi niyetli bir abartı," dedi Whalen gülerek. "Gel, genç dostum düşünürken biz de kilere bakalım."

Whalen ve Jonathan mutfağa giderken, Alex ön kapıdan çıkıp evin etrafındaki araziye bir kez daha baktı. Evin arkasındaki kulenin etrafından dolandı. Baktığı ya da aradığı belli bir şey yoktu. Evin arkasında yetişen meşe ağaçlarının arasından geçti ve dereye geldiğinde durdu. Burası mükemmel bir evdi, yaşamak için harika bir yerdi. Fakat adını koyamadığı bir sebepten dolayı kendini üzgün hissediyordu.

Derenin karşı ucundaki ani bir hareket, Alex'i ürküttü ve derhal asasını çıkarıp kendini savunmaya hazırlandı. Kıyıda altın renkli bir at görünce gülümsedi. Asasını indirip usulca ata seslendi. Biraz irice ve genç bir aygırdı bu, yelesi de kar gibi beyazdı. İkinci kez yavaşça seslenen Alex, eskiden atlardan ne kadar korktuğunu anımsadı. At, sanki bir süre Alex'i inceledi ve sonra yavaşça ona doğru yürüyüp, omzu ile onu dürttü.

"Eh, dostum," dedi Alex usulca. "Hangi sürüden ayrıldın sen bakayım?"

At, karşılık olarak kişnedi ve başını nazikçe Alex'in omzuna bastırdı. Alex bu ilginç sevgi gösterisine şaşırmıştı ama yine de atın alnını usulca okşadı.

"Galiba bu evi almayı kabul etmeliyim," dedi Alex yavaşça. "İstediğim ve ümit ettiğim her şey burada var gibi görünüyor."

At, tıpkı Alex'in onunla konuştuğu zamanlarda bazen Shahree'nin yaptığı gibi, başını yukarı aşağı salladı. Alex bu anıyı gülümseyerek hatırladı ve atın alnını okşadıktan sonra geri dönüp Jonathan'la konuşmaya gitti.

Whalen, Alex ön kapıya geldiğinde "Arkadaşın kim?" diye sordu.

Alex, altın rengi atın onu eve kadar takip etmiş olduğunu fark etti. "Ben yürüyüşe çıktığımda dereden su içiyordu. Sürülerin birinden ayrılmış olsa gerek. Belki Jonathan nereye ait olduğunu biliyordur."

Whalen, Jonathan'ı evden dışarı çağırdı. Fakat Jonathan, Alex'in omzunun dibinde duran atı görünce, yüzünde şaşkınlıktan öte bir ifade belirdi.

"Bu atı tanıyor musunuz?" diye sordu Alex.

"Çobanlar ona 'Dar Losh' derler. Ortak dilde 'Ejderha Ateşi' demek," dedi Jonathan yavaş yavaş. "Bu at... kralın sürüsünden ama o sürünün bir kısmı aynı zamanda size ait. Emin olmak için kayıtlara bakmam gerekir. Fakat onun, kralın atlarından biri olma ihtimali kadar, sizin atlarınızdan biri olma ihtimali de var."

"Onu burada gördüğünüze neden bu kadar şaşırdınız?" diye sordu Alex.

"Şimdiye kadar hiç kimse onu zapt edememişti," dedi Jonathan. "Çayırlarda hep özgürce gezer. Geçmişte onu yakalamaya çalıştık ama o, krallıktaki tüm atları geçecek kadar hızlıdır."

"Fakat Alex'e karşı fazlasıyla dost canlısı görünüyor," dedi Whalen.

"Öyle," dedi Alex açıkça. Dönüp Dar Losh'un boynunu okşadı. "Bildiğim tüm atlar kadar uysal görünüyor."

"Size karşı uysal," dedi Jonathan. "Yemin ederim ki bugüne dek hiç kimse onu yakalayamamış ya da onunla sizin gibi dost olamamıştı. Bir tür sihir mi bu? Sizi takip etmesi için ata bir tür büyü mü yaptınız?"

Alex gülerek "Hayır," dedi. "Derenin karşısından ona seslendim, geldi. Whalen söyleyene kadar, beni takip ettiğini fark etmemiştim bile."

"O zaman sanırım çok iyi bir arkadaş edindin," dedi Whalen düşünceli bir halde. "Sen ne dersin, Jonathan? Başka kimse bu atı idare edebilir miydi?"

"Hayır, eminim ki kimse edemezdi," dedi Jonathan. "Eğer Üstat Taylor bu atı kendisi için istiyorsa, kral adına verme yetkim var."

"Bu durumda," dedi Alex gülümseyerek. "Ejderha Ateşi'ni ya da sizin deyişinizle Dar Losh'u kendi atım olarak kabul ediyorum. Ayrıca evi almayı da kabul ediyorum. Kral ne kadar ücret istiyor?"

"Kralın tek istediği, burayı barış ve huzur içinde tutmanız," dedi Jonathan. "Evin ve çevresindeki toprakların, ne kadar isterseniz o kadar süre size ait olduğunu söyledi."

"Kral çok nazik," dedi Alex. "Trion'un iyi niyet hediyesini kabul ediyorum; ilk fırsatta ona bir teşekkür mektubu göndereceğim."

"Pekâlâ," dedi Jonathan gülümseyerek. "Resprin topraklarına hoş geldiniz. Eğer bir ihtiyacınız olursa lütfen bana bildirin."

"Teşekkür ederim," dedi Alex. "Eğer Resprin halkına ve Kral Trion'a bir hizmetim olabilecekse, siz de bana bildirin."

"Çok naziksiniz," dedi Jonathan eğilerek. "Artık işlerimin başına dönmeliyim. Resprin sakinlerine sizin burada kalmayı kabul ettiğinizi haber vermeliyim. Varlığınızın onları şaşırtmasını istemem."

"Teşekkür ederim," dedi Alex tekrar.

"Evet, sağ ol, Jonathan," diye katıldı Whalen.

Jonathan tekrar eğildi ve yanlarından ayrıldı. Atının sırtında gözden kaybolmadan önce, birkaç kez başını çevirip Ejderha Ateşi'ne ve Alex'e baktı.

"Şanın artmaya devam ediyor," dedi Whalen. Alex'in yeni atına baktı. "İsmi ona çok uymuş, değil mi?"

Alex, Ejderha Ateşi'nin alnını tekrar okşayarak "Sanki adını ben koymuşum gibi," dedi.

"Pekâlâ, artık buraya geldiğine ve Trion'un hediyesini kabul ettiğine göre, ben yola çıkmalıyım."

"Bu kadar çabuk mu?" diye sordu Alex şaşırarak. "En azından bu gece kalırsın diye düşünmüştüm."

"Hayır, burada yeterince vakit harcadım. Gitmem gerek ama giderken sana son bir tavsiyede bulunacağım. Dostlarına da sadık ol, kendine de."

"Bu iki tavsiye oldu," diye belirtti Alex.

"Öyle mi?" dedi Whalen gülümseyerek, sonra da atını sürüp uzaklaşmaya başladı.

Alex, Whalen gözden kaybolana dek onu izledi ve dönüp yeni evine baktı. Gerçekten de güzel bir evdi ve bundan dolayı daha önce olduğunu hiç hatırlamadığı kadar mutlu hissediyordu kendini.

Ejderha Ateşi usulca onun omzunu dürttü. Alex dalgın dalgın atın burnunu okşadı ve sonra dönüp yeni arkadaşına baktı.

"Git hadi," dedi yumuşak bir sesle. "Bu topraklarda özgürce koş. İhtiyacım olduğunda seni çağırırım."

Ejderha Ateşi, buna karşılık olarak kişnedi ve çayırlarda dörtnala koşarak uzaklaştı. Alex bir süre onun, Alusia'nın alçak tepelerinin üstünden rüzgâr gibi geçmesini izledi. Sonunda yürüyüp eve döndü ve içeri girdi. Artık yerleşme, işleri düzene koyma ve sıradaki macerası için hazırlanma zamanıydı.

TARTIŞMA SORULARI

1. Alex'in macerasının ilk kısmı, kütüphanede ve Benorg'un arşivleri arasında geçiyor. Kütüphane, bir maceraya başlamak için nasıl iyi bir yer olabilir?

2. Kemik Adası'na doğru yolculuk ederken Alex ve dostları yollarda bir belanın olduğu söylentilerini duyuyorlar. Kat, söylentilerle ilgili sorunun, hangisine inanacağını bilememek olduğunu söylüyor. Sen hiç, neye inanacağını bilememene sebep olan bir söylenti duydun mu? Bunun üzerine ne yaptın?

3. Ejderha Salinor, kontrolünü kaybediyor ve Kemik Adası'nda kendisine saldıran cüceleri yok ediyor. Sen hiç sinirlerine hâkim olamayıp, sonrasında pişman olduğun bir şey yaptın mı? Öfkeye kapılmamak için yaptığın özel bir şey var mı?

4. Kat ilk kez boş kuleye girmeye çalıştığında, Alex onu durdurup gruba karşı sorumluluğunu hatırlatıyor. Senin hiç, başka birisine söz verdiğin için, istediğin bir şeyden vazgeçmek zorunda kaldığın oldu mu?

5. Alex, Shahree için anıt yaptığında, üzerine "Gerçek Bir Dost" kelimelerini yazıyor. Sence Alex neden o kelimeleri seçti? Sana göre "gerçek dost" nasıl olur?

6. Cüce Nethrom, diğer kişilerin unutmuş olduğu şeyleri öğrenmişti. Fakat öğrendiklerini paylaşmaya niyeti yoktu. Sonunda, bilgisini paylaşma konusundaki isteksizliği ve sırları onu yok etti. Sence neden böyle oldu? Senin sakladığın bir sır, hiç başına dert açtı mı?

7. Nethrom'un gerçekte kötü olmadığını ama kötü bir ruh tarafından kontrol edildiğini anlıyoruz. Gerçekte insanlara buna benzer bir şey olabilir mi? Gerçek insanlarda da ruhçağıranın kötülüğü gibi, onları kontrol altına alan kötü alışkanlıklar olabilir mi?

8. Alex, Kat'e kâhinin kristalini verdikten sonra, Kat ona, kaderini etrafına bir kafes gibi ördüğünü söylüyor. Ne demek istiyor? Etrafındaki insanların, senin geleceğini senin adına belirledikleri hissine kapıldın mı hiç?

9. Hikâyenin sonlarına doğru Kral Thorgood, Illius'a, "Halk, kralı var eder. Kral, halkı var etmez," diyor. Sence bu sözün anlamı ne? Hangisi daha önemli; kral mı, halk mı?

10. Alex'in yeni yuvasına yolculuk ederlerken, Whalen Vankin, Alex'e, "Sen ne yaparsan osun," diyor. Bununla sence ne demek istiyor?

11. Whalen'in Alex'e verdiği son nasihat, "Dostlarına da sadık ol, kendine de," oluyor. Alex bunun iki ayrı tavsiye olduğunu söylüyor, acaba gerçekten öyle mi?